地理科学特色专业系列规划教材

地理科学专业教育实习指导新编

主　编　李　晴
副主编　杨娅娜　张广花　鲜　洁
　　　　张旭如　叶　滢　汤玉梅

科　学　出　版　社
北　京

内 容 简 介

本书循着地理教育实习全过程，主要论述地理教育实习概貌、实习准备和教育见习基本内容，聚焦地理课堂教学实习、地理课外活动实习、班主任管理工作实习和地理教育科研实习重要问题，概述地理教育实习检测、实习效果总结与评价和地理教师职业岗位竞聘考察主要环节等，并结合相应主题，选取大量典型实用的地理教育实习案例，配备灵活多元、富有特色的各类型地理实践作业，可为未来地理教师增强和提升中学地理教育教学实践能力提供指导借鉴。

本书可以作为高等院校本科生地理教师教育系列课程教学用书，也可以作为地理教育硕士、中学地理教师继续教育教学用书，以及各类教师培训机构和其他教学、研究人员的参考用书。

图书在版编目（CIP）数据

地理科学专业教育实习指导新编 / 李晴主编. —北京：科学出版社，2018.9
地理科学特色专业系列规划教材
ISBN 978-7-03-058589-9

Ⅰ.①地… Ⅱ.①李… Ⅲ.地理科学-教育实习-高等学校-教学参考资料 Ⅳ.①K90

中国版本图书馆 CIP 数据核字（2018）第 198045 号

责任编辑：文 杨 程雷星 / 责任校对：何艳萍
责任印制：吴兆东 / 封面设计：迷底书装

*科学出版社*出版
北京东黄城根北街 16 号
邮政编码：100717
http://www.sciencep.com

北京中石油彩色印刷有限责任公司 印刷
科学出版社发行 各地新华书店经销

*

2018 年 9 月第 一 版 开本：787×1092 1/16
2019 年 3 月第二次印刷 印张：17 3/4
字数：420 000
定价：59.00 元
（如有印装质量问题，我社负责调换）

"地理科学特色专业系列规划教材"编委会

主　编　郭　跃　李孝坤

编　委　李　晴　何太蓉　王　昕　高　鑫

　　　　刘春红　杨　华　杨娅娜　李阳兵

丛 书 序

　　本科教育是现代大学教育的主体组成部分和学科发展的重要支撑，也是当今高等教育和社会关注的热点。本科教育质量保障和提升也就成为新时期中国大学发展的生命线。本科教育质量取决于多种因素和条件，但本科专业建设是其保障基础，本科专业建设又是一个复杂艰巨的系统工程，它涉及从教育理念、教育目标、培养模式、质量保障的形成与改革，到师资队伍、课程体系与教材、教学条件、实习实践场所的建设，其中，适应性好的高质量特色教材是专业建设、学科建设的基础工程。

　　高等师范院校地理科学专业是以培养基础地理教师为基本目标的本科专业，本专业以地理学、教育学为主干学科，培养具备坚实的地理科学基本理论、系统知识和自主获取地理知识的能力，既掌握地理科学基本思维方法和基本实践技能，又懂得现代教育基本理论与技巧，具有创新精神和实践能力的地理与资源环境学科的优秀教师。按照现代教育理念，地理学科教师的职业关键能力有 4 个方面：第一，地理学科知识及应用能力，包括理论联系实际、野外工作和综合分析能力；第二，自主学习和终生学习能力，包括良好的自学习惯及能力、交流表达与信息技术应用能力；第三，职业胜任能力，即具有较强的基础地理教育教学及教研能力；第四，较强的创新能力，包括具有创造性思维，以及开展科学实验与研究的能力。基于现代地理科学专业人才培养的双能力（学科和职业）导向的需要，并在重庆市"三特行动计划"特色专业建设项目的支持下，我们组织一批长期承担本科地理专业课程教学任务的中青年骨干教师，编写了这套地理科学特色专业系列规划教材。

　　地理学作为一个经典的学科专业，在我国大学教育中已有百年历史，教材建设的基础较好，出现了大批经典的本科优秀教材，但受传统地理学学科体系的影响，推出的教材大多按学科框架组织内容结构，如自然地理、人文地理、区域地理、地理信息系统或地理学技术方法等方面的教材。从人才培养能力导向视角出发的地理科学专业实践教学系列教材相对薄弱，鉴于此，我们立足于地理科学专业人才培养的需要，竭力秉承凸显地理专业特色、地理学科特色，增强教材适切性，弥补大学本科地理教材编写的缺陷，编著了《地理科学专业导论》《地理科学专业课程实验教程》《地理科学专业课程野外实习教程》《四川盆地及其邻区地理科学野外综合实习教程》《地理科学专业教育实习指导新编》5 部教材。这套教材涉及地理科学专业的专业基础课程、专业核心课程和独立实践教学环节，其中，编著《地理科学专业导论》是为了使地理专业新生全面了解本专业、顺利融入专业学习、培养专业学习兴趣、熟悉本专业的学习方法、形成系统的专业认知；编著其他 4 部教材是为了加强地理科学专业学生的专业知识应用能力、实验动手能力、野外工作能力、实践创新能力和职业胜任能力的培养与提升。

　　编写地理科学特色专业系列规划教材是一种新的尝试，我们参考了国内外已有的相关教材和地理学科发展的新成果，在内容、结构与编写体例上也有新的探索与创新。尽管我们对教材的编写怀着敬畏之心，坚持一丝不苟的专业态度，但自己的水平和能力有限，书中难免有不足和疏漏之处，希望得到学界同仁和读者的批评指正。在此，我们要感谢科学出版社，作为我国最负盛名的出版机构之一，他们对本套规划教材的出版给予了大力支持和帮助。

郭　跃　李孝坤

2017 年春于重庆师范大学汇贤楼

前　言

中共中央、国务院《关于全面深化新时代教师队伍建设改革的意见》提出，大力振兴教师教育，不断提升教师专业素质能力。全面提高中小学教师教学质量，建立一支高素质专业化的教师队伍。根据基础教育改革发展需要，以实践为导向，优化教师教育课程体系，强化"钢笔字、毛笔字、粉笔字和普通话"等教学基本功和教学技能训练，师范生教育实践不少于半年。

教育部、国家发展和改革委员会等5个部门印发《教师教育振兴行动计划（2018~2022年）》，提出创新教师教育模式，培养未来卓越教师；发挥师范院校主体作用，加强教师教育体系建设等五大目标任务。强调注重协同育人，注重教学基本功训练和实践教学，注重课程内容不断更新，注重信息技术运用能力。推动实践导向的教师教育课程内容改革和以师范生为中心的教学方法变革。加强教师教育院校师范生教育教学技能实训平台建设，高校与地方教育行政部门依托优质中小学，开展师范生见习实习、教师跟岗培训和教研教改工作等改革措施。

本书就是适应新时代、新征程、新需求，促进教师教育课程改革和实践创新，提升未来地理教师职业素养和专业能力而编撰的，其主要特点如下。

内容结构相对完整，具有一定的新颖性。本书注重凸显新时代的新要求，以实践为导向，融合基础知识与实践经验，整合理论分析与指导点拨，循着地理教育实习的全过程，紧密联系教育实习实际而展开。第1章主要论述地理教育实习概貌，涉及地理教育实习的发展与作用；第2章主要概述地理教育实习准备，涉及地理教育实习的组织管理与多元准备；第3章主要阐释地理教育见习，涉及实习学校与班级管理、地理课程与课堂教学的见习；第4章至第7章主要聚焦地理课堂教学实习、地理课外活动实习、班级管理工作实习和地理教育科研实习，涉及地理课堂教学准备与试讲、实施与评议，班级管理工作实习原则与方法和内容、班主任工作及班级活动组织的实习，地理教育调研和教学研究的实习等；第8章主要践行地理教育实习检测，涉及地理教育实习中期检查与实习效果评价；第9章主要梳理地理教育实习总结，涉及地理教育实习分层总结与分享交流；第10章主要透视地理教师职业竞聘，涉及地理教师职业竞聘的准备与考察等。

案例选材典型实用，具有较好的参照性。本书注重突出师范生中学地理教育教学基本实践能力的培养，采用大量具体生动、形态各异的实践案例，串联实习内容，引领学做结合。有反映师范生着手进行地理教育实习准备与见习的真实案例；有贴近基础教育一线地理课程改革与教学探索的鲜明范例；有展现优秀中学地理教师与师范生同课异构或同课优构等的课堂教学实例；有来自于中学教育一线地理教师及班主任开展丰富多彩的课内外活动的生动事例；有取自往届师范生尝试进行地理教育教学研究实习，摸索其他高校兄弟院系等地理教育实习总结与反馈交流，以及参与竞聘中学地理教师职业岗位的典型示例。引导师范生主动融入基础教育地理课程新一轮改革实践，关注未来教师职业生涯可能会面对的新挑战和新问题，激励师范生积极参与地理教育教学实践活动的锻炼与磨炼，不断提升他们从师任教的教育教学工作能力和改革探索的创新能力，坚定立德树人、教书育人的教育信念，以及为教育事业奋斗终生的崇高信仰。

栏目设置灵活多元，具有较强的针对性。本书注重体现教育实习指导编写特色，在主题、标题、正文撰写、作业设计等方面，针对新一代师范生自主学习特点和个性化、独立性特征，尽可能强化可读性。每章引言选取与主题内容相关的国内外教育名篇名言节选，引起读者阅读的兴趣。正文中穿插主题鲜明、题材多样的"阅读"，形象直观、喜闻乐见的"图示"，提纲挈领、优化整合的"表解"，以及与时俱进、深入浅出的"示例"等栏目，融会贯通，相得益彰。各节与各章之后灵活设置启迪脑洞大开的"深化思考"、面对两难问题的"议论讨论"、畅谈心得体会的"分享交流"、围绕焦点问题发表看法的"各抒己见"、提出创意和建议的"集思广益"、广泛收集资料的"查阅整理"、自我反省总结的"概括梳理"、自画心理影像的"自行绘制"，以及亲自动手操作实践的"模拟尝试"和精选真实案例素材的"材料分析"等行动研究项目作业，为引领师范生自主、高效学习奠定基石。

本书由坚持从事高校地理教师教育系列课程教学与指导中学地理教育实习的教师合作完成。李晴（重庆师范大学）编写第1章、第7章、第10章；张旭如（山西师范大学）编写第2章；叶滢（江西师范大学）编写第3章；汤玉梅（重庆商务职业学院）编写第4章；鲜洁（四川师范大学）编写第5章；张广花（河南大学）编写第6章；杨娅娜（重庆师范大学）编写第8章、第9章。李晴、杨娅娜负责统稿，本书的架构、定稿由李晴负责。中学地理教师戴英、余云，以及研究生万婉霞、张怡、赵鹏彬、雷艳、朱太红、同文娟、罗嵌、王静、胡丽萍、白雪飘、史丹婷等参与了本书的部分编纂工作。

在本书编写过程中，参阅了国内外教育界、地理教育界专家、学者的相关论著，参考了中学地理一线教师的教学改革经验和实践教学成果，特借此机会表示衷心的感谢和最诚挚的谢意！对重庆师范大学地理与旅游学院领导的热切关怀和大力支持表示最真诚的感谢！本书可以说是集体智慧的结晶，是热爱和从事地理教育教学和研究的广大教师共同劳动的结果。编写过程是不断学习和探索的行程，也是体验艰苦写作和感受自我成长的旅程，尽管新颖性、实用性、针对性、可读性是编写本书的不变追求，但由于编者水平有限，书中难免有不足和疏漏之处，敬请各位专家、教师和同学批评指正，并提出宝贵的意见和建议。

李　晴

2018 年 1 月

目　　录

  5.2　地理课外活动实习的内容与
      实践······117
    5.2.1　地理课外活动实习的
       类型······117
    5.2.2　地理课外活动实施的
       程序······122
    5.2.3　地理主要课外活动的
       实践······125
  参考文献······135

第6章　聚焦：班级管理工作实习······136
  6.1　班主任工作实习······136
    6.1.1　班主任工作实习的目
       的与要求······136
    6.1.2　班主任工作实习的内容
       与方法······140
    6.1.3　班主任常规工作的
       实习······143
  6.2　班级活动组织实习······149
    6.2.1　主题班会的举行······150
    6.2.2　个别教育的进行······155
    6.2.3　文体活动的开展······157
  参考文献······161

第7章　聚焦：地理教育科研实习······163
  7.1　地理教育调研实习······163
    7.1.1　地理教育调研实习的
       内容与类型······164
    7.1.2　地理教育调研实习的
       程序与方法······166
    7.1.3　地理教育调研报告的
       撰写······173
  7.2　地理教学研究实习······177
    7.2.1　地理教学研究实习的
       特点······177
    7.2.2　地理教学研究实习的
       途径······179
    7.2.3　地理教学研究成果的
       表达······181
  参考文献······195

第8章　践行：地理教育实习检测······196
  8.1　地理教育实习中期检查······196
    8.1.1　教育实习中期检查的
       目的······196

    8.1.2　教育实习中期检查的
       重点······198
    8.1.3　教育实习中期检查的
       方式······201
  8.2　地理教育实习效果评价······204
    8.2.1　地理教育实习评价的
       功能······204
    8.2.2　地理教育实习评价的
       内容······206
    8.2.3　地理教育实习评价的
       方法······207
  参考文献······217

第9章　梳理：地理教育实习总结······218
  9.1　地理教育实习分层总结······218
    9.1.1　地理师范生自我
       总结······218
    9.1.2　地理实习组总结······221
    9.1.3　学院教育实习总结······223
  9.2　地理教育实习分享交流······225
    9.2.1　地理课堂教学实习
       交流······225
    9.2.2　地理课外活动实习
       交流······232
    9.2.3　班主任工作实习
       交流······235
  参考文献······239

第10章　透视：地理教师职业竞聘······241
  10.1　地理教师职业竞聘的准备······241
    10.1.1　教师职业竞聘的信息
       收集······242
    10.1.2　教师职业竞聘的务实
       准备······245
    10.1.3　教师职业竞聘的心理
       调适······255
  10.2　地理教师职业竞聘的考察······259
    10.2.1　竞聘自荐书的设计······259
    10.2.2　一分钟自我简介的
       特色······262
    10.2.3　地理课试讲的类型······264
  参考文献······274

第1章　认知：地理教育实习概貌

在一个由几十名教师组成的集体里，要比在小型学校里更容易提高自己的教育技巧。在大的教师集体里，总有些有经验的教师。但是学习别人的教育经验是一件很复杂的事，是一种创造。

如果不深刻理解教师所做的全部工作，不了解他对儿童所产生的影响如何，那就理解不透他的教育经验的任何一个方面……要把别人的经验学到手，首先意味着，要理解一件事取决于哪些条件。否则，既不可能理解也不可能学到别人的经验。学习优秀经验，并不是把个别的方法和方式机械地搬到自己的工作中去，而是要移植其中的思想。向优秀的教师学习，应当取得某种信念。

深入思考优秀教师的经验，将有助于你看到，在自己的实际工作中，要取得某种结果都取决于哪些因素。

提高教育技巧——首先要自己进修，付出个人的努力；提高劳动的素养首先要提高思想的素养。没有个人的思考，没有对自己的劳动寻根究底的研究精神，那么任何提高教学方法的工作都是不可思议的。

你对年长的同事的经验研究和观察得越多，你就越加需要进行自我观察、自我分析、自我进修和自我教育。在自我观察、自我分析的基础上，你会逐步形成自己的教育思想。举例来说，你研究现在所做的工作与将要取得的结果之间的联系，就会得出这样的结论：今天把种子播种到修理得极好的土壤里去，却远不是明天就会长出幼芽的。在许多情况下，今天所做的工作要经过若干年才能对它做出评价。这是教育工作的非常重要的规律之一。它要求我们始终以长远的眼光来看问题。

——摘自苏霍姆林斯基. 1984. 给教师的建议. 北京：教育科学出版社.

地理教育实习是高等师范院校教学计划的重要组成部分，是大学地理学习阶段最重要的综合性实践教学环节，是每位地理师范生走向中学教师生涯的必然起点，也是地理教师教育培养目标和培养规格实现程度的总反馈。本章以地理教育实习发展脉络和地理教育实习重要作用的视角，认知地理教育实习的基本概貌。

1.1　地理教育实习的发展

包含地理教育实习在内的我国高等师范院校教育实习伴随着师范教育的兴衰起伏，经历了一个由产生到发展的过程。本节主要通过我国教育实习的历史沿革、地理教育实习中存在的主要问题，以及当前高等师范院校地理教育实习的改革探索等，了解我国地理教育实习的发展现状。

1.1.1 我国教育实习的历史沿革

1.1.1.1 清末民初时期

1898 年我国创办了第一个师范教育机构——上海南洋公学师范院，特设"外院学堂"，即附属小学，作为师范生实习场所，规定实习期限为一年，重视通过教习结合，尽快将师范生培养为合格师资，开启我国师范教育的先河。

1902 年清政府实行新政，颁布《钦定京师大学堂章程》，规定京师大学堂附设师范馆，还规定在第 4 学年进行专门的教育实习，第一次以中央颁布制度之方式确立了教育实习在师范教育中的地位。

1904 年颁布的《奏定初级师范学堂章程》和《奏定优级师范学堂章程》，均规定初级和优级师范学堂应设附属小学或中学，以供师范生实习之用，以保障师范生的教育演习，并对以后的教育实习产生了重大影响。

1912 年中华民国教育部颁布《师范教育令》，规定"高等师范院校以造就中学校、师范学校教员为目的"，并专门确定师范生要进行教学演习。1913 年在《高等师范学校章程》中，规定"本科三年级学生，应令在附属中学校、小学校实地练习，专修科选科生最后学年亦如之"。

这一时期，尤其是师范教育草创之初，重视边教边学，教习结合，后发展为优级师范学堂的演习，强调先掌握一定的教育理论，在学完一定的公共课程和专业课程之后，再进行专门的教学演习。"演习"还包含"预演""预讲"，比之于"教习"，更符合师范教育的规律。

1.1.1.2 民国时期

1922 年中华民国政府颁布"壬戌学制"，北京高等师范学校更名为北京师范大学，以培养中学学校教师为办学宗旨，采用学分制，教育实习占 8 学分，规定师范大学附设中学校、小学校及幼儿园，以供师范生实地研究教育之用。

1941～1944 年中华民国教育部先后颁布《师范学校（科）学生实习办法》《师范学校学生实习及服务办法》《师范学院（校）学生教学实习办法》等法令法规，指出教育实习的范围包括参观、试教和充任实习教师等，详细规定了教育实习的宗旨与意义、内容与安排，以及考核与评定等内容。

这一时期，政治动荡、经济衰败，师范教育几经变革，实习安排多有变化。但结合有关教育课程进行的教学"参观"、学校组织的教育"实习"（试教）和为期一年的实习教师，教育实习制度较之清末民初的"教习"和"演习"更趋合理，更有利于教师的教育训练。

阅读 　　　　　　　　　**老解放区对教育实践的重视**

在革命战争年代，中国共产党领导的苏维埃革命根据地、抗日民主根据地和解放区先后设立了师范学校或有教师资格培训性质的学校，以培养师资和文教干部。1934 年中央把师范学校分为 4 类，即高级师范学校（中师）、初级师范学校（初师）、短期师范学校和小学教员训练班，要求各类师范学校都必须设教育实习课程，并把教育实习与教育实验结合起来。在颁布的《高级师范学校简章》中，第一条规定利用附属小学与成人补习学校进行实习，以对苏维埃的教育方法进行实验；第三条规定教学时间的比例由修业的年限和环境需要决定。但在任何条件之下，政治工作、教育实习和科学实验都不可放松，突出实习在教员培养中的重要作用。"重视实践活动，理论联系实际"是共产党的传统。革命根据地开展的师范教育，尤其重视理论联系实际和教育实践活动，采取边学习、边实践，在实践中学习的方法，学用结合、学以致用，含有最广泛的教育实践因素，为中华人民共和国成立后建立社会主义教育实习制度提供了宝贵经验。

——改编自陈元晖. 1979. 中国现代教育史. 北京：人民教育出版社.

1.1.1.3　中华人民共和国成立后

1949 年 12 月教育部召开第一次全国教育工作会议，确定了建设中华人民共和国新教育的总方针，即"以老解放区新教育经验为基础，吸收旧教育有用经验，借助苏联经验，建设新民主主义教育"。从 1952 年开始，我国按照苏联经验，对解放前的师资培养体系和课程进行了全面改造。

1952 年教育部颁布《师范学院教学计划（草案）》，强调学用结合，对教育见习和实习做了较为合理的安排。教育见习要求结合教育学课程进行；"教育实习安排两次，共计十二周……均停课往指定场所实习"。这一计划对见习和实习的安排，参照苏联模式，开始建立比较具体的教育实习制度和工作方法。

1957 年颁布的《高等师范学校本科和专科教育实习暂行大纲》，强调教育实习仍为两次，安排于第六学期 4 周和第七学期 8 周，同时加强心理学、教育学、教学法的见习工作。这个独立大纲的制定与实施，对实习的内容、时间和成绩评定，以及组织领导等都做了具体规定，并增加了实习班主任工作。

1961 年教育部根据中央"调整、巩固、充实、提高"方针，重新对师范教育的发展和要求进行调整和规定，其中教育实习"本科以六周为宜，专科以四周为宜；实习内容包括教学、班主任工作等""教育见习应分散进行"。1963 年修改和颁布的《高等师范学院教学计划（草案）》，尤其强调"实习过程中应注意同接收实习的学校密切配合，学习中学教师的教学经验"。

这一时期，在纠正机械照搬苏联经验的同时，开始强调将国外先进教育实习经验与中国师范教育实际相结合，规范教育见习和教育实习，并增加了班主任实习内容，初步尝试建立适合中国国情的教育实习制度。但在 1966～1976 年十年期间，教育实习名存实亡。

1.1.1.4　新时期的新探索

1978 年 6 月全国高等学校文科教学工作座谈会后，试行了高等师范学校各种教学方案，其中规定"实习时间为 6 周，一般安排于第七学期进行"。1981 年教育部下发的《关于试行高等师范院校文科三个专业教学大纲的通知》强调教育实习的重要性，并对教育实习内容和时间都做了统一要求。

1985 年 5 月中共中央召开了改革开放后的第一次全国教育工作会议，并颁布了《中共中央关于教育体制改革的决定》，其中明确提出"改革教学内容、教学方法、教学制度""增加实践环节"。1986 年国家教育委员会颁布的《关于加强和发展师范教育的意见》，强调"加强教育实践的改革……建立稳定的实习基地，完善实习制度。"1993 年 2 月《中国教育改革和发展纲要》指出：“加强实践环节的教学和训练，发展同社会实际工作部门的合作培养，促进教学、科研、生产的三结合。

1996 年全国师范教育工作会议后，国家教育委员会印发的《关于师范教育改革和发展的若干意见》中指出：“因校制宜、逐步推进学分制”。自此至今，高等师范院校教育实习制度开始出现由国家统一要求为主，逐渐走向鼓励和允许不同地区、不同院校根据自身实际和发展特色进行探索和改革的新局面。

这一时期，高等师范院校的教育实习改革从提升实习质量、革新管理体制、改革实习模式到改进评价体系等，都有新的开拓和进展，呈现出丰富多彩的新面貌。尤其是近几年教育实习模式的探索方兴未艾，试行的混合编队实习、委托管理实习、顶岗置换实习、基地集中实习、协作型实习、发展性实习、回家乡实习、三段式实习和前延后续两段式实习等，可谓百花齐放，推陈出新，为培养具备崇高教育信念和专业智慧素养的新一代教师发挥着日益重要的作用。

1.1.2　地理教育实习中的主要问题

1.1.2.1　地理院系的困境

地理院系的困境有 3 个方面。一是近几年，无论是普通高校还是高等师范院校，学生招生规模在不断扩大，地理专业的学生也随之逐年增加，致使地理院系实习指导教师所带实习学生人数一般为 8～10 人，增加了教学工作量和指导难度。二是多数高等师范院校的指导教师缺乏中学教育经历，也很少关注基础教育地理课程的改革，对中学地理教育现状缺少基本的了解，甚至认为培养学生教育教学能力是教育学、心理学和教学论教师的责任，作为专业课教师，只需讲透、讲深专业知识，教育实习指导过程难以做到有的放矢。三是平时高等师范院系与实习学校之间沟通与合作较少，教研与科研没有面向中学，将其作为自身的服务对象，无法提供智力、财力的支撑，难以与其建立一种平等的、共生的合作伙伴关系，大大影响教育实习的质量与效果。例如，在实习实际工作中，常出现将师范生送到实习学校以后，高等师范院系指导教师就放任不管，部分指导教师忙于科研、行政工作，很少、甚至不去实习学校听课及了解师范生实习动态，而学院也缺乏对指导教师的监管机制，以至于不良现象频频发生。

1.1.2.2　地理师范生的困难

地理师范生的困难有 3 个方面。一是地理科学专业在各高等师范院校中均是学校的考研热门专业，每年报考研究生的学生人数众多，考研复习与教育实习的时间发生冲突，为了考研而放松、甚至放弃教育实习任务的现象比比皆是，教育实习成为考研的牺牲品。二是现行的教育实习一般安排于第七学期或每年的下半年，集中实习时间为 10 周，而此时正是不少地区招聘工作岗位的高峰期，而大多师范生不愿意受集中实习的时间和管理限制，而是愿意选择分散实习、回乡实习，致使近年分散、回乡的实习人数大为增加，但在分散实习过程中，对师范生的监督和管理成为很大的难题。三是一些高校院系已将实习时间调整到第六学期，一方面师范生专业集中学习时间压缩提前；另一方面实习学校正值中考、学业考和高考的关键学期，难以落实实习学校和圆满完成教育实习任务。当然，还有部分学生的求职意向并非从事教育教学工作，而是把大量时间花在其他能力的培养上，如各种考证、兼职等，加之专业课程负担较重，对教育实习重视程度不够，多采取敷衍应付的态度。

1.1.2.3　实习学校的困惑

实习学校的困惑有 3 个方面。一是实习学校担心实习工作会影响本校的教学质量，打乱正常的教学秩序，普遍对接收高等师范院校师范生实习积极性不高，甚至把接收实习生作为负担而出现排斥现象。有些重点中学不愿意让没有经验的师范生承担教学任务，即使接收部分实习生，也大为减少他们的实际教学课时。二是实习学校对实习任务的实施带有随意性，大多数学校对选派的指导教师没有统一规范的要求，他们更多关注的是自己所带班级的教学质量，而不是师范生教学水平的提高，致使实习学校的指导教师会出现对师范生指导不力而难以规范管理的现象。三是实习学校的地理教师数量在各专业教师中相对偏少，一般每位地理教师指导师范生的数量达 4~8 人，甚至更多，给实习的组织安排带来很大困扰。例如，有的地理指导教师，在师范生进校后还未经历听课、试讲等环节，就完全将班级教学任务交给师范生，使他们没有时间认真备课、总结反思，只能忙于应对，尤以初中教育实习表现明显；有些地理指导教师只让师范生听课、编写教案，很少让他们真正走上讲台，或者最多给师范生 1 次上讲台的机会，完全达不到实习锻炼的效果，这种现象在高中教育实习中比较普遍。

阅读　　　　地理师范生微格教学训练常见问题

片段教学内涵把握不清。部分地理师范生对片段教学"只闻其名、不知其实"。但在事前，他们既不积极主动地查找、阅读相关的书籍资料，也不向经验丰富的同侪、师长等请教。事到临头，只能不懂装懂，往往在 10~15 分钟的微格片段教学中，如"蜻蜓点水"，匆忙上完通常一两个课时量的内容，令人啼笑皆非。

片段教学结构不完整。片段教学要求在有限时间内，对某一教材某一章节某一部分内容进行结构完整的教学，具有开场词、导入、讲解、小结、巩固、延伸等流程。但较多地理师范生在微格教学训练中，对开场词、小结、巩固、延伸等环节有所疏漏或表现不够，对时间的安排也不合理，往往造成"虎头蛇尾"或"有头无尾"的局面。

缺乏师生互动环节。微格片段教学虽然是虚拟性的教学活动，但也要求具有一定的预设性，需设计师生读、讲、问、答、议、练等互动环节。而不少地理师范生则"以自我为中心"，实行"满堂灌"的教法，完全忽视与"虚拟学生"进行语言和情感的交流，或象征性抛出一两个问题，"不管不顾""蒙头"一讲到底。

教学基本功较薄弱。大多数地理师范生都能较熟练地应用 PPT、视频剪辑等软件，但有的过度依赖于微格教室的多媒体设施设备，在地理"三板"设计和应用方面较为薄弱，板书字迹潦草、布局混乱、主副板书不分、板图板画缺失，一旦出现停电或多媒体设备故障就会手足无措、难以为继。

微格教学训练应付了事。部分地理师范生微格片段教学训练马虎、懒散，为贪图省事，直接从网络下载相应课件，甚至连首页主讲人的信息都未曾修改；遇到重点和难点，常因准备不足，一时语塞；认为撰写教学设计是"负担"，常在微格训练中不认真准备，或经常遗漏学情分析、教学过程、板书设计、课后反思等内容。

心理素质不过硬。一些地理师范生由于初次接触微格片段教学，在数位同侪和教师面前，压力过大、自信心缺失，形成心理障碍，导致难以流畅地组织思路和语言开展教学，或者内心过于紧张，手脚发抖、目光躲闪、声音颤抖等，极大地影响微格片段教学效果。

教师仪态有待于提高。有些地理师范生着装过于随意，一些习惯性举动有损教师形象，面色严峻，背手叉腰；遇到难处，抓耳挠腮；模拟训练不够严肃，过于随意和放松；全程捧着教材或盯着教案、电脑屏幕，与台下师生缺乏目光交流；时常出现一些无意义的口头禅，显得较为突兀和拖沓。

——选自陈杰，刘恭祥. 2016. 地理师范生微格教学训练中的常见问题及改进建议. 地理教育，4：53.

1.1.3　当前地理教育实习的改革探索

1.1.3.1　教育实习模式的改革

近年来，师范生的教育实习越来越受到高等师范院校的重视，其作用和地位也得到日益关注。教育实习改革研究最突出的当属教育实习模式的探索。下面将呈现广东省某高等师范院校改革创新的"四方联动、两端对接"顶岗支教——置换培训教育实习模式。

示例　　"四方联动、两端对接"顶岗支教——置换培训教育实习模式

"四方联动、两端对接"顶岗支教——置换培训教育实习模式是能拉动社会多方力量、实现高等师范院校人才与地方学校需求全面对接的有改革特色的实践教学模式。"四方联动"即高等师范院校、教育行政部门、实习学校、实习学生四方在互动中形成合力，共同完成"顶岗实习——置换培训"的计划、组织、督导、考核与评估等工作，形成有力的合作机制，保证师范学生教育实习的质量。其中，高等师范院校与教育行政部门之间应共同制订实习与培训计划，共同管理和评价教育实习学生和置换培训教师；高等师范院校与实习学校之间应共同管理和评价教育实习学生、实习指导教师和实习学校指导教师；教育行政部门与实习学校之间要共同选择参加置换培训的教师，共同管理和督导教育实习的学生；高等师范院校与实习学生之间要共同完成职前训练、共同完成对实习的最终考核和评定；实习学校与实习学生之间应共同保证教育实习任务的完成，注重教学质量和教育实习效果（图1-1）。

"两端对接"即高等师范院校人才培养的目标与地方教育单位的教师人才需求进行对接，开展长期的战略合作。一方面高等师范院校与地方教育行政部门进行对接，可使实习支教、置换培训工作能在有力的政策和制度保障下顺利实施；另一方面，高等师范院校与地方学校（主要是中小学）进行对接，涉及高等师范院校人才培养目标与农村学校教师岗位能力的要求实现对接；高等师范院校设置的培训课程内容与农村教师专业发展的需求实现对接。这种多方合作、多层面对接搭建的共同体平台，可积极推动教师教育改革，又促进农村教师队伍建设，实现高等师范院校、当地教育行政部门、实习学校、实习学生多方共赢，为培养适应区域和地方经济社会发展需要的综合型师资人才提供有力保障。

"四方联动、两端对接"顶岗支教——置换培训教育实习模式在改革实践的十余年中，已探索出具体实施的几种形式。一是对于偏远及欠发达地区的教师采用"集中实习、送教下乡"的方式，即由高等师范院校安排师范学生到支教地区的学校顶岗实习，将支教学校教师置换到当地由高等师范院校安排培训，同时监管实习生实习。二是对中等发达地区的教师采取"集中实习、封闭培训"的方式，即由高等师范院校学生到当地顶岗实习，并将

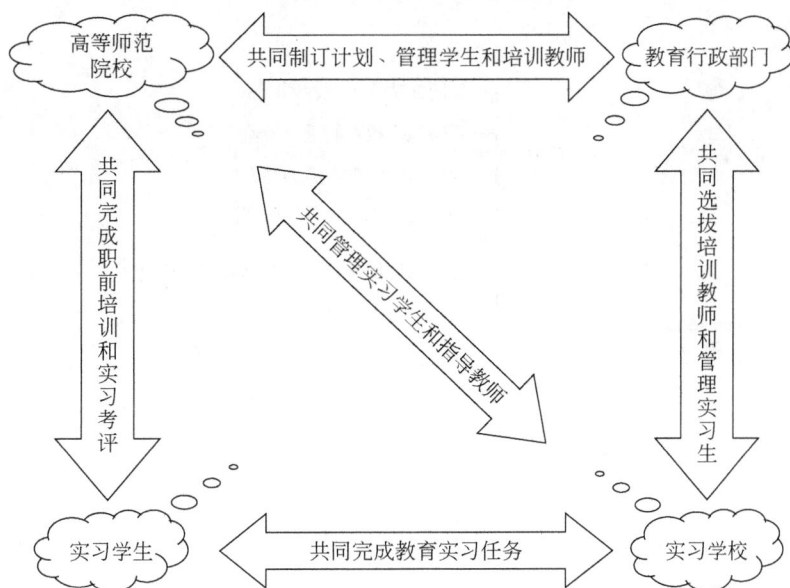

图 1-1　"四方联动"示意图

支教学校教师置换到高等师范院校进行封闭式培训。三是配合地方教育行政部门的要求和安排，采用"短期实习、封闭培训"的方式，即由高等师范院校临时选派部分成绩优异的学生进行顶岗实习，将支教学校教师置换到高等师范院校进行为期一个月以内的培训。四是对于一些经济发达地区，采用"分散实习、定点培训"的方式，即安排高等师范院校学生利用业余时间到支教学校当"助教"，帮助学校组织课外活动，同时安排高等师范院校专业教师到当地学校开展校本培训。

"四方联动、两端对接"顶岗支教——置换培训教育实习模式在十余年的探索实践中取得了意想不到的效果。一是促进教师教育培养质量提高，为实现高等师范院校"一专多能"的培养目标打下了良好基础，全面提升了师范学生教师的职业意识和教书育人的社会责任感，以及教师职业能力。二是促进专任教师一线实践能力的提高，有利于"双师素质"的培养，为高等师范院校培养出既能胜任专业课教学，又能指导实践教学，并能上好培训课的教学多面手。三是促进置换教师培训效果显著提高，地方学校教师专业素养提升，教学思路宽广，教改意识增强。四是为推广高等师范院校和地方实习学校的教育改革、教研创新和教学升级，提供了难能可贵的经验和许多有益的启示。

——改编自郑永红，陈志菲. 2012. 高校师范生"顶岗支教——置换培训"模式探析. 高教探索，1：97-100.

1.1.3.2　教育实习评价的改进

教育实习评价是教育实习工作中的一个重要环节，其中评价指标、评价内容、评价方式和评价手段等的改革是教育实习评价改革探索的焦点和热点问题。下面将呈现重庆某高校教育实习综合评价节选，尤以在突破试教（占 20%）、试做（15%）两部分局限，将职业信念、反思能力、研究能力和合作精神纳入评价内容，倡导评价主体、评价方式综合多元方面，具有一定特色。地理教育实习综合评价见图 1-2～图 1-4。

图示

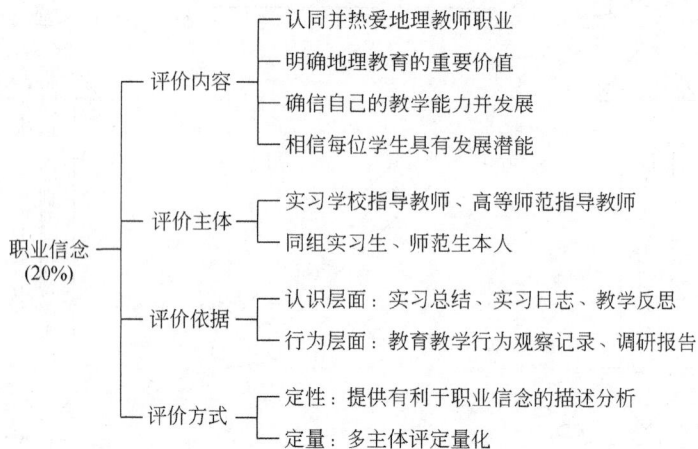

图 1-2 职业信念评价

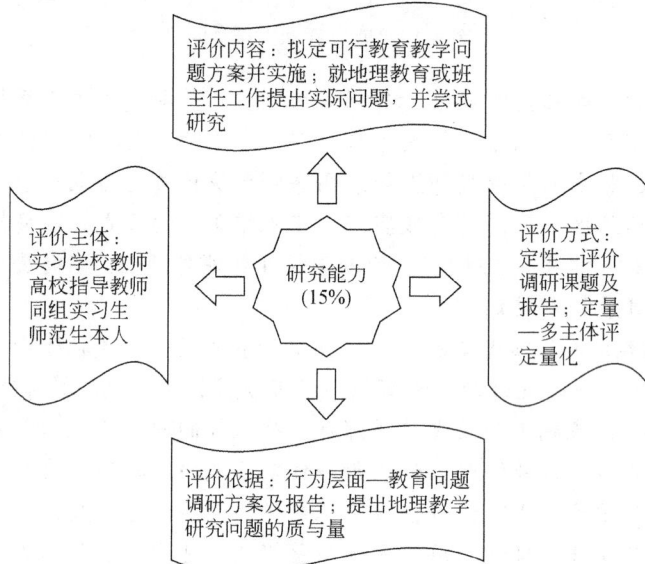

职业信念
(20%)

评价内容
- 认同并热爱地理教师职业
- 明确地理教育的重要价值
- 确信自己的教学能力并发展
- 相信每位学生具有发展潜能

评价主体
- 实习学校指导教师、高等师范指导教师
- 同组实习生、师范生本人

评价依据
- 认识层面：实习总结、实习日志、教学反思
- 行为层面：教育教学行为观察记录、调研报告

评价方式
- 定性：提供有利于职业信念的描述分析
- 定量：多主体评定量化

图 1-2 职业信念评价

研究能力
(15%)

评价内容：拟定可行教育教学问题方案并实施；就地理教育或班主任工作提出实际问题，并尝试研究

评价主体：
实习学校教师
高校指导教师
同组实习生
师范生本人

评价方式：
定性—评价调研课题及报告；定量—多主体评定量化

评价依据：行为层面—教育问题调研方案及报告；提出地理教学研究问题的质与量

图 1-3 研究能力评价

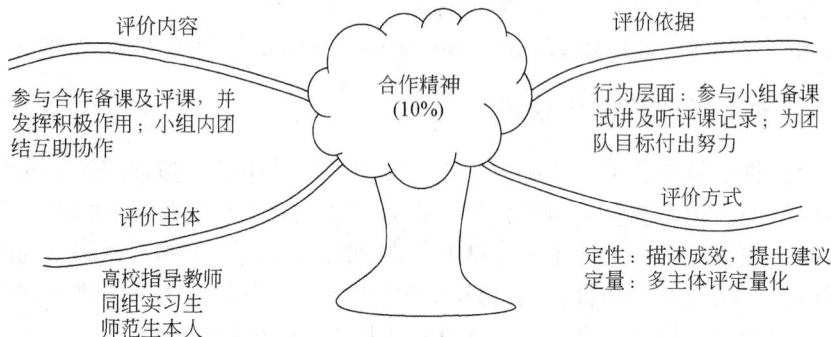

合作精神
(10%)

评价内容
参与合作备课及评课，并发挥积极作用；小组内团结互助协作

评价依据
行为层面：参与小组备课试讲及听评课记录；为团队目标付出努力

评价主体
高校指导教师
同组实习生
师范生本人

评价方式
定性：描述成效，提出建议
定量：多主体评定量化

图 1-4 合作精神评价

——改编自曹华清. 2012. 专业发展视域下的历史教育实习评价改革思考. 西南大学学报（社会科学版），2：39.

1.1.3.3　教育实习手段的改变

推动教育实习资源整合与建设、构建全新教育实习平台是高等师范院校教育实习变革现代化的突出特征，也是教育实习改革探索的重要内容。西方发达国家教育改革的突出特点之一，就是善于将现代信息技术手段应用到教学改革创新中。以教育实习为例，注重以现代信息技术手段发展为契机，将信息化成果运用于为师范学生提供实践性知识的情境中，进而促进师范生的专业化发展。下面将呈现美国建立的师范生教育实习平台（表 1-1），主要为广大职前教师培训提供在线使用服务。

表解

表 1-1 反映出了美国教育实习平台的几个特点：一是以现代教师专业发展理论为指导，模拟教学情境和提供教学实景，促使师范生在线观摩、交流、分析和反思，充分获得实践性知识；二是提供丰富多样的教学资源，包括视频、动画、文本、案例、图像、素材等，可供师范生灵活选用；三是教育实习改革及教师培训探索，紧跟信息技术的飞速发展和计算机网络的日益普及，以及"互联网+"的广泛利用，创新教育实习手段；四是通过与在职教师深度合作，聘请具有教育经历和教学经验的一线教师担任指导，促进师范生坚定教师职业信念，提高教育机智和教学反思能力，引导未来教师更好地实现专业成长。

表 1-1　美国教育实习平台

开发机构与个人	平台名称	功能
纽约州立大学	"文学硕士课程教学计划"	在第一学年开展为期 50 小时的在线视频录像课堂观察
兰珀特等	"学生学习环境"	整合多媒体、视频、教师札记和学生档案袋，从实践的观点帮助师范生和教师学习为理解而教的理念
马克斯等	"项目实践案例簿"	采集优秀教学案例视频，并提供视频文字支持材料（如背景简介、教师简介、视频片段评论、教师反思）
巴拉布等	"探究学习论坛"	支持在职和职前的数学和科学学科教师互动形成共同体，通过平台发表意见、共享和改进教学
威斯康星—麦迪逊大学教育学院教育研究中心	Transana 平台	为研究者提供教学视频及其文字分析与反思材料
奈特	视频远程教育平台	职前教师远程观看中学课堂教学实况，然后与课堂教学教师对话和参与小组讨论等，并进行短文写作、分析学习理论等

——改编自姚云，李福华，张继华. 2012. 我国师范生教育实习改革的路径思考. 教育研究，2：105.

行动

查阅整理：发达国家一贯重视教师专业发展。整理美国、德国、英国、法国、日本等国教师实习或培训的发展概况。

深化思考：教育实习是高等师范院校教学计划或人才培养方案的重要组成部分。思考地理教育实习的困境或瓶颈及其影响因素。

分享交流：随着对人才综合素质的要求越来越高，因地制宜进行教育实习改革如火如荼，交流探索中的做法与体会。

各抒己见：2018 年 1 月中共中央、国务院颁布的《关于全面深化新时代教师队伍建设改革的意见》对地理教师专业化成长具有的重要意义。

1.2　地理教育实习的作用

地理教育实习是高等师范院校人才培养方案的有机组成部分，是地理教师教育教学过程的必要环节，也是培养合格地理教师的重要保证。本节主要通过地理教育实习的目的意义、地理教育实习的任务要求和地理教育实习的性质特征等，理解地理教育实习的重要作用。

1.2.1　地理教育实习的目的意义

1.2.1.1　强化职业意识和陶冶师德情操

教师不仅是知识的传递者，也是道德的引导者，思想的启迪者，心灵世界的开拓者，情感与信念的塑造者。教师职业不是一项普通的职业，教书育人是教师重要而崇高的职责。师德情操包括：敬业，即对教育事业的忠诚与敬畏；乐业，即在从教过程中感受到幸福与欢乐；精业，即努力提升教师的职业修养与专业素质。实践证明，师范生的职业意识或专业思想不是与生俱来的，而是教育、培养和熏陶的结果，需要在教育实践中强化养成。经历教育实习过程，师范生与中学指导教师和学生朝夕相处、共同生活与工作，他们能够从中感受教育鼓舞，体验做教师的乐趣，从而激励师范生将教师职业当成一项事业，以不竭的工作动力和持久的探索热情去实现职业理想；将教学工作当作一门学问，善学多思，潜心钻研，在今后的教学生涯中融会贯通，创造未来；将教书育人作为一种兴趣，面向学生充满无限热爱和热情，面对工作全身心投入，乐在其中。由此可大为增强从事教育工作的荣誉感和责任感，坚定献身教育事业的理想与信念。

阅读　　　　　　　　　**地理教育实习带给我的变化**

教育实习作为检验、提升地理师范生教育教学能力的必经之路，有助于地理实习教师将地理学科专业知识、教育学和心理学理论知识和板书、制作电子课件等教育技术这些大学积累的知识技能运用于地理教育实习活动中，全面检验自己所学的知识和教学能力。

☆ **重识教师职业，强化教学意识**

实习的第 1 周和第 2 周为见习阶段，在这两个星期里，我全面熟悉地理教材内容，认真聆听指导教师的每一节课，做好听课记录。第 3 周指导教师决定让我初试课堂教学，这令我兴奋不已，但是当我自信满满备好课第一次深入课堂时，就遇到大学里没学过、没想过的难题，即当自认口才出众的我绘声绘色地讲完一节课后问学生："你们听完课，印象最深的是什么？"学生面面相觑，茫然无语。学生何以如此？在我看来主要是学生没有学习兴趣，但指导教师认为，学生缺乏地理学习兴趣是因为课堂设计脱离实际、备课不充分。认真备课是课堂教学的先导，应钻研教材，将教师、教材、学生三者融合成有机整体，深入了解学生地理学习需求，在教学设计上狠下功夫。

教育是一个广泛互动的过程，今天的课堂教学不再是教师"一言堂"的说教和灌输，而是师生相互促进的影响和熏陶。教育实习的过程让我明白"教无定论"的真正含义，塑造个性化的教学、师生共同成长的观念在我的头脑里越来越明显、清晰；教师与每一个具体的学生和学生群体交流，需要去理解、把握、设计和进行教育活动，善于发现、选择、利用已有的各种知识引导和调动学生的内在潜力。

在实践中学习、在学习中实践。地理教育实习的综合性体现于地理学科的教学任务、教研活动、丰富多彩的地理课外活动，以及学习班主任的系列工作和教育科研的实习等。经历这一实习过程，使我对地理教师职业有了更加深刻的认识，更加清晰的努力方向，给了我走出大学象牙塔，真真切切地深入中学课堂，体会地理教师职业酸甜苦辣的机会。

☆ **教书重要，育人更重要**

陶行知先生曾说过："千教万教，教人求真。千学万学，学做真人。"教书的目的是育人，而育人也反过来影响教书。学生受到良好的思想教育，具有良好的品行习惯，才会端正其学习态度，更快、更好地接受新知识，从而收到良好的教学效果。

在我实习的班集体里有一名男同学，上课特别喜欢讲话，平时也不爱学习。一次课堂上他不停讲话，我并没有批评他，而是请他回答一个比较简单的问题，当他回答出正确答案后立即表扬他，全班响起热烈的掌声。从此，我发现他上课的注意力越来越集中，也不再和同学讲话，还主动举手回答问题。这让我感受颇深，他为什么会有如此大的改变？因为他感受到教师的尊重和鼓励、体验到教师的信任和关怀，反映出教师的言行对学生的影响巨大。

春秋末期著名的思想家、教育家、政治家孔子曰："其身正，不令而行；其身不正，虽令不从，不能正其身，如正人何。"教师的世界观、人生观和价值观，甚至一言一行，都会对学生的精神世界起着"随风潜入夜，润物细无声"的作用。作为地理教师，应该时刻注意自身道德情操的修养，通过言传身教，在传授知识的同时渗透为人的道理，帮助学生塑造健康人格，为他们今后的美满人生铸造坚实的基石。因此，教书重要，育人更重要。

☆ **加强教研教改，促进专业发展**

当今社会发展很快，科学技术突飞猛进，知识应用期日趋缩短，知识创新日益鲜明，要求教师不断吸取新信息、新知识、新理念，始终站在知识的前沿；不断完善知识结构，做到博学多才，与时俱进，学生才会"亲其师而信其道"；对所教学科要知其然，更要知其所以然，抓住要领，举一反三，触类旁通，运用自如，激发学生的探究欲望。例如，我的指导教师是一位有 20 年教龄、经验十分丰富的地理教师，但她仍然在繁忙的工作中不断更新教育教学观念，努力吸取新知识、新方法、新技术。作为实习生的我更应该与时俱进、不断追求、勇于探索、持之以恒，加强教学教研，提升专业素质。

俗话说，教师要给学生一杯水，自己必须有一桶水。在素质教育实施的今天，地理教师理应成为学习型、研究型、探索型的人才，时时为学生做出学习的榜样，让学生在熏陶感染、潜移默化中热爱学习、学会学习，最终成为学习型人才。

——重庆师范大学 2011 级本科生吴亚撰写

1.2.1.2　提升任教能力和促进专业发展

任教能力的形成是师范生在掌握学科专业知识和教育理论知识的基础上，经过教学过程各个环节的实践训练，逐步取得经验，并不断充实、强化，由陌生到熟练的过程。古人曰："学然后知不足，教然后知困。知不足，然后能自反也；知困，然后能自强也"。正如医生必须经过临床实习的专业训练，工程师必须经历工程实习的专业训练一样，师范生必须融入基础教育一线进行教育实习锻炼，才能强化自身的专业知识水平，提升从师任教的能力。教师专业发展是教师职业理想、道德情操和社会态度不断提升、循序渐进、经历体验到成熟创新的持续学习过程。师范生的身份要从实习生转换成教师角色，需要他们置于真实的教学环境中，通过观察、体验、交流、思考、评价、反思等，在实践锻炼中实现转变并不断成长，教育实习其实是师范生专业发展的重要起点。因此，经历教育实习过程不仅可以丰富师范生的知识储备，更新和拓展专业结构，提高他们娴熟的教学技能和从教能力，而且可以培养师范生面对复杂教学背景和过程的理性思考与价值判断，终身学习态度，自我反思精神，自主专业发展能力，以及不断生成教育智慧。

📖 阅读　　　　　纸上得来终觉浅，绝知此事要躬行

教育实习是为即将走上教育岗位的工作者打下良好基础的重要环节，是理论知识与实战演练的无缝接轨。在丹桂飘香的 9 月，我进入一所初级中学，开始为期 3 个月的地理教育实习，主要从事初中地理课程和助理班主任工作。这次难忘的实习使我如干涸河流经过雨季滋润后逐渐丰盈、生机勃勃，收获颇丰。

☆ **生本课堂，教学观念的洗礼**

生本课堂提倡以人为本的理念，贯彻以学生主体为核心的课堂教学，有效地激发稚嫩青葱学生的动力，使其绽放天性活力，与生活化地理不谋而合。

初试教师的我虽然有理论学习经历，却无法将专业理论与真实课堂恰当融合。于是就有了下面这一幕，第一次走上有学生瞩目的讲台，信心满满、无比期待。课堂上自己完全沉浸在准备的教学顺序与内容中，而学生却一脸茫然、毫无反应，整个课堂自己就如聚光灯下的独舞者，失去喝彩的观众，心里忍不住落寞。事实给我敲响了警钟，努力寻找缘由，课后通过与实习同伴交流、指导教师的耐心指点、自我认真反思得知，此次课堂的致命之处就是脱离学生，与学生生活不贴近、教学问题与学生思维水平难以吻合、学生学习的主体地位认识不够清楚。最好的方法就是打造高效的生本课堂。

教学形式多样化。生本课堂主角从教师到学生转变，新知从被动接受到主动探索，要求教学形式从单一到多样，主要有自主学习、小组合作、交流展示等，有利于形成学生良好的自学、团队协作习惯，提高独立思考、交流表达的能力。

教学环节别样化。初中学生对新事物充满好奇心，使常态的教学环节别开生面、面目一新，能够激发其学习兴趣。教学环节设置别出心裁的名字；知识辨析的"火眼金睛辨真假"；课堂练习的"小试牛刀""大显身手"等。活动方式力求激发手脑口相结合，语言表达能力的"故事汇"，动手能力的"智勇打拼图"等。

教学活动情景化。将枯燥乏味的知识通过模拟生活情景进行呈现，搭建通往知识的桥梁，可激发思考活力、提高学习效率。中学生对社会各种职业充满幻想，可情景化设计"如果你是山区的大学生村官，将会怎样开发和保护山区，要建设新农村，请各位大学生村官弄清楚山区的优势和劣势，把握振兴山区的有利条件和不利条件。"

教学问题梯度化。课堂问题难度大、范围广，超出学生的思维水平，将无法达成有效教学，从学生个体差异性考虑，将重点问题分层次、难度问题梯度化、问题指向明确化、问题角度多元化。例如，"根据长江流域图和各河段图片说出各河段特点"，可从各河段的落差、水能、支流及湖泊数量、河道等突出方面进行分析。

☆ 润物无声，教育策略的浸润

用"心"育人。爱的教育，永不过时的教育理念，它会产生心灵与心灵的碰撞，精神对精神的感化，情感与情感的交融，让班级成为温暖友爱的大家庭。首先，读懂学生，摒除对孩子的偏见，从学生的视角，用眼仔细观察、用耳认真倾听、用心深入思考、用语言真诚沟通。其次，关怀学生，爱需要大声说出来，教师的爱或许是一句简单的问候，也或许是举手之劳，都可能会让学生得到心灵慰藉。最后，尊重学生，初中学生天性纯真好动，相互间会发生小矛盾，教师不应以制裁者的身份对待学生的矛盾，应给犯错的学生话语权，让他们获得应有的尊重，接受正确的教育。

以身作则。初入学校，指导教师举了这么一个例子，一位班主任问爱看网络小说的学生："看无意义的网络小说不利于学习，为什么戒不掉看小说的习惯"。学生反问："老师，吸烟有害健康，为什么你还这么爱吸烟呢？"这令我很感触，不严于律己，何以为人师。班主任必须以身作则，严于律己，优化自己，做好表率，在潜移默化中优化学生的言行。着装得体、举止大方，树立正确的审美观；精力充沛、开朗乐观，保持阳光向上的心态；不迟到早退，提高批作业效率，培养科学的时间观等。

一开始繁杂而又琐碎的班主任常规工作常常令我焦头烂额，然而我在班主任指导教师身上发现，要热爱这份工作，热爱班级的每位学生，班主任工作就是上天赐予的最好礼物。班主任与学生不是管理者和被管理者，而是班级建设共同的创造者。

☆ 精彩纷呈，课外活动的设置

现代教育提倡德、智、体、美、劳全面发展，学校越来越重视课外活动的展开，实习所在学校的课外活动类型丰富多彩，主要涉及社团活动、体育锻炼、社会实践、调查报告、夏令营等。实习期间开设"户外模拟现场"社团，包括动手制作日晷，感受古人的智慧魅力；"跟着贝尔去旅行"，进行营地安置、辨别方向、紧急救助和寻找水源等户外现场模拟；"姹紫嫣红"，寻找世界中一反常态的天然红色湖水，探访其中的奥秘……在活动过程中享受遨游地理世界的快乐。

"纸上得来终觉浅，绝知此事要躬行！"3 个月的地理教育实习淬炼，是一次真正的实践与理论相结合、学习与锻炼相促进的经历，是真正走上教师工作岗位前的一次重要历练。

——重庆师范大学 2013 级研究生冯月月撰写

1.2.1.3　全面检验地理教学质量和培养规格

高等师范院校地理科学专业（或称地理教师教育专业）的培养规格，就是培养德、智、体、美、劳全面发展的，适应基础教育地理学科相关教育教学工作的合格毕业生。地理教育实习是基于理论与实践的融合，围绕怎样胜任地理教师工作这一中心问题，对师范生进行的一次集中的、全面的综合性专业教育实践活动。在国外，教育实习普遍被看作是学生素质的集中体现，被当成学生推销自己的首次面试，也被视为高等师范院校生存与发展的基石。例如，美国、英国、德国等国家，主要采取很多切实可行、富有成效，看起来近乎苛刻的措施，以提高教育实习的质量，对实习效果的评估非常严格[①]。实践是检验真理的唯一标准，高等师范院校地理教育教学质量也只有通过教育实践才能真正得到检验，其教育教学质量的高低，应当通过学生走入工作岗位后的教育实践来检验，但教育实习作为师范

---

① 陈静安. 2004. 五国教育实习模式比较. 课程・教材・教法, 5: 18-23.

生教育教学真正意义上的初次实践，可以获得及时的反馈信息。因此，通过教育实习不仅可以获得师范生职业意识、专业知识、任教能力、心理素质等方面的第一手材料，而且更为重要的是，其也是对高等师范院校地理教育教学质量、培养规格和办学水平的一次集中检验，以此总结经验教训，查漏补缺，不断改进教育教学工作。

阅读　中共中央、国务院《关于全面深化新时代教师队伍建设改革的意见》
（节选）

弘扬高尚师德。健全师德建设长效机制，推动师德建设常态化、长效化，创新师德教育，完善师德规范，引导广大教师以德立身、以德立学、以德施教、以德育德，坚持教书与育人相统一、言传与身教相统一、潜心问道与关注社会相统一、学术自由与学术规范相统一，争做"四有"好教师，全心全意做学生锤炼品格、学习知识、创新思维、奉献祖国的引路人。

实施师德师风建设工程。开展教师宣传国家重大题材作品立项，推出一批使人喜闻乐见、能够产生广泛影响、展现教师时代风貌的影视作品和文学作品，发掘师德典型、讲好师德故事，加强引领，注重感召，弘扬楷模，形成强大的正能量。注重加强对教师思想政治素质、师德师风等的监察监督，强化师德考评，体现奖优罚劣，推行师德考核负面清单制度，建立教师个人信用记录，完善诚信承诺和失信惩戒机制，着力解决师德失范、学术不端等问题。

全面提高中小学教师教学质量，建设一支高素质专业化的教师队伍。提高教师培养层次，提升教师培养质量。推进教师培养供给侧结构性改革，为义务教育学校侧重培养素质全面、业务见长的本科层次教师，为高中阶段教育学校侧重培养专业突出、底蕴深厚的研究生层次教师。大力推动研究生层次教师培养，增加教育硕士招生计划，向中西部地区和农村地区倾斜。根据基础教育改革发展的需要，以实践为导向优化教师教育课程体系，强化"钢笔字、毛笔字、粉笔字和普通话"等教学基本功和教学技能训练，师范生教育实践不少于半年。加强紧缺薄弱学科教师、特殊教育教师和民族地区双语教师的培养。开展中小学教师全员培训，促进教师终身学习和专业发展。转变培训方式，推动信息技术与教师培训的有机融合，实行线上线下相结合的混合式研修。改进培训内容，紧密结合教育教学一线实际，组织高质量培训，使教师静心钻研教学，切实提升教学水平。推行培训自主选学，实行培训学分管理，建立培训学分银行，搭建教师培训与学历教育衔接的"立交桥"。建立健全地方教师发展机构和专业培训者队伍，依托现有资源，结合各地实际，逐步推进县级教师发展机构建设与改革，实现培训、教研、电教、科研部门有机整合。继续实施教师国培计划。鼓励教师海外研修访学。

1.2.1.4　推进高等师范院校地理课程和教学改革

教育实习无疑是检验高等师范院校教育教学质量和办学水平的试金石，也折射和暴露出其课程设置、教学实施和教育实习等存在的问题。例如，针对地理教育实习反映出的重视程度不够、课程设置不尽合理、实习安排和组织工作需要调整等现状，不少高等师范院校纷纷增设《中学地理课程标准与教材分析》《中学地理教学设计》《地理高考分析指导》《中学地理课件设计与制作》等系列地理教师教育类课程，促使高校地理科学专业教师充分了解中学地理教育现状，在专业教学过程中与中学地理保持一致。同时，一些地理院系分学期分阶段进行教育实习，第五学期、第六学期安排 1～2 周教育见习，主要是认知见习；第七学期或第八学期集中安排 10 周以上实习学校的教育实习，使教育实践呈现一个循序渐进的过程。另外，一些院校还将教育实习延至 18～20 周，以"顶岗实习""教育支教"等形式促使师范生融入中学教师职业，收到了良好的效果[①]。 又如，针对大部分高等师范院校未能建立一支稳定而富有指导经验的实习指导教师队伍，难以对师范生进行教法技能的示范和全面具体的指导，不少地理院系主动聘请实习中学的优秀地理教师定期为地理科学专业学生上示范课，进行教学讲座或实践指导，同时也利用假期组织实习中学教师到高校进行教学理论与专业知识的研讨与培训，共同提升教学理论水平和学科专业素养。

阅读　　　　　　　大学与中学合作助推青年教师成长

☆ 精心安排理论讲座

理论讲座挑选的原则。讲课要有质量；信息要有增量；问题要有含量；批判要有力量。华东师范大学张江实验中学建立了"张江教育讲坛"，使教师能够获得文化大餐与精神享受。例如，学校邀请上海著名特级教师于漪、国家课程改革专家组组长钟启泉教授、国际课程研究委员会主席张华教授等专家来上课，引起了中学教师的很大反响。

撰写听报告体会的要求。对青年教师如何撰写听报告的体会也做了要求：不求面面俱到，只求真情实感；不求文字华丽，只求真知灼见；不求引经据典，只求真话袒露。由于要求合理，字数不限，青年教师写体会的积极性很高，不是为完成任务，而是真正有感而发，欲罢不能。

☆ 热心辅导读书活动

引导青年教师读书，培养他们的学习习惯与兴趣，是促进他们持久发展、终身发展的关键所在。学校与导师对他们的读书要求是循环渐进的：指定书目与自选书目相结合；精读与泛读相结合；口头交流体会与撰写读书心得相结合。

学校定期组织青年教师交流读书体会，有时这种交流扩展为其他教师也可以参加的读书沙龙。同时，要求参加培训的青年教师要认真写好两篇精读体会，字数不少于 1000 字。

☆ 倾心投入课堂研究

开好三课堂。第一堂是"本色课"，让导师了解自己的上课风格，以及暴露存在的问题，然后对其进行诊断性指导；第二堂是"改进课"，根据导师意见进行教学方法改进，使导师通过观察新的课堂实践课后，与执教者共同探讨；第三堂是"汇报课"，在改进基础上进行修正、补充、完善，反映教师的研究成果与专业成长历程。

抓好四环节。"实践—反思—分享—提高" 4 个环节缺一不可。首先，导师热情鼓励青年教师勇于实践，积极开课，大胆探索，不要怕出错、怕失败、怕反复。其次，三堂课后均有反思活动，反思自己的教案设计、对学生的认知水平进行把握、教学行为是否合理与有效、课堂中教学机制与教学机智结合得是否灵活等。再次，课后的研究活动不是导师与执教者一对一，而是同伴互助，或者教研组共同研修的过程，无论是问题还是成果，均可以为大家所分享，扩大培训与研究的辐射面。最后，每次开课均是今后继续提高的起点，要求青年教师在反思后都要明确自己的问题与努力方向，以便提高与进步。

[①] 杨爱荣. 2009. 高师地理教育实习与地理教育人才培养. 中国成人教育，19：129-130.

☆ 潜心指导论文写作

青年教师往往在选题环节感到困惑, 有的题目虽然具体, 但缺乏新意, 有的选题过难, 是当前难以解决的教学问题。针对这些问题, 请有关专家开设有关科研方法的讲座, 导师再进行具体指导。

写作环节其实就是边研究边总结的过程。一是如何进行行动研究、案例 (课例) 研究、叙事研究, 包括怎样描述问题、反思问题, 叙述案例、分析案例等; 二是如何撰写论文, 包括怎样谋篇布局、收集资料、提炼观点、引文注释、规范格式等。

青年教师必须经过论文答辩程序才能获得结业证书。答辩会上要陈述研究的意义与方法、论文的主要观点及创新之处, 回答答辩组成员的提问, 并听取评价意见。

——选自陈胜庆. 2015. 追求理论与实践的完美结合. 上海: 华东师范大学出版社.

1.2.2　地理教育实习的任务要求

1.2.2.1　地理课堂教学实习

地理课堂教学实习是高等师范院校地理教育实习的首要内容与核心任务。一般包括备课、编写教案、试讲、上课、听课、评课、课后辅导、作业批改、指导自习、成绩检查与评定等环节。地理课堂教学实习, 不仅可以使师范生熟悉中学地理课堂教学常规, 明确中学地理教学的现状与发展趋势, 掌握地理课堂教学方法技巧, 综合运用心理学、教育学和地理教学论等教育理论指导中学地理课堂教学, 还可以巩固专业思想、增强职业意识、提高教学能力, 初步胜任中学地理课堂教学工作。当然, 地理课堂教学实习是一个参与、亲历和反思的自我提高过程, 需要自觉发挥师范生自身的主观能动性, 充分意识到自己是课堂教学活动的承担者、组织者, 而不是被动的模仿者, 勇于体验过程、善于总结反思, 让他们主动、灵活、有创造性地分析处理教学问题, 进而在获得课堂教学的真实感悟和亲身体验中, 理解地理课堂教学的真谛, 获得正确的地理教育理念, 不断生成教育智慧, 实现角色转变。

1.2.2.2　地理课外活动实习

地理课外活动是地理课堂教学的延伸, 是中学地理教学不可缺少的组成部分, 也是高等师范院校地理教育实习的一项重要任务。地理课外活动实习内容广泛, 活动方式也较灵活, 一般包括校内地理课外活动, 主要涉及地理课外制作、地理课外实验探究、地理板报与墙报、地理知识竞赛、地理专题讲座、地理游园活动、地理主题晚会、地理征文比赛、地理读书交流会、地理辩论大赛等; 校外地理课外活动, 主要涉及平面图绘制、天象观测、气象预报、地震测报、水文监测、新区参观、社区访问、工农商调查、野外考察和研学旅行等。地理课外活动实习不仅可以使师范生更好地了解开展地理课外活动的程序与特点, 领会创造条件组织开展地理课外活动的现实意义, 锻炼师范生组织、设计和开展地理课外活动的综合能力, 也可以丰富地理课堂教学, 激发中学生学习地理的浓厚兴趣。体现学习生活中有用地理的理念, 渗透理论联系实际、学习与应用相结合, 以及地理实践力素养、地理综合思维素养的培育。

1.2.2.3 班级管理工作实习

班级是中学教育工作的基本单位，是学生集体的基层组织。班主任是班级工作的组织者、领导者和协调者，是联系各学科教师的纽带，以及沟通家庭、学校、社会之间的桥梁，承担着对青少年进行正确的三观教育，培育优秀班集体、积聚正能量的重要责任。班主任工作的管理直接影响中学教育工作的质量与信誉，关系到班级工作的教育与学习水平。班主任工作是学校教育工作的重要组成部分，是高等师范院校师范生未来必须承担的重要工作，因此，也构成地理教育实习的一项重要任务。一般包括了解班集体情况、组织班会、辅导团队活动、进行个别教育、家庭访问、指导自习、开展班队活动、处理日常事务等，如参加升旗、早操、课间操、眼保健操、劳动清洁等，指导读报、编写板报、文体活动、检查教室日志、批改学生周记等。可在实习学校原任班主任的指导带领下，协助承担一定的班主任工作，利用多种机会深入到学生中间，培养他们自治、自理、自立的能力，促使每位学生都成为班集体的主人。通过班主任工作实习，不仅可以熟悉班级管理的具体要求和日常行为规范，掌握中学生年龄特征和心理规律，充实班级管理和思想工作经验，也可以为顺利进行地理课堂教学实习、地理课外活动实习和地理教育科研实习奠定基础。伴随全程式教育实习观的提出，一方面，将教育实习视为一个连续性的教学过程，贯穿于师范生 4 年不间断的学习生活中；另一方面，丰富教育实习的内涵，以常规课堂教学实习和班主任工作实习为起点，在增添课外活动实习和教育科研实习基础上，将学校管理、教研活动、教职工会议，甚至在职教师培训等也纳入实习内容中，促使师范生真正以参与者而非旁观者的身份融入基础教育一线的学校生活中。

1.2.2.4 地理教育科研实习

中学是高等师范院校进行教育科学研究的重要阵地，进行教育科学研究是培养师范生科研能力和创造能力的重要举措。因此，地理教育科研实习是地理教育实习的重要任务之一。一般包括对中学地理教学现状、教学规律、教学方法、教学媒体、教学活动、学生的地理学习习惯、学习兴趣、学习心理、学习方法和优秀地理教师的先进经验等进行调查研究，撰写调研报告，或者结合地理课内外教学，以及实习学校校情、班情等实际，根据专业特点、个人兴趣爱好和社会需要，在征询指导教师建议后，可选择实用性、操作性强的问题深化研究。当前，基础教育地理课程改革深化推进，仅地理课堂就涌现出精彩课堂、难忘课堂、幸福课堂、高效课堂、生活课堂、云课堂等新事物的探究；地理讲课、观课、评课、说课、微课、微格课、微课例等新课型的探讨。可以说基础教育地理课程教学改革内容丰富，对于准备以地理教育研究选题作为毕业论文的师范生尤为重要。通过地理教育科研实习，不仅可以掌握教育研究的一般方法和规律，运用所学的专业知识和教育理论进行针对性的科学总结，上升为理性认识，还可以培养和锻炼师范生发现问题、分析问题和解决问题的能力，树立做研究型、学者型新型教师的理念，以更好地融入与时俱进的地理课堂教学、教改和教研工作。地理教育实习的内容框架见图 1-5。

图示

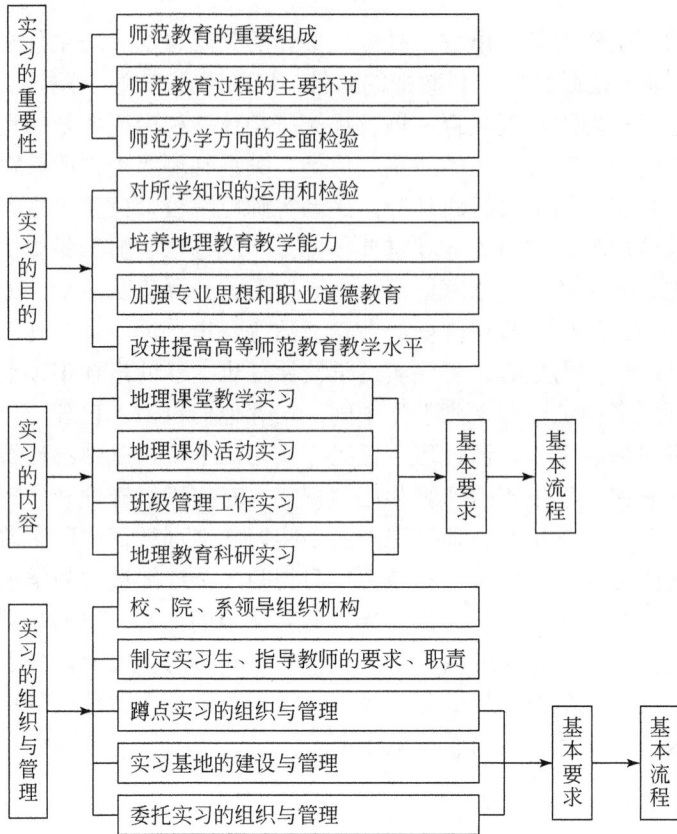

图 1-5　内容框架示意

1.2.3　地理教育实习的性质特征

1.2.3.1　综合性特征

地理教育实习具有显著的综合性特征。一是体现于实习目的的综合。地理教育实习主要围绕如何做好一名中学地理教师的基本要求而进行相关的职业意识、专业思想、学科知识、从教能力和心理素质的多项综合实践，从而实现对"知、情、意、行"全部教育目标的追求。二是体现于实习任务的综合。地理教育实习既包括地理课堂内外的实习，又包括班主任工作管理和地理教育科研实习，还涉及怎样育人、如何做人等各项任务的集合，其实习任务相互联系、相互渗透，构成地理教育实习的综合体系。三是体现于实习能力训练的综合。实习中一堂地理课的成败优劣，都是实习生心理的、思想的、知识的、能力的、情感的各种因素综合作用的结果。特级教师魏书生曾曰："其实许多老师也悟出了这样的道理，那些书教得好、成绩好的教师，实际上都善于做学生的思想工作，都善于育人，即使仅为了提高成绩，我们也必须育人，育人是所有教师分内的事。"师范生正是通过地理教育实习，促使自身的能力得到全面锻炼和综合提高。四是体现于实习学习方式的综合。地理教育实习最突出的学习方式除体验型学习、现场型学习以外，还包括观摩、评议、反思、讨论交流、角色扮演、调查研究、专题探究等多种学习方式。地理教育实习场景见图 1-6 和图 1-7。

图示

图 1-6　主题班会举行

图 1-7　课堂教学展开

——重庆师范大学 2014 级重庆七中实习组提供

1.2.3.2　实践性特征

地理教育实习是有目的、有计划、有指导的现场学习型实践。其实就是师范生通过教育实习实践活动，学习教育教学的实践本领、在实践中学习并学会实践。地理教育实习是在真实的教育教学情景中发生发展的，没有这一重要而必要的过程，师范生的知识结构不完整，任教能力有缺失，职业信念难以坚定。地理教育实习是理论知识与教师指导下的实践，是师范生将理论与实践相结合，把所学到的教育理念和专业知识转换成实际操作，并内化为自己的体验。所以教育实习需要以学习好相关专业知识和教育理论为基础，并且由有经验的基础教育一线教师和高等师范院校的指导教师精心指导，才有利于实现教师角色转变。美国教育研究者认为："实习学生获得实地经验的成效取决于预先的组织、师资培养机构与中小学的合作关系，指导教师的责任等因素，尤其取决于学生实地经验中能否得到有效的指导。"[①]地理教育实习是专业性的基础实践训练，其专业性反映出地理教师职业的专门属性，需要具备专门的地理学科知识、地理思想方法和教育教学活动知识，以及地理教育的理想信念和职业操守。例如，西方发达国家对教育实习要求非常严格，如美国参加毕业教育实习，只有所有课程成绩合格并参与规定的临床实践训练后才可以进行；英国对教师职前培训从态度与价值观、知识理解和教学 3 个方面对准教师提出严格、具体的要求；德国教育实习采用两段式实习模式，即在修业阶段完成规定课程，并到中小学进行 3 次约 12 周的教育实习，合格者参加第一次国家考试，通过考试后再进入学校实习阶段，实习合格后方可参加第二次国家考试，考试内容由口试、学科教学论文和试教构成，呈现出教师教育的专业性和实践性特征。地理教育实习场景见图 1-8 和图 1-9。

---

① 陈永明. 1999. 国际师范教育培育改革的比较研究. 北京：人民教育出版社.

图示

图 1-8　徒步旅行誓师

图 1-9　天文观察准备

——重庆师范大学 2014 级重庆七中实习组提供

1.2.3.3　反思性特征

地理教育实习是师范生亲历从模仿者、实践者到研究者、反思者的过程，其实也是教师专业成长的关键。师范生只有在参与、体验、反思的教育教学实践中，才能获得对实践的反思能力，进而使自己获得专业成长。地理教育实习不应该仅仅是对优秀地理教师的一般特质的机械学习模仿，而应该是师范生行动参与和反思研究的过程，充分唤起他们的主体意识，自觉发挥自身的主观能动性，激发师范生的创新精神，强化心中的教育信念，不断生成教育机智。地理教育实习需要师范生经历"实践—反思—再实践—再反思"的螺旋式发展过程。教师既是实践者，又是自身教学的研究者，未来的教师应该是反思型的教师，通过教育实习中听课—交流—上课—评课反思—上课—再反思的不断实践和历练，不仅具备教育教学能力，更为重要的是，能够探讨自身的教学实践，反思自己的教师角色和责任意识，促进自我的专业成长。地理教育实习中的反思也是教师专业成长最基本、最必要的途径，主要借助其自身作为学习者的成长经历、教育理论和短暂的教学经验，能够反思地理教学中的角色、课堂教学行为、地理教学技能与教学策略等。美国学者波斯纳认为："成长=经验+反思"，经验固然是教师成长的重要前提，但没有反思的经验，或者仅满足于获得经验，而不对经验进行深入分析考察，则会阻碍专业的成长与发展。

示例　　　　　　　　　　**实习反思日志摘选**

☆ **小刘老师的"处女秀"**

经过为期一周的精心准备，终于在 2017 年 10 月 10 日下午 2 时 30 分，在高二 11 班的教室里，小刘老师开启了她的"处女秀"——高中地理必修 3·第二章第二节"森林的开发和保护"。

从期待到课前的小紧张：在指导老师布置任务之后，我十分期待站在一个真实的、有活力的讲台上。第一次授课的内容是人文地理，授课对象是高二理科班的同学，因为考虑到文理分科后的学业侧重点不同，深知这类课堂应有的"性格"，也做好了十足的心理准备去迎接理科班的挑战。但是，我相信个人魅力与活泼、有感染力的台风可以吸引学生的注意。教学设计中选择时长为 20 分钟的《热带雨林》纪录片作为暖场视频导入新课，试图吸引理科生的注意力，让他们主动回归地理课堂。

国庆小长假结束的第一个工作日，我将准备好的教案和视频资料及 PPT 给指导老师审查，并进行了完整的说课和讲课，指导教师也给予了很多建设性意见和建议，通过指点迷津，修改后的课堂设计简洁有效。为迎接第二天的地理课堂首秀，我在办公室多次试讲。

虽然将课堂的每一个细节在心里演示了无数遍，连自我介绍也做了充分准备，但是内心还是有一丝小紧张。时间飞快地走到了 10 月 10 日下午 2 时 30 分，我怀着紧张而又兴奋的心情，伴着上课预备铃，走进高二 11 班的教室。站在讲台的一刹那，台下有掌声、有欢呼，我内心暗喜，原来如预料中那样受同学们的欢迎，我的紧张感神奇地消失，随后课堂进行得非常顺利，气氛很好，知识点没有遗漏，时间把控也刚好。值得庆幸的是，有 90% 的同学认真听讲，并且积极互动。课后，指导教师对我的课堂教学进行点评：课堂把控能力强，台风稳定，课堂气氛超出预期。同时也客观指出出现的问题，如在播放视频之前，最好对同学提问以便于思考；尽量以引导的方式讲解知识点，而不是直接抛出，要给学生留下思考时间；板书不要一开始就全部展示，应讲完相应知识点后列出；适当加入手势，动作不宜过大等。

第一次登台讲课，反思很多，也收获很多。根据指导教师的评价，对教案做出调整，又分别在高二 10 班、13 班、14 班、16 班顺利完成教学任务，每一次都可以看到自己小小的进步，心态也变得更好，之前的期待得到满足，紧张感也随之消失。在未来的地理实习生涯中，我将不断设计更新鲜、更适合理科生的地理教学，继续寻找有个人特色的授课风格，在提升专业素养的过程中，不断前行，完善自己。

小刘老师的课堂教学照片如图 1-10 和图 1-11 所示。

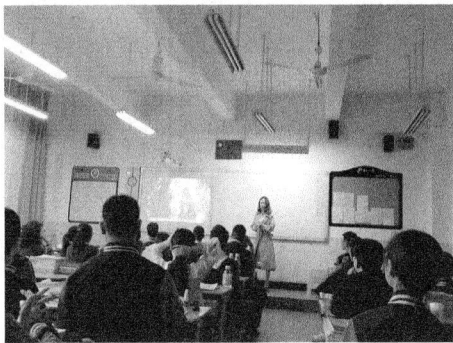

图 1-10　小刘老师的精彩瞬间　　　　　　　图 1-11　小刘老师与同学亲切互动

——重庆师范大学 2014 级本科生刘锦撰写

☆ **实习班级自我简介的反思**

班主任指导教师给我们介绍了全班学生的情况，让我第一天做实习班主任与学生见面时，应做一个有征服力的自我简介。听到这个要求之后，这件事情就一直困扰着我，本想简简单单了事，结果一来就出了那么大的一个难题。稿子被我背得滚瓜烂熟，站在门外等待的时候，真的好紧张、好忐忑，感觉手足无措，都在发抖。班主任指导教师示意我进去做自我介绍，我走进教室时，教室响起了学生热烈的掌声，我当时不知道该站上讲台还是站在下面，犹豫不决、内心挣扎、左右徘徊，最后选择站到讲台上去做自我介绍。当我走上讲台的时候，学生们放下手里的事情，眼睛都齐刷刷地看着我，教室里一片安静，除了我做自我介绍的声音，就听不见其他任何声音。我开始说话的时候，能明显地感觉到声音在颤抖，语言不是很连贯，整个过程看见的基本都是位置在中后的同学，没有敢看前面同学的眼神与表情，就算看后面学生的眼神也是很快扫过，不敢交流、不敢正视。我很快做完了自我介绍，飞一般地离开了教室。这个自我介绍，不知道有没有征服学生，为学生留下深刻印象，或许是因为班主任在教室，学生在我做自我介绍的过程中并没有喝倒彩、不耐烦和小声讲话。为了进行自我介绍，可谓绞尽脑汁、苦思冥想，实在已经尽力了。反思这次自我简介，其实并没有那么难，主要是缺少教师的气势，平时微格训练不够，课堂展示锻炼太少，缺乏对中学实际的了解，而且过于紧张、过于胆怯。

——重庆师范大学 2014 级本科生邓秀萍撰写

1.2.3.4　差异性特征

地理教育实习具有明显的差异性特征。一是体现于实习学校的差异。鉴于我国基本国情之一是地区间、城乡间发展不平衡，各地区间的经济、文化、科技发展水平不同，决定了中学教育发展不均衡。其主要表现在各实习学校师资力量、设备条件、学生素质、办校历史、管理水平、学校文化与风气、地理环境等方面存在较大的差别，这种差别将长期存在，并对教育实习的成效直接产生一定的影响。二是体现于实习主体的差异。受师范生的职业认知、能力水平、知识结构、性格特点、发展需求的影响，师范生在校的专业学习水平与实习工作状况存在差异，表现为师范生在不同的教育实习阶段，思想方法与工作行为存在差异等。因此，在教育实习中，不可能按照一种固定的模式去培训和塑造，必须树立"以生为本"的教育实习理念，实现对师范生的人文关怀，实行个性化、个别化的实习指导。三是体现于指导教师的差异。无论是高等师范院校派出的教育实习指导教师，还是实习学校的指导教师，尽管高等师范院校都有对指导教师职责的一般要求，各实习学校也有教师行为规范，但基于指导教师重视程度、敬业精神、综合素质、指导经验的不同，必然造成指导形态的不同，表现在投入程度、以身示范、指导方法、及时纠偏、精益求精等方面具有明显差异。重庆几所实习学校特色见表 1-2。

表解

表 1-2　重庆实习学校特色

校名	校史	校训	校徽	办学理念	校址
重庆市第一中学校	1931 年创办	明理崇德，求知求真	重庆市第一中学校 CHONGQING NO.1 MIDDLE SCHOOL	学校的一切为学生的发展而存在	本部位于重庆市文化区沙坪坝区
重庆市第七中学校	1758 年创办	尚志、求实、勤学、尊师	1758	为未来育人，育未来有用之人	本部位于重庆市文化区沙坪坝区
重庆市广益中学校	1894 年创办	行远自迩，登高自卑	广益中学	增广学行，益国利民	本部位于重庆市南岸区南山风景区

续表

校名	校史	校训	校徽	办学理念	校址
重庆市璧山中学	1907 年创办	正心、明德、穷识、达体	璧山中学 BISHAN MIDDLE SCHOOL	为每一个学生的终身发展奠基	本部位于重庆市璧山区
重庆市长寿中学	1904 年创办	勤学、养德		为每一个学生的自主发展奠基	本部位于重庆市长寿区
重庆育才中学	1939 年创办	求真、乐群、行知、创造		以服务为中心，注重人的个性化、社会化和谐发展	本部位于重庆市九龙坡区
重庆市永川中学	1719 年创办	严谨、勤奋、求实、创新	永川中学 1900	以文化人，明体达用	本部位于重庆市永川区

行动

深化思考：

地理教育实习是历时长、多环节的促进师范生由学生角色转变为教师角色的系统工程。如何看待地理教育实习在未来地理教师专业发展中的地位与作用。

地理教育实习对于师范生实际运用知识有其特殊的意义，怎样在教育见习或实习过程中将理论与实践有机结合。

议论讨论：

有同学提出，将来毕业不想做地理教师，所以不必认真对待教育实习，同意这种看法吗？

有同学曾有过"身在师范院校而心不在教育事业"的想法，经过几年的师范地理学习，以及平日的教育见习，会有哪些新的认识与体验。

集思广益：

新时期的地理教育实习内容日益丰富，提出充实和扩展地理教育实习内容的具体方面。

现在地理教育集中实习多安排于第七学期，面临考研复习与教育实习的冲突，提出解决或处理这对矛盾的具体办法。

材料分析：

结合材料一，思考并说明新时期地理教师角色的转变。

材料一：教师是什么？有人说，教师是蜡烛，照亮了别人，毁灭了自己；有人说，教师是春蚕，鞠躬尽瘁丝方尽；有人说，教师是园丁，辛勤培育着祖国的花朵；有人说，教师是太阳底下最光辉的职业，担负着教书育人的重任；有人说，教师是人类灵魂的工程师，是思想道德的启迪者和心灵世界的开拓者；有人说，要给学生一碗水，教师就要有一桶水，永远追求"学高为师，德高为范"；有人说，教师是促进者，越来越少地传递知识，越来越多地激励思考；有人说，教师是学习的伙伴，在与学生平等对话的合作互动中教学相长；

还有人说，教师是交换意见的顾问，引导发现问题，而不是拿出现成真理的人。

结合材料二，理解并梳理地理学科、地理课程、地理思维、地理方法手段的综合性或跨学科性。

材料二：见表1-3及材料。

表1-3　跨学科整合研究课

时间	类型	课题名称	授课教师	意义
2011年3月	选修	《山歌印象》	地理、艺术	开题课
2011年4月	选修	《寻梦，江南》	地理、语文	经典课
2011年11月	必修	《蜀道难》——地形对交通的影响	地理	市级教学大赛一等奖 全国说课大赛一等奖
2011年11月	选修	《天府——四川》	地理、语文	市级展示课
2011年11月	选修	《丝路千年》	地理、历史、艺术	市教学研讨课
2011年12月	论坛	《诗情画意谈地理》	成果展示	省地理学科年会论坛一等奖
2012年3月	选修	《D日—诺曼底登陆》	地理、历史	中期汇报课
2012年9月	必修	制作等高线模型	地理、通用技术	全体文科班学生参与
2012年10月	选修	《长江之歌》	地理、艺术	中期汇报课
2013年6月	选修	《茶马遗风》	地理、历史	结题课
2016年12月	选修	《诗画地理》教材		编写校本教材

语文老师在《江南》一课后感悟："一堂课，有时作先生，把自己对诗词中江南的理解慢慢道来；有时作学生，静静聆听地理老师讲解地理意义上的江南、气候意义上的江南，才发现原来各种视角里的世界是如此不同。有时教室里分不出是先生还是学生，你唱一段林俊杰的《江南》，他画一幅心目中的江南，没有讲台上和讲台下的分别，只有知识的传递，思想的交流。课堂的诗意化，大概这可以算作是个开始吧。"

学生在地理与历史整合的课程《茶马遗风》现场做的诗："人只道茶马兴盛经年似梦归也无常，又怎忆人行千里白骨成塔泪也无声。兴也罢，衰也罢，几轮明月照几朝，月明雨落，梵音入耳，也散了离骚。立此间瞭望他夜影也未少，再回首涛声依旧泪也涛涛。"

——摘自郭迎霞. 2017. 高中地理跨学科整合教学的探索实践. 地理教育，9：8.

参 考 文 献

白文新. 2012. 地理学科教育实习指南. 西安：陕西师范大学出版总社有限公司.

高鸿源，赵树贤，魏曼华. 2013. 师范生教育实习指南. 北京：北京师范大学出版集团.

高杨，徐国伟，许东升，等. 2014. 高师地理科学专业教育实习现状分析及改革研究. 阴山学刊，1：83.

李晴. 2001. 高师地理专业教育实习模式研究. 辽宁师范大学学报（自然科学版），2：190.

李晴. 2014. 中学地理课程标准与教材分析. 北京：科学出版社.

梁励，陈亚萍. 1995. 教育实习发展史略. 江苏教育学院学报（社会科学版），2：71-72.

林浩亮. 2008. 教师专业化视野中的教育实习：理念、内容与模式. 理工高教研究，2：29-30.

姚云，李福华，张继化. 2012. 我国师范生教育实习改革的路径思考. 教育研究，2：105.

袁孝亭，林宪生. 2007. 中学地理教育实习行动策略. 长春：东北师范大学出版社.

张鹏，赵玲. 2008. 美术学教育实习导论. 北京：高等教育出版社.

张治勇，龚宝成. 2016. 教育实习. 芜湖：安徽师范大学出版社.

周立群，陈斐，杨泉良. 2012. 语文教育实习导论. 广州：广东高等教育出版社.

第2章 着手：地理教育实习准备

　　教育是什么？教人变！教人变好的是好教育。教人变坏的是坏教育。活教育教人变活。死教育教人变死。不教人变、教人不变的不是教育。

　　师范教育是什么？教学生变成先生。先生是什么？自己会变而又会教人变的是先生。师范生不是别的，是一个学变先生的学生。

　　自古到今，从东到西，我找来找去，只找着一位差不多可以比得上这学变先生的学生。你猜是谁？是那保唐僧上西天取经的孙悟空！

　　你们别瞧不起孙悟空。他那大闹天宫的天界革命功劳我且不提，只说几桩与你们最有关系的事迹。

　　第一件，他有目的，有远虑，有理想……

　　第二件，他抱着目的去访师……

　　第三件，他抱着目的求学……

　　由此可见，孙悟空不是一个糊涂的学生。他抱着一个"长生不老"的目的而来，必定得到一个"长生不老"的道理才去。

　　……

　　师范生要变做孙悟空的道理是说明白了。但是既有孙悟空，便有唐三藏。师范生变了孙悟空，那唐僧推谁去做呢？师范生的唐僧是小朋友。师范生应该拜小朋友做师傅。

　　……

　　"小孩子懂得什么？"

　　在这个态度下，牛顿被认为是笨伯，瓦特被认为是凡庸，爱迪生被认为是坏蛋。

　　你若想在笨伯中体会出真牛顿，在凡庸中体会出真瓦特，在坏蛋中体会出真爱迪生，必须得把自己变成一个小孩子。

　　……

　　未来的先生们忘了你们的年纪，变个十足的小孩子，加入到小孩子的队伍里去吧！您若变成小孩子，便有惊人的奇迹出现：师生立刻成为朋友，学校立刻成为乐园；您立刻觉得是和小孩子一般儿大，一块儿玩，一处儿做工，谁也不觉得您是先生，您便成了真正的先生……

——摘自陶行知. 2008. 陶行知文集. 南京：江苏教育出版社.

　　地理教育实习是师范生顺利成长为教师的重要阶段，也关乎师范生的教师职业理想、从业信心和执教能力，师范生只有在准备充分的情况下进入教育实习现场，才能达到良好的教育实习效果。本章以地理教育实习组织管理和地理教育实习多元准备的视角，着手地理教育实习的准备。

2.1　地理教育实习的组织管理

地理教育实习是一项师生共同参与、校内校外互相连接、学习和生活环境同步转移、组织工作非常复杂的系统工程，而教育实习的组织管理是其重要环节，包括遵循组织管理规律，科学地组织、协调、管理好教育实习过程中的人、财、物、时间和信息等。本节主要通过教育实习组织管理的意义、教育实习组织管理的要求及原则、地理教育实习的组织模式等，了解地理教育实习的组织管理。

2.1.1　教育实习组织管理的意义

2.1.1.1　顺利实施教育实习活动的基础

地理教育实习涉及的要素众多，需要提前做好大量准备工作，涉及学校教育实习体系和策略的宏观调控，学院地理教育实习计划和方案的制订，教育实习全过程活动的安排等，如与实习基地学校的广泛沟通与联系，涉及实习年级、班级、内容、指导教师、活动场所和生活食宿等的落实与安排；如院系教育实习的准备工作，涉及地理教育实习组人员搭配、教师安排、基地学校落实，以及师范生心理、思想、知识、能力、体力、智力、形象等的准备；如实习前教育实习动员大会的召开，涉及领导的亲切关怀与热切鼓励，带队教师的责任担当与以身作则，实习生的任务明确与实习承诺，以及中学优秀地理教师和班主任代表的示范引领与谆谆告诫，确保地理教育实习活动的有序进行和顺利开展，因此，教育实习的组织管理是教育实习工作成功开展的先决条件和重要基础。

阅读

教育实习岗前培训小记
——以山西师范大学 2013 级教育实习岗前培训为例

教育实习组织管理岗前培训内容：山西基础教育教师培训中心办公室负责与相关部门协调培训教室、安排学生食宿，报送临时党支部及党小组名单等；各学院承担学生的组织与管理工作，教学副院长总体负责，指定 1～2 名专职辅导员负责考勤考核，并与教学论教师一起组织综合技能强化培训；驻县带队教师负责组织实习学生学习相关实习文件，推选实习小组长，布置相关任务等。

除此之外，教育实习中大部分学生回到生源地实习，而学生来自于省内外各地，导致教育实习地域面广；实习周期一般为一个学期，实习人数多、批量大，致使后勤工作较难，因此，对人、财、物只有实行统筹安排、合理使用，才能做到经济实用、办好事情；否则，就会出现高消耗、低效率的现象。

2.1.1.2　有效完成教育实习任务的一环

地理教育实习的组织管理促使师范生看清实习方向、明确实习目标、落实实习任务。教育实习的任务和内容一般包括地理课堂教学实习、地理课外活动实习、班级管理工作实习、地理教育科研实习。例如，地理课堂教学实习涉及备课、听课、编写教案、试讲、上课、指导实验、课后辅导、批改作业与讲评、考试与成绩评定、教学反思与总结等；班级管理工作实习涉及了解班级情况、制订班主任工作计划，对学生进行思想品德教育，开展班级日常工作；地理教育科研实习涉及结合专业特点和实习学校实际，利用专业优势开展教育调研活动和小课题教学研究等。地理教育实习任务的完成都离不开高等师范院校、指导教师、实习学校的组织管理，以及协调各方面的关系，有利于构建育人的优化环境，大大提高教育实习效率。

2.1.1.3 切实提高教育实习质量的保障

地理教育实习是对师范生综合素质的一次全方位检验。教育实习的组织管理直接影响教育实习质量的高低，通过教育实习，师范生应达到如下要求：通过双方指导教师的耐心指导，明确地理教学工作的重要意义，运用教育科学理论指导地理教学活动的开展，学习并掌握从事中学地理教学工作的本领，为人师表，教书育人；认识班主任工作的重要作用，学习并掌握班主任常规工作的基本内容、基本方法和主要特点，关爱学生，以身作则等。切实提高教育实习质量，除师范生积极参与、主动投入以外，还与教育实习组织管理有密切关系，如实习计划的总体布局与要求、各项实习任务的合理部署、指导教师的优化组合与指导各项实习规章制度的建立、有关实习新信息的收集与运用、与实习学校的沟通与联系、师范生实习岗前培训等，都是必要的保证条件。实践表明，组织管理工作越科学合理，越能保证教育实习活动的顺利进行，实习质量就越高。

相关师范院校教育实习指导文件见表 2-1。

表解

表 2-1 相关师范院校教育实习指导文件一览

学校名称	教育实习相关指导文件
北京师范大学	《北京师范大学免费师范生教育实习管理办法（试行）》 《北京师范大学本科生教育实习实习生守则》
华东师范大学	《华东师范大学公费师范生教育实习实施方案》 《师范生实践教学管理办法》
东北师范大学	《东北师范大学 2012 年本科师范专业教育实地实习工作实施意见》 《东北师范大学本科实地实习工作管理规定》
华中师范大学	《华中师范大学教育实习工作条例》 《华中师范大学教育实习工作评价方案》
西南大学	《西南大学教育实习实施细则》 《西南大学关于教育实习成绩评定试行办法》
陕西师范大学	《陕西师范大学免费师范生教育实习实施方案（修订）》
山西师范大学	《山西师范大学 2013 级师范生教育实习岗前培训方案》 《2014 年下半年"国培""省培"实习岗前培训具体安排》
重庆师范大学	《重庆师范大学师范生教育实习实施方案》 《重庆师范大学教育实习工作条例》 《重庆师范大学学生顶岗实习支教工作管理办法》
西华师范大学	《西华师范大学本科学生实习经费使用管理办法》 《西华师范大学教育实习工作条例》
四川师范大学	《四川师范大学师范生顶岗实习支教工作管理办法（试行）》

2.1.2　教育实习组织管理的要求

2.1.2.1　教育实习的组织与管理

教育实习的组织与管理包括组织管理机构的设立、教育实习基地的选择与建设、教育实习经费的投入等。

（1）组织管理机构的设立

组织管理机构的设立即确定各级地理教育实习管理组织，并赋予各机构以相应职权，要求履行地理教育实习义务及承担责任，教育实习各个相关的管理机构或个人在其中都承担着独特的职责，这些职责既相对独立又需要相互配合。例如，地理教育实习组织机构一般包括地理院系教育实习领导小组、实习基地学校教育实习领导小组、各实习生教育实习组等，表 2-2 为地理教育实习组织机构及其职责。

🔍 表解

表 2-2　管理机构及职责

管理机构	主要职责
院系指导小组	统一负责全院教育实习工作；制订本院教育实习工作计划；做好全院实习动员和总结；选聘实习带队教师；分配各校实习名额，编定实习小组；做好全院实习经费预算，并监督经费使用；了解实习进展，定期督导视察，做好实习生成绩评定
高校带队教师	全程跟随和负责实习队教育实习；制订教育实习工作计划；选定实习组组长；指导和监督师范生的教学实习、课外活动实习、班主任工作实习和教育科研实习等；协调各方面关系，解决实习中的实际困难；撰写实习评语，初步评定师范生成绩
实习学校指导小组	在教学与生活等方面负责师范生的指导及管理；结合本校情况，对相关人员做好接待实习的思想动员；拟订接待计划、选派指导教师、编排实习工作日程；组织报告和观摩活动、介绍本校基本情况；保障实习基本条件；审核、批准实习成绩
实习学校指导教师	指导实习生教学实践活动；参与和引导师范生逐渐进入教学实习工作角色；介绍本课程的教学现状；参照教育实习规程，帮助制订教学实习工作计划，检查计划实行情况；安排教学观摩，指导备课活动，检查教案；落实讲课和评课
师范生实习组	进行自我监督和管理；实习组组长协助带队教师开展工作，加强双方指导教师间的联系；协调各专业师范生之间的关系，以及处理内部事务；及时发现和汇报实习存在的问题；组织实习的日常事务，收集和保管实习资料等

（2）教育实习基地的选择与建设

教育实习基地是高等师范院校开展教育教学实践的重要场所，同时也是开展教育实习工作的必要条件，建设长期、稳定的教育实习基地是高等师范院校保证教育实习质量的关键。2007 年 7 月颁布的《教育部关于大力推进师范生实习支教工作的意见》中提出："高师院校要在省级教育行政部门统筹指导下，会同市、县级教育行政部门因地制宜地选择确定一批条件适中，集中连片的中小学作为实习基地。探索建立教师教育综合改革和高师院校服务基础教育试验区，促进师生积极参与教育改革实践，在教师培训、教育教学研究和咨询等方面提供多样化的教育服务。"除了高等师范院校和实习学校以外，实习基地还需要各部门乃至社会的支持。地理作为一门认识地球的科学，具有很强的实践性，在选择教育实习基地时需要考虑实习基地学校的基础设施、师资力量、地理指导教师数量、地理设施设备和校园文化氛围等。

（3）教育实习经费的投入

经费作为实习基地建设的一项重要物质保障，关乎教育实习能否顺利开展和有效实施。

投入充足、分配合理的教育实习经费对高等师范院校教育实习的质量起着至关重要的作用。对于实习经费管理和发放，各高等师范地理院系也制定了专门的发放细则。例如，四川师范大学设立了实习基地建设专项经费，规定各学院应从本单位资金中划拨一定比例的经费用于实习基地建设。此项经费由教务处统一管理，各学院采用项目申报形式，申请建设专项经费。又如，河北师范大学和华南师范大学规定实习经费由学校统一管理，不发放至学院，而是按照一定标准在实习开始前统一转入学生银行账户中。吉林师范大学规定实习经费实行二级管理，经教务处审核签批后方可报销，提高实习经费使用透明度。

2.1.2.2　教育实习的管理要求

教育实习的管理涉及实习的全方位、全过程。完善教育实习管理涉及从教育见习、校内培训、试讲到中小学实习，因此，实习内容、过程和管理都要详细、具体、可操作。

（1）运用科学系统的理论指导教育实习

根据科学的系统论理论，系统由相互联系的要素构成，其各个部分既独立存在，又相互依存；系统具有整体性，各组成部分是按一定规律、一定方式组成的整体；系统具有等级性，每个系统都归属于一个更大的系统，而每个系统内部又存在组成这一系统的分系统。在地理教育实习中，对涉及高等师范院校、地方教育行政部门、实习基地中小学和实习指导教师、实习生、中小学生等多层次、多元素、多方位、多领导的教育实习系统工程进行管理，既要做好各部分的分项管理，又要考虑各部分之间的联系，遵循整体推进原则，不断拓展实习目标体系，将总任务分解到各个子系统中，注重体系各部分之间的互助互动，发挥各部分之间的力量，实现系统总工程任务的全面完成。

（2）创建高等师范院校和实习基地互动式教育实习管理机制

地理教育实习工作具体落实单位是高等师范院校地理院系和实习基地学校，两者的管理既不能割裂，呈现两张皮，更不能形成矛盾冲突，互相牵制，必须有健全、科学、合理的管理机制，使地理院系和实习基地学校的教育实习管理有机结合，融为一体。高等师范院校在对教育实习的良好预期下，制定了理想化的教育实习管理制度，而实习基地学校从本校的教育教学秩序出发，对教育实习制度制定则从教学质量保护角度出发，二者在管理理念、管理方式上有分歧，需要地方教育行政部门从中进行协调，如可以借鉴美国、德国、英国等国家，由地方教育行政部门、高等师范院校、实习学校协助管理机制。英国在教育实习管理中，具体由双方导师组成实习合作小组，地方教育行政部门给予全程支持。一般先确立合作协议，明确各自的职责，强化人员培训；再制定总的实习工作方案和每个学科详细的实习手册，以达成共识，使中小学教师和实习生有明确的和可操作的规则，并定期组织由大学教师、中小学实习指导教师和实习生共同参与的讨论会，及时解决教育实习中存在的问题。

🖊 示例　　　　　　　**高校和实习基地互动式教育实习管理条例两则**

☆ 互动式教育实习管理条例见表 2-3

表 2-3　互动式教育实习管理条例

高等师范院校	地方教育行政部门	高校实习领导小组	实习基地学校实习领导小组
山西师范大学地理科学学院	各实习县成立教育小组；协助指导教师全面开展工作，上通下达，沟通联系	代表学校协调与所驻县教育行政主管部门及实习学校的联系；经常保持与学校基础教育教师培训中心和当地教育行政主管部门的联系	根据高等师范院校的要求，制订指导实习工作计划；组织指导教师听课，共同协商平衡，确定实习生的实习成绩

☆ 华中师范大学实习基地建设工作规定

第一条：建立稳定、高质量的实习基地是实施素质教育，培养学生创新精神和实践能力的客观要求，是我校加强实践性教学环节的需要。为了规范和加强我校实习基地建设及其管理工作，特制定本规定。

第二条：我校实习基地主要分为两种类型：一是毕业实习基地，包括各专业教师教育方向的教育实习基地和其他的专业实习基地；二是配合日常教学所需要的实习基地，即教学实习基地，包括工业实习基地、野外实习基地、课程见习基地等。凡以学校名义签订协议的，称为"华中师范大学实习基地"（以下简称实习基地），学校为基地单位挂牌并着力建设；未以学校名义签订协议而学院自行联系并派有实习生的实习单位，称为学院实习点，由学院自行建设，待条件成熟后，可升为学校的实习基地。

第三条：基地应具备的基本条件是，基地所在单位必须热衷于教育事业，有较强的领导力量、较高的专业技术水平和较丰富的教学实践管理经验，有指导和接受学生进行实习的能力和条件。每个实习基地一般每次应能接纳 10 名以上的实习生进行实习。

学校鼓励支持面向湖北省支柱产业、战略性新兴产业和高新技术产业等领域，依托国有大中型企业、规模以上民营企业建立实习基地；优先支持能够容纳多个专业实习的综合性实习基地，以及依托省级重点中学、省级示范中学建立的教育实习基地。

第四条：建立实习基地的工作程序是，学院向教务处提出建立基地的报告；教务处、学院与拟建实习基地单位洽谈有关事宜，签订协议；新建基地挂牌；基地正式启用。

第五条：各学院应充分利用自身各方面的优势发挥主体作用，建设充足的实习基地，满足实践教学的要求。

实习基地经费主要由学院在本科教学经费中每年划出专项经费，用于开展基地建设和运行。

第六条：学校与基地单位本着互惠互利的原则加强共建。学校应利用科技、教学、人才、文化、信息等资源优势，切实履行协议内容，加强与基地单位联合开展项目合作（研究），为基地单位提供服务与指导，帮助基地单位培养人才；同时，聘请基地单位专家、名师担任我校的兼职教师。

第七条：学校应注重对已建基地的培育和管理，加强实践教学环节的组织领导和管理监控，建立健全规章制度，定期开展对基地的检查评估。

第八条：建成并挂牌的基地，应保持相对稳定，不得随意撤销。主要负责学院与基地单位必须经常保持联系，主动与实习基地单位加强交流、建设，不断提高基地质量，使之成为全校实践教学优质共享资源。

本规定自颁布之日起执行，教务处负责解释。

（3）设立教育实习质量监督保障体系

教育实习质量监督保障体系即高校为保证教育实习顺利开展，确保教育实习质量而建立的对教育实习全过程进行监督的体系。其作用是通过对师范生课堂教学实习、课外教学实习、班级管理工作实习、教育科研实习等方面的全程监督，切实提高师范生的从师任教、教书育人的能力，确保教育实习在高等师范院校人才培养中的重要功能。教育实习质量监督保障体系可以由高等师范院校分管教学领导、教学工作督导组专家和教务处有关领导组成教育实习检查组，督导检查教育实习全过程。可采用集中检查和随意抽查、提前布置检查和临时听课相结合的方式，依据评价量表，对各实习组做出客观公正的评价。检查对象主要包括师范生、实习指导教师和实习基地学校，检查内容包括师范生的课内外教学表现、班主任实习状况、指导教师的工作态度与指导水平、实习基地学校对实习工作的安排和支持，对方指导教师对师范生的具体指导等。

2.1.2.3　教育实习组织管理的原则

（1）计划性与协同性相结合的原则

计划性即分析外部环境和内部条件，提出未来一定时期内要达到的目标和实现目标的途径，有利于按照既定计划行事，可以更科学、合理地达成目标，优化资源配置，管理控制整个过程。协同性即协调两个或两个以上的不同资源或要素，一致完成某一目标的过程或能力，有利于推动事物的整体发展。一般而言，教育实习时间紧，要求高，内容多，任务重，涉及广。加强教育实习工作的计划性与协同性十分重要。例如，在地理教育实习中，应紧扣教育实习目标，结合区域学校实际，精心制订教育实习计划，全面安排教育实习活动，会同各实习学校齐心协力做好教育实习的组织管理工作，使参与教育实习工作的各方人员在实习的各个阶段，工作有依据，责权利分明，自觉做好自我管理，听取指导性意见，不断提高教育实习的组织管理工作水平。

（2）统一性与灵活性相结合的原则

统一性也称统一领导性，即某项活动在一定时期内必须有统一的意志、统一的目标、统一的行为规范，在某一机构的统一领导下组织实施。灵活性即在执行计划的过程中，应根据具体情况和实际需求，随机应变，不拘泥于刻板章程。统一性是基础，灵活性是补充，统一性是确保活动正常有序进行的关键，灵活性则有利于工作更有效地完成。教育实习的统一性主要体现在教育实习的目的、任务、领导、计划、时间和规章制度等方面。地理教育实习从计划、实施到总结，都必须在院（系）实习组织管理机构的统一领导下，按照统一的目的要求，以及统一的计划和规章制度执行。鉴于各地理院系选择实习基地学校的原则和实习学校条件及工作常规等方面具有差异，各实习组在确保地理教育实习目标实现的前提下，根据各自实际和特点，可对实习工作做进一步细化或局部调整，灵活安排教育实习。

（3）整体性原则

从系统论角度解释，整体性即系统、要素和环境之间的辩证统一。系统的性质和规律只有从整体上才能显示出来，整体可以出现部分没有的新功能，整体功能不是各部分功能的简单相加。整体性原则是系统论的基本出发点，要求在认识和处理系统对象时，都需要从整体着手进行综合考察，以达到最佳效果。教育实习是极其复杂的教育实践活动，涉及多个对象，且内容、形式、过程受多种因素的影响。在地理教育实习中，提高师范生的教学能力是重要目标之一，此外，通过教育实践活动，促进师范生在专业思想、教育意识、职业信念、管理能力等方面能力的提升，如应对师范生从全方位、多角度实施组织管理，在教学实习中既要对他们的教学备课、演练预讲进行检查和指导，又要对他们的课堂教学、课外辅导进行督促和评价，以全面完成教育实习任务。

（4）勤俭节约原则

勤俭节约是一种传统美德，也是中华民族优秀文化的体现，是干一番事业的一贯作风。在教育实习领域，勤俭节约不仅可以提高教育工作者的自身修养，勤做事、俭生活，有利于培养远大志向，形成高尚品德，而且可以节约教育资源，使其得到有效利用。地理教育实习也不例外。目前，我国多数实习学校条件尚需要完善，特别是实习的农村学校，地理设施设备、现代化教学手段、地理课程资源极其缺乏，师资力量薄弱，师范生在实习学校应本着勤俭节约的精神，尽可能为实习学校节省办公物耗，在一些学校，还要克服困难，自力更生，创造教学条件完成实习任务。

2.1.3　地理教育实习的组织模式

2.1.3.1　顶岗支教实习模式

顶岗支教实习模式是针对教师学历不达标，或者教师严重短缺的中学，尤其是农村中学，有计划地组织相应专业学生深入该类中学，开展为期一个学期的支教实习，由一至两名学生接替或充任一名在职教师一个学期的全部教育教学工作。

（1）操作要点

设立领导小组，负责相关部门协调。基础教育教师培训中心办公室负责与相关部门协调培训教室、安排学生食宿，报送临时党支部及党小组名单。

成立学院工作组，负责学生具体事项。各学院承担学生的组织管理工作，教学副院长总体负责，指定 1 名专职辅导员负责考勤考核。

选定带队教师，推选实习小组长。带队教师与学生的接触时间最长，负责实习生实习具体事项，应具有带队经验，工作认真负责，热情积极。除此之外，带队教师需要选定一名实习队长，方便及时了解实习生的日常情况。

（2）优势评价

提升师范生的整体素质。促使师范生初步熟悉和掌握课堂教学的一般规律，以及教育学生的一般方法，提升师范生教育教学能力；促使师范生亲身感受农村学校条件的艰苦和基础教育的落后，感受实习学校师生对他们的尊重与关爱，强化对教育事业的无私奉献精神；促使师范生切实体验从学生到教师，再到学生的角色转换，增强对教师职业、理论学习的认识，以及提升自我认知能力。

推动高校教育教学改革。积极探索"3.5+0.5"的人才培养新模式，即用本科 4 年的三年半时间对学生进行系统的专业教育，半年时间参加顶岗支教实习，探索创新教师教育特色；增强新农村的师资建设，架起大学生和农村教师"双向培训"的桥梁和纽带，有效破解农村基础教育培养人才难的困境，不断提高农村中学的教育教学水平和社会声誉。

阅读　　山西省晋中市榆社县榆社三中顶岗支教实习总结

时光飞逝，不知不觉支教生活已经走进尾声，在近 4 个月的学习和实践中，作为榆社三中支教小分队的一员，在踏上教育之路的这些时日里经历了诸多事情，其中不乏多彩的活动、丰富的成果，也不缺少各种窘迫，但在这些坎坷中每个人都实现了成长。

基础教学篇。为了保证支教的顺利实施和取得实效，经历了一个学期的地理教学论系列课程的学习，并进行观课、评课、说课等实践活动。学校还组织了支教前的岗前培训，并观摩、聆听优秀地理教师的实习讲座，极大地增强了顶岗支教的信心。在繁忙而紧张的课内外教学实习中，我们主动参与日常的课程小组集体备课活动，进行课堂教学设计，学会制作地理课件，开展地理课堂教学及课外实践活动等，跟随经验丰富的地理教师不断淬炼自己的教学技能，提升专业知识的迁移运用能力和增强对地理教学工作的热爱。所教班级综合排名靠前，教学工作得到了实习学校的肯定。

班级管理篇。班级是学校教育管理的基层单位，是中学生健康成长、个性化和人才成长的摇篮。班主任工作的基本任务是带好班级、教好学生。科任教师的工作是做好本职教育教学，与班主任相互配合，抓好学生的管理。学校将我们设置为不同班级的班主任助理，协同该班班主任管理班级日常事务，如早操、课间操、眼保健操等六到堂，早读、晚自习、清洁、查寝室等，组织主题班会，开展各种文体活动，熟悉班主任管理的基本规范，培养管理中学生的基本能力。

教育研究篇。基本的教学活动伴随着教育改革研究而进行，我们也在尝试围绕"教师怎样教，学生如何学"为中心内容而开展相应的教育科研活动。例如，"实习生教学技能过关展示周"，实习生面向全校相关科任教师展示地理教学授课过程，由观课教师集中点评，并提出改进建议；在组织的4次大型教学研讨会中，我们在一次次自我认识及与同行的交流探讨中，发现教学中存在的问题，明确改进的方向和努力的目标。深感欠发达地区农村中学地理教育课程改革的必要性和迫切性。

——选自山西师范大学2015年上半年顶岗支教实习总结

2.1.3.2　委托实习模式

委托实习模式包括部分委托或全面委托，是实习生或分散或相对集中于实习基地进行教育实习，实习指导与管理或主要由实习基地学校负责，院系安排教师巡回指导，或由实习基地学校全面负责。

（1）操作要点

慎重选定指导教师，明确实习指导职责。委托指导教师必须具备较强的业务素质和较高的教学水平，对地理课堂内外教学具有高度的责任感和较强的组织实施能力，锐意教学改革，富有创新精神，热心实习指导，具有丰富经验。高校带队教师虽然不参与教育实习的具体指导工作，但要负责实习队的管理，积极参与实习学校教育实习领导小组的工作，共同解决教育实习中遇到的问题；主动了解每个实习生的实习工作状况，并及时提供帮助；负责收集各实习学校的反馈信息。

注重实习队组织管理，配备能力强的实习队长。采用部分委托实习模式，要求实习队自我管理能力较强，实习队长人选很重要，应对工作负责，积极肯干，作风踏实，起好表率作用；工作原则性强，有较强的组织管理能力，可以独当一面开展工作。实习生分队（小组）的组成则主要依据实习生的实习态度、学习成绩、工作能力、身体状况、性格特征与兴趣爱好，以及男女性别差异等因素，综合考虑优化搭配，使实习队组建更为平衡合理。

（2）优势评价

充分发挥实习学校积极性。委托实习模式为实习学校开展教育实习实践活动提供了充分的自主权，便于实习指导教师积极主动、创造性地承担起实习指导任务。根据实习生教学准备的实际状况，课堂教学的综合表现和教学反思评价的具体反映等，对他们进行有的放矢、不失时机、灵活多样的教育实习指导。这些具体而实在的、具有针对性的教育实习指导深受实习生欢迎，并且是实习生最需要、最必要的教育教学实习指导建议，也正是实习学校指导教师的优势所在。

全面锻炼实习生独立工作能力。高校带队教师负责多个实习队的管理，增强了实习生独立学习、独立工作，以及自我教育、自我管理的机会，在一定程度上减少了其对带队教师的依赖性，促使他们积极开动脑筋，想方设法解决实习中遇到的各种问题，从中获得更充分的实习锻炼，大大增强实习生面对具体现实分析、解决问题的能力。也可缓解高校委派带队师资不足的困境，弥补地理院系实习指导教师数量不足的缺陷，有利于稳定教育实习基地学校的建设。

阅读　　　　　　　　　　　　**委托实习第一个月总结**

时间过得真快，不知不觉实习已经接近一个月，从一名学生转变为实习教师，在这一个月的时间里，心中有很多感慨。

虽然上个学期已经进行了一个学期的训练，已掌握了讲课的一定方法与技巧，但真正去实习的那一天，还是感觉非常发愁，甚至还天真地幻想过能不能不去实习，可是这只是幻想，现实让我来到了河峪中学。所有的一切都是陌生的，感觉度日如年，好在这里的领导和老师对我们都很照顾，让我感觉到了温暖。

第一次面对全班 30 多个学生走上讲台，内心非常忐忑，站在讲台上，双腿都在发抖。我用颤抖的声音做了自我介绍，用不太顺畅的语言讲了第一节课，感觉时间过得好慢，短短的 45 分钟比大学两个小时的课都要长。下课铃终于响了，我长长地舒了一口气，有种如释重负的感觉。指导老师及时鼓励我："没关系，刚开始都这样，大胆地讲，慢慢就好了。"

如今，实习生活已将近一个月，这段时间收获颇多。十分感谢河峪中学给予的锻炼机会，让我真正体会到做一名教师的酸甜苦辣；感谢指导老师的辅导和鼓励，在我有困难的时候能够有方法去解决问题、有信心去迎接挑战。这样的锻炼让我们在实践中掌握了更多的讲课技巧和管理方法，而且面对学生不同的反应能够采用相应的处理策略，尽一切努力争取让每一名学生都能学到知识。

在这段时间里，我也逐渐意识到了自己身上的很多不足，尤其是那件事情发生之后，我进行了深刻反思。一天晚上，我正在上自习，一个怒气冲天的男人进门抓住班上一个学生就要打，我立即阻拦，问清楚原因并带到校长办公室处理。事后回想这件事情，如果不是校长，我真的不知道该怎么办。由这件事可以看出，我处理紧急事情的应变能力还很弱，缺乏经验。在今后的工作中需要虚心向各位老师学习，以应对各种突发事件。

实习这段时间过得很充实也很快乐，已经和学生建立了深厚的感情，打心底里喜欢每一个孩子，感谢河峪中学，让我的实习有一个良好的开端，并搭建了进步的阶梯！

——山西师范大学 2012 级本科生霍婧撰写

2.1.3.3　混合编队模式

混合编队模式是由高等师范院校的若干系（专业）的实习生组成一定规模的实习队，到实习基地学校进行相关学科的教育实习，并完全委托该实习基地学校全面、全程指导各学科教育实习工作的实习模式。

（1）操作要点

选好实习带队教师。混合编成的教育实习队一般由 20～40 人的实习生组成，带队教师的任务重、责任大，师范生来自不同专业，涉及面广、需求多、要求高。带队教师应具有高度的责任感，热心于教育实习工作；潜心钻研教育教学改革，勇于探索教育实践创新；具有丰富、全面的知识，教学经验丰富；组织管理能力强，善于协调沟通。此外，教育实习队除设队长、副队长之外，还应设有各专业的小组长，配合带队教师和实习队长展开教育实习工作，形成既统一管理，又适应不同专业的组织体制。

发挥各专业的优势。混合编队师范生来自不同专业，知识结构可以互补，这种实习队特别适合当今中学课程综合化改革方向。因为文科和理科搭配，图、音、体结合，不同学科的师范生相互交流切磋，在学习方法和教学思维方面都有一定的拓展。例如，计算机系的师范生帮助学校开发课件、维修设备；体育系的师范生协助筹备校运会、对体育特长生进行训练；音乐系的师范生可以组织晚会，指挥学校的合唱队；中文系的师范生可以辅助大型诗歌朗诵比赛；地理系的师范生可以组织学生进行野外考察，认识生活的环境等。

（2）优劣势评价

混合编队实习模式可以缓解高校院系派出实习指导教师的困难，可减轻实习基地学校学科指导教师指导实习生为数过多的负担，还可以加强各专业实习生的交流沟通，充分发挥各专业之间互补互动的整体优势，有利于通过教育实习整体推进素质教育和综合教育，达成基础教育课程改革的目标，促进各学科实现立德树人的育人价值；有利于推进当前高等师范教育改革进程中，教育实习的观念、内容、模式、手段、评价等方面的改革。

该教育实习模式完全依靠实习基地学校指导教师，覆盖课程较多、涉及教师面广，会给该校教学工作增添较大压力，单纯依靠中学指导教师，致使本身教学任务就很重的中学教师大大增加工作量，任务加重、压力增大，难以充分调动其积极性。若有一定高校专业教师配合指导，可为确保实习生教育实习质量、完成所有教育实习任务提供有力保障。某些混合编队教育实习点未完全按照混合编队的原则组建实习队，选派的单科实习生数量过多，违背了混合编队专业优势互补的特色，减少了实习生的实践机会。

阅读　　　　　　　**茶山中学混合编队教育实习总结**

2013 年 6 月 20 日，经过一番激烈的网上报名，在缘分的牵引下，来自 11 个学院的 16 个人组成了华南师范大学赴东莞市茶山中学的实习队，队伍从组队到参加实习、结束实习，始终团结一致，乐观向上。在李老师的带领下，师范生日夜践行实习生的责任与使命，出色地完成了教育实习任务。

☆ **铸剑——实习前准备**

建立沟通平台。实习基地学校选定以后，建立了实习队的 QQ 群、微博等。在与带队教师的见面会上，选取了 1 名正队长，两名副队长。在准备阶段，考虑到队伍分散到两个校区，大家通过网络会议交流联系。每次会议前一两天准备好议题，会议当天利用 QQ 群进行讨论，并由队长做好总结和会议记录，高效完成各项准备工作。

明确分工合作。结合《华南师范大学 2010 级混合编队教育实习计划》《混合编队实习纪律须知》等资料确定队长及分工和各组分工。为了更好地完成实习任务，每位队员在实习前上交一份电子版教案、一份电子课件、一份第二课堂活动方案、一份主题班会方案、一份实习前期工作总结等资料，从各方面督促队友做好实习前的准备。

☆ **磨剑——实习进行时**

迎接新挑战。跨进茶山中学校门后，相比于糟糕的周边环境，校园内的一切完全不一样：绿树成荫、芳草萋萋、鸟语花香、书声琅琅、环境优美，这就是绿色校园的铁证，也是我们即将奋斗两个月、开启教育实习征程的居住地。

全身心投入。教育见习是首要任务，多听课，同时听不同老师或别的课程老师的课，并做好听课笔记十分必要。备课也是一个重要环节，每一位实习老师都应该努力钻研教材和教学方法，多方搜集教学素材，认真设计课堂教学。第一次上课，每位同学都怀着无比激动的心情站上讲台，虽然教学经验不足，但是大家情绪饱满，忘我地投入教学工作。

了解班主任工作。主要向班主任了解日常管理、班级学生情况等，也可召开班干部会议，全面了解班级学习情况。班主任工作实习既要求从整体班级的发展情况出发开展工作，又要求对每位学生的个性进行针对性的教育，是对我们综合素质能力的考察。

教育调研实习。是教育实习的重要组成部分，暑假时弄清调研工作的流程脉络，在此基础上确定调研题目，方向必须紧贴学校的特点进行选题，调研中必须讲求效率与分工，这样才能很好地完成调研工作。

条件课外活动。我们还参加了很多大型综合实践活动。例如，初一年级的趣味地理知识竞赛、贺卡制作大赛等；初二年级的行政区拼图比赛和地理专题晚会等活动。

☆ 亮剑——实习终点站

在讲台上的时光还意犹未尽就已经到了终点。最后一个星期，各种表格、个人鉴定、实习总结、感谢信等蜂拥而来！华南师范大学各级领导、地理院系实习组成员及实习带队教师的亲切慰问，实习基地学校领导的热诚鼓励和指导老师的殷切希望；谢师会、总结会、班级欢送会，与指导老师告别、与中学生分别，几分不舍，几分深情，几分收获，几分感谢……

——选自华南师范大学 2013 年实习总结

2.1.3.4　分散自主实习模式

分散自主实习模式是由师范院校出具相关证明，让实习生自行联系实习学校开展教育实习工作，并由实习学校做出成绩评定和实习鉴定，返校后再做验收，检测教育实习成效的一种实习模式。

（1）操作要点

独立现场实习。在分散自主实习模式中，师范生可根据教育实习和专业实习大纲，自主联系并选择实习单位，独立进行现场实习，并不意味着放任不管，实习基地学校和高校教师也会时刻关注着师范生的实习动态。实习前，凡参加分散自主实习的师范生都要提供完整材料申请自主实习，联系的实习单位需要与所学专业对口，满足实习大纲的要求。在自主实习期间，同样也要完成规定的实习任务，如充分地听课和讲课，分担一定的班主任工作，撰写实习报告和实习总结等，并且谨遵实习学校的规章制度，定期向指导教师汇报工作，便于院系实习领导小组掌握情况等。

检测实习效果。学院应对分散自主实习的师范生进行目标管理。一般而言，分散自主实习的师范生教育实习结束后，返回高等师范院校，由院系指导教师组织测评，也可由实习基地学校测评。实习结束后，需要填写实习成绩考核鉴定表，请实习基地学校及其指导教师填写实习鉴定意见，并加盖公章。教育实习成绩一般包括试教、试作、课外活动、教育调研等，可由校内试讲展示、师范生提交的教案、班主任日志、实习报告、返校汇报课等来确定。

（2）优劣势评价

分散自主实习模式有利于减轻师范院校的人力与财力负担，在一定程度上缓解高校选派实习指导教师的压力，减少人员管理、交通补贴、指导费用等实习经费的支出；有利于解决实习基地学校实习食宿安排困难、减轻教学实习指导工作量、减少对学校教学工作正常秩序的干扰等；给实习学生自由度较大的实习空间，便于充分发挥实习生的聪明才智和个性特点，充分调动实习的积极性和主动性，从而有利于教育实习保质保量地完成。

该教育实习模式不利于师范院校对实习生进行统一管理与具体指导，难以确保每位实习生都能按时到实习学校开展实习工作，以至于严重影响教育实习的质量，影响师范院校的声誉和人才培养质量。对分散自主实习应加大监管力度，加强与实习学校指导教师的沟通交流，充分利用各种渠道，尤其是强化网络信息平台的合作，对分散实习学生进行最大限度的宏观调控，并对教育实习成果的检测进行严格要求。

阅读　　　　　　　　　　分散实习利弊谈

2013 年 9 月我开始了教育实习。学校的教育实习主要是采取顶岗支教集中实习模式，即由师大统一联系实习学校，根据实习学校所缺教师的学科及人数，选派相应实习生前往补充短缺岗位。而我是外省学生，考虑到毕业就业的方便，申请并获批了分散实习，即由自己联系实习学校、安排实习事宜。在分散实习过程中，我经常与其他同学交流沟通，了解他们的实习过程，并对实习方式进行对比，有所感悟。

师大统一组织的集中实习会让学生更有归属感。一般都是几个实习生集中在一个学校进行教育实习，他们一起展开课堂教学、相互学习交流、生活彼此照应，讨论相同话题，有困惑之事共同商量，有困难可以组织名义与学校协商，还有师大指导教师出谋划策、出面解决问题。实习学校组织老师听师范生的课，专门安排了指导教师，有问题可以充分得到双方指导教师的直接指导，这些都让我羡慕。

我是通过亲戚关系联系的实习学校，恰好初二地理教师休产假，顶岗上 3 个班的地理课。从实习开始，感觉自己是"一个人在战斗"，自己努力融入教师的群体，教学中有问题自己去找老师请教，平时学校有什么活动自己主动参加，如果自己不积极、不争取就没有人关注……总之，感觉很孤单，没有归属感，一切都靠自己。

当然，分散实习也有益处，如可以灵活安排时间，避免做一些无关的事情；自己联系的实习学校一般离家较近，生活比较方便，进出较为自由等。更为重要的是，对师范生的教育实习提出了更高的要求和挑战，也能促使师范生得到更多的机会和更全面的锻炼，促使他们尽快成长。

——山西师范大学 2011 级本科生谭岩青撰写

行动

查阅整理：建立稳定的教育实习基地是保障教育实习质量的关键。查阅国内外建立教育实习基地的做法和措施。

集思广益：针对偏远地区广大农村中学教学条件不足的现状，提出创造实习条件的小建议。

议论讨论：教育实习模式改革是教育实习研究中的热点，例谈当前地理教育实习模式改革的趋势，以及更为科学、合理的模式。

深化思考：地理教育实习模式种类多样。根据本人的自身条件和客观实际，拟考虑选择适合自己的教育实习具体模式。

2.2　地理教育实习的多元准备

教育实习的准备是教育见习、课内外教学实习、班主任工作管理实习和教育科研实习等的首要环节，可为师范生进行有效教育实习，转变教师角色，成长为合格教师奠定基础。本节主要通过高校院系的准备、实习基地学校的准备、实习指导教师的准备和地理实习生的准备等，明晰地理教育实习的多元准备。

2.2.1　高等师范院系的准备

2.2.1.1　出台相关规章制度，加强政策支持

教育实习是高等师范院校人才培养方案的重要组成部分，也是高校培养合格教师由来已久的必由之路。各高等师范院校都不同程度地进行了内容、模式、方法、手段和评价等方面的改革，为确保教育实习的质量和水平，陆续出台了一系列有关教育实习的规章制度，包括关于加强"国培计划"顶岗师范生管理有关工作的通知、教育扶贫行动方案的通知、《师范大学毕业生实习实施方案》的通知等。例如，院系"教育实习计划"主要对实习的基本概况、实习目标、实习内容、日程安排、实习生分组、实习指导教师职责、实习生守则、教育实习评分标准等方面进行了详细阐述，为师范生的教育实习指明了方向。

2.2.1.2　落实实习基地学校，加强沟通联系

没有实习基地学校的大力支持，则无法保障教育实习的顺利进行，加强与实习基地学校的沟通交流和密切联系是落实实习基地学校的前提。在师范生进行教育实习之前，实习管理机构或指导教师应提前与实习基地学校领导取得联系，落实有关教育实习的具体事项，针对实习生教育实习的实习时间、分配学校、具体的实习内容、实习年级、实习科目等方面进行具体的安排，为师范生的教育实习打好基础。例如，在地理教育实习前，都应该在前一个学期末由实习县教育局统计各实习基地学校所需要的实习学生人数，并了解实习需求，与相关院系进行协调沟通，以保证实习生与实习岗位的切合。

实习基地学校场景见图 2-1 和图 2-2。

图示

图 2-1　实习基地牌匾

图 2-2　实习基地签约

——山西师范大学提供

2.2.1.3　召开实习动员大会，提高思想认识

　　实习生可能由于经验不足、实习环境的变化等，对教育实习产生迟疑、畏难等情绪，因此，召开实习动员大会，有利于实习生提高思想认识、端正实习态度，在实习之前做好充分的思想准备。召开实习动员大会的主要措施有：院系主任畅谈教育实习的重要意义，提出对实习生的期望与要求，让实习生了解实习的必要性，明确教育实习的目的；邀请中学地理优秀教师介绍如何有效地进行课堂教学、如何优化班主任工作、如何创设性地开展课外实践活动、如何成为一名优秀的实习生等，或者请已经实习过的学姐、学长介绍自己的实习经验和成长经历，让实习生对教育实习有所了解和适应；教学法教师说明教育实习的主要内容和任务，教育实习的基本要求和实习步骤，教育实习的成绩评定和综合评价，教育实习工作的具体安排和教育实习的注意事项等。实习中学的学生正处于青春期，充满叛逆心理，对于缺乏教育管理经验的实习生来讲，常常会不可预见青春期学生的行为后果，不能对一些突发事件做出准确的预见和处理。因此，要求实习生树立安全第一的观念，把安全工作落实到教育实习的各个环节。

✎ 示例

实习动员大会领导讲话（节选）
——以某院系为例

同学们：

　　首先我代表地理科学学院的领导和全体老师，向大家顺利完成学业，走向实习就业的征程表示热烈的祝贺！从下周起，教育实习活动即将开始，同学们将奔赴各自的实习岗位，去检验自己在校学习的知识，亲身体验社会对人才的要求，感受自己的差距。

　　高等师范院校是培养人才的地方，高校的产品是特殊的产品（毕业生），是否合格、是否合乎用户的需要，是检验教学管理等各项工作的最终标准。教育实习是高等师范院校人才培养的重要环节，也是师范生未来教师生涯的必要基础。如果同学们在教育实习中不适应，得不到用人单位的肯定，就如同工厂产品不合格一样，那是我们教育的失败。因此，大家现在是实习，而不是就业，其中就蕴涵着不断检查、不断修正的意义，就是将大家放在真实的、具体的、现实的、亲历的工作环境中，让师范生脚踏实地、体验实践、迎难而上、接受挑战，不断自我检测、审视反思、改进调整、自我完善。

　　教育实习也是大家就业的需要。现在的教师招聘大多采用笔试加讲课面试的方式，谁拥有更加精深的专业知识和熟练的教学技能，谁就会在激烈的就业竞争中多几分胜算。因此，教育实习是深化师范生专业理论、专业知识、专业技能学习，提高专业能力、教学技能、教育能力的大好时机。通过扎实的教育实习全过程，促进大家进一步了解现实社会，检视自身、查漏补缺、与时俱进、更快进步，在完善自己、修炼提高的同时被社会所认可，被用人单位所青睐。每位同学不可等闲视之，应全力以赴。

　　教育实习要做到守时。时间观念是衡量一个人素质的重要标尺。不论是私立学校，还是公立学校，对上下班的时间都有严格要求，不能因为处在实习阶段，就放松对自己的要求，更不允许不经单位批准就无故缺席。同时，注意交通安全和人身及财产安全，保障教育实习顺利进行。

　　相信同学们一定会像在校学习、生活一样表现出色，也殷切期望你们好好珍惜、吃苦耐劳、不怕困难，尊敬师长、勤俭节约、把握机会、迎接挑战，发自内心地热爱生活、感

恩社会，关爱他人、助人为乐，规划好自己的人生，走好每一步，用青春和汗水谱写新的篇章。

2.2.1.4　开展模拟课堂，检验学生能力

地理师范生是基础教育一线地理师资的后备力量，除要掌握专业的地理知识以外，还需要具备较强的教育教学能力，以及管理学生的能力，这些能力并非一朝一夕所练就的，需要日积月累才可以完成。因此，地理院系需要开展相应的地理模拟课堂实践练习，让学生在正式教育实习之前能够尽可能多地发现问题、分析问题和解决问题。模拟课堂一般分为三种形式，一是一人试教，多人听讲，即讲课的学生为师，同学扮演初高中学生；二是一人试教，一人听讲，即讲课的学生为师，教师为生；三是利用手机等设备进行录课，回放录像，自己反思，或与同学或教师一起观看、分析。试教结束后，肯定优点，发现问题，并反思改进。为了保证实习生能掌握地理教学技能，在进行教育实习之前，首先应让学生完成全部的地理课程，其次对学生进行为期半年的地理教师专业技能演习，并在学期末对学生进行技能测验，以保证每个实习生在实习之前都能逐项过关。

阅读

教育实习岗前培训具体要求
——以山西师范大学为例

要求学生已修完教学计划的全部必修和选修课程，完成中学学科教学论，以及中学课堂教学设计与实践，并通过初步测试，具备走上中小学讲台的基本教育素养。具体做法如下。

第一项——示范观摩：实习生每人听三节示范观摩课。

第二项——教材分析：实习生每人写三课时教材分析，包括书面分析过程和结果。

第三项——教案学案：实习生每人写三份教案和三份学案。

第四项——说课：实习生每人说课 5~8 分钟，其中包括目标、重点、难点、方法、手段和评价。

第五项——讲课：实习生每人讲三节课，小组内、班级内、评委面前各讲一节。

第六项——听课：实习生相互听课三节以上。

第七项——心得体会：每人需要提交一份心得体会。

第八项——实习计划：每个实习生需要提交一份教育实习计划。

以上内容全部完成之后，讲课需要通过指导教师和评委教师（一线教师）的评定，对评定成绩合格者发放实习合格证，其方可参加教育实习，成绩不合格者不能参加实习，补考通过以后方可参加教育实习。

2.2.2　教育实习基地的准备

教育实习基地为实习生创设了相互学习和竞争的氛围与条件，可实现师范院校和中学指导教师的优势互补，成为实习生教育实习的必要条件和保障，在师范生进行教育实习之前，教育实习基地的准备对于实习生能否成功完成教育实习有着重大意义。

2.2.2.1 实习基地硬件准备

硬件准备主要包括师范生生活条件、办公环境、试讲场所、教学用具、设施设备等资源。实习基地学校应在师范生进行教育实习前做好食宿相应准备，保障生活所需要的饮食和住宿安全，便于师范生更好地适应实习生活；虽然对于实习基地学校的办公条件不做硬性要求，但其应提供良好的备课、试讲、评课和实习活动场所，以便师范生能够完成更高质量的实习任务。教育实习基地要考虑实习生的规模和数量，以及所教学科的人数比例，在后勤保障方面，努力为实习教师提供更好的条件，也对实习基地学校的接待能力提出要求和挑战。并不是所有的中小学都可以一次性容纳人数众多的实习队伍，教育实习工作安排无疑会给实习基地学校的接待增加难度。实习基地学校在应对挑战的同时，也会对自身的硬件条件加以改善，从而在一定程度上促进其硬件条件的完善。

2.2.2.2 实习基地软件准备

软件准备主要包括校园氛围、师资力量、管理水平，以及教风、学风等。在实习基地软件准备中，最为重要的是为师范生配备指导教师。实习基地学校的指导教师是培养师范生的中坚力量，师范生在指导教师示范、辅助、鼓励、提供咨询和生活关怀等方面的帮助下，体验教学、承担班主任工作、组织班级主题活动等。例如，在知识技能上，指导教师可为师范生提供在现实情境中体验和积累教学知识的机会；在实习过程中，指导教师可帮助师范生提高教学能力、班级管理能力和工作组织能力；在情感态度方面，指导教师可使师范生获得情感和心理帮助，提高自信心，增强成就感，为以后的教育生涯打下良好的思想基础。同时，师范生教育实习能够给中学地理课堂教学带来新理念和新思维，为实习基地学校注入新鲜血液，不仅能够分担指导教师繁重的教学任务，还能使指导教师在与实习教师的交流和沟通中体会到高等师范院校先进的教育理念，使实习基地学校的中学生感受到不一样的教学风格。

阅读　　　　　　　实习指导教师的岗位职责

实习教师是我县教师队伍中的组成部分。为了充分发挥实习教师在我县的作用，为实习工作创造一个良好的环境，我县决定为每位实习教师配备指导教师。实习指导教师岗位职责如下。

指导教师必须为各学校骨干教师，具有过硬的专业素养和强烈的责任心，愿意承担指导实习教师的相关工作。

指导教师要贯彻执行党的教育方针，以严谨、求实的科学态度完成指导实习教师的教学及管理等各项工作。指导教师要为人师表，做好教书育人、管理育人、服务育人的工作，树立实事求是、严肃认真的科学态度，培养良好的教风和学风。

根据学校教学要求及实习教师的培养目标要求，指导教师要在开学前制订好实习教师指导工作计划。

指导教师有责任和义务对实习教师备课、上课、教研和教学管理进行全方位的指导与监督；对于不能完全胜任教学工作的实习教师，指导教师应辅助其完成教学任务。

做好实习教师考核、实习成绩评定等工作。实习指导教师应获得相应的补助。

——山西省浮山县教育局提供

2.2.3　实习指导教师的准备

2.2.3.1　高校实习指导教师的工作职责

高校实习指导教师的工作职责如下。

负责对所分配实习学生进行业务指导和日常管理。代表学校协调与地方教育行政主管部门和实习学校的关系，保证实习生的教学、住宿和饮食等各项条件的具体落实。

全程管理实习工作。与实习生经常保持电话、微信和 QQ 联系，及时了解实习生实习工作现状，以及教学和生活情况，协调解决工作中出现的各种问题，对突发性事件采取果断措施，保证实习生的安全。

经常保持与学校基础教育教师培训中心和当地教育行政主管部门的联系。及时反映教育实习工作进展情况，及时报道当地教育局或实习学校的可取做法和实习生的先进典型事迹，并进行宣传。

做好实习总结。与实习学校共同完成对实习生的实习成绩考核，按比例评选出优秀实习生。做好各种材料上报工作。实习结束后，每位指导教师都必须提交实习工作计划和工作总结等相关材料。

📖 **阅读**　　　　　　　　　　**实习指导具体要点**

实习前的准备工作。组织师范生见面会，讲解实习要求，组织学习有关实习文件，强调组织纪律性和安全注意事项；指定小组长，配合指导教师工作；建立 QQ 群、微信群，方便师生沟通、及时了解信息等。

带领师范生到实习基地学校。向实习基地学校介绍师范生的情况，使其了解住宿条件，主动帮助他们解决实际问题，并协助他们在任课教师和班主任的指导下，熟悉实习基地学校所使用的教材、教学进度，确定教学实习内容等。

督促、检查师范生的实习工作。看望师范生，与校领导座谈，了解他们实习的基本情况，随机抽查和指导师范生的备课和试讲，听、评师范生的上课任教情况，并检查指导他们批改作业等；鼓励师范生加强专业学习，更好地迎接挑战。

组织开展教学和研讨活动。鼓励师范生参与实习学校的班级会议、年级会议，如组织师范生试讲，对班内学困生进行帮助；组织师范生进行主题讨论交流、广泛收集资料，并尝试进行教育研究。

认真总结实习指导工作。将师范生安全带回学校，并检查、核实师范生的档案袋材料，检查教育实习手册、备课本、听评课本等，协同实习基地学校指导教师评定实习成绩；评选优秀教案和调研报告及优秀实习生。

2.2.3.2　高校实习指导教师的工作权限

高校实习指导教师的工作权限如下。

有权代表学校与当地教育局、学校就师范生相关问题进行洽谈协商。主要包括实习基地学校对师范生的食宿，指导教师的分配安排等事项，确保师范生在实习学校的生活、学习和工作环境。

有权在管辖区根据实习基地学校的需求情况调配师范生。了解实习学校所使用的教材、教学进度，确定师范生的教学实习内容，以分配师范生的教学实习任务。

有权叫停不合格师范生的教学实习活动，促其反思、改进。在师范生教学实习过程中，实习指导教师应指导师范生备课、批改其教案，并且观摩、评议师范生上课，指导师范生批改作业等，一旦在这个过程中发现问题，及时纠正师范生的教学实习活动。

有权批准师范生一天时间的病假或事假。有权终止违纪师范生的实习工作，遣返回校。了解师范生实习教学的工作表现，并及时对其进行评价，一旦发现师范生有违纪情况，严肃处理。

阅读　　　　　　　　　　实习指导教师注意事项

高度重视实习指导。教育实习是提高师范生服务于基层，锻炼和提高其教学能力、适应能力、生存能力的一个平台。实习指导教师管理和指导是否到位，直接影响实习工作的顺利开展和学校的声誉。因此，实习指导教师应高度重视实习指导，端正态度，提高认识。

严抓学生安全教育。协调保证每校的实习生在两人以上；对于学校放假无工作人员的学校实习生安全问题，一定要妥善安排；告诫实习生应与实习基地学校指导教师以外的其他校内外人员保持一定距离；不要轻易相信陌生人，保持警惕性。

加强实习生日常管理。教育实习生严守学校纪律，服从安排，努力工作；从着装、发型、谈吐等日常行为都要适合教师职业特点和实习学校环境。严格学生请假制度，发现学生请假情况不实，追究带队教师的责任。

关心教育实习生。通过各种途径关心实习生，手机保持 24 小时畅通，及时了解他们的教学条件和生活状况，对于实习生提出的合理要求，要与实习基地学校沟通交流，及时处理解决，为实习生有效实习排忧解难。

建立实习指导教师个人工作档案袋。工作档案袋内容包括工作计划、工作日志、听评课记录、会议记录、教研材料、工作总结、工作过程照片等。

2.2.4　地理实习生的准备

2.2.4.1　思想认识的提高

加里宁说："为了真正地进行教育，不仅要很好地熟悉自己的业务，而且要有纯粹的灵魂。乌申基把'灵魂'这两个字理解为教育者的精神面貌，教育者的道德，或者名之为良心。"在教师的教育中，教师的人格魅力不仅会影响学生的思想和学习，甚至可能影响学生的一生。树立正确的实习行动理念是地理教育实习成功的重要保证。只有让每一名实习生找准自己的定位，达成共识，才能让实习生在实习过程中达到最佳状态。

地理教育实习的使命感。实习生必须认识到自己的言行是自己学校校风、学风和教学能力的具体反映，实习生自身的形象和学校的形象密不可分。实习生应时刻注意自己学校使者的身份，注意规范言行，使自己的言行举止与自身所受到的高等师范教育层次相吻合，同时在实习过程中要表现出强烈的自豪感、责任感和使命感，全身心地投入到地理教育实习中。

地理教育实习的职业观。其包括职业发展观和职业道德观，这既包括对教师职业内涵的认识，同时也包括对教师职业未来发展的认识。地理教育实习为师范生提供了就业前全面检验知识和能力的机会，同时也是师范生作为教师职业的起点，是使师范生将所学教育理论知识和实践技能相结合的一个端点。实习生应静下心来，踏踏实实做实事，为自己未来的职业和人生发展奠定良好的基础。

地理教育实习的角色观。地理实习生既是学生，又是教师。这里的"学生"完全不同于在高校课堂学习的学生，都要在不同的教学情境下扮演不同的角色，需要实习生树立明确的角色观，对自己教师和学生的双重身份有清醒的认识和准确的把握，做好实习角色的定位。

地理教育实习的择业观。地理教育实习在层次定位上是地理科学专业学生走向教育工作岗位的一个过渡期，是学以致用的起点。树立正确的地理教育实习择业观是使实习生由被动转向主动实习的良好方法，更是保障地理教育实习质量的重要前提。因此，在地理教育实习过程中，实习生对自己的教学要高标准、严要求和深层次，努力成为合格的中学地理教师。

2.2.4.2　综合知识的准备

教育实习是师范生教育实践活动的重要内容。教育学和心理学是师范生必备的重要理论基础。教育学揭示课程理论、教学理论、学习理论、评估理论等一般理论；心理学，特别是教育心理学，研究学生的学习心理现象、揭示学生的学习心理规律，是教育实习的重要理论支柱，能够使师范生更好地融入基础地理课程改革，进行地理教学研究。

地理学是研究地理环境，以及人类活动与地理环境关系的科学，作为合格的地理师范生，必须掌握扎实的地理科学基础知识、地理基本理论和地理基本技能，这些均是地理教育实习最实质性的要素。学校地理课程的主要内容取材于地理科学，无论是自然地理、人文地理、区域地理，还是中国地理、世界地理、乡土地理，都不可能脱离地理学的研究范畴，如板块构造、大气环流、水循环、区位等地理科学理论，以及 3S 技术的发展与应用，大大丰富了地理教育实习内容。

同时，地理师范生需要在大自然和社会发展及日常生活中去观察、体验和发掘地理知识的价值，如观看各类地理电视节目——大国崛起、美丽中国、经典人文地理探索、绿水青山看中国地理知识竞赛等；如关注衣、食、住、行、游、购、娱等日常小事中蕴含的地理背景，发掘其与地理学科知识之间的联系，从而深化地理课堂教学内容，培育学生的地理核心素养。

示例　　　　　　　　**地理实习生必看的十大书目参考**

叶澜. 2007. 教育学原理. 北京：人民教育出版社.

张春兴. 1998. 教育心理学. 杭州：浙江教育出版社.

希尔伯特·迈尔. 2011. 怎样上课才最棒：优质课堂教学的十项特征. 黄雪媛等译. 上海：华东师范大学出版社.

李·舒尔曼. 2004. 实践的智慧：论教学、学习与学会教学. 王艳玲等译. 上海：华东师范大学出版社.

萨拉·L. 霍洛韦等. 2008. 当代地理学要义——概念、思维与方法. 黄润华等译. 北京：商务印书馆.

希利尔. 2010. 希利尔讲世界地理. 王敏译. 贵阳：贵州教育出版社.

蔡运龙，威科夫. 2011. 地理学思想经典解读. 北京：商务印书馆.

瞿大彤.2014.教育实习指导.北京：北京师范大学出版集团.
袁孝亭.2007.中学地理教育实习行动策略.长春：东北师范大学出版社.
夏志芳，陈澄.2000.中学地理教育实习.北京：高等教育出版社.

2.2.4.3　教学能力的准备

教学能力的准备主要包括备课、编写教案和模拟教学。备课是教学设计的前提条件，主要涉及吃透地理课程标准的精神内涵和实质要求，深入分析高初中地理教材内容和知识结构，初步了解地理教学的重点和难点，把握中学生地理学习特点和心理规律，了解中学生的地理学习基础和学习态度，以及学习习惯，为更好地确定课堂教学目标奠定基础。

教案编写是教学设计的书面总结，也是进行课堂教学的思路和蓝图，主要涉及地理课标研读、地理教材分析与学情剖析，地理三维目标分解和地理核心素养确定，地理教学方法选择和地理教学媒体选用，地理案例素材的选取，地理教学主线的明晰和教学环节的设置，以及师生互动交流的设计等。师范生大多首次接触教材，缺少积累、缺乏经验，尤其是几乎没有中学课堂教学的实践体验，应尽可能广泛地搜集资料，参考借鉴优秀地理教学设计，不断充实自己。

模拟教学是教学设计的具体展现，也是中学课堂教学实习的第一步，主要涉及地理课堂教学片断展示、高中和初中地理课堂教学展示、地理微格课展示、地理说课展示等，可以通过个人模讲、双人对讲、小组试讲和指导教师观摩的集体讲授等途径开展模拟教学。模拟的内容可以是一节完整的地理课，也可以是某一教学片断，相互学习、分享交流，多聆听观摩、探讨借鉴，利于提高地理教学能力。

2.2.4.4　身心健康的准备

教师是知识的传授者、能力的培养者、学生人格的塑造者、学生发展的引导者。其对学生的影响广泛而重要，来自各方面，其中，教师的身心健康也会在潜移默化中发挥作用。作为一名即将踏上教育实习征程的师范生，有必要做好实习前的身心准备。

身体准备涉及日常的锻炼，如应结合自己的兴趣、体质状况，以及所处的环境和条件制定合理的身体锻炼时间表，坚持日常锻炼，养成良好的运动习惯；涉及学习、工作和休息的合理调节，如在日常学习和工作中，应避免过度劳动，要劳逸结合、张弛有度，有利于提高学习效益和工作效率，也有利于拥有健康的身体。

心理准备涉及责任感树立，如实习生应对学生关爱、对教学负责，以严谨作风、良好道德和精神面貌完成初为人师的任务；涉及问题意识培养，如在教育实习中，可能会面临怎样去了解学生、如何沟通师生关系、怎样站稳讲台等具体而又切实的问题；涉及自信心增强，如在教育实习前常会产生紧张感、胆怯心理和过度焦虑，应调整心态、放松心情，认真准备、反复练习，做到心中有数、胸有成竹，始终保持一颗理智和健康的心。

2.2.4.5　仪容仪表的准备

仪容仪表作为一种无声的教学语言，不可否认也是教育实习的重要组成部分之一，它不仅可以展现教师的外部形象，也是教师内在素养的真实体现。在教育实习之前，师范生有必要对仪容仪表进行认真准备。

得体的服饰既能体现年轻一代朝气蓬勃的精神面貌，也能展现自身良好的个性和大方的气质。新一代大学生的着装服饰可能代表一定的潮流方向，但是实习中的着装打扮必须符合教师的职业特点，如不穿奇装异服、不浓妆艳抹，不宜穿过露、过透、过紧的服装；不穿拖鞋、短裤等进教室。

适宜的发型也是体现年轻一代生气勃勃精神面貌的重要组成部分。实习中的发型以庄重、端庄、自然得体、干净利索为标准，如女教师不宜染发、不要爆炸头、不宜头饰过多、不能花枝招展，男教师不宜光头，或者长发、染发、束发，以及各种奇怪发型等。

实习生应该经常修剪指甲，不要留过长，更不能藏污纳垢，要求指甲自然修剪，不要过分修饰和染指甲。

规范的言谈举止更是教师职业素质的直接体现，以及传递教育教学正能量信息的重要工具，对学生的影响巨大而深远。实习中的言谈举止应做到和蔼可亲、文雅谦逊、文明礼貌、亲切自然，对自己的言行举止有所约束、有所选择，尽可能给学生正面影响。

实习生教育实习个人设想见表 2-4。

表解

表 2-4　实习生教育实习个人设想

目标及重点	主要实习活动及方式	预定进度	完成期限
熟读地理课程标准，通过自己的学习与教师的指导，尽可能领会新课程改革理念，明确地理教学要求	认真观摩中学地理优质课展示，做好听课记录；备好每一节地理课，虚心听取指导教师点评及建议；切实拟订实习计划，认真完成每项任务	实习第 1～3 周	实习第 4 周
虚心向各位老师请教和学习，注意观摩、借鉴、体验、领会，增强课堂教学应该具备的技能	完成 15～20 节的听课任务，手勤，嘴勤，多做，多问	实习第 4～16 周，每周至少听两节课	实习第 17 周
培养独立工作、社会交往和沟通协调等能力，增强作为地理教师应有的责任感和使命感	完成 30 节课以上的独立备课、授课任务	实习第 4～16 周，每周至少上两节课	实习第 17 周
对地理基础教育教学工作有整体了解，增强专业思想、教育意识和教书育人能力	尽可能主动参与地理教学活动，广泛参与地理教研	实习 1～17 周	实习第 17 周

行动

各抒己见：

"工欲善其事，必先利其器""凡事预则立，不预则废""用众人之力，则无不胜也"与地理教育实习的关系。

如何理解"对这节课，我准备了一辈子。而且，总的来说，对每一节课，我都是用终生的时间来备课的。"

概括梳理：

自己的教学能力和专业知识还存在哪些不足，在接下来的准备和见习过程中应如何改进。

自己心目中理想的地理教师形象是怎样的，并用合适的词语进行描绘。

分享交流：

自信是人类运用和驾驭宇宙无穷大智的唯一管道，是所有奇迹的根基。如何展示出地理教育实习的自信。

为保证地理教育实习期间有规律地工作和作息，分享坚持锻炼身体、保持旺盛精力的小计划。

深化思考：

教育实习期间，地理师范生需要处理的几种关系（与中学指导教师、本院指导教师、中学生、学生家长和实习生之间）。

教育实习中地理师范生的多重角色（教师、学习者、合作者、组织者、研究者、自我管理者）。

材料分析：

结合材料一，分析实习教师的做法对学生有什么影响，应该怎样做才更符合教学要求。

材料一： 一名实习教师在讲述"自然地理环境的整体性"时，要求学生回忆水循环、生物循环和岩石圈物质循环过程，并要求学生上台展示。开始先由两位学生主动到前面展示自己的成果，将内容形象地绘在黑板上，老师对内容进行了深化点评。还有一项内容，老师看没有人举手，就叫了一名同学："李明，你给大家介绍一下。"李明拿着话筒，迟疑了一会，说："我不会。"老师看到李明不愿介绍，就对其他同学说："我们欢迎李明为大家介绍一下，好不好？"同学们齐声说："好！"并一起鼓掌。李明一脸不知所措，停了一会，小声而快速地说了一句："我不会。"随即深深地将头埋进课本。老师什么也没有说，又叫了一位同学介绍，之后在上课的过程中，李明的头一直没有再抬起。

结合材料二，说明其中反映出的实习生教育实习准备不充分的状况，应该如何进行改进和调整。

材料二： 实习生李同学进入实习组的第一天，实习见面会后，班主任实习指导教师利用自习课的时间，带李同学到实习班级与中学生见面。实习指导教师向全班学生介绍李同学将在该班试做班主任，以及他的相关情况，并请李同学对自己的实习设想进行简介。李同学没有预想到此环节，没有丝毫的心理准备和讲话准备。当实习指导教师和同学们热烈鼓掌时，她面红耳赤、手足无措，非常紧张，只好仓促登台，断断续续、语无伦次，结结巴巴地勉强讲了几句。第一次在实习指导教师和全班同学面前展示效果不好，导致第一印象不佳，也直接影响李同学初来乍到、走进中学展开教育实习工作的心情。

参 考 文 献

曹福军，战琳，毕玉凤. 2009. 高师院校教育实习组织与管理模式研究. 唐山师范学院学报，31（2）：141-143.

侯德娟. 2017. 学科知识观的转向与地理学习评价的新理路. 经验导刊，3：61-65.

江家发. 2005. 高师院校教育实习基地建设的实践与思考. 中国高教研究，5：64-65.

李·舒尔曼. 2004. 实践的智慧. 上海：华东师范大学出版社.

刘永华. 2017. 浅谈师范生实习前的准备与指导——以学前专业实习生为例. 新课程研究，1：107-108.

牛超. 2015. 试论地理核心素养的内涵、特征及其培养策略. 天津师范大学学报，16（4）：48-51.

曲中林，王革，林浩亮，等. 2008. 高师院校教育实习管理的理性思考. 当代教育论坛，9：64-67.

邬跃，陈恒. 2009. 提高师范生教育实习实效性的思考. 教育学术月刊，11.020.

夏志芳，陈澄. 2000. 中学地理教育实习. 北京：高等教育出版社.

袁孝亭. 2007. 中学地理教育实习行动策略. 长春：东北师范大学出版社.

张博伟，吕立杰. 2013 . 教育实习指导教师指导模式考察与分析——以东北师范大学"教育实验区"为例. 东北师范大学学报，3：176-180.

朱静. 2012. 全日制教育硕士教育实习问题研究——以东北师范大学为例. 长春：东北师范大学硕士学位论文.

朱绍禹. 2005. 教育实习全程解说. 太原：山西教育出版社.

第3章　入门：地理教育见习

　　我如果当中学教师，绝不将我的行业叫做"教书"，犹如我决不将学生入学校的事情叫做"读书"一个样。书中积蓄着古人和今人的经验，固然是学生所需要的；但是从学生方面来说，重要的是消化那些经验成为自身的经验，说成"读书"，便把这个意思抹杀了，好像入学校只需要做一些书本上的工夫。因此，说成"教书"，也便把我当教师的意义抹杀了，好像我与从前书房里的老先生并没有什么分别。我与从前书房里的老先生其实是大有分别的，他们只需要教学生把书读通，能够应付考试、取功名，此外没有他们的事儿；而我呢，却要使学生能做人、能做事，成为健全的公民。这里我不敢用一个"教"字。因为用了"教"字，便表示我有这样一套本领，双手授予学生的意思；而能够说我做人做事的本领已经完整无缺了吗？我能够肯定地说我就是一个标准的、健全的公民吗？我只不过比学生年长一点儿，经验多一点儿罢了。他们要得到他们所需要的经验，我就凭年长一点儿、经验多一点儿的份儿，指示给他们一些方法，提供给他们一些实例，以免他们在迷茫之中探索，或是走了许多冤枉道路才达到目的——不过如此而已。所以，若有人问我干什么，我的回答是"帮助学生得到做人做事的经验"，我绝不说"教书"。

——摘自叶圣陶. 2007. 叶圣陶教育名篇. 北京：教育科学出版社.

　　地理教育见习是高等师范院校地理教育专业人才培养的一个有机组成部分，是地理师范生在积累了一定的教育科学理论和专业学科知识的基础上，通过教育现场的实地感受、观察，直观体悟学校的教学情况，认识中学地理教学常规，特别是课堂教学常规，了解中学班级管理工作，进一步融入基础教育地理课程改革的实践教学环节中。本章以实习学校与班级管理见习和地理课程与课堂教学见习的视角，走进地理教育见习。

3.1　实习学校与班级管理见习

　　地理师范生的教育见习基于一定的"校场"，即实习学校而展开，是在一定的教育环境中发生的，其所参与的教育教学行为实践，需要教育见习对象和教育见习的设备、条件等。本节主要通过对实习学校组织机构的了解、实习学校校园文化的体验、实习学校班级管理工作的观察等，了解实习学校与见习班级管理。

3.1.1　实习学校组织机构的了解

3.1.1.1　行政性组织

（1）校长办公室

　　校长办公室属于校长直接领导，并处理日常校务工作的办事机构，也是学校行政管理的综合协调部门，集综合性、协调性和辅助性于一身，其主要职能为协助校长协调各类组织机构之间的关系，负责学校的联系，收集和分析各种反馈信息，管理学校的文件收发、报表统计和文书档案工作等。校长办公室还可以依据其需要设专职秘书或干事等，规模大的学校还可另设人事保卫部门，以完善其管理职能，提高工作效率。

（2）教务处

教务处为学校行政组织机构中主管教学管理工作的重要职能机构，涉及教学规划、教学方案、教学制度、课程安排、学习要求及检查考核等教与学各方面的事务。该机构的主要负责人为教务处长或教导主任，领导各年级、班主任和各科教研组的工作，主持召开年级组长、班主任和教研组会议，布置、检查和协调教育教学工作，分析、研究教育工作的发展动态和存在问题，提出相关的教学改革建议和设想。教务处具体管理有关学籍、课务、考勤、考核及资料、统计等教务工作，以及图书馆、资料室和实验室等工作。

（3）总务处

总务处为负责学校后勤管理工作的组织机构，为学校各项工作和师生生活提供具体服务和物资保障，涉及学校工程、财产、维修、保障、生活起居等服务管理，具体负责组织教学用品，按计划订购、发放学生作业本及教师办公和班级用品，购买图书、资料、教具、仪器、体育器材，以及校舍、设施的修建、维护，校园的绿化、美化和清洁卫生等。

（4）校务委员会

校务委员会为学校组织、管理和运行、评估各项工作的审议机构，其职责是审议学校的重大决策和发展方针，是学校管理制度化、人本化、科学化的直接体现，一般由学校代表、社区代表、政府代表等社会多方代表组成，其讨论交流、审议评估和最终决策密切关系到学校的良性发展、教师的专业成长、学生的全面发展及家长的最大权益。

实习基地学校组织机构概况见图 3-1。

图示

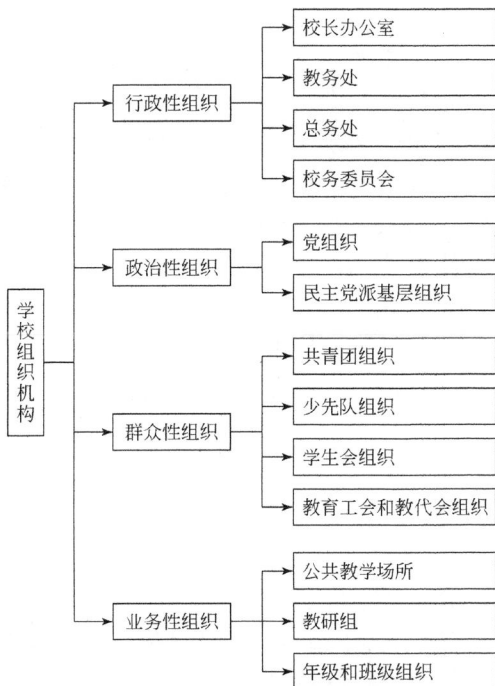

图 3-1 实习基地学校组织机构概况

3.1.1.2　政治性组织

政治性组织即对学校管理起监督保障作用的中国共产党各级党组织，也包括学校党组织领导下的积极参与学校管理、对学校各方面工作和学校干部进行监督的民主党派基层组织。其中，学校党组织在我国中小学是处于政治核心地位的政治性组织机构，主要职责为坚持社会主义办学方向，保证党的教育方针、政策和国家的法律法规的贯彻执行；做好各级干部的教育、培养、选拔和考核工作；负责学校干部的政治思想和作风建设；参与学校重大问题的决策；领导教职工思想政治工作和学校的精神文明建设；支持和监督校长的职权行使，协调学校内部各项关系；领导共青团、工会等群众组织机构。

📖 **阅读**　　　　　　　　**党的基层组织的基本任务**

第三十二条　党的基层组织是党在社会基层组织中的战斗堡垒，是党的全部工作和战斗力的基础。它的基本任务是：

（一）宣传和执行党的路线、方针、政策，宣传和执行党中央、上级组织和本组织的决议，充分发挥党员的先锋模范作用，积极创先争优，团结、组织党内外的干部和群众，努力完成本单位所担负的任务。

（二）组织党员认真学习马克思列宁主义、毛泽东思想、邓小平理论、"三个代表"重要思想、科学发展观、习近平新时代中国特色社会主义思想，推进"两学一做"学习教育常态化制度化，学习党的路线、方针、政策和决议，学习党的基本知识，学习科学、文化、法律和业务知识。

（三）对党员进行教育、管理、监督和服务，提高党员素质，坚定理想信念，增强党性，严格党的组织生活，开展批评和自我批评，维护和执行党的纪律，监督党员切实履行义务，保障党员的权利不受侵犯。加强和改进流动党员管理。

（四）密切联系群众，经常了解群众对党员、党的工作的批评和意见，维护群众的正当权利和利益，做好群众的思想政治工作。

（五）充分发挥党员和群众的积极性创造性，发现、培养和推荐他们中间的优秀人才，鼓励和支持他们在改革开放和社会主义现代化建设中贡献自己的聪明才智。

（六）对要求入党的积极分子进行教育和培养，做好经常性的发展党员工作，重视在生产、工作第一线和青年中发展党员。

（七）监督党员干部和其他任何工作人员严格遵守国家法律法规，严格遵守国家的财政经济法规和人事制度，不得侵占国家、集体和群众的利益。

（八）教育党员和群众自觉抵制不良倾向，坚决同各种违纪违法行为作斗争。

——选自《中国共产党章程》第五章党的基层组织

3.1.1.3　群众性组织

（1）共青团组织

共青团组织为在我国各级各类学校中建立的中国共产主义青年团，它是中国共产党领导下的先进青年学生的群众组织，接受上级团委、学校党组织和以校长为首的行政组织的领导，是团结教育青年学生的核心，也是学校完成教育教学任务的有力助手。其基本任务是，加强共青团的组织建设和思想建设，壮大共青团组织队伍和战斗力，对团员进行思想政治教育，帮助他们树立远大理想，发扬共产主义精神，教育团员积极进取、努力追求，勤奋学习、勇于担当，不断提高广大团员的综合素质。

（2）少先队组织

少先队组织为由中国共产党委托共青团组织建立和领导的全国统一的少年儿童群众组织，是建设社会主义和共产主义的预备队，简称中国少年先锋队。参与少先队组织的目的是团结、教育少年儿童爱共产党、爱祖国、爱人民、爱劳动、爱集体，孝敬父母、尊敬师长、尊老爱幼，爱护公物、遵守公德、文明礼貌，努力学习、锻炼身体、培养能力、为国家贡献自己的力量，努力成长为社会主义现代化建设的合格人才，争做共产主义事业的接班人。

（3）学生会组织

学生会组织为在党政组织领导和团委指导下，团结全体学生、让学生进行自我管理、自我教育、自我服务的群众性组织，是学校联系广大学生的直接纽带。其职责是协助和配合学校团组织开展各项活动，促进和带动全体学生全面发展，尤其在开展群众性的文体活动、节日庆典活动、管理学校环境卫生等方面大力发挥支持和促进作用。中学的学生会一般设置主席团、学习部、宣传部、文艺部、体育部、生活部、劳动部、纪检部等部门。

（4）教育工会和教代会组织

教育工会是全校广大教职工的群众性组织，接受上级工会的领导，同时直接接受学校党组织和行政组织的监督，主要协助党组织和行政组织做好教职工的政治、文化、业务等学习，以及员工生活福利等方面的工作，在民主管理中体现积极参与的主体作用。教代会作为教职工的群众性组织，是学校实行民主管理和监督的基本组织形式，是学校教职工依法行使民主权利的有效保障，也是学校管理体制的重要组成部分，具有学校建设和发展的重大问题的审议建议权、学校教职工聘任和奖惩等方面及重大规章制度的审议通过权、教职工生活福利方面的审议决定权等。

示例　　　　　　　　　　　　　　**植树节活动策划一例**

活动目的：每年的 3 月 12 日是植树节活动日，校团委以植树节为契机，开展"创绿、爱绿、护绿"创新实践体验活动。学校要求各班积极宣传、提倡人人参与，将学习知识与劳动实践结合，增强环保意识，为创建绿色美好学校奉献力量。

活动口号：建绿色校园，树绿色理想

活动时间：2018 年 3 月 12 日至 2018 年 3 月 30 日

活动内容与时间安排：

☆ **"植树节"募捐倡议书（3 月 12 日）**

利用周一主题晨会，由值周班级发出倡议，并以团委学生代表发表"植树节"自主募捐倡议书，建设绿色美好校园。

☆ **绿色环保主题班会（3 月 12 日）**

各班在 3 月 12 日下午主题班会上开展以"建绿色校园，树绿色理想"为主题的班会活动，并以班级为单位进行"植树节"募捐，募捐方式强调自愿参与原则。募集全部资金用于班级绿化大赛，不足部分将由政教处向学校申请补足。

☆ 室内绿色评比创意设计大赛（3月12日至3月19日）

班级同学为各班绿色布置做好设计，设计稿必须图文并茂，说明设计意图，书面或电子稿均可。各班绿色创意设计作品发布到校园网网络，供教师、学生、网络游客进行网络投票，并请专业教师进行评价，评出最佳创意奖、优秀设计奖若干名，给予奖励。

☆ 室内绿色实践活动（3月19日至3月23日）

各班根据室内绿色设计，对班级进行绿色布置，要求围绕主题、突出特色，适当得体、美观大方、经济实惠、不可花哨。

☆ 室内绿色实践养护（3月24日至3月29日）

请广大师生通过网络搜索养护绿色生命的知识，也可以通过咨询行家、有经验的长辈，增长呵护绿色的知识；保护好教室环境；确保设计方案得到全面保护。

☆ 室内绿化检查、验收评比（3月30日）

奖项设置：本活动分初一段、初二段、初三段分别评奖，以班级为单位进行评比；各段均设一等奖一名；二等奖两名；三等奖三名。

3.1.1.4 业务性组织

（1）公共教学场所

公共教学场所包括图书馆、阅览室、资料室、实验室、卫生室等为教师和学生提供学习和服务的场所。图书馆和阅览室主要负责图书和报纸杂志的采购、编目、保管和流通；资料室则负责收集和整理教育教学、学习管理的各种信息资料；实验室主要采购和保管各种实验仪器、设施设备、实验用品等，组织各科教学的实验演示和实践操作；卫生室主要负责组织师生定期进行身体检查和常见疾病的防治，指导和监督学校的教学卫生、饮食卫生和个人卫生等管理工作。

（2）教研组

教研组即学校内研究教育、教学问题的组织，学校为提高教育质量和教师教学水平，以学科为单位，将有同一教学任务的教师组织起来而形成的专业性基层组织。教研组主要负责学校各学科的教学活动，包括安排教师教学任务、组织集体备课、分享教学经验成果等，除日常教学活动以外，教研组还管理学校各学科的教学质量，如常规课内外教学的安排、指导、督促、检查，以及青年教师的培养、帮扶和专业成长等。

（3）年级和班级组织

学校的年级和班级是组织学习与实施教育管理的重要组织形式，是学校学生工作管理体制中的基本单位，也是学校各项政策措施的贯彻落实及校风与学风建设的基础阵地。我国中小学现行的学制是六、三、三制，分别是小学六年、初中三年、高中三年，各个年级的教育教学任务有所差异。学生接受全面教育的基层组织是班级，其组织者和领导者是班主任，班级设置班委会，班委会在班主任的指导下民主选择班长、副班长、学习委员、文体委员、生活委员等，共同管理班级事务。

南昌实验外国语学校掠影见图3-2～图3-5。

图示

图 3-2　图书馆　　　　　　　　　　　　　图 3-3　运动场

图 3-4　实验室　　　　　　　　　　　　　图 3-5　卫生室

3.1.2　实习学校校园文化的体验

3.1.2.1　学校校园文化的内涵

学校校园文化的内涵即以社会文化背景、学校的地理环境为基础，以价值观念为核心，在长期的办学过程及教育管理活动中逐步形成，并为全体学校成员所认同的群体意识和群体行为规范，是学校历史传统、工作作风、道德规范和行为方式等因素的总和[①]。

（1）物质文化

物质文化即学校文化的表象层，也是学校文化的物质基础和空间物态形式，主要包括校园环境文化、设施文化、方式文化等内容。环境文化涉及校园的建筑布局结构、室内外的绿化等；设施文化涉及办公设备、图书馆、演播厅、实验室、后勤装备等设施设备；方式文化涉及特定精神文化的某些物质载体，如经过精心布置的教学场所，张贴得体的标语，重要人物的画像、碑铭和校史陈列室等。

（2）制度文化

制度文化即学校文化的规范层，包括学校的各种规章制度和组织形式，是学校文化的制度保证。制度文化涉及教师管理制度、学生管理制度、校园管理制度、作息管理制度、会议管理制度、档案管理制度、专用教室管理制度、网络管理制度和财务管理制度等。制度的贯彻落实能够内化为师生的行为习惯，进而保证学校的正常工作、学习秩序、师生管

---

① 胡静. 2008. 中小学校园文化建设的问题及对策研究. 南京师范大学博士学位论文.

理等。

（3）精神文化

精神文化即学校文化的观念层，它不仅是学校文化的核心和灵魂，更是学校发展的精神动力。校园精神文化又被称为"学校精神"，主要包括学校在长期的教育实践中所创造和积淀的，并为其全体师生所认同和遵循的文化传统、价值观念和行为习惯等方面的一种整合和结晶①。

校风是学校校园文化中精神文化的核心内容和表现形式，是学校成员应共同具有的思想行为作风，也是一所学校区别于其他学校的独特风气。良好的校风能催人奋进。校风的形成离不开校训的指导，校训以简短的语言文字、深刻的文化内涵形象地表达出学校的办学传统、校园文化和教育理念等。教风是教师在教育教学工作中形成的特点、作风和风格，是教师职业意识和职业道德的最集中体现。学风指学生在学习过程中所表现出来的学习习惯、生活习惯、行为习惯等，对学校教育教学质量提升、学生人格品质的发展有重大意义。领导作风即学校各级各类领导管理者的思想行为作风，在很大程度上影响学校风气和氛围。班风反映班级成员的整体风貌与个性特点，对班级建设具有重要的导向作用。

校园文化渗透于学校教育教学、科研管理及校园生活等各个方面，是学校实施素质教育和精神文明建设的重要组成部分，是全面推进学校健康、和谐发展的重要载体。

重庆市育才中学掠影见图 3-6 和图 3-7。

图示

图 3-6　伟人雕塑

图 3-7　创造宣言

3.1.2.2　学校校园文化的作用

（1）学校教育发展的内在动力

美国的沙因教授认为："文化是更深层的为组织成员所共享的基本假设和信念，它无意识地发生作用，并以一种被人们视为理所当然的方式，规定着组织对自身及其环境的认识②"。按照这一观点，学校的校园文化具有能够整合、积聚和倍增校园物质资源、精神

① 严德明. 1999. 现代学校管理学. 北京：人民教育出版社.
② 高伟芳. 2010. 论中小学校园文化建设. 苏州大学硕士学位论文.

资源和人力资源的作用，是学校的重要"资本"组成。

学校的校园文化是学校教育活动顺利、有序进行的精神保障，是教育教学发展的内在动力。其作用体现在：一是推动教育教学质量的提升。当一所学校具备优秀的校园文化时，教师和学生会拥有更好的学习资源和发展空间，学校也将成为令人愉快的学习、工作与生活场所，身处其中的教师会全身心投入，主动学习、交流，不断提高自身的教学水平；学生也将拥有更强的学习兴趣和自信心，积极参与学习过程，广泛沟通交流与互动。二是有利于学校特色文化的创建。每个学校都有自身独特的发展演变过程，逐步形成特有的教育思想、办学理念、教学方式、学校氛围等校园文化。校园文化所蕴含的独具特色的价值取向、创新意识、探索精神和严谨作风，是进一步提升学校办学水平、促进跨越式发展的重大力量。

（2）学生全面发展的重要动因

一是规范学生行为习惯。校园文化能对学生产生巨大的规范作用，这种约束作用主要有"硬规范"和"软规范"两种形式。"硬规范"主要通过既定的规章制度规范学生的行为习惯，如《中小学生守则》《中小学生日常行为规范》等。"软规范"主要通过良好的学校氛围、优美的校园环境等对学生进行潜移默化的教育影响。

二是加强学生人际交往。校园文化所倡导的和谐人际关系能促进学生人际交往信心的提高。基于校园文化所开展的各类活动，不仅能拓宽学生的交流场所，促进人际交往，增进同学间的情感交流和友好情谊，还能推动学生与他人、与外界社会的互动交流。

三是促进学生个性发展。每个学生都是单独的、活生生的个体，具有不同的兴趣爱好和个性特点，有自身内在的发展需求。丰富多彩的校园文化，能很好地满足学生多方面、个性化和灵活性的需要，使每个具有不同个性的学生都能寻求自己位置、挖掘自身价值、发挥自我能动性，树立正确的价值观、人生观、世界观，形成乐观向上、积极进取、以诚待人的良好性格。

（3）潜移默化的濡染功能

学校校园文化作为一种环境文化，渗透于学校教学的各方面，具有潜移默化的濡染功能，如同空气一样浸润着学校校园，让身处其中的广大师生时刻地感受、体会，并心甘情愿地接受，这种师生集体认同和自愿体验的过程正是校园文化的融入过程。校园文化的不断融入有助于进一步增强师生的归属感、荣誉感、责任感，深化对学校的热爱之情和奋发之志，提升学校整体的凝聚力。

校园文化的融入包含校园的物质文化、制度文化和精神文化的渗透。校园环境、设施设备、媒体手段等物质文化直观地彰显学校的独特魅力，如校园建筑风格通常会突出学校的办学特色和管理特点；学校的规章制度和组织形式所展现的制度文化明显体现出学校的校风校纪，如学校发展规划、人才培养方案、教学计划制订等，充分体现出学校办学的严谨性和教学管理的规范性；学校彰显的精神文化凸显学校的教学理念和价值追求，反映出教师整体的精神面貌和文化内涵，如"明理崇德，求知求真""尚志、求实、勤学、尊师""行远自迩，登高自卑"，以及"为未来育人，育未来有用之人""为每一个学生的终身发展奠基"等。

📖 **阅读**　　　　　　　　　**南昌外国语学校校园文化掠影**

　　南昌外国语学校创建于 1994 年，是江西省第一所公办外国语学校，其被列入江西省省级重点中学管理系列和招生范畴，属于中国教育学会外语教学专业委员会外语学校工作研究会成员，并被国家基础教育中心外语教育研究中心定位为全国外语实验学校，2005 年 11 月被教育部批准为"具有高校保送生的外国语学校"。

　　该校建筑风格以灰白相间为主色调，教学楼一侧生长着满墙生机勃勃的爬山虎，与灰色墙壁相得益彰。学校主楼有初中和高中教学楼，以灰白的天桥分割，每栋教学楼主要包括两大部分，一部分为教师办公室和行政楼，一部分为学生学习的教室，两大不同功能的区域特色明显。行政楼墙上不同国家的国家时刻钟和国家一览凸显学校的外语特色（图 3-8 和图 3-9），连接初中部和高中部的天桥长廊集中展示高校保送生的典型代表和近年高考优秀学生的风采（图 3-10）；教学楼每层的各个角落，甚至餐厅都放置有钢琴（图 3-11），鼓励学生大胆表现、张扬个性、体现特色、发挥特长，并且设置英语、西班牙语、日语等专门语言教室，让人无时无刻感受到外语学校的文化特色，突出"人人发展、个个优秀"的办学理念。

　　该校的校园文化不仅体现在校园的设施设备、操场跑道、庭院道路和建筑装饰等方面，更是充分渗透在学校的精神面貌、集体氛围、校风校纪、教风学风、人际沟通等方面。学校倡导"人人发展、个个优秀"的办学理念，主张教育面向全体学生的全面发展，注重学生的个性发展与特长发挥相得益彰，形成"放飞激情、主动发现、积极探索、充分发展、争创优秀"的自主性教育教学模式。学校的全方位、开放式的英语教学是外语教学模式的新突破，"使用英语学习英语"的外语教学理念深入每位教师的教学中，并体现在课内外教学中。

　　学校不断拓展外语教育的时间和空间，实施英语小班化教学，开设英语校本课程，聘任英国和美国等多国外籍教师，开设了日语、西班牙语等小语种"第二外语"课程，搭建多语种学习新平台，多方面拓展国际交流；根据"课程目标的整体性、课程结构的多元性、课程教学的差异性"原则，构建由必修课、选修课、综合实践活动课程组成的综合课程体系，着力淡化主科、副科观念，所有开设的学科全部计入学生总分，为学生的终身发展奠定基础。

　　学校相关照片见图 3-8～图 3-11。

图 3-8　国家时刻钟　　　　　　　　　　　图 3-9　国家一览

图 3-10　保送硕果榜

图 3-11　教学角落

3.1.3　实习班级管理工作的见习

3.1.3.1　班级管理见习的意义

班级是学校实施全面管理教育教学活动的基层单位，由具有不同个性的学生构成，是学生共同生活、共同学习、共同成长的基本组织。一个班级的主要管理者为班主任，在实际的班级管理中，班主任与其他任课教师一起，依据一定的教学目的，按照一定的要求和原则，采取适当的方法，建构良好的班集体，调整教育教学活动[①]。作为具备专业地理素养的地理教师，不仅承担着地理教育的主要职责，也承担着班级管理的重要任务。

（1）熟悉班情学情

地理师范生在班主任的指导下进行班级管理见习，了解和熟悉班级管理工作内容，认识和熟悉学生，了解优秀生、中等生和学困生的学习特点、行为表现和主要问题，拉近与中学生的距离。例如，对于地理学困生，师范生应投入更多的热情，更细心地关爱、更多地帮助、更好地指导他们，甚至可以更多地与之交心谈心，进一步了解他们的生活状况、学习习惯、思想动态，从而有针对性地对其因势利导、因材施教。

（2）观摩班级管理

在认识学生、了解学情和熟悉班级的基础上，地理师范生应认真仔细、全神贯注地观察班主任日常工作的程序、方法和做法，熟悉处理班级日常事务的途径、策略和方式等，熟悉处理偶发事件、特殊事件的艺术和技巧。例如，观察班主任在与某调皮学生家长进行沟通交流中，如何和颜悦色、心平气和地指出学生的问题所在，如何一针见血、一目了然、精准剖析存在问题的原因，如何提出解决问题的思路和建议。

（3）增强管理能力

在观摩和学习班级管理方法与经验的过程中，地理师范生不仅要更深入地了解学生、分析学情、研究学况，还要根据班级实际，以适当方式协助班主任开展班级管理工作，不断增强班级管理意识，提升班级管理工作能力。地理师范生与学生的年纪相差较少，在班级管理见习过程中，师范生和中学生有更多的共同话题可以交流沟通，彼此之间更有亲近感和亲和力，更容易取得相互信任和认可。

---

① 白铭欣. 2007. 实用班主任学. 南京：江苏教育出版社.

阅读　　　　　　　　　　**班主任学期工作计划**

业绩始于计划，根据学校的大方向及班级的小细节拟定本学期的计划，以更好地贯彻好学校的管理理念，搞好各项班级工作，特制订此计划。

1）指导思想。以一切为学生的健康成长为目标，以班级管理工作为基础，深化学生自治，从细处着手，分层面对学生进行前途理想教育、安全和法制教育。

2）奋斗目标。建设一个"学习氛围浓、生活习惯好、劳动纪律优、安全意识强、道德素质高"的优质班集体。

3）班级概况。本班是普通班，现有45人，学生学习基础较差，大部分学生学习习惯弱，自控力较差，学习效率低，组织纪律性较差，劳动自觉性不强。本学期需要进一步培养学生良好的学习习惯，放手让学生做力所能及的事，最大限度地营造一个团结、积极、先进的班集体。

4）具体措施。继续抓好学生的思想工作。针对个别学生进行耐心、细致的谈话，直到行之有效；多了解、关心学生，努力开导学生，尽力做好心理专家和引导者；利用空余时间进行家访，及时与家长交流，统一思想；充分调动要求上进学生的积极性，鼓励他们再上一个台阶；尽量转变差生的学习态度，努力提高其学习成绩。

5）常规工作。积极开展各项评比活动，形成比、学、赶、帮的风气；适当调整班干部组织，培养锻炼干部队伍，鼓励班干部积极主动、并创造性地处理班内事务，培养工作能力；加强对学生进行心理健康教育，优化学生的心理状态；加强道德教育，把握学生的心理动态，勤找学生谈心，及时做好学生的心理疏导工作，防止突发事件。

6）学风建设。经常与各门学科的任课教师进行沟通，了解学生情况，做好协调工作；加强对学生的综合能力进行培养，积极培养学生的创造精神，利用班会开展形式多样的活动，如知识竞赛、读书交流会、辩论会等。

7）活动安排。

2月：利用班会时间对学生进行日常行为规范教育，及时总结，扬长避短；加强学法指导，使他们能尽快掌握有效的学习方法，改变不良的学习习惯。

3月：积极开展"向雷锋同志学习"活动，通过学雷锋活动，形成人人关心集体、关心他人的好风气，提高班级的整体素质。

4月：树立学生的爱国主义精神，继续加强学生的行为习惯养成教育，做好纪律教育和安全法制教育工作，提高班级的整体面貌。

5月：通过观看短片、组织演讲对学生进行感恩教育，使学生学会感恩、热爱生命、维护集体，增强其社会责任感。

6月和7月：强化健康教育，并对整个班级的学习情况进行针对性总结，做好期末考试动员和结束工作，强调考风考纪、诚实守信。

——选自 https://wenku.baidu.com/view/2b129c75bceb19e8b9f6babd.html.

3.1.3.2　班级管理见习的工作

（1）了解班级管理内容

班级组织常规管理一般包括组织机构的建设，以及班级组织文化的建设。班级组织机构的建设指班委会的组建，包括班长、团支书、学习委员、生活委员、文艺委员、组织委员和宣传委员等，每个职位还可以被细分。班级文化是班集体形成和发展最稳固、最有活力的内在基础，是师生在教育教学活动过程中所形成的、并为实现教学目的服务的特殊文化，是班级成员共有的行为模式、信念、态度和价值观的复合体。

班级学习常规管理是班主任最主要、最基础的班级管理内容，包含班级所有学科学习的管理。因此，班主任管理好班级秩序才能保证教学活动顺利开展，利用班级活动促进学生正确学习观、良好学习习惯、学习态度的养成，如通过开展与学习相关的主题班会，进一步让学生明确学习的意义，以及与自己今后发展的密切关系。

班级生活常规管理涉及管理学生的集体生活和个人生活，学生的集体生活是学生自我向社会化道路发展的重要动力。班主任可以经常组织开展丰富多彩的班级活动，创造和谐、融洽的人际交往环境，提高学生的人际交往能力；学生的个人生活具有独特性和差异性，可针对学生的个体情况因地制宜地进行人生指导，及时捕捉闪光点和思维火花，因势利导、有的放矢地促进学生规划自己的学习和生活。

班级信息常规管理是班主任全面了解学生的基础，特别是学生的个人信息，是因材施教的源泉和依据，可以通过查看档案、进行家访、与学生本人交谈、直接观察等方法了解学生、认识学生，并且在课内外教学过程中不断深入对学生的认识，从而客观评价学生的进步、成长及其存在的问题，促进学生全面发展。

（2）观摩班主任工作管理

观摩班主任工作主要是通过观摩原班主任的日常班级管理，了解实习班主任工作。主要包括观摩及学习原班主任怎样管理班级组织，如指导和培养班级干部，制定班级制度、组织班会和团队活动等。观摩原班主任怎样进行日常班务工作，如组织班级晨读、早操、课间操，组织学生自习、进行课间和课外活动，组织学生清洁卫生，处理学生之间的矛盾和纠纷等。观摩及学习原班主任怎样管教结合，协调好学校、社会、家庭等各方面的关系，如与任课教师商讨班级教育管理具体措施，加强与家长的联系，做好家访等。观摩原班主任怎样进行有效的思想政治教育和道德教育，促进学生身心健康发展，如组织社会实践活动，开展班级交心活动，进行有效的心理健康教育等。

（3）学习协助班级工作开展

见习班主任工作开展是地理师范生从班级管理工作见习到班级管理工作实习的一个过渡，是真正协助班主任管理班级工作前的实战演练。其学习协助工作主要有以下几个方面：

学习协助班务工作，包括组织班级晨读、早操或课间操，维持学生秩序；督促学生自习，抓好班级纪律；组织学生进行课间活动；安排学生参与学校规定的各种劳动；处理学生之间的矛盾和纠纷及突发事件；检查班级制度执行情况，并及时向原班主任汇报等。例如，针对保温杯意外打碎事件，师范生要及时安慰两位中学生，帮助她们消除误会，维护难能可贵的友谊。

学习协助举办各种活动，包括积极组织学生办黑板报或手抄报活动，组织学生参观、郊游活动，组织学生参加运动会、知识竞赛等，同时激励学生加入舞蹈、网球等各种兴趣小组，从而提升学生的综合素质。例如，师范生可通过言语鼓励学生积极参与运动会，明白重在参与、锻炼身体的意义。

学习协助开展主题班会。主题班会重在对学生进行思想政治教育、道德品德教育和学科课程学习教育。可以根据学生的个性特点，选择适龄化的活动形式和具有时代特征的主题，组织开展主题班会活动，并调动全班学生全程参与、主动投入，使学生在体验和感悟中受到熏陶，发挥主题班会多方面的指导作用。例如，可根据中学生特点组织"十六岁的花季"主题班会，结合事迹展示和心得感悟激发对生活的热爱，培养乐观向上的生活态度。

学习与学生沟通交流。通过观察学生的日常表现、兴趣爱好、生活环境和各门学科的学习情况等，经常与学生交心谈心，尤其是对学困生，要做好家访工作，全面了解学生的发展状况，用发展的眼光爱护学生、尊重学生、信任学生和鼓励学生，时刻关注学生的点滴进步，及时记录学生的动态变化，把与学生的沟通交流和思想教育落到实处。例如，发现有学生抄袭作业的行为，师范生应耐心交流，肯定优点、增强自信心，并让学生分析抄袭的弊端，引导学生改变学习习惯。

阅读　　　　　　　　　　**见习班主任工作心得**

小张是江西师范大学地理科学专业的一名大四学生，在大四上学期被安排到南昌市某一中学见习，不仅在高一6班的班主任刘老师的指导下学习地理教学知识和增强教学能力，还担任该班的见习班主任工作。

起初，小张同学仅了解了班主任工作的内容和重要性，但对于班主任工作管理方法仍是一头雾水，更别提能够胜任见习班主任工作。正在苦恼时，指导老师给予了她莫大的帮助，告诉她不要操之过急，先熟悉工作内容、了解基本管理方法。因而，小张同学首先熟悉班主任工作的具体内容，回忆大学所学课程，知晓班主任工作涉及学生的学习、生活等各个方面，并通过实际班级管理观察将理论与实践联系起来，更加熟悉班主任工作的具体内容和细节。

小张同学经过长达一个多月的班级管理工作观察，明白这一工作的烦琐和细碎，深刻感觉到班主任就如同一个大家庭的主要家长，操心着自己孩子的一切事务。在观察过程中，小张同学随时记录管理经验及心得体会，如对学生要因材施教，批评学生应刚柔相济，班主任应有耐心、细心和爱心等。感触最深的是，班主任刘老师实施岗位责任制式的班级管理模式，使每个学生都有班级职务，大到班长，小到窗户管理员，人人都有事可做，事事都有人做，使得"热水瓶效应"深入每个学生心灵，共同创造和爱护班级这个大家庭。

小张同学在观摩中主动协助工作，提高班级管理能力，如督促学生学习、汇报班级制度执行情况、组织学生积极参与学校活动等。印象最深刻的是，组织班干部开班会，兴奋的是能够近距离了解学生，与他们沟通交流，为此，认真策划了一周，组织以"梅花香自苦寒来"为主题的中学生挫折教育班会，并且将主动权交给学生，自己则作为策划者和协调者，这次主题班会使小张同学深刻明白任何一项班级管理工作都离不开广大学生的支持和配合。

行动

查阅整理：更多地了解实习学校和尽快熟悉新环境是教育实习的第一步。明晰实习所在学校的基本概况和校园文化的主要特色。

深化思考：教育见习对地理师范生整个教育实习过程，以及地理教师专业成长有何重要意义。

分享交流：结合自己的班主任工作见习经历，分享从班主任教师身上学到的优秀品质和管理工作经验。

各抒己见："一个办得很成功的学校应以它的文化而著称，即有一个体现其价值和规范的结构、过程和气氛，使教师和学生都被纳入走向成功的教育途径。"

3.2　地理课程与课堂教学见习

地理课程是学校为实现教育培养目标而选择的课程及教学进程和安排，是对教学目标、教学内容、教学活动方式等的规划和设计。地理课堂教学是教师的教和学生的学所组成的以课堂为阵地的人才培养活动。地理课程和课堂教学既是学校教育教学的重点，又是最基本的常规教育教学活动。本节主要通过对实习学校师生的熟悉、不同年级地理课程的了解，以及地理观课、评课与研课的见习等，明了地理课程与课堂教学见习。

3.2.1　实习学校师生的熟悉

3.2.1.1　实习学校教师的熟悉

（1）了解教师队伍的建设

法国教育家埃米尔·涂尔干说："教育的成功取决于教师，教育的不成功也取决于教师。"教师是教育事业发展的基础，是提高教育质量、办好人民满意教育的关键。教师队伍的整体水平是学校教育教学质量的根本保证，也是决定学生培养质量的决定性因素。教师队伍的建设主要包括师德建设和专业能力建设。师德建设涉及教师的道德意识、道德规范、道德范畴、道德修养和道德行为等内容。加强教师队伍的师德建设有利于教师更好地立德树人，促进学生德、智、体、美、劳全面发展。专业能力建设涉及教学内容处理、分析研究学生、设计教学活动、实施教学评价和教学组织管理等各种在教育教学活动中所形成并表现出来的能力，直接影响教育教学活动的成效和质量。

（2）了解地理教研组的设置

地理教研组的设置涉及各年级地理教师以老带新，师徒结对，将老教师的教学经验和新教师的创新精神很好地结合，组成地理学科组的梯级队伍；每周固定时间、固定地点围绕教学主题进行集体备课，开展教研活动；创设地理教学网络管理平台，及时发布教研信息，更新教学资源，方便教师交流，提高教学效率；组织年轻教师每学期开设公开课，进行同课异构、同课优构，举行优质课比赛和教师技能比赛，提高课堂教学的针对性和教师的教学能力。地理教研组可通过丰富多样的教研活动凝聚地理教师力量，促进地理课堂教学交流合作，塑造浓郁的地理教育氛围，提高地理团队协作能力，整体推进地理教育教学质量。

（3）了解地理教师的教学

地理教师是地理课内外教学活动的主要策划者、引导者和激励者，在促进中学生全面发展、培养地理核心素养过程中起着重要的作用。地理教师的教学条件、教学投入、教学水平等直接影响中学地理教育质量和教学效果。地理教师的教学条件包括：教师本身条件，涉及学历、职称、教龄及教育工作经历等，如中学地理教师的职称结构一般分为中学正高级、中学高级、中学中级、中学初级；教师教学水平，涉及教育理念、教学意识、专业知识、教学能力和教育科研水平等，如优秀的地理教师必须具有先进的教育理念、关爱学生的教育情怀、精湛的专业知识、良好的教育科研水平；教师教学投入涉及备课、上课、辅导、批改作业、评课等，如合格的地理教师必须做到备课充分、上课投入、评课认真等。

阅读　　　　　　　广东北江中学地理教研组活动计划例举

制订教研组发展规划，明确工作目标。教研组三年发展规划的总目标为，把地理教研组建设成管理科学、务实高效、和谐互助的学习型、研究性教研组。具体目标为，将地理教研组打造成具有特色的、韶关市乃至广东省名牌教研组。

培养韶关市地理学科带头人和名教师，力争培养出广东省学科带头人和名教师；每学年都有市级教研课题，积极申报和立项科研课题；教学论文在市级及以上获奖 10 篇以上，在省级以上刊物发表 5 篇以上，力争在核心地理期刊发表；地理高考成绩保持领先地位；地理奥林匹克竞赛力争省团体二等奖和个人一等奖，省科技创新大赛力争一等奖。

开展多样教研活动，积极开展教育科研。学习教学规章制度，规范常规教学内容；组织理论专题学习，不断提升教育理念；组织各种听课评课活动，落实教学活动过程；反馈教学评价，反思提高教育教学。

教研组积极申报教研课题，全组成员参与，分工明确，加快新教师的培养，充分挖掘并发挥老教师的潜能，并且注重对教学经验的积累和课后反思。

以导师制形式，强化培养青年教师工作。教研组担负着培养青年教师，使之尽快适应、担任教学工作，并形成自己教学风格的重任。为落实和强化学习培养青年教师工作，采用以教研组为依托、以备课组为主体、以导师制形式，任务驱动引领，加快培养年轻教师。

——改编自李玉钧.2010.新形势下的地理教研组建设.地理教学，（2）：53-54.

3.2.1.2　实习学校学生的熟悉

（1）熟悉学生的必要性

苏联教育家乌申斯基说过："如果教育家希望从一切方面去教育人，那就首先必须从一切方面了解人。"教育活动的主要对象是学生，教师对学生的熟悉是实施教育活动的基础和前提。只有了解学生的年龄特点、性别差异、家庭教育背景、居住环境，熟悉学生的性格特征、兴趣爱好、行为习惯、思维方式等，才能做到深入内心、把握需求、因材施教、因势利导、有的放矢、精准指导，达成教学目标、促进学生发展。地理师范生在见习阶段应尽快熟悉班级学生特点、了解学习基础、掌握地理学情，以便于班主任见习工作的有效开展和班主任试做工作的顺利完成。

（2）熟悉学生的侧重点

熟悉学生的侧重点是班主任见习和实习工作的重要内容，包括学生的基本情况、心理特征和综合发展。基本情况一般涉及学生家庭的成员构成及经济状况、家长对教育的态度和方法、学生与家长的关系、学生交友方式、作息习惯、生活态度等。个性心理特征一般涉及学生的兴趣爱好、特长和性格特征，如喜欢阅读的书刊、观看的影视节目、偏好参加的活动、擅长的运动或乐器等。综合发展即学生的动态发展，一般涉及身体发育、健康状况、思想品德、各科学习状态和学习方法与习惯、思维特点和智力水平的发展变化等。

（3）熟悉学生的主要方式

关爱学生、尊重学生、信任学生，建立良好的师生关系，是协助和胜任班主任工作的先决条件。一般而言，熟悉学生的常见方式有行为观察法、谈话交流法和材料分析法等。

行为观察法是置学生于活动情境中，通过直接观察学生的言行举止了解学生状况的一种方法。地理师范生可以通过课堂教学、地理课外活动、集体活动等仔细观察学生行为、洞悉他们的内心世界，把握他们的性格特点。

谈话交流法是有目的、有步骤地与学生进行面对面的交流，了解其思想动态、把握其行为趋向的一种方法。地理师范生只有时刻为学生着想，始终相信和信赖学生，一视同仁，公平对待每一个不同个体的学生，才能启发学生敞开心扉、畅所欲言，掌握学生的真实情况。

材料分析法是利用记录学生现有状况的各种媒介手段反映学生表现、了解学生信息的一种方法。地理师范生可以通过入学登记表、成绩报告单、操行评语记录、学生手册、家校联系本、学生周记等媒介，更深入地分析学生的心理状况，把握学生的思想动态。

🖊 示例　　　　　　　　　　班主任工作见习经历

如今的学生，在家里是个"宝"，父母宠着，爷爷奶奶护着，自由散漫且任性。这些问题带到学校，就是教育的难题。

一次上地理课，两个让人见了就"烦"的问题学生，却给了我一点面子。一个学生上课不认真，也不肯记笔记，更不做作业，还做小动作，影响其他同学学习。教师点名提醒之后，才暂时收敛一些，装模作样地听课。对于这个学生，我利用中午休息时间与他谈话，苦口婆心地对其进行教育，但效果不大。但是，在课余时间，他一见到我就高兴地大声喊："老师好！"我总是笑着说："你好！"为什么上课经常被点名的他对我却如此热情？可能是每次对他的无知行为和过错，我笑着善意地给其提醒和帮助，而不是板面孔粗暴地训斥。

我决定采用另外一种方式来帮助他，宣布让他担任小组长，负责检查所在小组的学生作业。他高兴地接受了任务，学习态度比以前有了较大的改变。在他看来，自己身为小组长，说明老师重视和关注他，应该主动学习、认真工作，使其他同学刮目相看。在随后的课堂教学中，他都有所改变。

第二个学生抱着对地理学习无所谓的态度，每节课至少要跟其他学生说话5次以上，无所事事、东张西望，或者独自玩小动作、欺负女同学。某次地理自习课上，我讲了复习的要点和要求，让学生独自整理知识点。在巡视中，发现他竟然也按照要求开始动笔练习。站在他身边，我微笑着摸了摸他的头说："今天表现不错，你是个聪明的学生，如果能静下心来按照正确的要求和方法去做，成绩一定会名列前茅。"在随后的学习中，侧重指导其学习方法，重点关注其学习进步，激励他更加努力地学习。

通过见习经历，我发现"问题"学生并不是铁板一块，只要教育方法得当，让他们感受到自己的进步，让他们展示自己的长处和优点，允许他们在成长发展过程中有反复，他们一定会一点一点地改进。

3.2.2　中学地理课程的了解

3.2.2.1　初中地理课程的了解

初中地理课程着眼于学生的全面发展及终身发展，强调变革"学科中心""知识本位"，以区域地理和乡土地理作为学习载体，培养学生的学科核心素养，激发学生学习地理的兴趣和爱国主义情感，树立正确的人口观、资源观、环境观和可持续发展观。

（1）了解七年级地理课程

七年级地理课程以地理与生活的联系为线索，主要学习"地球与地图"基础知识和"世界地理"总论、大洲地理、分区地理和分国地理，具有生活性、基础性、实践性等特点，突出反映学生生活中的地理现象和地理问题，使学生深刻体会到地理学科的生活价值和社会价值，提升其生活质量和生存能力；依据学生的认知规律，凸显地球地图和世界地理的基本知识，培养学生地图、图表运用，以及地理观察、地理实验等基本技能，为进一步学习地理课程打下良好基础；通过包罗万象、丰富多样的实践活动，让学生在实践中体验、在体验中感知、在感知中增知长智、发展地理能力。

（2）了解八年级地理课程

八年级地理课程以"中国地理"和"乡土地理"为主要内容，学习中国的疆域与人口，自然环境与自然资源，经济文化和地理差异，具有区域性、综合性、思想性等特点。通过学习了解我国的自然环境、人文环境及其差异，并通过部分不同尺度区域的学习认识所学区域主要的自然地理和人文地理特征，进一步加强和巩固区域地理学习的一般方法和过程，引导学生学用结合、学以致用，培养学生的区域认知能力、地理综合思维、地理实践力，树立科学的人口观、资源观和环境观，以及可持续发展观，增强学生热爱家乡、热爱社会主义祖国、热爱伟大中国共产党的情感。

初中地理课程内容结构见图 3-12。

图示

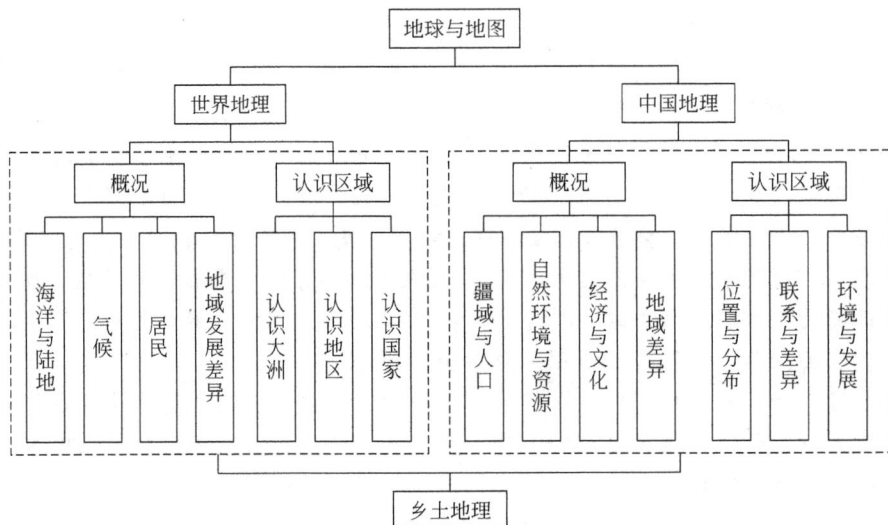

图 3-12　初中地理课程内容结构

3.2.2.2　高中地理课程的了解

高中地理课程是与初中地理课程相衔接的一门基础学科课程，跨社会科学和自然科学两大领域，包括必修课程、选择性必修课程和选修课程。必修课程内容为学生终身发展必备的地理基础知识和基本技能，满足全体高中学生的基本地理学习需求。选择性必修课程是必修课程的拓展和加深，为满足部分学生升学或就业所需。选修课程基于满足不同学生的兴趣爱好、学业发展或职业倾向等进行开设。

（1）了解必修课程

必修课程侧重自然地理、人文地理基础知识的学习。必修一主要包括地球科学基础、自然地理实践、自然环境与人类活动的关系等内容，旨在帮助学生掌握基本的地球科学知识，理解自然地理现象的过程与原理，增强对生活中的自然地理现象进行观察、识别、描述、解释、欣赏的意识与能力，树立尊重自然、顺应自然、保护自然的观念。必修二主要包括人口分布、城镇和乡村、产业区位选择、环境与发展等内容，采用案例学习的方法，具体分析体现人类活动与自然环境关系的典型实例，帮助吸收理解党和国家提出的新的发展理念，掌握分析人文地理问题的思路和方法，实现知识和方法的迁移，树立人地和谐观念和人类共同发展的理念。

（2）了解选择性必修课程

高中地理选择性必修课程包括自然地理基础、区域发展、资源环境与国家安全 3 个模块，是对必修课程部分内容的拓展和延伸，让学生结合其未来高等教育学业与职业方向进行选择，以满足高校招生、自主选拔测试的需要。选择将地理学业水平等级性考试成绩计入高校招生录取总成绩的学生，需要修习选择性全部 3 个模块的内容。课程设置具有专业性、多维性和全面性的特点。专业性指课程符合高校招生和选拔对高中学生的地理专业素养要求，有利于培养学生所需的地理专业知识和专业能力；多维性指高中地理从多个维度设置地理课程内容，不仅体现地理核心素养的要求，而且突显提升学生的关爱社会情感和家国情怀的重大作用；全面性指课程包括自然地理、区域发展和资源、环境与国家安全 3 个部分，内容丰富多样，在强调地理核心知识的基础上，密切结合时代发展的热点内容，涉及范围全面而广泛。

（3）了解选修课程

高中地理选修课程包括天文学基础、海洋地理、自然灾害与防治、旅游地理、城乡规划、环境保护、政治地理、地理信息技术应用、地理野外实习 9 个模块。课程设置具有社会性、多样性和选择性的特点，随着社会的发展、时代的进步在不断更新，如"政治地理"凸显世界和平、全球发展、国际秩序等重大问题，强烈体现社会发展的需要和学科发展的必然，对于提升学生的关爱社会情感和家国情怀有重大的促进作用。选修课程内容丰富、层次多样，便于学生根据自身的需要和兴趣进行选择和学习，满足学生多方面的需求，有利于培养学生的兴趣爱好和培养学生地理核心素养的获得。

高中地理选择性必修课程基本内容见表 3-1。

🎯 **表解**

表 3-1 高中地理选择性必修课程基本内容

选择性必修课程	课程内容	具体内容
选择性必修 1：自然地理基础	地球运动	地球运动的地理意义
	自然地理环境的物质运动与能量交换	岩石圈物质循环过程
		内外力对地表形态的影响
		常见的天气系统和天气现象
		气压带和风带的分布
		气压带和风带对气候形成的作用
		气候对自然地理景观形成的影响
		陆地水体之间的相互关系
		世界洋流的分布规律及对地理环境和人类活动的影响
		海−气相互作用对全球水热平衡的影响
		厄尔尼诺和拉尼娜现象对全球气候和人类活动影响
	自然地理环境的整体性和差异性	自然环境的整体性和地域分异规律
选择性必修 2：区域发展	区域的概念和类型	区域的含义和类型
	区域发展	不同区域发展的异同
		大都市辐射功能
		地区产业结构变化过程及原因
		产业转移和资源区域调配对区域发展的影响
	区域协调	资源枯竭型城市发展的方向
		生态脆弱地区存在的环境与发展问题及综合治理措施
		流域协作开发水资源、保护环境的意义
		国际合作的重要意义
选择性必修 3：资源、环境与国家安全	自然资源开发利用	自然资源的数量、质量、空间分布与人类活动的关系
		矿产资源分布特点及开发利用现状
		中国耕地资源开发利用现状及耕地保护与粮食安全的关系
	环境保护	碳排放对环境的影响及碳排放国际合作的重要性
	资源、环境对国家安全的重要意义	海洋空间资源开发对国家安全的影响
		自然保护区对生态安全的意义
		污染物跨境转移对环境安全的影响
		环境保护政策、措施与国家安全的关系

3.2.3　地理观课、评课与研课的见习

3.2.3.1　地理观课的见习

地理观课见习又称地理课堂观察见习，是以师范生观察师生课堂教学行为为重点，凭借自身感官和有关辅助工具，在实际的地理课堂教学情境中进行感悟、反思、建构的一种体验学习，是促进师范生尽早进入教师角色、强化教育职业意识、把握课堂教学规律的重要途径。

（1）观课见习的基本环节

课堂观察见习由明确观察目的、选择观察对象、确定观察行为、记录观察情况、处理观察记录、实践反思等一系列行为构成。在教育见习中，课堂观察的准备、记录和反思形成如图 3-13 所示[①]。

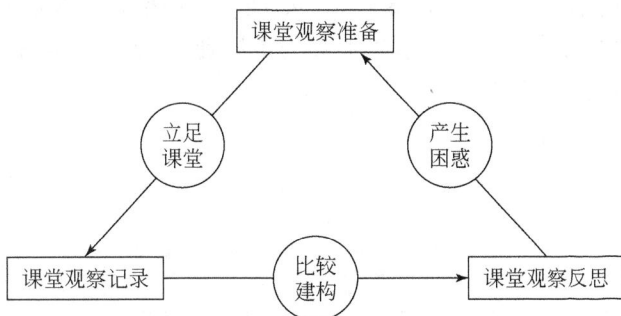

图 3-13　课堂观察实践简约流程图

课堂观察准备。有效实现课堂观察见习的基础，包括明确观察目的、选择观察对象、选用观察工具、确定观察行为等。例如，在地理课堂教学观察前，应了解相应的教学内容，明确课堂教学目标，知晓师生的教与学实际，明确实际的课堂教学是动态变化的。观察行为可根据师范生或授课教师自身的需要确定，以便于更好地、有针对性地进行课堂教学见习。

课堂观察记录。实际课堂教学的缩影代表师生教学互动的实际过程。课堂观察记录应准确、细致地呈现课堂教学细节内容，确保课堂观察的真实性和客观性。当然课堂观察的记录不是越全面越好，应首先突出教学重点和难点；其次必须记录师生双方的活动；最后应凸显地理特色，图、文、表并茂，形式多种多样。

课堂观察反思。课堂观察见习的重要步骤是衡量课堂观察见习效果的直接指标。波斯纳提出"经验+反思=成长"，如果在课堂观察见习中仅满足于获得经验，而不进行深入思考，所获得的观察资料只是毫无意义的原材料，并不能促进教学行为的改进和教师专业素养的提升。师范生的课堂观察反思主要是将自己的课堂教学设想与所观察的课堂教学行为进行比较，以便深入地挖掘课堂教学行为的内在机理，完善课堂教学的逻辑组织，重构课堂教学结构，为后续的课堂观察见习提供有力支撑。

（2）观课见习的主要工具

地理课堂观察见习是一个复杂的动态过程，这一过程需要调动师范生的多种感官并有

[①] 俞琼. 2010. 高中地理教师观课的实践研究. 上海师范大学硕士学位论文.

机结合，既要"耳闻""目睹"，又要"动脑""动手"。

"耳闻"即听课，主要听授课教师如何讲课和学生怎样回答，以及师生之间的讨论交流等，如针对地图知识的讲解，注意聆听地理教师如何启发式、有针对性地进行提问。"目睹"即看课，主要观察授课教师教学行为的实施和学生学习活动的展开，如小组讨论时仔细观摩中学生是否主动、积极地参与，如何根据教师的要求进行讨论交流。

"动脑"即想课，主要依据所获取的课堂教学信息，及时对其进行加工处理，分析教学行为背后蕴藏的具体原因，如讲解热力环流知识时，思考授课教师为什么要先讲解相关概念，再说明热力环流原理，后列举生活中的常见现象加以说明。"动手"则为记课，主要采用多种方式记录地理课堂教学行为，如观课时及时记录地理教师教学中的优点和缺点，捕捉课堂教学中的闪光点和亮点，有利于自身的提高。

在复杂的课堂教学情境中进行观察，不仅需要调动师范生多种感官的结合，还必须借助一定的辅助工具才能进行有效的观察记录，如课堂观察量表。课堂观察量表是课堂观察成功的有效媒介和必要手段，主要以观察对象为依据确立教学环节、教学时间、教师活动、学生活动、目标达成等方面。

地理课堂教学观察量表见表3-2。

@ 表解

表 3-2　地理课堂教学观察量表

教学环节	教学时间	教师活动	学生活动	目标达成
教学环节设计合理，突出主题，符合学生的学习需求，具有一定的新颖性；地理核心素养明确，目标清晰，与学生自身的心理特征和认知水平相适应；教学环节紧紧围绕既定的教学任务展开，突出教学重点和难点；教学思路清晰，教学环节环环相扣，课堂结构合理	教学环节所用的时间合理，分配得当，对可能出现的教学情境的时间分配；教师活动时间比重合理，有充足的学习指导时间，引导学生自主学习、合作学习和探究学习；学生有充足的自主学习和探究学习时间，体现知识建构和探究学习过程	教学内容处理得当，充分挖掘教材中的思想教育因素，渗透情感教育；重点和难点的确定合理，在教学中有效突破难点、突出重点；善于运用启发式教学，方法灵活多样、合理恰当；课堂组织、调控能力强，对突发情况处理及时、恰当，能根据教学反馈信息及时调整教学活动	学生学习情绪高，积极参与课堂教学活动，思维活跃，保持浓厚的学习与探究愿望；不同层次的学生都参与，在课堂中不断提高学习兴趣，提升学习能力；学生自主能动性高，师生互动、生生互动性强，乐于合作交流；课堂气氛和谐，师生关系融洽	学生在学习中有积极的情感体验，表现为好学、乐学、会学，并形成正确的价值观；学生能基本掌握课程标准所要求的知识和技能，会学会用；学生认真参与课堂教学评价活动，积极思维，敢于表达和质疑；时间利用得当，圆满完成教学任务，达成地理学科核心素养的培育目标

3.2.3.2　地理评课的见习

地理评课见习即地理师范生对课堂观察见习进行分析、反思和总结，掌握地理评课的技能技巧的学习研究活动。美国教育家斯皮尔伯格指出："评价的目的不是为了证明，而是为了改进。"地理评课见习是地理教育见习的重要组成部分。

（1）评课见习的依据

基于教学目的进行评课。地理评课是一个复杂的系统，可以从不同的视角确定评价内容、评价标准、评价方式。评课视角与地理课程标准的要求、地理学情和地理教学内容的处理密切相关，视角不同，评课的内容或侧重点也就不同。例如，以学习性观摩为目的的评课，应力求"务实"，聚焦"问题"，实事求是地进行评价，多关注课堂教学内容的落实和活动的安排，以及教学效果。

基于不同对象进行评课。评价对象主要为地理执教者，鉴于每一位地理教师自身的实际条件和个性特点不同，在地理评课中，师范生应根据不同的授课教师进行有针对性的评课，以最大限度地发挥评课的最佳效果，准确地找到促进自身发展的有效经验。例如，针对师范生的教学试讲，侧重评议其教学基本思路、教学语言表达、实践活动安排、教学环节展开和教学基本功。

基于教学实际进行评课。教师课堂教学中的理念渗透、活动设计、方法运用、师生互动、能力展现等实际表现是教学评价的重要依据。地理师范生在观摩评课时应将自己置于授课教师创设的教学情境中，去思考、体会教学环节的设计，细致观察教师活动和学生活动。例如，同样的教学内容，在氛围活跃的班级和沉闷的班级，教师的教学活动应有所不同，应针对班级实际情况设计不同情境活动，从而充分调动学生的积极性。

（2）评课见习的内容

教学目标确定。教学目标的正确制订和达成是衡量课堂教学效果的重要尺度。一堂成功的地理课，教学目标的制订必须符合课程标准要求、学生学习实际和教材内容需要。在地理评课见习时，师范生应紧扣课程标准要求思考知识与技能目标、过程与方法目标、情感态度与价值观目标设置的合理性，反思课堂教学目标的落实和达成情况。例如，在点评"气压带和风带"课堂教学时，思考教学目标的设置是否涉及理解气压带和风带形成、培养学生的绘图能力和培养务实的科学精神。

教师教学行为。教师是课堂教学的组织者、引导者和促进者，教师的教学活动是整个课堂教学的核心，也是评课最主要、最重要的内容，包括教学内容、教学过程、教学方法和教师的基本功等，涉及教师对教材内容的再加工、教学思路的设计、为完成教学任务所采取的教法和学法，以及教师的教态、语言、板书和教学机智等。例如，评价地理教学方法主要看是否符合学生的知识水平和年龄特征，从而进行合理有效的选择。

学生学习行为。学生是课堂教学的参与者、探索者和创造者，是一切教学活动的主体，也是课堂教学评价最重要的内容。教育活动最根本的目的是促进学生的全面均衡发展，评价涉及学生的学习动态、主体地位的发挥和学习过程是否有效等。例如，评价学生的地理学习行为，侧重于评价学生的主体地位是否得到充分体现、其是否参与学习全过程、是否能够广泛调动自身学习的积极性，并在师生间、生生间展开有效互动。

教学效果反馈。教学效果是评价课堂教学的重要依据，是衡量课堂是否成功的直接指标，也是课堂教学评价不能忽视的重要内容。评价涉及学生知识掌握的程度，学习过程是否有效，回答问题的状况，参与活动的表现，师生、生生沟通交流是否充分，以及能力的培养、情感的升华等。例如，评价地理课堂教学效果，可以从课堂教学全过程反馈学生对知识的理解、技能的掌握、能力的培养、情感的渗透，以及学生回答问题和完成练习的情况等。

江西师范大学地理学院评课见习标准参考见表 3-3。

表解

表 3-3　江西师范大学地理学院评课见习标准

评价内容	一级指标	二级指标	评分	评价意见
教学目标（10%）	地理学科核心素养目标制订及达成（10%）	教学目标制订符合课程标准要求、学生实际特点和教学内容，表述全面、具体、可操作； 教学过程贯彻和落实教学目标		

续表

评价内容	一级指标	二级指标	评分	评价意见
教师教学（55%）	教学内容（10%）	呈现的教学内容完整，符合课程标准要求，知识和原理讲解清楚、准确；重点和难点设置合理，突出重点、突破难点		
	教学过程（20%）	教学过程结构完整、清晰，与内容联系紧密；教学环节衔接自然、逻辑性强，环环相扣、有条不紊，结构清晰、时间安排恰当		
	教学方法（15%）	教学方法多样，符合学生实际；因势利导，调动学生的主观能动性；尊重学生的个体差异性，因材施教		
	教师基本功（10%）	衣着得体、仪表端庄，教态自然大方、具有亲和力，情绪饱满有激情；普通话标准、语言准确，声音洪亮、有感染力，板书设计合理、工整规范		
学生学习（20%）	主体地位（10%）	以学生为本，体现其主体作用；强调自主、合作、探究学习		
	学习过程（10%）	地理学习兴趣浓烈，参与积极性高；师生、生生互动有效，思维活跃，配合积极		
教学效果（15%）	教学有效性和师生关系（15%）	学生知识过手，思维、方法得到锻炼；回答问题准确率高，会学会用；课堂氛围和谐融洽，教学民主，师生关系良好		

3.2.3.3　地理研课的见习

地理研课见习即采用专题的方式，通过事先确定好课题，实习小组成员集体观课，之后进行再研课的活动，其目的是从研课见习中观察教学行为的发生、领会教学活动的真谛，深化对地理课堂教学改革的认识。

（1）研课见习的特点

合作性。即在地理研课见习过程中，师范生和地理教师围绕共同的目的，针对实际地理课堂一起研究、分工合作，除包括观课、评课部分内容以外，还包括对课堂现象、课堂经验、教师知识进行多元考察。其中，地理师范生是最主要的参与对象，主要承担发现问题、提出质疑、总结经验等任务；地理教师则发挥指导和辅助作用，解答疑惑、解决问题。

共享性。即在地理研课见习过程中，师范生和地理教师之间共同分享教育资源、教学经验、教研心得和教改探索等。其中，地理师范生主要交流观课的感受、评课的体会、研课的认识；地理教师则根据师范生的感受和体会，主要分析课堂教学设计的思路、教学实施过程中的优势与不足，以及地理评课议课的角度、要点和注意事项等。

研究性。即在地理研课见习过程中，师范生和地理教师共同研讨地理教学中出现的问题、认清地理教学现象、探索地理教学规律、把握地理教学本质。其中，地理师范生主要根据观课和评课发现的地理课程改革和课堂教学创新中的实际问题，提出质疑和困惑；地理教师则针对教学问题或现象引领研讨、深入思考、深化分析、拓展延伸。

互补性。即在地理研课见习过程中，师范生和地理教师在教育理论运用、教学实践探索、现代技术整合等方面相辅相成、相得益彰、相互促进，共同提高、共同成长、共同发展。其中，地理师范生主要强化理论联系实际、学习与运用相结合、教师教学经验的学习、信息技术与地理课程内容的深度融合；地理教师则强化教学理论对教学实践的指导、新媒体技术在课内外教学中的广泛运用等。

（2）研课见习的步骤

课堂准备。即进行地理研课见习的首要前提和关键步骤，一是明确研课目标，研课目标清晰明了，需要与师范生密切联系，贯穿地理研课见习过程始终，如"怎样调动学生的积极性，使学生具有学习的热情"等是师范生通过地理研课见习需要解决的问题。二是熟悉学生特点，实际课堂的主体是学生，学生的实际情况也是课堂准备的主要内容。三是认真研究教学内容，根据教学内容的重点和难点，思考教学的方法和策略。

具体观察。地理研课见习以课堂观察为主，师范生置身于真实、具体的课堂教学情境中，观摩师生教与学行为和课堂活动，获取教学实战经验，发现教学典型问题等。例如，地理师范生通过同课异构方式，观察至少两位地理教师的教学特点和教学风格，涉及教学思路的确定、活动设计的安排、模式方法的选用、媒体手段的选取、案例素材的呈现、课堂生成的展示等方面。

集体讨论。基于课堂观察，师范生与地理教师针对具体教学实践活动各抒己见、畅所欲言、沟通交流、分享体会。可由师范生说出教学活动的合理和创新之处，指出疑惑或不足，并与地理教师一起分析问题、解答疑惑、提出具体改进建议。例如，可以集体讨论地理课堂如何体现生成，生成有哪些方式，怎么根据师生对话或学生表现来灵活生成等。

总结反思。在集体讨论的基础上，师范生应及时进行反思，总结自身对中学地理教学工作的认识和感悟。例如，师范生通过课堂准备、具体观察和集体讨论已对地理教学形成具体的感性认识，对教学内容、教学技能和教学常规等有一定的了解，但没有经过自身的总结归纳和亲身实践，经验是零碎、松散的，只有通过总结反思和梳理概括，才能在多元思维的碰撞和融合中增强认识、拓展思路，提升专业水平。

📝 **示例**　　　　　　　　　　**地理研课一例**

研讨主题：从地理能力发展需求审视高中区域地理教学

课题：农业与区域可持续发展——以东北地区为例（高中《地理》鲁教版必修 3 第 4 单元第 2 节第一课时）

授课教师：江苏省扬州市第一中学教师吴春燕

主持人：江苏省中小学教研室地理教研员于蓉

品课专家：扬州市教育科学研究院地理教研员、教授级中学高级教师、江苏省特级教师朱雪梅和华东师范大学教授陈昌文

研课教师：参与"教学新时空"高中地理名师课堂的网络研课教师

研课过程：第一幕——不同角度、引出主题。执教教师从地理学科的基本概念、规律、原理和技能等方面阐述"地理能力"的内涵，说明如何运用地理知识及技能启发学生分析、解决各种地理问题；品课专家从不同维度帮助分析"地理能力"的内涵，解答一线教师网络互动相关问题，如发展地理能力的意义、区域地理教学主要特点、地理能力的发展路径等。

第二幕——观看录像、互动研讨。通过网络观看"农业与区域可持续发展——以东北地区为例"教学录像课全过程。依据录像课的完整展示，执教教师自我反思，专家引领点评。例如，执教教师的教学反思概括如下："东北农业可持续发展"这节课通过学生参与 4

个探究活动、一个辩论活动和一项课外研究性学习以达到培养学生地理能力的目标；但由于时间有限，学生地理能力的发展并不能面面俱到，如地理计算、地理观测和地理实验、填绘地理图表等。学生地理学习基础存在差别，本节课学生地理能力的发展也有明显不同。今后在进行教学设计时，要更加关注学生的能力发展需求和差异，还要根据教学内容因课制宜、根据学情因生制宜，使研课具有能效性，更有利于教师自身的教学改进、学习借鉴和快速成长。

——改编自吴春燕. 2005. 高中地理网络研课的效能研究. 基础教育研究，（16）：14-15.

行动

概括梳理：

普通高中地理课程标准（2017 版）的课程理念、课程设置、课程内容、教学建议等变化。

见习课堂教学，除本书提供的内容以外，还应注意观察教师的哪些教学行为和学生的哪些学习行为。

议论讨论：

在教育见习阶段，师范生应如何加强对地理教师工作要求，以及自己的指导教师、班主任教师的了解。

在地理教育见习过程中，怎样尽快取得中学生的信任，并与他们摸爬滚打，打成一片。

模拟尝试：

认真听—注意看—仔细记—静心思，是地理见习听课的策略。请拟订高中或初中地理观课的内容要点和课堂教学见习评课的观察量表。

观、评、研课是向一切地理教师学习的极好机会。请记录总结一节课堂实录、一次集体评课和一次有特色的研课活动。

材料分析：

结合材料一，分析表 3-4 教学导入与结课设计的优点与不足，并说明导入设计的基本要求和结课的主要类型。

材料一：见表 3-4。

表3-4　"资源的跨区域调配——以我国西气东输为例"的导入与结课设计

教学环节	教师活动	学生活动	设计意图
导入新课 2分钟	展示图片：给出我国"人口密度分布图"和"天然气分布图"（图略） 提问：我国人口资源的分布现状是怎样的？对此你认为应该怎样促进区域协调发展 既然人口与资源匹配不协调，为了促进区域可持续发展，有必要进行资源的跨区域调配。今天的学习任务是资源的跨区域调配——以我国"西气东输"为例	看图思考并回答：我国人口分布东多西少，天然气分布则西多东少、北多南少	图片和材料导入充分联系学生已有的知识结构

续表

教学环节	教师活动	学生活动	设计意图
新课小结 3 分钟	总结：类似资源的跨区域调配还有"西电东送""南水北调""晋煤外运"等，同学们能否总结出分析资源跨区域调配的一般方法 布置作业：课后自行搜集关于"西电东送"和"南水北调"的资料深化学习；及时完成相应课时训练，强化新知识	思考领会并补充： 分析资源跨区域调配的一般方法： 分布差异 原因 需求差异 资源调配 目的：实现双赢 完成课后练习	总结案例，归纳方法，促进学生会知识迁移、举一反三

——摘自颜慧. 2017. "资源的跨区域调配——以我国西气东输为例"

教学设计（人教版）. 地理教育，11：20.

根据材料二，评析该教学片段中的材料运用与活动设计，并提出自己的改进建议。

材料二： "人口与人种"教学片段——分析数量变化，思考增长特点。

学生思考：偌大地球村上究竟有多少人口（70 亿人）？全球是否一开始就有那么多人？

学生活动：读《地理图册》29 页"世界人口增长曲线"图，慧眼识图，从时间角度看人口增长。思考什么时期人口增长速度缓慢；什么时期人口增长速度加快；什么时期人口增长速度最快；而后是否有减缓。

学生得出：曲线平缓，人口增长缓慢，曲线较陡，人口增长较快。所以在 18 世纪以前，人口增长十分缓慢；18 世纪以后，特别是 20 世纪以来，世界人口增长速度才大大加快。

教师引导：从标注中可以看出，人口每增长 10 亿，所需要的时间逐渐趋（短），表明在这段时间内，世界人口增长的速度逐渐趋（快）。世界人口增长经历了一段"缓慢→较快→更快→减慢"的过程。

看图说话：大头儿子——既然现在人口增长又减慢了，妈妈你就多生几个弟弟妹妹陪我玩吧，那多热闹啊。

小头爸爸——傻孩子，家里小孩多了，本来属于你一个人的房间、零食、玩具……都会被瓜分的。

围裙妈妈——帮你一个人收拾房间卫生我就已经够累的了，再多点小淘气的话妈妈都不敢想象。

教师承转：小头爸爸和围裙妈妈是站在家庭的角度分析了人多对整个家庭各方面的负担会加重，如果站在全国甚至全球的角度看，人口过多、增长过快又会带来哪些影响？

——摘自强晨，朱志刚. 2017. "人口与人种"教学设计（人教版）. 地理教育，10：21.

参 考 文 献

白铭欣. 2007. 实用班主任学. 江苏：江苏教育出版社.

高伟芳. 2010. 论中小学校园文化建设. 苏州：苏州大学硕士学位论文.

胡静. 2008. 中小学校园文化建设的问题及对策研究. 南京：南京师范大学博士学位论文.

胡学发. 2015. "农业区位因素"同课异构教学设计　教学设计（二）. 中学地理教学参考，(5)：42-45.

李玉钧. 2010. 新形势下的地理教研组建设. 地理教学，（2）：53-54.

栾兰. 2010. 浅谈研课. 中国科教创新导刊，（28）.

吴春燕. 2015. 高中地理网络研课的效能研究. 基础教育研究，（16）：14-15.

许太州. 2016. 借助立体几何模型　巧学大气三圈环流. 地理教学，（4）：60-62.

严德明. 1999. 现代学校管理学. 北京：人民教育出版社.

俞琼. 2010. 高中地理教师观课的实践研究. 上海：上海师范大学硕士学位论文.

钟启泉. 2009. 教育的发现：钟启泉教育思想访谈录. 北京：中国人民大学出版社.

第 4 章　聚焦：地理课堂教学实习

深信地理教育为今日和未来世界培养活跃而又负责任的公民所必需。

意识到地理在各个不同级别的教育中都可以成为有活力、有作用和有兴趣的科目，并有助于终身欣赏和认识这个世界。

知道在一个日渐缩小的世界上，学生需要更高的国际交往能力，以便于在经济、政治、文化、环境和安全等广泛的项目上进行有效的合作。

关注地理教育在世界上一些地方受到忽视，而在另一些地方则缺乏组织和连贯性的现象。

准备协助世界各国的同行扫除地理盲。

支持下列文件所订立的原则：联合国宪章；国际人权宣言；联合国教育、科学及文化组织章程；联合国教育、科学及文化组织对促进国际了解、合作及和平等方面教育的建议；儿童权利宣言；多个国家的地理课程和文献。

国际行动计划：各国、各地的教育决策者和地理教师应该让社会更明确地了解地理教育的关注点和贡献，争取更多的公众支持，以提高地理课程的地位。

各国和各地的教育决策者应当为地理教学和地理教师的地理素养设定最低要求。

各国和各地的教育决策者和地理教师学科协会应当制定流程，以鼓励国内外有意义的地理教学实践交流。

各国和各地的教育决策者和地理教育团体，应当制定一个相关的地理教育研究议程，并且不断推动这些研究。

各国和各地的教育决策者、地理教师学科协会和教师，应该创造和维护一个强大的专业网络体系。

——摘自国际地理联合会地理教育委员会. 2016. 地理教育国际宪章.

地理课堂教学实习是地理教育实习的重要内容，也是师范生实战演练的主要阵地，目的在于强化师范生教师的职业意识，提升地理课堂教学技能技巧，具备胜任未来新课程教学改革探索的从师任教能力。本章以地理课堂教学准备与试讲和地理课堂教学实施与评议的视角，聚焦地理课堂教学实习。

4.1　地理课堂教学准备与试讲

地理课堂教学准备与试讲是地理课堂教学实习的基础。教学是一种有目的、有计划的活动，既有明确的意向，又有大致的规范。充分的课前准备和反复的试讲演练是上好地理课的前提。本节主要通过地理课堂教学准备、地理教学方案编写、地理课堂教学试讲，迎战地理课堂教学实习。

4.1.1　地理课堂教学的准备

4.1.1.1　教学材料的选取

教学材料即根据地理课程标准要求和地理教材内容，选取的案例素材、信息资源等。这些材料不仅能增强记忆、促进迁移运用，指引探究学习，还可以辅助地理课堂教学，达成地理教学目标，形成地理学科核心素养。例如，来自于时事热点、新闻报道、科技发展、经济建设、国际动态、乡土地理等信息、数据、图示、案例等都可以作为教学材料。常规教学材料有教科书、挂图、地球仪、地理模型、投影片、幻灯片、地理园等；现代教学材料表现形式多样，主要有音频、视频、动画、三维模拟、微舞幻灯等，还有专门建立的高科技地理室和地理创新实践基地。

选择地理教学材料，应对地理课程标准进行研读，领会地理课程的性质、任务、教学目标和内容要求，有针对性地、有的放矢地、因"课"制宜地对地理教学材料进行筛选和处理。应根据地理教科书内容丰富教学材料，可在把握其内容逻辑系统、重难疑点，梳理各知识点内在联系，初步拟定授课内容目的和任务，明确三维教学目标和学科核心素养要求的基础上，充实拓展内容、丰富信息资源。应形成新的教学材料或资源，从学生的学习兴趣和爱好出发，深入发掘学生的生活经验，激发地理学习动机，唤起其强烈的求知欲，对授课内容作出相宜的"裁剪"或"补充"，从"教教材"转向"用教材教"，优化各种教学活动，引领学生思考体验，渗透地理学科核心素养。

示例　　　　　　**"产业转移——以富士康为例"教学材料选取**

展示材料，将班级分为 4 个小组，小组合作探究。

材料一：富士康集团产业转移历程。

2012 年富士康决定，保留深圳作为富士康在中国大陆的制造总部，将贸易、科技总部迁至商业氛围最浓的上海。2015 年富士康又将 IT 零部件加工厂迁至郑州市，郑州市为迎合富士康的快速迁入，市政投资为其修建厂房、员工生活区，并帮助培训新员工。

材料二：劳动力价格比较（表 4-1）。

表 4-1　2008 年、2016 年三地月平均工资对比

城市	2008 年工资平均水平/元	2016 年工资平均水平/元
深圳市	1516	4285
上海市	3292	6504
郑州市	1153	3166

数据来源：深圳市统计局、上海市政府新闻办公室、郑州市统计局。

☆ **探究过程**

小组讨论，推选代表进行总结汇报。小组 1：富士康为什么在深圳落户？小组 2：2012 年为什么转移到上海市？小组 3：2015 年在郑州市建厂的原因是什么？组别 4：富士康 3 次产业转移呈现什么样的规律？

☆ **探究结论**

小组 1：1988 年富士康落户深圳市，不仅是因为要寻求最廉价的劳动力，更重要的是我国改革开放政策的推动。小组 2：上海市是我国的商业、科技中心，消费市场广大；富士康将贸易、科技总部迁至上海，以此促进富士康产业升级，从加工制造业到创新技术业升级；并且上海经济发达，环境优美，有助于企业吸引高素质人才。小组 3：经济的发展、深圳劳动力价格上涨、消费市场狭小等，导致富士康选择在内陆人口大省——河南省落户，也是在寻求最廉价的劳动力和地租；并且国内市场广大，有助于开辟新市场；郑州市政的大量、快速投入可以降低企业内部的交易成本，加速企业的产业转移。小组 4：富士康 3 次企业转移呈现出从经济发达地区转移到经济欠发达地区的规律。

☆ **设计意图**

根据材料内容，分析我国深圳市、上海市、郑州市三地成为富士康厂址选择的原因，让学生明确三地工业区位因素的差异；鼓励学生在中国地图上标记出富士康企业的产业转移方向，总结产业转移的规律；再根据阅读材料，小组合作分析企业"远离故土"，逐一分析富士康每次产业转移的原因。

——选自李永鸿，段芋竹.2017."产业转移——以富士康为例"活动探究（人教版）.地理教育，12：13-14.

4.1.1.2 教学方法的选用

教学方法即在师生共同的教学活动中，为完成地理教学任务、达成地理教学目标采用的方式方法，既包括教师的教学方法，也包括学生的学习方法，是教师教导和学生学习的有机统一。地理教学中教学方法的正确选择和合理使用，可以对地理知识的理解、技能的掌握、能力的培养和情感的升华，以及地理核心素养的形成，起到事半功倍的教学效果。例如，地理教学方法层次多、种类广，主要有自然地理教学法、人文地理教学法、区域地理教学法，以及专题地理教学法和讲授法、谈话法、演示法、讨论法、实验法、考察法、图表法、案例法等。

地理教学方法应根据地理教学要求、教材内容需要、学生年龄特点、教师能力水平和教学环境条件等进行优化组合。例如，七年级"地球和地球仪"教学，可选择模型（地球仪）演示法为主，讲解法、谈话法、讨论法、图表法为辅；地理教师酷爱旅游、擅长摄影录像、动手能力强，可以利用自身优势大量选用地理实物、标本、旅途照片、视频录像等直观教学方法；在教学设施较为简陋的乡村学校，可以充分利用学校周边的地质地貌、河流湖泊、植被土壤等自然景观进行野外考察教学，还可以利用身边的乡土课程资源和因陋就简的各种材料制作简易教具及设计模型仪器进行教学。

示例 **"冷热不均的空气运动"教学方法选用**

热力环流实验见图 4-1。

☆ **热空气运动**

教师拿出准备好的孔明灯和点火器，激发学生的学习兴趣。请 A 同学上台协助，提示学生观看时思考两个问题：观察孔明灯的运动方向；思考孔明灯运动的原因。

教师放飞孔明灯（点火燃烧的过程为 2～3 分钟），引导提问："孔明灯的运动方向是怎样的？为什么会向上运动？"

B 同学回答："孔明灯里面点燃了火，就对孔明灯内部的空气进行了加热，内部空气与外面空气的温度不一样，外面空气比较冷，里面空气比较热，会让内部空气膨胀，使孔明灯上升。"

☆ **冷空气运动**

PPT 展示实验（实验的左边是热水，右边是冰块）提示学生观看实验时思考两个问题：右边冰块上方烟雾的运动方向；分析烟雾运动的原因。观察烟雾时主要观察右边，也就是冰块上方烟雾的运动方向，如图 4-1 所示。

探究一：热空气的运动

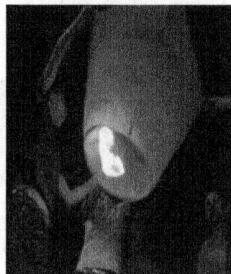

1. 观察孔明灯的运动方向。
2. 分析孔明灯运动的原因。

探究二：冷空气的运动

1. 观察冰块上方烟雾的运动方向。
2. 分析烟雾运动的原因。

烟

热水　　　　　　　冰块

图 4-1　热力环流实验

教师进一步追问："冰块上方烟雾的运动方向是怎样的，分析为什么冰块上方烟雾会往下运动？"没有学生主动回答，教师鼓励并提问 C 学生。C 学生回答："我觉得是冰块附近空气较冷，空气受冷会下沉。"

☆ **冷热不均的空气运动**

教师再次进行实验展示（左边是热水，右边是冰块）。提示学生观察整个容器内烟雾的方向，并试着自己画一画。学生边观察边动手绘制。整个容器内的烟雾是环状、圈状运动，并不断循环，即热力环流现象。

设计意图：将热力环流的探究分解为 3 个阶段，分别为热空气运动（孔明灯）、冷空气运动（冰块烟雾）、冷热不均的空气运动（热水冰块烟雾），使知识由浅入深，由简单到综合，符合学生的认知规律。3 个阶段环环相扣，聚焦热力环流主题，突出重点，突破难点。

热力环流的探究将孔明灯引入真实的课堂中，邀请学生一起协助老师完成孔明灯实验，通过热空气运动（孔明灯）、冷空气运动（冰块烟雾）、冷热不均的空气运动（热水冰块烟雾），以及每一次观察的结果记录、图像绘制、设问和思考及探索，在小组广泛合作研讨的基础上，使学生"学"后"行"、"行"后"思"，既有利于构建开放有趣的课堂，也使学生在亲身参与和体验中提高关注度，有利于高效课堂的形成，提升自我存在感和个人责任感，培养学生的地理核心素养。

4.1.1.3　教学媒体的选择

教学媒体即教师或学生为提高地理教学质量、优化地理课堂教学效果，在教与学的活动过程中所选择和使用的媒体。地理教学媒体具有灵活创设情境、激发学习兴趣，反映地理事实、显示动态过程，示范演示操作、验证原理规律，突破教重难点、节省教学时间、提高教学效率等优势。教学媒体形式多样、功能各异，如图像图示教学媒体具有动静结合、边讲边绘等优势，实物模型教学媒体立体性、直观性强，实验仪器教学媒体可演示、可操作、可模拟，音频视频教学媒体表现力、吸引力、感染力极强，呈现的信息丰富、生动形象。

地理教学要求、教学内容、教学条件、教学对象不同，教学媒体的选择也有所不同。例如，讲解抽象难懂的地理概念或地理原理，可选用直观、形象的图片、图示，或者标本实物和板图板画等，可以化难为易、化繁为简，更好地理解地理知识；进行区域地理教学，可借助风光片、故事片、纪录片，或者动画视频、旅游录像、实景画面等，创设真实问题情境，探索区域地理现实问题；针对不同年龄阶段的地理学习，初中地理教学可多选择景观图、漫画、动画、投影、视频等媒体，高中地理教学可多选择统计图、思维导图、动态视频、AR 技术等；结合不同的环境条件，乡村中学地理教学媒体多因陋就简、就地取材，城市中学多采用网络、视频等现代信息技术教学媒体。

📝 示例　　巩固"世界的语言和宗教"相关知识教学媒体选择

☆ 抢答题

假如海宝要在世界博览会上致欢迎词，会使用哪两种语言？假如海宝现在要派你接待来自沙特阿拉伯的游客，你应注意些什么？作为一名普通的中国旅游者，到哪几个国家旅游，语言障碍会相对少一些？

☆ 选答题

第一组：大家来找茬（任选三题判断对错）

1）阿根廷通用语言是西班牙语。

2）现在印度人仍广泛信仰佛教，把英语作为官方语言。

3）受鉴真东渡传教的影响，现在日本人普遍信仰佛教。

4）航海家麦哲伦和科学家魏格纳的母语是一样的。

5）佛教是泰国的国教，泰国被称为"黄袍之国"。

第二组："火眼金睛"

1）根据图 4-2 某三国国旗的特点，推测这些国家的通用语言是什么。

图 4-2　某三国国旗

2）根据图 4-3 某三国国旗的特点，推测这几个国家的国民大多信仰什么宗教。

图 4-3　某三国国旗

第三组："耳聪目明"

1) 听音辨语言。哪首歌曲演唱使用的是全世界使用范围最广的语言（法语、西班牙语、英语、俄语）？

2) 听音辨宗教。哪首歌曲是在河南少林寺能经常听到的音乐（伊斯兰教、佛教、基督教）？

——选自郭全其. 2017. "世界的语言和宗教"活动分析（湘教版）. 地理教育，10：17-18.

4.1.2　地理教学方案的编写

4.1.2.1　教学目标的描述

地理教学目标是地理课堂教学的出发点和归宿点，也是整个教学活动的指南和学生应达到的预期要求。3 个维度分别为知识与技能目标、过程与方法目标、情感态度与价值观目标。地理核心素养分别为人地协调观、综合思维、区域认知和地理实践力等。其中，人地协调观包括科学的资源观、环境观、人口观、人地观和可持续发展观等；综合思维包括要素综合、时空综合和地方综合等；区域认知包括区域位置、区域分布、区域特征、区域差异、区域联系、区域问题、区域发展等；地理实践力包括地理户外考察、地理社会调查和地理实验等。准确描述地理课堂教学目标，有利于教学思路清晰、教学结构分明、教学活动顺利实施、教学任务有效完成。

描述地理课堂教学目标，可以用行为表述法，也可以用内外结合法，在描述过程中，应明确教学目标范畴，三维目标有机结合、相辅相成，不能任意割裂、有失偏颇。应注重行为目标具体、可操作，教学行为主体是学生，课堂教学的最终效果由学生是否获得具体进步来反映，而不是由教师是否完成任务来反映。应突出教学重点和难点。例如，讲授"热力环流"时，很多学生对"空气受热时做上升运动"不能很好地理解。教师可以引导学生回想在家里烧水的场景，便于学生理解空气受热做上升运动，从而达成理解该难点内容的教学目标。

✎ **示例**　　　"人口空间变化"教学目标（地理核心素养）描述

地理课程标准中此课的教学目标是："了解人口迁移的概念、主要类型，以及人口迁移的意义；掌握影响人口迁移的主要因素。利用资料或图表，分析说明某地区或某时期人口迁移的主要原因"。在此基础上，根据地理核心素养体系建构的要求："关注学生个体的全面发展和终身发展；学生适应社会发展并掌握现代技术；个体与社会环境共同发展，最终实现个人成功与社会环境的可持续发展"，对原有的教学目标进行调整。具体调整见表4-2和表4-3。

表 4-2　"人口空间变化"三维目标

三维目标设计	
知识与技能目标	了解人口迁移的概念、主要类型、意义；掌握影响人口迁移的主要因素
过程与方法目标	利用资料或图标，就具体的地区人口迁移特点，分析说明某地区或时期人口迁移的主要原因及影响
情感态度与价值观目标	运用辩证唯物主义的运动与发展的观点，全面认识人口的发展理论，树立正确的人口观、发展观

表 4-3 "人口空间变化"地理核心素养

融入地理核心素养的教学目标设计	
区域认知	了解人口迁移的概念；掌握国际人口区别和国内人口迁移的方向、特点、原因；分析影响人口迁移的因素
综合思维	分析影响人口迁移各要素的关系，明确地理事物之间是相互影响、相互联系的；层层探究、分析，对人口迁移问题进行政治、历史、经济全方位的思考
地理实践力	开展课外地理问题调查，获取所需的人口迁移学习材料；进行问题探究，探究国际人口迁移、国内人口迁移的方向与原因；通过学生课堂小组展示，锻炼学生探讨地理问题的能力；开展地理问题辩论赛，辩证分析人口迁移的利弊关系
人地协调观	运用辩证的观点看待人口迁移的影响，正确权衡其利弊；形成正确的人口观和发展观，倡导爱护环境，节约资源；加强乡土情感教育，鼓励学生热爱家乡、建设家乡

——选自韩松.2018.基于地理核心素养的高中地理教学内容设计初探——以人教版
"人口的空间变化"为例.地理教育，1：18-20.

4.1.2.2　教学过程的呈现

地理课堂教学过程是地理教学目标实现的核心程序，也是"师授生学"相互有效互动、共同完成教学目标、教学内容的统一过程。其表现形式可以分为讲授式、体验式、讨论式、探究式等。其基本环节可归纳为导入、讲解、提问、板书、结语。其中，导入包括复习、直接、情趣、直观等；讲解包括解说式、解析式、讲述式等；提问包括回忆、观察、理解、应用、评价等；板书包括纲目式、结构式、表格式、图示式、综合式等；结束包括归纳式、拓展式、呼应式、图表式等。地理课堂教学过程自始至终服务于教学目标，无论教学过程表现形式多么丰富，教学环节如何创新，都必须紧紧围绕地理教学目标，强化地理学科核心素养的落实。

呈现课堂教学过程，必须遵循地理教学规律，善于从学生实际出发，有目的、有计划地引导学生能动地掌握地理知识和基本技能。应合理把控课堂教学节奏，将重点、难点和疑点知识尽量安排在学生思维最活跃的时段进行，引导学生形成合理的认知结构。应巧妙地选择地理教学模式，保证教师主导与学生主体最佳结合，使师生之间从课始至课终都在轻松、愉快的氛围中完成学习任务。应充分发挥不同教学媒体的功能和作用，优化组合地理课程资源，密切联系社会生活实际，激发学生地理学习的积极性和自觉性。例如，在讲解"水循环"时设问学生："'黄河之水天上来，奔流到海不复回'，从水循环的观点分析是为什么？"问题一提出，立即引起了学生的极大兴趣，起到了促进学生深思、积极探索的效果。

"城市空间结构"同课异构教学过程的呈现见表 4-4 和表 4-5。

表解

表 4-4 初教设计

教学环节	教师活动	学生活动	设计意图
课前预习	微课导学：观看微视频"城市空间结构"，阅读教材，完成"自主知识建构"部分内容	观看微课，预习课本，完成学案相关内容	本节课容量较大，所以采用"翻转课堂"形式，通过微课学习，初步构建基础知识体系

续表

教学环节	教师活动	学生活动	设计意图
情境导入	新闻速递：南京优化城市空间布局，江北新区成为发展龙头 视频播放：南京江北新区宣传片 设问：结合新闻材料和视频，判断南京市城市空间地域形态延伸方向，分析影响其空间布局的主要因素，并思考江北新区发展的区位条件	结合新闻材料和江北新区视频，思考并回答问题	情境激发疑问，通过新闻及宣传片导入，激发学生的学习兴趣，引导学生利用所学知识分析江北新区的区位条件，建构新旧知识联系，培养学生的综合思维
迁移应用	结合"泰兴市2014～2020年城市规划示意图"，分析其空间布局的合理性	结合规划图，分析家乡城市空间布局的合理性	通过对家乡城市空间结构进行分析，培养学生对地理知识的迁移应用能力
课堂小结	学生自主绘制思维导图，回顾本节课知识点 通过本节课的学习，应用所学地理知识尝试对各类城市的空间结构进行实例分析		

表 4-5　再教设计

教学环节	教师活动	学生活动	设计意图
调查准备	实践调查：①以"20年间泰兴城市变化"为题，分组调查泰兴市东、西、南、北几个样本点当前土地利用状况，并询问原住地居民20年前的土地使用情况，收集历史照片，填写调查表，并设计情景剧。②调查泰兴市主要楼盘住宅销售均价	收集资料，调查并对比样本点在20年前后的土地使用情况	以生活中的地理现象作为切入点，引导学生关注生活、关注社会
视频导入	导入：泰兴，寓意"国泰民安、百业兴旺"，素有"教育之乡""银杏之乡""建筑之乡""提琴之乡""减速机之乡"之美 视频播放：泰兴宣传片 教师设问：请根据视频及材料分析泰兴市发展的区位条件	观看宣传片，总结泰兴市发展的区位条件	利用视频材料激发学生的学习兴趣，引导学生从材料中提取信息，引导学生从自然、社会经济因素的角度分析，同时兼顾有利和不利条件，以培养学生的综合思维能力
迁移应用	为提升城市功能，优化空间布局，请结合本课所学内容和"泰兴市2014～2020年城市规划示意图"，在图中任选一点分析其空间布局的合理性，并说明理由	结合泰兴市规划图，分析家乡的城市空间布局	结合课本内容，通过对自家家乡的城市空间结构进行分析，培养学生的知识迁移应用能力
课堂小结	引导学生绘制思维导图，突出重点和难点知识，完善知识结构，形成系统化的知识体系； 要求学生应用本课所学知识对各类城市空间结构进行实例分析		用思维导图重新梳理教学过程，完善学生认知，引导学生进行知识回顾和迁移

——选自周玲，何霞.2017."城市空间结构"同课异构教学设计（鲁教版）.地理教育，6：16-18.

4.1.2.3　教学板书的设计

地理课堂教学板书是地理教师在深入领会课程标准、钻研教材、分析学情等的基础上精心设计教学过程，用凝练的文字、多样的符号、直观的图表等形式，提纲挈领地展示地理教学内容和过程的重要教学手段。地理课堂教学板书按独特性可分为板书、板图、板画，简称"三板"。其中板书按表现形式可分为纲目式、结构式、表格式、图示式、图解式、综合式等。板图按画法可分为几何图、折线图、象形图、曲线图等。板画按内容可分为形态画、过程画、动态画、成因画、立体画等。地理"三板"在课堂教学中功能各异、互为补充，充分彰显了地理教学板书的独特性和整体性。

设计地理课堂教学板书，必须紧密结合地理教材内容，突出教学重点、纲目清晰、条理清楚、层次分明、结构完整，有效引导学生的综合思维，深化理解地理学习内容。应纲举目张、简明扼要、布局合理、图文并茂，既刺激多种感官，激发学习兴趣，帮助学生记忆复杂的地理知识，又启迪智慧、活跃地理思维，促进学生交流探索，从而达到预期的教学效果。例如，描述世界大陆轮廓，可在黑板或屏幕上绘出 6 个大小不等的三角形表示世界六大洲（南极洲除外），绘画时注意各部分之间的相互比例和位置关系等。

示例　　　　**"冷热不均引起的大气运动——热力环流"板书设计两例**

☆ **综合式板书**

热力环流原型　　　　　　　　　　　　　　　　　　案例迁移拓展

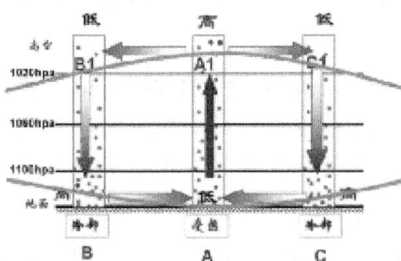

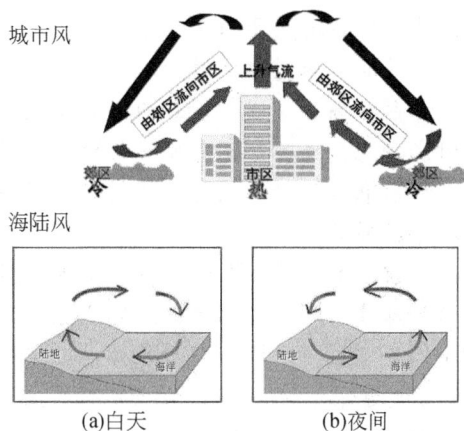

1. 气压随高度增加而减小
2. 高低压是就同一水平高度而言（高凸低凹）
3. 近地面同一高度、温度高、气压低

☆ **纲目式板书**

一、热力环流的形成

　　1. 大气不均匀受热引起热力环流

　　2. 气压的变化规律

　　　1）垂直方向上，海拔越高，气压越低

　　　2）同水平面上，等压面向高处凸，气压高；等压面向低处凹，气压低

　　3. 热力环流的形成过程

　　　冷热不均→空气的垂直运动（上升或下沉）→同一水平面上出现气压差→空气的水平运动（风）

二、生活中的热力环流——海陆风、城市风、山谷风等

4.1.3　地理课堂教学的试讲

4.1.3.1　课堂教学试讲的内涵

课堂教学试讲是地理师范生基于备好课、编写好教案于正式上课前的实践演练，是地理课堂教学实习的重要一环。具体而言，就是在有限的时间内，地理师范生通过口头教学语言、形体语言等，在指导教师的引导下，与其他实习师范生一起进行模拟课堂教学，就像正式课堂教学一样，即使教室内学生很少或没有学生，都应"眼中无人、心中有生"，

始终以学生为本，服务于学生。地理课堂教学试讲对于师范生能否站上讲台、站好讲台、站稳讲台具有十分重要的意义。地理课堂教学试讲不仅可以使师范生领会地理课程标准要求、熟悉教材内容、合理选择方法手段、规范编写教案、掌握地理课堂教学基本程序，而且可以锻炼师范生的讲课胆量、避免初次上课临阵慌乱、尽早发现讲课问题、及时得到纠正调整、增强教学自信心，同时还能增强教师职业意识、巩固专业思想、掌握地理课堂教学技能、为今后胜任地理教学工作奠定基础。

阅读　　　　　　　　　　课前准备须知

课前准备宜"早"。课前准备应特别强调时效性。资料早搜集，过程早设计，课件早制作，簿本早发放，设备早调试……在上课铃声响之前，做好所有准备，那么课堂40分钟就能毫无保留地用于教学任务的实施。如果课前准备不能及时到位，势必占用课堂教学时间，从而降低课堂教学效率。

课前准备宜"实"。课前准备不是为应付检查、装样子、充门面而进行的，也不必追求时尚潮流，也不一定非要多媒体，关键是能否在课堂中发挥作用。应从教学实际需要出发，课前准备和教案设计同步进行，只有这样的课前准备才是扎扎实实，富有实效，真正为教学服务的。

课前准备宜"细"。应尽可能考虑课堂中任何细小环节，并作出相应准备。例如，地名的特殊读法和烦琐写法，地图上点、线、面地理事物的定位和指示，实物和模型的正确演示等。又如，在准备课堂作业时，不必统一要求，习题的数量可以有弹性，有利于教学进程灵活调整。总之，课前准备越"细"，在课堂中才能越从容。

课前准备宜"贯"。就是课前准备要有一贯的、统一的要求和规范，而且要有延续性，不能朝令夕改，频繁改变，如果仅仅为准备而准备，不将课前准备的要求与课堂教学过程或课后复习密切关联，课前准备的作用就会大大削弱。教师坚持做好课前准备，学生的课前准备就习惯成自然，对于培养学生良好的地理学习习惯很有帮助。

课前准备宜"恒"。做好一节课的课前准备容易，但每节课都做好课前准备很难。坚持做好课前准备，要求教师具有滴水穿石、坚持不懈、持之以恒的精神。在日常教学中，注重从实际出发，做好充分而必要的教学准备，胸有成竹地面对各种可能出现的问题。

4.1.3.2　课堂教学试讲的形式

地理师范生课堂教学试讲的形式多种多样，一般常用的有自由试讲和正式试讲两种。自由试讲即师范生利用自己的空余时间，在模拟教室或其他合适场所，独自按照课堂教学要求，将一节课的全过程进行预演，也可以演练某节课的某些环节。师范生可自由选择试讲的时间、地点，可以独自在教室内边讲解、边板书、边画图；也可以在教室外默讲熟悉；也可以邀请实习同学充当学生角色听讲，人数不限，同学之间相互学习、取长补短。正式试讲就是在指定的时间、地点，由双方或一方指导教师或部分实习生一同参与的、严格按照正式上课的规程和要求进行的课堂教学预演。双方指导教师和实习生一起参与听课、讲课和评课，各自扮演不同的角色，试讲后充分发表自己的意见，广泛沟通交流，大家各抒己见，不断发现问题，依靠集体智慧和团队力量进一步提高讲课能力。

地理课堂教学实习扫描见图4-4和图4-5。

图示

图 4-4　课堂讲解

图 4-5　自主学习

——重庆师范大学 2014 级三十七中学实习组提供

4.1.3.3　课堂教学试讲的注意事项

注意语言规范简洁。试讲中避免专业术语欠缺、口误较多、出现知识性错误。例如，师范生试讲中表述"从低纬流向高纬度的洋流是暖流"，指图时未使用地理学科的专业方位名词术语等，讲解人口迁移和人口流动时混淆概念等。避免读音不准、声音太小、语速过快、语调平淡等。例如，"啊""嗯"等口头禅过多，"那么""并且""然而""所以"等语气助词或者连词使用过频。

注意时间的合理安排。试讲中避免时间把握欠佳，出现延时情况。例如，选课内容过多、个别问题讲解时间把握不到位等导致超时；讲话速度过慢，板书、板图、板画耗时等导致超时。由于超时，有些师范生表现慌乱，讲解匆忙，结课仓促。有些师范生因为时间不足，上课伊始所提问题在内容讲完后并未解决，造成一堂课前后缺乏呼应、内容不连贯。有些师范生讲话频率高，讲课节奏太快，在课堂中用时不多，知识点讲解如蜻蜓点水，难以深入，使听课者感觉吃力，很难理解所讲内容。

注意克服紧张情绪。在试讲中避免脸红心跳、动作放不开、意外停顿、不知道该说什么等。师范生初登讲台，紧张情绪难以避免，易导致课堂缺乏互动，气氛不活跃，甚至会遗漏知识点，难以激发中学生的地理学习兴趣，并且由于没有足够的实战经验，如遇突发事件往往不知所措。此外，课堂缺乏精心设计，没有交流互动、合作学习、小组讨论，以及一些可以引发思考的情景创设、举例不多等，会阻碍教学活动的顺利实施和教学过程的有效展开。

阅读　　　　　　　　　　　**试讲中的常见"误区"**

常见错误一：表现过度紧张。实习生在紧张时容易做一些小动作，如抓耳挠腮、扯衣角、抓头发等，这些都会影响考生的发挥。最好的方法是降低对试讲的期望，把试讲看成是一件经历性而非决定性的事情，努力忽视其他老师的存在，就当自己在给真实的学生上课。

常见错误二：频繁与"学生"互动。在试讲过程中，有些实习生为了营造更为真实的现场感，就真的把听课教师当成学生，并进入到这样的情境中去，不断地和听课老师进行互动，如进行提问，并等待回答等，其实这些做法并不可取。听课老师的"学情"与真实的学生情况差距往往较大，很难达到与中学生互动的实际效果。

常见错误三：试讲超时。在试讲中，并不是卡着点结束才最好。主要是在规定的时间里把教学内容讲清楚，不是讲得多就讲得好，而是要讲得巧、讲得透。时间控制在规定时间的90%最佳，真实的课堂往往在时间上"变数"较大，可适当准备一些习题，以防提前讲完。

常见错误四：忽视板书内容及字体大小。书写时一定要注意字迹工整，根据具体环境调整字体大小。不提倡实习生一边写板书一边说话，应该在写之前或写完后再说。一方面可以提高书写速度，另一方面更有利于学生再一次注意板书内容。板书忌空、满、乱、散、潦草、有差错等，要注意排列美、外观美和组合美。

常见错误五：书写教案试讲教学目标泛化。一般教案都是课时计划，写出的教学目标也是课时目标。但是在试讲中只是试讲其中一部分内容，这部分内容是整个课时教学目标的具体分化，不能等同于整个教学目标。在试讲中实习生要明确自己试讲内容的具体目标，不可用课时目标代替所授内容目标。

行动

深化思考：中学地理课堂教学准备与地理课堂教学设计、地理教学方案编写的关系。

查阅整理：优秀中学地理教师选择教法、媒体、素材，以及设计教学目标、过程和板书的典型示例。

各抒己见："教师的语言修养在极大程度上决定着学生在课堂上的脑力劳动的效率。"

分享交流：在地理课堂教学试讲中，师范生为增强自己的实战能力而总结的一些经验之谈、感悟体验和教学小诀窍。

4.2　地理课堂教学实施与评议

地理课堂教学实施与评议是地理课堂教学实习的核心，也是基于地理课堂教学准备与试讲的具体化、深入化。地理课堂教学的顺利实施与评议是检测师范生教学能力、强化师范生职业素养的重要手段。本节主要通过地理课堂教学实施、地理课堂教学评议和地理课堂教学反思，深入地理课堂教学实习。

4.2.1　地理课堂教学的实施

4.2.1.1　课堂教学实习的基本要求

（1）讲解的要求

讲解技能是最传统，也是使用最多的教学方法，是教师针对教学中的某一内容或知识点，用自己通俗易懂的语言向学生进行讲解、说明、分析和论证的一种教学方式，有助于在地理教学中发挥教师的主导作用，以引导学生正确理解并掌握所学知识。

讲解技能主要有论述式、推理式、证明式。论述式即教师根据教学中的材料，运用具有一定逻辑性的语言对其进行一定的讲道理式的论说；推理式即教师根据学生掌握的已有材料，循序渐进地推导出新的材料和知识点；证明式即教师根据某一材料提炼出来的观点或法则等证明另一观点的正确性。

讲解教学中需要注意以下几点：一要围绕教学要求的重难点，结合学生实际情况，讲清、讲透地理核心知识点。二要做到问题明确和难易适中。学生的理解能力有限，难易的正确掌握对班级整体的学习进度有推动作用。三要激发学生的学习兴趣，引发其地理求知欲望。可以通过联系生活常识举例，也可以采用多种方式使学生得到更多的成就感和自信，这是提高学习兴趣的有效手段。

（2）提问的要求

提问技能是地理课堂教学中最基本、最常用的教学手段，是地理教师与学生面对面进行交流、沟通、谈话，深化教学内容、激发学生思考、活跃课堂氛围的一种教学方式，有助于提高学生的学习兴趣、集中注意力和激发思维活动，及时反馈教学信息和增进师生交流。

提问技能主要有回忆提问、观察提问、理解提问等。回忆提问适用于温故式导入课和在结课时进行，检查已学知识，培养记忆能力。观察提问适合在引导学生观察地图、图片或某一实验等直观材料中的地理事实后进行，提问时往往使用"看到""找出""发现"和"指出"等词语。理解提问是在回忆、观察的基础上，加深理解、培养理解能力的一种提问。运用提问是为学生提供情境，要求运用地理概念和原理分析问题的一种提问。评价提问是对某一问题进行评析，提出自己见解的一种提问。

提问教学中需要注意以下几点：提问要有一定顺序，必须遵循"发问—聆听—追问—评价"流程。提问用语具体明确，通俗易懂，不能让学生产生误解，不明题意。提问应面向全体学生，以增加提问的覆盖面和效果。提问时态度自然，提问后有必要停顿，给学生留有思考时间。学生回答提问时教师注意倾听，以示对学生回答的重视和尊重。同时鼓励学生提出问题，如果提出的问题具有普遍性，教师应予以充分解答。

（3）活动组织的要求

随着地理课程改革的深入推进，地理教学越来越重视地理活动的开展，学生参与课内外实践活动可以焕发课堂教学活力，促使学生更好掌握地理基础知识和基本技能，养成正确的地理观念和端正学习态度，提高学生地理学科核心素养。地理活动教学的开展还可以加强师生互动，拉近师生距离，增强师生情感交流，促进教师的教导和学生的学习达到和谐统一。

地理活动教学可以分为课堂活动教学和课外活动教学。课堂活动教学主要在课堂内组织，不需要学生主体过多地事先准备。例如，课堂教学中可以让学生分组讨论回答教师课堂提出的问题，对某一地理现象发表自己的看法，绘制简单的地理图表，演示教师提供的教具或模型、地理实验，利用网络收集地理数据等。课外活动教学主要在课外和校外组织，一般需要学生事先准备和积极参与。例如，学习地图三要素知识后，可提供皮尺、罗盘、绘图纸等工具，要求学生在校内绘制校园平面图；还可提供 GPS 等现代信息技术工具，在校外进行定位、勘查线路、合理选点，进行小范围规划设计。

组织地理活动一般应遵循以下原则：一是地理活动教学必须与地理教学目标一致，相互联系，互为补充，共同满足地理学科课程目标的实现。二是在设计活动时应考虑学生的发展水平、个性差异，过难或过易的地理活动均会降低学生的学习兴趣。三是坚持教师主导与学生主体的统一，尽力挖掘学生地理学习的主观能动性，避免学生的被动式参与。四是活动教学应与课堂讲授有机结合，活动教学不能取代教师讲解，学生活动的知识铺垫、系统掌握等离不开以教师讲解为主的课堂教学。

（4）教学仪态的要求

教师的教态既包括教师的外在形象（容貌、举止行为、穿着打扮等），也包括教师在日常行为中反映的内在思想、道德情操、文化修养等。教师的仪表应符合职业特点，体现育人性，要有一定的文化内涵。教师的风度应亲切有礼，举止从容，给学生一种"如沐春风"的享受。教师如果能在课堂上生动形象、恰如其分地调动全身的各种器官，积极运用眼神、表情、语调、动作等教态语言，那么必将最大限度地调动学生的学习积极性。教师的教学仪态有以下基本要求。

仪表优雅。仪表常指人的外表，包括容貌、服饰、姿势等，其中主要指服饰整洁得体、朴素大方、庄重协调，于整洁得体中见丰富的涵养，于朴素大方中见高雅的情趣，于庄重协调中见高尚的品格，从而使服饰成为完成教学任务的有用工具之一。

表情自然。表情包括人的面部变化、眼神交流等。教师的表情要有真情实感，自然大方，少做作，勿卖弄，保证教学信息与过程的畅通，从而达到教书育人的效果。

举止从容。举止是指教师个体在生活中和教学空间活动变化的姿势，包括头势、手势和身体姿势等。教师举止应端庄得体、稳重从容、落落大方，坐、站、行都要成为学生效仿的榜样。

态度和蔼。态度是指对人对事所表现的一种心理倾向，包括表情、语言的变化等。教师要倾注满腔热情，态度和蔼，从爱护学生、关爱学生出发，既严格要求、一视同仁，又亲切对待、有针对性地进行教育。

阅读　　　　　　　　　**地理课堂教学实习的几点提示**

实习教师应在预备铃响之前到达教室门口候课，检查自己所需要的教具是否带齐，督促学生拿出课本和学习用品等待上课。地理实验等活动课程需要到实验场所上课时，教师需要在预备铃响后组织学生排队，有次序地进入场所，保证上课铃响可以正式上课。

实习教师应衣着整洁、得体，不着奇装异服，防止分散学生的注意力。站在讲台上应自然大方、庄重优雅，不要趴在讲台或靠在讲台上，不宜手插口袋，注意教师形象，维护教师尊严。

实习教师讲课时以恳切、文雅、谦逊、亲切的面貌出现。只有真诚的话语才能感动学生、亲近学生，架起情感沟通的桥梁。只有和蔼的语气才容易使学生接受，并从中受到启迪、感染。

实习教师应系统掌握地理学科知识体系，对每一个知识点、重点和难点做到心中有数，运用自如，能满足学生"点餐"教学的要求，即无论学生从哪个角度发问，无论学生"点"哪部分知识，教师都能游刃有余、深入浅出。

实习教师应虚心请教原任教师或指导教师，尽量多听中学地理教师的课和实习成员之间互相观课。在听课和观摩中认真学习、取长补短、深刻领会、深入探讨、切身体验，不断总结和反思教学的得失，升华课堂教学的智慧。

4.2.1.2　课堂教学实习存在的问题

（1）教学节奏过快或过慢

地理师范生初登讲台，心理紧张，不能正确估计学生的认知水平等，容易造成讲课速度太快，课堂上空出很长一段时间，甚至半节课无事可做，这是实习生经常会碰到的事情。建议备课时充分准备练习题、课堂活动和地理技能训练等，可以对学生完成的作业或练习进行抽查，从中发现典型问题，再面对全班同学进行讲解。也可以在学生复习时小声询问，对刚才所讲内容有无疑问，可以对有疑问的学生进行个别辅导，如果问题比较典型，也可以在全班再次进行解答，不至于造成师范生站在黑板前无所事事的尴尬局面。有的师范生的课堂讲解前松后紧，容易造成课堂延时或不能完成教学任务，也应该避免这种现象。

（2）讲课过程出现错误或失误

地理师范生备课不够充分或有紧张情绪干扰，以及教学经验不足、地理专业知识不够扎实等，容易造成讲解中出现一些科学性错误、内容讲解不完善或语言表达的口误，以及板书、板图、板画的不规范等。例如，学生对师范生的讲解提出异议，碰到这种问题时，师范生往往会不知所措、面红耳赤，有时可能只是笔误或小遗漏，但自己发现不了问题，这时就需要尽快冷静。在自己镇静之后仍然未发现问题所在，不妨大大方方地请学生指出，如果确实讲解错误，可向学生进行说明，顺势表扬指出问题的学生，既可摆脱神情窘迫的局面，化不利为有利，又可把错误转化为教学资源，深化内容的讲解。

（3）课堂提问难以解答或解决

对学生提出的问题难以解答，地理师范生可能有两种情况：一种是由于紧张，平时可以解答的题目或问题在课堂上临时解答不出；另一种是自己知识水平有限而不能解答，这是常有的事，此时一定不能惊慌失措，应该以诚恳谦虚的态度认真对待学生的提问。例如，可以说："这个问题我暂时回答不出，为了不影响这节课的教学任务，课后再继续探讨。"或者坦诚地告诉学生："这个问题还需要课后认真思考，再给大家一个准确的解答。"这样处理学生可以理解，甚至说出自己的看法，征求教师的意见，更加信任和尊重教师；师范生自己也可以吸取经验教训、总结教学经验，继续完成教学任务。

（4）师生配合不当或关系紧张

由于师范生与中学生年龄比较接近，有些调皮的学生可能会不配合，甚至故意刁难教师的课堂教学。例如，课堂上有学生被提到问题之后，不管会不会都马上说"我不会"，表现出明显的不配合。这时，师范生需要"冷处理"，把问题再提示清楚，请愿意回答的学生发表看法，并且借机多表扬回答问题的学生，让不配合的同学自觉没趣。下课后再找该学生谈心，以示关注并感化他。又如，某些学生"欺负"师范生，喜欢在课堂上专挑新教师的毛病，这时不能表现出对学生的厌恶或愤恨，要宽容大度、心平气和地对待学生。他们毕竟年龄小，并无太大恶意。如果确实是自己的毛病，可以谢谢学生指出并尽量改进；如果属于学生存心挑剔，就友好地表明自己的观点，切忌与学生产生对立情绪，应以一颗以生为本的爱心赢得学生的尊敬。

📖 **阅读**　　　　　　　　　**如何处理课堂教学中的突发事件**

☆ **热处理**

热处理是教师对一些突发事件刚发生时就趁热打铁，或正面教育，或严肃批评，"长善救失""扬正抑邪"。记得有一次，天下着大雨，老师正在教室给同学们上地理课，突然教室门"砰"的一下被推开了，一个从头到脚都被淋湿的中年妇女撞进了教室，径直走到后排一个男生桌前大声说道："丁丁，今天雨好大，这把伞你拿起，放学后早点回去。"她的这一举动使全班同学都愣住了，随即教室里便哄堂大笑。等那位妇女走出教室后，教师便在黑板上写下"伟大的母爱"，不失时机对同学们进行教育。这样做既有效解决了事件，又使学生在思想上引起了共鸣。

☆ **冷处理**

冷处理是教师对突然发生的事故采取冷静、冷落的方式，暂时给予冻结，仍按原计划上课，等下课后对学生做处理。教师用充裕的时间了解事件真相及根源，使问题处理得更恰当。冷处理需要教师凭自身的意志力，克服对某些学生的反感情绪，用理智战胜无益的激情和冲动。

☆ 宽容法

宽容法是教师对学生突然出现的恶作剧或危害性不大的问题采取宽容或包容的态度，也是机智地处理突发事件的艺术。教育家斯宾塞说过："野蛮产生野蛮，仁爱产生仁爱，这就是真理，对待学生没有同情，他们就变得没有同情，而以应有的友情对待了他们就是培养他们友情的手段。"地理课上发现某学生在写其他学科的作业，教师可以走过他身边，轻轻敲下课桌，示意他停下来，回到讲台继续讲课，并注意该学生的注意力是否集中。这样处理不用专门占用时间，也不会分散其他学生的注意力。

☆ 因势利导

因势利导是当课堂中的突发事件激起学生的好奇心，完全吸引学生的注意力时，教师对学生进行因势利导的教育和教学活动。有一天上地理课，突然飞进几只小蜜蜂，一下子吸引了不少学生的注意力。这时，教师把课停了下来，打开门窗，把小蜜蜂放出去，同时幽默地说：连小蜜蜂都想来参加地理课的学习，可见地理学习本身很有趣和有吸引力，我们更应该珍惜时间、好好学习。

☆ "爆炸式"教育

"爆炸式"教育主要针对学生在课堂上出现的严重破坏性行为，采用大刀阔斧的处理方式。例如，一次地理野外活动，两个学生争得面红耳赤，甚至要动手，教师当机立断，一边拉开他们，一边义正词严地进行批评。如果出现危及学生生命安全的行为，不容教师慢声细语，该有张飞"喝断长坡水倒流"的气势，勇武、果断地制止，让学生绝对服从，没有任何解释的余地。这种"爆炸式"教育不可不用，但不可多用，不可滥用，教师要从实际出发，用得恰到好处。

——选自 http: //edu.qq.com/a/20140821/033091.htm

4.2.1.3　课堂教学实习的片段

地理课堂教学实习的片段是地理课堂教学全过程的组成部分，是地理教师课堂教学能力、教学魅力和教学智慧的展现，折射出教师的课程理念、教学思想、设计思路，是进行课堂教学改革、探索、研究的重要载体，也是师范生进行课堂教学实战演练、积累教学经验、提升从师任教能力的必要途径。下面呈现几例地理课堂教学实习的片段。

示例　　　　　　　　　　**地理课堂教学过程两例**

☆ **片段一：实习生课堂教学过程节选**

导学：要了解天气变化，首先要知道气团的概念。大家一起朗读课本 41 页的概念："同一水平方向上温度、湿度等物理性质比较均一的大范围空气"。这个大范围有多大呢？有时候，在水平方向上，它的底面面积可以有半个中国那么大！而这一大团空气，它的物理性质，如温度、湿度和稳定度，它在水平面上是非常均一的。请问大家，如果这样一个气团存在于温暖的海洋上，它的物理性质是怎样的？温暖、空气湿度大、空气稳定。在如此稳定的一个气团控制下，它的天气状况是怎样的？温度温和、天气晴朗。同时大家想一下，气压应该比较低。风力呢？风的形成条件是什么？单一气团里有很大的气压差吗？没有！

所以风力大小应该是比较小的。晴朗、温和、风力较小、气压较低！大家再看一下，如果寒冷的大陆上有一个气团，这个气团与温暖海洋上的气团性质有何差异？温度较低，气压较高，比较稳定，天气晴朗，湿度较小，风力不大。根据气团温度的高低，可将气团分为冷气团和暖气团！冷气团就是它的温度比它途经地区的温度低，暖气团恰恰相反；这里提醒大家注意一下，冷暖气团是一个相对概念。冷暖气团的对比特征是怎么表现的，通过咱们刚才的分析，请大家完成导学单上的内容。

……

导做：请同学们观察一下，这是一个冷锋锋面，请问甲地现在受什么气团的影响？暖气团！哪位同学可以描述一下甲地现在的天气特征？受单一的暖气团控制，气压低，气温高，空气比较湿润，天气怎样？天气晴朗。继续观察，当冷空气开始往甲地推移，冷锋过境时，天气将发生什么样的变化，甲地现在是什么天气，出现了降水天气，除此之外，甲地的其他天气特征发生了怎样的变化？气温降低，气压增大，风力增大；也就是说，冷锋过境时会出现大风、降温有可能会出现降水，而且气压升高。冷锋继续移动，冷锋过境后，甲地的天气状况怎样，甲地受到什么气团的控制？冷气团！而冷气团控制下的天气状况是：气压升高、气温降低、天气晴朗。可以发现，在冷锋过境前和过境后，天气都是晴朗的，只不过过境前受单一暖气团的控制，过境后受单一冷气团的控制；冷锋过境时出现大风、降温和降水天气。

……

导思：大家会发现，冷锋过境和暖锋过境时都会带来降水天气，但是它们的降水状况是否相同呢？请同学们观察并思考，这是一幅冷锋天气和暖锋天气的示意图，请大家仔细观察，说出冷锋和暖锋的天气图有何差异？大家可以从锋面与地面的角度、冷暖气团的运动方向、雨区的范围、云层的高低等方面进行分析思考。

通过刚才的思考，可以归纳出冷锋和暖锋的一些性质，大家把这个对比表格誊抄到笔记本上，学习地理很重要的一个方面是联系生活、用于生活，大家思考"一场春雨一场暖，一场秋雨一场寒"，哪一句描述的是冷锋天气形成？哪一句描述的是暖锋天气形成？

大家再思考，当冷暖气团势力相当的时候，锋面是不是会来回摆动，这个时候的降水会有什么样的状况？降水时间会更长。重庆每年 4 月出现的梅雨，导致衣服袜子半个月都干不了，罪魁祸首就是准静止锋。

——重庆师范大学 2014 级地理实习生谢家洪撰写

☆ 片段二：地理教师课堂教学过程节选（表 4-6）

表 4-6　教学过程节选

教学环节	教师活动	学生活动	设计意图
实验导入	描述：在塑料盒中间插一隔板，两侧分别注入同体积的红色暖水（代表暖空气）与蓝色冷盐水（代表冷空气） 提问：在向上抽出隔板后的数秒内，冷暖水之间会出现怎样的现象	各小组针对问题，由组长主持研讨，组内交流、展示、质疑、合作，并确定中心发言人	激发地理兴趣，引出锋面学习
小组讨论	呈现 8 个问题，宏观感知常见的天气系统，并组织学生进行讨论 巡视指导各组，进行课堂观察，及时解决学生提出的问题		转换学习观念，培养思维习惯

续表

教学环节	教师活动	学生活动	设计意图
展示承转	设问：60°N附近为什么会形成降雨	集体回答	温故知新
问题展示Ⅰ	"气团"的强调：冷暖气团是相对概念；比较冷暖气团的物理性质；冷暖气团性质与形成气团下垫面的关系等 "锋面"的强调：锋线是锋面与地面相交的线；锋面向冷气团一侧倾斜；降雨出现在夹角小的一侧；锋面分为冷锋、暖锋和准静止锋，突出结构图示及天气状况	展示气团的定义及分类；锋面的定义及分类	通过强调，启迪思考，细化问题，深化理解
展示承转	冷锋、暖锋及其影响下的天气		承上启下
问题展示Ⅱ	指出冷锋与暖锋的共同点：冷气团在锋面之下，暖气团在锋面之上（由气团性质决定）；降水都在冷气团一侧	用示意图表示冷锋和暖锋，并说出二者的关系	强化绘图能力
展示承转	结合图片提问冷锋与暖锋有哪些不同	观察图片，比较差异，思考原因	由表及里
问题展示Ⅲ	强调：锋前与锋后的理解；冷锋、暖锋表示的含义 根据表格的最后一栏，直接进入下一问题的展示	填写冷锋、暖锋比较表并展示	利用表格定向定点"爆破"
问题展示Ⅳ	边画边讲：过境前暖气团控制，气温较高，气压较低，天气晴朗；过境时气温降低，气压升高，出现阴天、大风、雨雪天气；过境后冷气团控制，气温较低，气压较高，天气晴朗。指出气温与气压的关系是负相关	描述冷锋过境前、过境时、过境后的天气特征	板图法分解，描述法阐释，总结法提升
展示承转	由冷锋影响下的天气，迁移暖锋影响下天气的学习	自主学习 独立思考	讲后修正 重新认识
问题展示Ⅴ	根据学生回答强调：暖锋过境时是连续性降水。指出影响我国的天气中，春季的沙尘暴、夏季的暴雨、冬季的寒潮都属于冷锋造成的灾害性天气	合作探讨暖锋在过境前、过境时、过境后的天气特征	以练代讲 强化认识
展示承转	天气系统除了锋面外，还有气旋和反气旋		直接过渡
问题展示Ⅵ	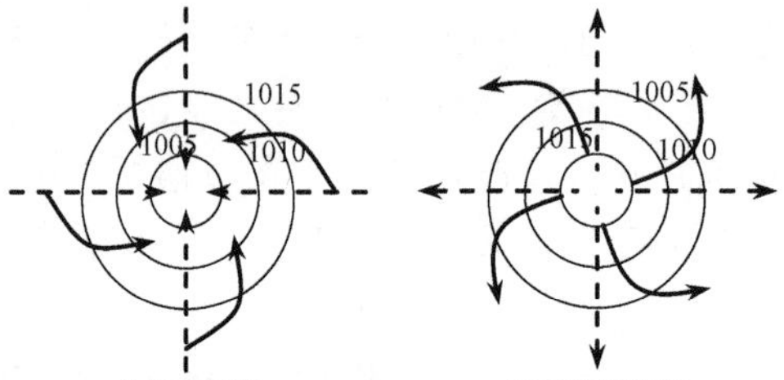 北半球气旋　　　　南半球反气旋 强调：气旋与反气旋都是水平分布；南北半球由于受地转偏向力影响旋转方向相反；同心圆等压线上任意一点的风向可以通过作图确定；高空不存在气旋和反气旋（无摩擦力）、赤道地区也不会有台风（无地转偏向力）	用示意图绘出北半球的气旋和南半球的反气旋，并标注水平气压梯度力方向	给出底图，以示规范，掌握原理，揭示本质
展示承转	比较气旋与反气旋的差异		由图转文
问题展示Ⅶ	完成教材67页活动题第1题。补充实例：气旋——台风；反气旋——"秋高气爽"、伏旱等	根据问题对照表格分析比较	利用素材，回扣知识
展示承转	在实际的天气中，为什么气旋常常会与锋面结合到一起		承上启下

续表

教学环节	教师活动	学生活动	设计意图
问题展示Ⅷ	用简图说明：标出 A、B 两点风向  根据教材插图 2-28，详细讲解锋面气旋，结合 58 页活动题 1 进行分析	分析思考：为什么气旋常常与锋面联系在一起	以图释义，以图导思，深化学习，激活思维
课堂总结	提纲挈领，高度概括	回顾新知	整体认识

——改编自鲁爱华.2013.“常见的天气系统”教学设计（人教版）.地理教育，6：18-19.

4.2.2　地理课堂教学的评议

4.2.2.1　课堂教学实习评议的作用

地理课堂教学实习评议是师范生进入正式课堂教学实习阶段后必须开展的一项活动。具体指在同一指导教师指导的实习小组内，对照地理课堂教学目标，对地理师范生在课堂教学中的行为进行分析和评议。通过地理课堂教学实习评议，可以集思广益，发挥集体智慧，充分肯定成绩，及时发现不足，使师范生认识到课堂教学实习中存在的主要问题，明确今后的努力方向；可以借鉴或吸取他人的经验与教训，反思自己的课堂教学，以便扬长避短，互为补充，调整自己的教学行为，不断提高地理课堂教学效果。例如，有的师范生讲课语言不够连贯或口语病比较严重，课堂教学实习评议和指导教师的精准点拨及实习同学的诚恳帮助，有利于师范生努力改进和提高。

地理课堂教学实习扫描见图 4-6 和图 4-7。

图示

图 4-6　教师课后点评

图 4-7　师徒评课后再设计

——重庆师范大学 2014 级三十七中学实习组提供

4.2.2.2　课堂教学实习评议的内容

（1）教学目标的评议

教学目标的评议侧重目标制订是否全面，涵盖知识与技能目标、过程与方法目标，以及情感态度与价值观目标，体现人地协调观、区域认知、综合思维、地理实践力核心素养的培育；是否体现地理学科综合性、区域性、生活性等学科特点，符合学生年龄实际和认知规律，难易适度，有利于学生可持续发展和终身学习；从地理目标达成和核心素养的角度，是否明确地体现在教学过程的每一个环节中，教学方法与手段是否紧扣教学目标和核心素养，为提升课堂教学效果服务。

（2）教材处理的评议

教材处理的评议侧重教材组织和处理是否精心，能否依据地理课程标准要求，分析地理教材内容的结构和编者意图，正确区分知识要点与层次体系，把握教材中的重点、难点、疑点和关键点；能否根据学生的知识基础、认知规律和教材内容特点，对地理教材进行合理的调整、充实与处理，利用丰富的地理素材和案例资源，重新组合与加工整理，体现地理知识的时代性、生活性和应用性。

（3）教学程序的评议

教学程序的评议侧重教学过程的思路、脉络是否清晰，符合地理教材内容和学生实际接受水平，反映教师如何讲解教学内容，教学主线能否贯穿始终。课堂结构安排是否合理，按地理知识内在逻辑和学生认知规律设计各教学环节，如新课导入是否有趣，具有思考性和探究性；各教学环节是否依据知识和思维线索自然过渡；教学难度、密度是否科学，学生是否有独立思考的时间和空间，教学时间分配是否合理；课堂小结是否能做到高度概括、画龙点睛。

（4）方法媒体的评议

方法媒体的评议侧重教学方法手段是否多样，因课程内容、因学生需要、因教师自身特点而相应变化，量体裁衣，灵活运用；是否与地理核心素养培育、教学目标、教材内容相符合，面向学生实际恰当地选用教学方法；是否善于启发诱导，注重学生的参与意识，充分发挥学生的主体性、积极性和主动性；是否恰当运用有关地理教学信息资源和现代教学媒体，突破常规教学手段在时间、空间上的限制。

（5）教学基本功的评议

教学基本功的评议侧重板书设计是否科学合理，依纲扣本；是否言简意赅，有艺术性、条理性；是否字迹工整美观。板图、板画是否科学准确，体现地理学科特点；切合学生实际，边讲、边画、边练。教学仪态是否自然、庄重，富有感染力；仪表是否端庄，举止从容；态度是否热情，师生情感是否融洽。语言表达是否准确清楚，精当简练，生动形象而富有启发性；语调是否高低适宜，快慢适度，抑扬顿挫，富于变化。教具运用是否恰当熟练，媒体运用是否自如，符合教学需要，并能结合学生实际。

（6）教学效果的评议

教学效果的评议侧重学生在课堂教学活动中的主体地位是否确立，表现出思维活跃，气氛热烈，自主学习、勇于探究和合作交流，理解和掌握地理知识；课堂教学体现出人地关系协调和可持续发展思想，学生能否联系生活实际，举出具有典型性和说服力的地理案例，强化对地理知识原理的迁移运用；是否有效利用课堂 40 分钟，不同程度的学生在原有基础上都主动思考、有所进步，学生的地理学习轻松愉快，积极性高，当堂问题当堂解决。

中学地理教师课堂教学评价表见表 4-7。

📡 **表解**

表 4-7　中学地理教师课堂教学评价表

姓名：　　　　　　　　　　　班级：　　　　　　　　　　时间：

课题名称：　　　　　　　　　　　　　课程类型：

维度	评价指标	权重	得分
地理教学目标	多维目标明确，符合地理新课标、新教材要求，与学生自身的心理特征和认知水平相适应； 能激发学生的地理学习兴趣，重视地理学习习惯的养成和学习能力的培养； 充分挖掘地理教材中的情感教育因素，寓情感、态度和价值观教育于地理课堂教学过程中	10	
地理教学内容	准确把握地理学科特点，重点突出，难易适度； 注重联系学生的社会生活和已有经验知识，有效拓展教学资源	10	
地理教学实施	教学思路清晰，每个环节紧紧围绕既定的地理教学任务展开，突出重点和难点； 课堂结构合理，地理知识讲解、基本技能训练、综合能力培养处理得当，侧重培养学生的学科素养； 运用启发性教学方法，方法选用灵活多样，信息传递方式多元，教学互动模式多种； 有效课堂组织及调控，突发情况处理及时、恰当，能根据教学反馈信息及时调整教学活动； 面向全体学生，注重学生有效参与，创造适宜的学习条件和环境氛围，激发学生的思维活动、创新能力	30	
学生学法	根据学生实际指导学法，善于引导学生自主学习、合作学习和探究学习，激发学生的地理学习兴趣； 课堂气氛和谐，师生关系融洽，绝大多数学生情绪高，保持浓厚的学习与探究愿望，不同层次的学生都参与； 学生有自主学习的时间，体现经验建构和探究式的学习过程，能在学习中主动提出问题	15	
教学效果	学生在地理学习中有积极的情感体验，表现为好学、乐学、会学，并形成正确的价值观； 学生能基本掌握课程标准所要求的地理知识和技能，在学会学习和解决地理实际问题方面形成一些基本策略； 学生认真参与课堂教学评价活动，积极思维，敢于表达和质疑； 时间利用得当，圆满完成教学任务，不同层次的学生都能学有所得	25	
教师素养	重视教学资源的开发与整合，有较为丰富的组织和协调能力； 教学语言准确、精练，有感染力，板书工整、合理，现代教学技术运用熟练	10	

总体评价：优秀（90分以上）、良好（80～89个）、合格（60～79分）、不合格（60分以下）　　总体得分：

4.2.2.3　课堂教学实习评议的示例

地理课堂教学实习评议是地理教师同行对实习生的教学或设计进行评价和建议，使实习生意识到自己教学存在的问题和不足，以及做得比较好的方面，从而促进实习生改进方法、改善教学，不断提升自己的专业水平。下面呈现几例地理教学实习评议的片段。

🖌 **示例**　　　　　　　**课堂教学实习评议几例**

☆ **示例一：七年级"极地地区"教学点评**

针对《极地地区》的课堂教学设计，北京教育学院丰台分院地理教研员朱克西是这样评价的：该教学设计目标明确，凸显了课程标准要求。教师采用案例分析、运用比较的方法，在充分使用教材的基础上，通过补充图片、视频及文字等相关资料，引导学生思考、交流，课堂氛围民主，提高学生地理工具使用能力和语言表达能力。该教学过程思路清晰，以人地关系思想演变在时间轴上的变化、环境问题在空间轴上的表现为主线，从不同空间尺度分析全球性和地区性环境问题，体现地理时空视角和尺度观念，突出教学重点。还可以在本课结尾设计课堂反馈，以评价学生是否初步形成可持续发展观，是否养成关心和爱护人类环境的行为规范；课堂总结如果能回扣引课，强调环境问题实质，指出要在公平正义的基础上，建立起国际责任体系，维护发展中国家的利益，从而提高学生的思辨能力和正确的价值取向会更好。

——选自杨敬伟. 2015. "极地地区"教学设计（人教版）. 地理教育，6：22-24.

☆ **示例二：必修 1 "营造地表形态的力量"教学点评**

针对《营造地表形态的力量》的课堂教学设计，山东省沂南县湖头中学的郭全其老师是这样评价的：该教学设计平中见奇，实用性强：对课程标准要求理解透彻，三维目标定位合理，教学过程顺畅有序，教学方法得当；充分利用各种图文资料及学生搜集的资源引导开展自主、合作、探究学习，让学生在阅读、分析、运用图文资料中获取信息、构建知识、激发兴趣，落实学生的主体地位；教师合理预设，精心设计导学问题，把基础知识的掌握与基本技能的培养落到实处；特别重视学生能力的培养，如图文转换能力、图图转换能力、发散思维能力等；有效整合教材，重视地理图像的运用，回归地理教学的本源；合理运用多媒体手段，把抽象知识直观化，降低了学习难度。该教学设计激发学生兴奋点的方法手段不多，合作学习、自主学习的措施仍然过于简单。

——选自刘晓东. 2015. "营造地表形态的力量"教学设计（人教版）. 地理教育，11：21-23.

☆ **示例三：课堂教学实习评语（图 4-8）**

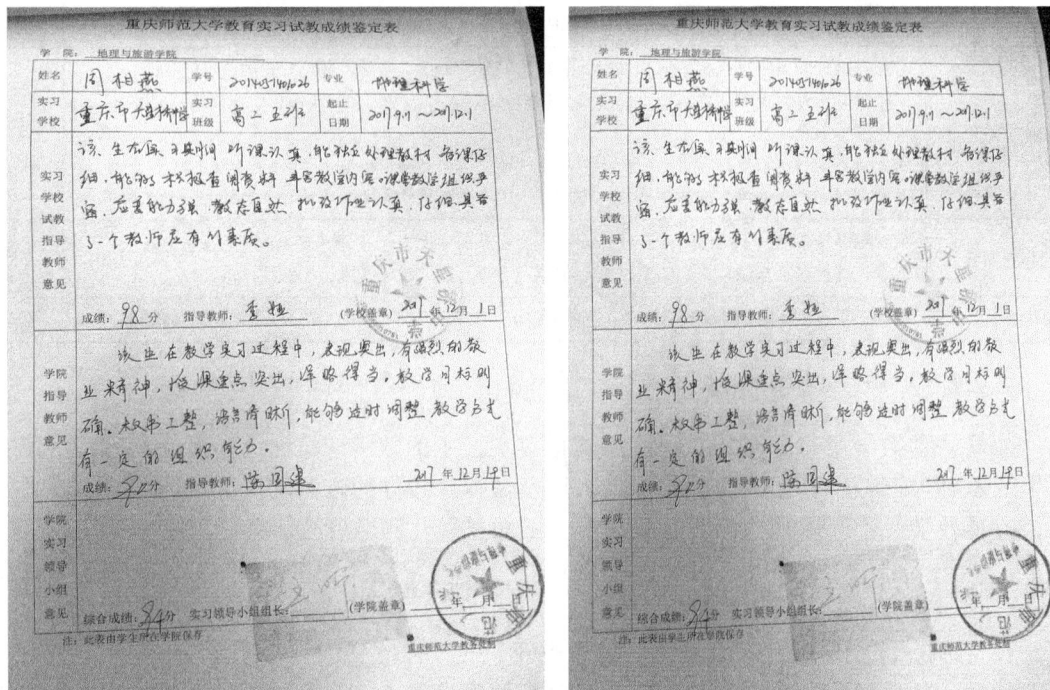

图 4-8　课堂教学实习评语

4.2.3　地理课堂教学的反思

4.2.3.1　课堂教学反思的内容

（1）课堂教学前的反思

课堂教学前的反思即备课阶段的反思，是地理师范生在对试讲中的经验、新的教育理念、学生的实际情况、目前的教学条件、现在的教学手段等反思基础上进行的重新备课，从而设计出新的教学方案，为课堂教学做好准备。例如，反思试讲中的教学行为时，可以反思自己或他人在试讲某一教学内容（或相关内容）时曾遇到过哪些问题，这些问题可采用什么策略和方法解决，其效果如何。在反思学情时，可以思考讲解某地理教材章节时，学生已有哪些生活经验和知识储备，可针对学生实际有的放矢地选用合适的方式和手段，顺着学生的思路组织教学，确保教学过程沿着最佳的轨道运行。

（2）课堂教学中的反思

课堂教学中的反思即教学过程中的反思，是地理师范生在实际课堂教学中对教学重点和难点的把握、学生积极性的发挥、教学媒体方法的运用、课堂提问的设计、生生及师生互动的过程、地理课堂氛围的创设等及时、自动地反思。例如，在进行教学设计时地理教学重点、难点已经非常明确，但具体落实到课堂教学中，可能会出现重点知识不突出、难点知识未突破等问题，师范生应及时自动反思："讲课中出现了哪些意想不到的障碍，该如何处理这些问题。"一堂课如果没有学生参与，很难达到理想效果，但提倡教学民主不等于不要求教学秩序，针对学生课堂讨论某一问题时思维异常活跃的现象，可反思如何因材施教、因势利导，进行有效的调控，从而达到更好的教学效果。

（3）课堂教学后的反思

课堂教学后的反思即整个课堂教学结束后的反思，是地理师范生对教学目标的达成、学科核心素养的培育、教学观念与教学行为的吻合、学生表现及教学成败等进行批判性的概括和梳理。例如，某节地理课教学设计合理、案例素材丰富、媒体方法多样、活动设计多种，但课堂氛围不够活跃，学生参与的积极性、主动性不高，在检验环节学生对重点和难点知识理解不透，原理规律不能够迁移应用等，可以思考这节课教学的主要问题是什么，为什么会出现这些问题，前期准备忽略了哪些环节，是否以促进学生的发展为根本宗旨，教学方法是否以学生为主体，教学活动设计是否以学生的需要为出发点。以便在今后的教学实践中总结经验、扬长避短。

实习生课堂教学情况反馈表见表 4-8。

🔍 表解

表 4-8　课堂教学情况反馈表

年级科目：　　　　　　　　　　　　　　课程名称：
课程计划写得如何?是否清楚、易懂? 课程目标是否与学生的学习相关，计划中的课程目标实际贯彻如何?

描述实习生在这节课中表现出的优点。

在上课的过程中，学生参与学习的情况如何？
表扬（表现出的教学积极面）：
建议（给将来上课的建议）：

时间	主题或关键事件	我以前是这样做的	我现在是这样做的	以后这样做可能会更好

——选自周跃良，杨光伟. 2011. 教育实习手册. 北京：高等教育出版社.

4.2.3.2　课堂教学反思的程序

（1）提出问题

提出问题是教学反思程序中的首要任务，地理师范生在课堂教学实习活动前、中、后都要意识到问题的存在，并明确问题情境，这里的问题，有的来自地理课堂教学设计中发现的问题，有的来自课堂教学过程中出现的难题，还有的来自自身课堂教学实践中出现的困惑。因为一旦意识到问题的存在，就会感到一种不适应，并试图改变这种状况，于是进入到反思环节。例如，对实习小组评课中提出的问题进行有针对性的反思，并作出调整，对课堂教学中生成性不足的部分进行深化探讨和反思改进等。

（2）观察分析

观察分析是教学反思程序中的第二步，即地理师范生意识到问题后，开始搜集并分析有关信息，特别是关于自己课堂教学活动的行为，可通过自述与回忆、观察与模拟、回看录像与录音等，获得观察的详细数据，并对这些数据材料进行剖析，从而明确问题的根源所在。认真观察和仔细分析将会为下一阶段寻找解决问题的新方法和新策略奠定基础，也为下一阶段的地理课堂教学提供改进思路和方法策略。这一任务可以由师范生单独完成，也可以由小组以合作方式进行。

（3）重新概括

重新概括是在观察分析基础上，地理师范生以积极的、批判的眼光反观自身的教学行为，包括课堂教学过程的展开、教学基本环节的协调、教学方式方法的使用、教学媒体手段的运用、教师与学生的双向互动、教学氛围的创设等，也包括自己的教学思想、教育信念、职业意识、专业态度等，并积极寻求新的教学设计思路、选用合理适用的教学策略分析解决所面临的实际问题，重新形成新的教学方案。该阶段是教学反思程序的改进和升华，也为下一阶段的进行提供条件。

（4）实际验证

实际验证就是检验上一阶段重新概括形成的教学设计思路和方法策略，就是在提出问题、观察分析、重新概括的基础上，进一步检验重新设计的新教学方案付之于教学实践后的实际效果，并根据实践结果验证上阶段提出的假设和新的教学方案的合理性。这一阶段地理师范生可能会发现新问题、面临新困惑，从而又进入教学反思的第一阶段，开始新的思考、产生新的视角、提出新的设想、形成新的对策，如此反复，直至问题解决。

阅读　　　　　　　　**地理教师教学反思智慧培养（节选）**

☆ 拓宽反思途径

与自己对话——提升自我智慧的应然选择。教师通过对自身的识错与纠偏，优化对教学、学生发展和自身发展的认识，使自己逐渐成熟起来。自我反思是对自身思想的认识与思考，既是对地理课程与教材、教育理论的消化与吸收，也是对地理教学计划和学生学习情况的主动分析。

与学生对话——促进师生协同发展。学生是教师教学的对象，学生对教师教学的感知是最直观的，所以学生的想法也是教师反思的主要依据之一。教师考虑学生的想法，有利于师生关系融洽，促进地理教学效果的提升和师生的协同发展。

与同仁对话——思想碰撞的火花。与同伴对话，是寻求共同提高的有效途径。地理课堂教学观摩活动、公开课、集体备课、教学研讨会、专家咨询活动等形式，都可以促进地理教师与外部对话，并逐渐形成反思共同体。

与理论对话——追求理性智慧的光芒。地理教学实践的超越性很大程度上来自对教学理论的反思，当教学理论失去对实践的指导作用时，教师只靠经验，会导致"坐井观天"。教师应具备深厚的理论修养、广阔的教育视野、过硬的教育科研能力，才会促进反思顺利、有效地进行。

与技术对话——建立现代化反思平台。教学反思也可以依靠信息技术来完成。一些知名度很高的教师会有自己的博客、微博、微信公众号等，将自己对教学的感悟放在公众平台供众人分享。

☆ 采用新型反思技术

角色模型法和同伴观察技术。就是教师将自己认为非常优秀的同事或师长作为观察与学习的对象，采用观察和对比分析的方法，对自身的教学理念进行反思，并促进自我提高。在角色模型法使用的同时，配合同伴观察技术，可避免个人意见的偏颇，使反思效果最优化。其步骤如下：找到合适的同伴并建立良好的关系；向同伴介绍自己确立的角色模型，讲述确立该学习对象的原因与相关学习内容；同伴进入角色模型中，参与你的课堂，仔细进行实地观察与记录；根据同伴记录与讲述的相关内容，对照角色模型分析自身的教学行为，并与同伴谈论改进措施。

教学日志法和教学审计技术。就是教师通过记录教学日志，对自身进行反思的方法。一般以一周作为一个时间单位。除了短时间的反思日志，教学审计技术也是教学反思的重要技术。教学审计技术是在教学日志的基础上，对教师的感想、感悟做出归纳与总结。一般以一个学期作为一个时间单位。地理教师可以根据自身的实际情况和学校条件进行教学反思技术的选择，在建立实践的基础上对目标做出深入的反思，走出传统反思体系。

　　——选自王晓惠，郭志永，康健. 2017. 地理教师教学反思智慧培养策略研究. 地理教育，3：51-53

4.2.3.3　教学反思的工具

（1）反思记录表

　　反思记录表是地理课堂教学反思中的一种常用工具，是地理师范生在课堂教学过程结束后，用简洁的文字、概括的语言、典型的事例、特殊的事件，对教学全过程进行反思，并将教学目标是否达成、地理核心素养是否渗透、课堂教学效果如何，以及是否按计划完成了教学任务等填写在表格栏目里，以便于今后改进地理课堂教学，进行地理教学研究。反思记录表一般没有固定的格式和要求，根据反思的目的和内容不同有所选择。

　　教学过程反思记录表见表4-9。

🎯 **表解**

表4-9　反思记录表

事件主题				发生时间	
地点		整课反思		片段思考	
教学过程					
理论依据					
感想反思				签字：　　年　　月　　日	

（2）"左手栏"反思

　　"左手栏"是一种对教学信息进行深度分析处理的工具，不管教学信息是他人的观点，还是学习的有关资料，都可以帮助地理师范生进行深入的分析思考。使用"左手栏"的过程其实是整理教学信息、分析地理问题、提炼思想观点、生成自己见解的过程。具体而言，地理师范生在"左手栏"的右侧记录中学生和自己的教学过程，在左侧侧重撰写每一过程中自己内心想做而没有做的行为，或者内心想说但未说的话。在经历深刻的内心自我对话之后，通过左侧的自我反思栏，能清晰地看到师范生自己在某个教学情境中自身的真正想法，最终寻找到解决问题的原因，从而更好地改进教学。

　　教学过程"左手栏"反思记录表见表4-10。

@ 表解

表 4-10　"左手栏"反思记录表

实习老师的内心想法	学生行为和实习老师的表现
如果某个学生不积极参与，可见他没有融入地理学习中，我应该让他进行角色扮演，迫使他参与到学习中	某个学生不积极参加初中地理课堂角色扮演实践活动； 我主动邀请他们小组上台进行角色扮演
可以利用同学们的舆论对某个没有参加活动的同学施加压力，促使他转变态度	某个学生在同伴们的催促下，漫不经心地进行角色扮演； 我向他们暗示，只要有一位同学不参加活动，他们组就不能获得奖励
我看出该学生是被迫的，但是地理学习不可以如此任性，可以通过提醒使其感受到自己的不足	某个学生不情愿地参加角色扮演活动，声音故意很轻，动作不到位； 我不停地给予提醒，希望该学生吐字清晰，说话响亮
既然你那么倔强，可让你面临小组同伴们的压力	又有某个学生角色扮演不认真； 我当着全班同学的面指出由于该学生的言行会影响活动效果，小组每个成员都不能得到奖励
如果学生不把实习教师或老师放在眼里，离开学校就更不尊重教师的教育，我要通过这件事让该生明白教育的意义	个别学生在地理课上大声讲话，目中无人； 我立即对他进行教育，并指出他的行为错误

（3）反思日志

反思日志就是地理师范生积极、主动地对自己课堂教学实习活动中出现的问题、事件、现象和行为进行反思，并以日记的形式记载和体现。反思日志一般没有固定的格式和要求，常见的有点评式、提纲式、随笔式等。反思内容可以涉及课堂教学中的各环节，如导入、讲解、提问、活动、板书、板图、结束等环节；可以涉及课堂教学中的各项活动，如读图、填表、绘图、分析、角色扮演、小组讨论等；可以涉及课堂教学中的优势和不足，如重点、难点、关键点、创新点、闪光点、突破点、障碍点、困惑点等。反思日志能及时记录每次地理课堂教学效果和教学行为表现，有利于有针对性地改进教学，提高课堂教学效果。

地理师范生教学反思日志见表 4-11。

@ 表解

表 4-11　教学反思日志表

反思专题	教学中的问题描述	自我反思	会议建议	备注
天气与气候教学反思	缺乏教学方法的多样性，教学没能真正实现教学目标	尽管我备课时在教学目标的设计、教材处理、教学方法等方面都有自己的设计和安排，但是在真正的教学过程中更多采用教师教知识、学生记知识的教学方法；生怕自己讲得不够多，有时一堂课下来，满堂灌，原定的教学目标很难实现	对教学目标的实施，要正确处理师与生、教与学的关系，使学生全身心投入地理学习活动中，给足学生思考的空间，凸显学生教学活动中的主体地位，切实达到教学活动的目标	
	对教材的把握与切入点不准	在教学过程中我仍然难弃常规的思维方式，全搬教材，因此，学生感到课堂较为空洞、乏味，久而久之产生对地理学习的抑制情绪，影响对地理学习的兴趣和非智力因素的调动	应围绕地理学科特点，结合"对生活有用的地理、对学生终生有用的地理"课程理念，充分挖掘地理学科特色，优化地理课堂教学	

（4）教后感

教后感也称"授课心得""教后记""教学小议"，是课堂教学具体实施的心得体会，即地理师范生进行一堂完整的课堂教学后，对整个教学过程的设计和实施进行回顾和小结，将教学经验、教训和自我体会记录在案的过程。撰写教后感是地理课堂教学实习的一项基本功，有助于师范生发现课堂教学中的得失，寻求地理教学问题的症结和根源，总结地理教学的经验教训，进一步加深对地理课程标准的深刻领会，对地理教材的深入挖掘，对地理教学过程的优化设计和有效实施。教后感是促进地理师范生自身教学水平和课堂教学能力提高的有效途径。

地理师范生教后感见表 4-12。

表解

表 4-12　教后感记录表

反思项目	反思结果
○本节课我讲授的时间有多少	
○我讲话的音调怎样	
○我的体态语言是否丰富	
○我在教室里是怎样走动的	
○微笑教学了吗	
○训斥学生了吗	
○授课后感到快乐了吗	
○导致我心情不佳的事件	
○尊重学生例举	
○我感到最自豪的教学活动是什么	
○学生听课时的反应如何	
○学生学习状况描述	
○学生的合作状况	
○本节课的异类观点（学生姓名、观点）	
○意外发现＿＿＿＿＿＿学生的闪光点	
○对于＿＿＿＿＿＿＿学生，关于＿＿＿＿＿＿＿＿事情，课后应该找他谈话	
○关注现实生活的情况	
○所任学科与其他学科的融会贯通情况	
○师生对话形式	
○师生交往互动状况，改进措施	
○哪些教学设计取得了预期效果	

续表

反思项目	反思结果
○非预期性事件（处理方法，怎样处理更机智）	
○这节课从学生那里学到了什么	
○在什么样的情形下，感到与学生的关系最密切	
○哪些精彩片断值得仔细地咀嚼	
○哪些突发事件让我措手不及	
○什么时候、什么情景下感到最焦虑或沮丧	
○自己感觉这节课成功吗	
○如果给我重试的机会，在哪些方面我将做得更好	
○其他值得研究的问题	

行动

概括梳理：

地理师范生课堂教学实习过程中，在提问设计、知识讲解、活动展开等方面出现的主要问题。

根据地理学科综合性、生活性、时代性等特点，梳理课堂教学实习中可能有哪些引起中学生兴趣的方法和形式。

议论讨论：

"生活即教育，教育即生活""用教材教，而不是教教材""教师的专业成长=经验（实践）+反思"。

地理新课程教学活动为什么强调自主、合作、探究学习？在教学实习中如何充分体现和实践？

集思广益：

针对地理师范生自身课堂教学实践中教学仪态方面的不足，提出具体的改进建议。

针对某位实习同学课堂教学评议中存在的主要问题，提出可行性、针对性的教学改进。

模拟尝试：

以小组为单位，观摩 3～4 位中学地理教师的课堂教学活动，尝试评课，并撰写观后感。

以 2～3 位同学为单位，选取高中地理某节内容同课异构或展示，尝试交流反思，并作出改进调整。

材料分析：

结合材料一，分析该教学设计片断的特色和亮点，并从设计角度、素材选取、方法运用等方面提出改进建议。

材料一：寻找最美山河诗词，整体感知我国的地形地势

设计思路：本活动意为在地理学科教学中渗透美育，又称美感教育。它是运用艺术美、自然美和社会美，培养和提高学生感受美、欣赏美和创造美的能力。我国古代诗词有许多

描绘祖国大好河山的诗句，这些诗句不仅美好，更重要的是可通过其渗透爱国主义教育。

活动内容：提前布置探究任务，将班内学生进行分组，并结合不同小组特点对探究任务进行分配，寻找描绘山川、河流、高原等各种地理要素的古诗句，并按照小组进行展示和解读（表4-13）。

表4-13　地理要素与古诗句

小组任务	最美诗句	诗句解读（结合各自然要素特点）
河流	天门中断楚江开，碧水东流至此回； 大江东去，浪淘尽，千古风流人物	我国多大江、大河，人类古代的文明多为大河文明，滚滚河水不舍昼夜、日夜不停地讲述着千古风流人物，而众多的河水流向以东流为主
山川	会当凌绝顶，一览众山小； 明月出天山，苍茫云海间； 不识庐山真面目，只缘身在此山中	我国山脉众多，当古代诗人登上高山，一望众山小时，心中无限感慨；巍峨的山脉阻隔了交通，更多的诗人在登山过程中体验的不仅是征服，更是山地自然景观具体差异带来的美的感受
高原	天苍苍，野茫茫，风吹草低见牛羊； 黄天厚土大河长，沟壑纵横风雨狂	古代描述高原的诗句多为边塞诗，诗人往往寓情于景，在高原的辽阔与宽广中升华

——摘自韩鹏飞. 2017. "中国的地形和地势特征"活动设计. 地理教育，9：16.

结合材料二，评议该教学设计反思的教学理念、教学思路、教学方法，畅谈其对地理课堂教学设计和实施的启示。

材料二： "影响人口迁移的因素"教学设计反思。

教学设计宜小切口、纵深面。当今的高中地理课堂为了追求所谓的"教学深度和广度"，选择各种丰富的地理材料和案例，笔者所思考的是，能不能在高中地理教学中，寻找一些"门槛低""接地气""身边"的"小切口"，通过这些"小切口"入手，层层递进，使学生获得提升？所以本课教学在选择素材时，尝试选择"教师个人成长历程"作为这一"小切口"引出人口迁移的概念，并沿着教师的迁移走进巫溪，看看教师家乡的人口迁移，探究人口迁移的原因，效果较好。

教学设计宜创情境、设问题。随着新一轮课程改革不断推进，地理教学情境问题已经成为目前中学地理研究的重要对象。在地理课堂中创设身边有意义的情境，设置符合学生认知和思维逻辑性的有梯度的问题，势在必行。所以笔者在本课教学中尝试为学生创设一个真实的情境——教师的迁移和巫溪人的迁移，而在这个情境中设置3个小情境，分别对应3个问题：第一步创设情境、认识迁移——展示教师个人成长梦，得出人口迁移的概念和分类；第二步置身情境、探析原因——展示巫溪人的富裕梦，提供家乡人口迁移的资料，分析影响人口迁移的因素；第三步回归情境、感受影响——回归巫溪人，通过巫溪人口的变化感受人口迁移的影响，建言献策，实现中国的腾飞梦。这样的情境创设和问题设置使得本课主题突出、主线清晰。

教学设计宜养思维、凸观念。地理核心素养主要培养学生的"人地观念""综合思维""区域认知"和"地理实践力"，如何才能提升学生的地理核心素养？笔者认为，综合思维和人地观念的培养尤为重要，所以笔者在本课教学中选择大量图文信息、拓展训练培养学生的综合思维，选择个人、家乡、国家培育学生的人地观念，达到预期效果。但如何更好地提升学生的地理核心素养，还需要寻求更加有效的教学方式，进行新的尝试和探索。

——摘自龙少琼. 2018. "影响人口迁移的因素"教学设计. 地理教育，3：19.

参 考 文 献

白文新. 2012. 地理学科教育实习指南. 西安：陕西师范大学出版总社有限公司.

陈澄. 2001. 地理课堂教学设计. 上海：华东师范大学出版社.

赫兴无. 2013. 地理教学媒体的选择. 教学与管理，（22）：60-62.

赫兴无. 2016. 选择地理教学方法的依据与原则. 教学与管理，（21）：113-115.

李家清. 2009. 新理念地理教学论. 北京：北京大学出版社.

李家清等. 2009. 生本取向优质地理课堂教学的理论与实践. 内蒙古师范大学学报（教育科学版），（10）：84-88.

李晴. 2000. 论地理教学方法的优选和组合. 辽宁师范大学学报（自然科学版），（3）：331-333.

李晴. 2015. 中学地理教学设计与技能训练. 北京：科学出版社.

林培英. 2010. 探讨"决策"教学. 课程. 教材. 教法，（6）：58-61.

南月省，叶滢，任国荣. 2012. 地理教学新论. 石家庄：河北科学技术出版社.

文星跃. 2006. 地理活动教学的内涵、实施原则及组织形式. 四川教育学院报，（8）：29-30.

夏志芳，张继红. 2009. 地理课堂教学行为研究及案例. 南昌：江西教育出版社.

袁书琪. 2001. 地理教育学. 北京：高等教育出版社.

周立群. 2015. 岭南师范学院教育实习手册. 武汉：华中科技大学出版社.

第5章 聚焦：地理课外活动实习

"我流露出急于要他告诉我的心情。于是，便约定我们最迟也不能迟过明天的早晨。那时候正当夏天，我们天亮就起身。他把我带到城外的一个小山上，山脚下波河的水蜿蜒地冲洗着肥沃的河岸，阿尔卑斯山的巨大的山脉远远地俯瞰着田园，旭日照耀着原野，在地上投下树木、丘陵和房屋的长长的阴影，用千万道光辉装点着这幅人类的眼睛所能看到的最美的图画。我们可以说，大自然之所以这样把它整个的灿烂景象展现在我们眼前，为的是要我们以它作为我们的话题。"

......

为了增长知识，仅仅到各个国家去跑一趟是不够的，还必须懂得怎样在那些国家从事一番游历。为了进行研究，就要具备一副眼光，并且把它贯注于你想要了解的事物。许多人在游历一阵之后，所受到的教益还不如他们从书本受到的教益多，其原因就是他们不懂得怎样动脑筋思考；他们在读书的时候，至少可以得到作者的指导，但是在他们自己去游历的时候，他们反而不知道看什么东西好。另外有一些人，在游历一阵之后，也是得不到什么教益的，其原因是他们没有增长知识的愿望。

......

所有一切经过一番推理而做的事情，都有它自己的法则。游历作为教育的一个组成部分来说，也是有它的法则的。为游历而游历是在乱跑，是在到处流浪；即使是为了受教育而去游历，这个目的也是过于空泛的，因为没有明确目的的教育是没有意义的。我希望青年人有一种鲜明的学习意图，这种意图经过很好的选择之后，就可以决定所要学习的内容了。

——摘自卢梭. 2013. 爱弥儿. 北京：商务印书馆.

地理课外活动是地理课堂不可缺少的补充和延伸，也是中学地理教学活动的重要组成部分。地理师范生在熟悉地理课外活动开展原则和方法的基础上，适时地组织地理课外活动，可以拓展地理视野，培养创新精神，锻炼自身开发地理课外活动资源、设计和组织课外活动的能力。本章以地理课外活动实习的原则与方法和内容与实践的视角，聚焦地理课外活动实习。

5.1 地理课外活动实习的原则与方法

地理课外活动的开展是学校进行丰富多彩课外活动的重要阵地，也是理论联系实际、学习与运用相结合、强化实践环节的必要平台。地理课外活动包括校内地理课外活动和校外地理课外活动，内容丰富、形式多样、方法灵活。本节主要通过地理课外活动实习的意义、地理课外活动组织的原则、地理课外活动实施的方法等，走近地理课外活动实习。

5.1.1　地理课外活动实习的意义

5.1.1.1　转变教育教学观念

以综合性、区域性、开放性、实践性、生活性为显著特征的地理课外活动，在内容及形式上都突破了常规课堂教学的封闭模式，有效推进学生学习方式和教师教学方式的根本转变。地理师范生指导地理课外活动应尊重学生的自主性，始终将中学生置于主体地位，注重引导他们合作交流、自主探究、深化思考，由学会到会学，再到会用，在指导中学生进行选题、准备、探究、分析、结题、答辩或交流展示的过程中，逐步熟悉地理课外活动组织和实施的方法、程序和策略等，为入职后进行地理教学、教改和教研，以及开展形式多样、主题鲜明的地理课外活动打下基础。

5.1.1.2　丰富课堂教学素材

地理学习的一般过程主要在课堂教学中完成，从知识获得方式看，是间接经验的获得，使学生难以将课本上习得的地理概念、原理和规律与现实生活相结合。地理教学素材是帮助和引导学生进行地理学习的各种辅助材料，其形式有文字表述、图像呈现、数据统计，也有地理案例、情景片段、活动过程等。地理师范生应积极设计和引导学生开展地理课外活动，通过各种途径广泛收集文字、图像和音像素材等，让生动的实物实景及实际现象成为鲜活的地理素材，让学生在真实的地理环境中或实验室模拟情景中去体验、操作、思考和分析，刺激学生多种感官参与地理学习，促进教师更好地讲解地理原理规律，帮助学生深入理解知识的重点和难点，有效完成教学任务，形成地理核心素养。

5.1.1.3　实现情意品质升华

地理意识包括空间意识、环境意识、全球意识等，是地理认知达到一定境界后的自然感悟与意念流露。地理情感是地理素养的重要组成部分，是维持地理思维活动、影响地理判断能力、支配地理活动的精神支柱，它表现在学习兴趣、文化情操、审美情趣等方面。地理师范生应在课外活动中激发学生的好奇心和学习兴趣，学会欣赏地理的自然美和人文美；让富有挑战性的问题和任务促使学生合作探究、自主学习，从中培养克服困难和坚忍不拔的意志品质，在追求成功的过程中，培养与他人合作的团队意识，深化对家乡山水、伟大祖国的自豪感，也可以因人地关系问题而引发对环境保护和可持续发展的思考及行动。

阅读　　　　　　　　　　　　　　**研学旅行的意义**

研学旅行是近年来涌现出的一种新型实践学习方式。国务院办公厅印发的《国民旅游休闲纲要（2013—2020 年）》提出"逐步推行中小学生研学旅行"的设想，教育部王定华司长在《我国基础教育新形式与蒲公英行动计划》的主题演讲中首次提出研学旅行是学生集体参加的有组织、有计划、有目的的校外参观体验实践活动。随后指出"要把研学旅行作为撬动素质教育的杠杆、新课程改革的突破口和素质教育新的增长点"。教育部基础教育一司下发的《关于进一步做好中小学生研学旅行试点工作的通知》，对中小学生开展研学旅行的试点范围、时间、主要内容，以及实施原则和试点任务等进行了说明。

　　教育部等 11 个部门联合发布的《关于推进中小学生研学旅行的意见》，明确"中小学生研学旅行是由教育部门和学校有计划地组织安排，通过集体旅行、集中食宿方式开展的研究性学习和旅行体验相结合的校外教育活动，是学校教育和校外教育衔接的创新形式，是教育教学的重要内容，是综合实践育人的有效途径"。

　　开展研学旅行有利于促进学生培育和践行社会主义核心价值观，激发学生对党、对国家、对人民的热爱之情。有利于推动全面实施素质教育，创新人才培养模式，引导学生主动适应社会，促进书本知识和生活经验的深度融合。有利于加快提高人民生活质量，满足学生日益增长的旅游需求，从小培养学生的文明旅游意识，养成文明旅游行为习惯。

5.1.2　地理课外活动组织的原则

5.1.2.1　能动自主原则

　　能动自主原则即以学生为主体、教师为辅助，促进学生主动参与体验、思考、探索、创造，并在实践活动过程中学会自主调控、自主学习。《学会生存》一书中提出："未来的学校必须把教育的对象变成自己教育自己的主体"。表达了教育界对主体性教育的关注，主体性教育包括：一是教学活动过程的主体是学生，学生成为课堂学习的主人；二是教师在教学活动中起引导、指导等作用，激发学生主动参与、勇于探索、积极体验，学用结合、学以致用。在中学地理教学中，"师讲—生听"的单向灌输模式不利于调动主观能动性，抑制了思维的综合性和创造性发展，削弱了学生亲自动手和具体操作的实践能力。

　　地理课外活动的开展应让学生拥有自主权，积极主动参与选择什么活动内容、如何进行人员的组合、活动计划和方案的制订，以及活动效果的评价等行动。课外研究性学习活动的实施，更需要学生独立自主地进行。地理师范生在地理课外活动实习中，需要用心激发学生的活动兴趣，积极为学生参与探究创造优越的环境和条件，从思路和方法上给予点拨，不要包办代替或过多干涉。这对师范生提出了更高的要求，包括参与程度、协调能力和个人素质。

5.1.2.2　开放合作原则

　　开放合作原则即从实践活动主题、实施时间和场所、活动中个体间的关系等方面构建宽松、灵活、开放的环境，不拘泥于传统和常规。地理课外活动的开放表现为：一是呈现于活动内容。从生活到生产，从国家发展到公民日常，都有地理学科研究的内容。在引导学生选择活动内容时不用拘泥于教材范围，也不局限于教师的知识视野，可从学生生活实际出发，联系与其生活各方面紧密相关的诸多选题开展地理活动。

　　二是表现于活动进行的时空条件。地理课外活动可以在校内外、大自然和社会生活、城市或乡村、工厂或田间等广阔的天地展开，树林、山野、河流、码头、园区、街边等都可以是活动的场所和对象。时间安排并非一定要统一规划，可根据不同的主题、内容和学情等灵活、机动地展开形式多样的课外活动。

　　三是体现于开放的合作关系。师生之间或生生之间关系融洽、交流充分、集思广益，鼓励学生畅所欲言，充分表达自己的想法，诚恳、客观地听取他人意见，相互尊重，自由宽松，突破思维定式、大胆质疑创新，促使学生不断发生思维碰撞和观点交锋，有效达成地理课外活动目标。

5.1.2.3　实践体验原则

实践体验原则即调动学生多种感官参与学习活动的全过程，注重观察与体验、感受与体悟，并提出、思考、分析和解决问题。实践性是地理学科的重要特点，地理课外活动的开展可以改变把知识的现成结论直接告诉学生的方式，有利于引导学生主动去发现问题、提出问题、探究问题，从而获得结论。学生全程参与，亲身体验、手脑并用，观察测量、实验分析、交流合作、判断推理，从地理表象、感性认识上升到地理规律及原理的理性认识，形成完整的思维过程，增强从事野外活动和社会调研等方面的实践能力。

地理师范生在组织开展地理课外活动中，切忌沿袭课堂中只写写算算、勾勾画画或简单游戏的惯性，或只做一些模拟性、象征性的动作，想方设法让学生自己设计方案、多渠道收集资料、合理安排活动人员和时间，为学生活动的有效开展出谋划策、提供帮助、尽心指导，让学生在做中学、学中做的体验中，不仅了解活动开展的程序和方法，掌握活动设计和问题解决的技能，增强团结协作、合作探究的团队精神，也能促进其获得更深层次的地理知识和技能，开发大脑思维、培养科学探究能力，激发其地理学习兴趣和求知欲。

5.1.2.4　因地制宜原则

因地制宜原则即尽量发挥各个地区学校、学生、教师的优势，充分利用已有条件，因时、因地、因人有效地组织地理课外活动。我国地缘辽阔、人口众多，各个学校所处的地理位置与自然、经济、人文环境存在较大的区域差异，这为地理课外活动的开展提供了丰富的资源和有利条件。同时，不同地区、不同学校的投入经费、活动场所、办学理念、设施设备等实际情况存在差异。教师的教育技能水平和优势、学生的特点也不尽相同。因此，地理课外活动的开展应体现因地、因时、因人而异的原则。

对地理活动的开展而言，区域间差异的存在既是优势，又是限制因素。优势在于可以根据各学校各区域的自身特点提供大量课程资源，限制在于各地特点不同，切忌将其他地区教师组织的地理课外活动生搬硬套，活动的组织要与本地实际相结合。地理师范生应尽快对实习基地学校所处的地理环境进行了解和熟悉，也包括对学校本身和学生特点的了解，以此为基础，有目的、有重点地开发地理课外活动课程资源，在选取课题和确定内容及活动方式等方面引导学生扬长避短，取得最好的活动效果。

5.1.2.5　整体发展原则

整体发展原则即在开展地理课外活动过程中，注重学生群体的参与程度，以及个体在知、情、意、行等方面的全面、整体发展。强调学生整体参与，要求每个学生积极、主动地投入地理课外活动，根据其个性特点、兴趣爱好和自身特长，有选择性地参加所有活动或部分活动，甚至可以自行设计活动邀请其他同学共同参与，对于学生适宜参加哪类实践活动，可以根据活动内容的难易和学生实际能力给出合理化、参考性的意见。同时，在学生能动地参与地理课外活动的过程中，充分体验和动手操作、思考与探索，这对其地理能力的发展、地理核心素养的培育有重要作用。

地理师范生组织课外活动需要对全体学生加以关注，改变过去由学生自愿报名参加地理课外活动的做法，转为全班同学共同参与，使每个中学生都有机会通过实践活动方式获得提高，在实现地理知识深化的同时，注重地理技能和能力的不断提升；还需要适时将情感的体验、正确价值观的形成贯穿其中，对学生个人发展的整体优化起到潜移默化的作用。

示例　　　　　　　　　　　　校园地理实践活动的开展

☆ 设计思路

湖北省十堰市东风高级中学位于鄂西北山区，校园里有齐备的各类建筑和交通车设备，布置规范。校园依山而建，山体相对高差较小，但地貌要素齐全；校园后山有沉积岩层出露，土壤和植被及地表水发育完整。校园地理环境是一个典型的亚热带山区微缩地理景观，有得天独厚的开展地理课外综合实践活动的条件。

☆ 活动目标

加深对地图、山地地貌和流水地貌、植被、土壤、岩石、建筑布局与自然环境的关系等知识的理解。学会卫星图像的判读，能进行平面图绘制，掌握地貌、植被、土壤、岩石等要素的观察和测量、信息收集与分析方法，锻炼山区聚落空间布局分析技能。增强发现和思考身边的地理问题的意识，养成热爱探索和求真的科学习惯，并进一步强化热爱校园和家乡的情感。

☆ 准备阶段

实践课题设计。例如，校园卫星图像的判读；校园卫星图像如何转绘成校园平面图；校园地形地貌的特点及成因研究；校园规划设计研究等。

实践地点设计。如图 5-1 和表 5-1 所示。

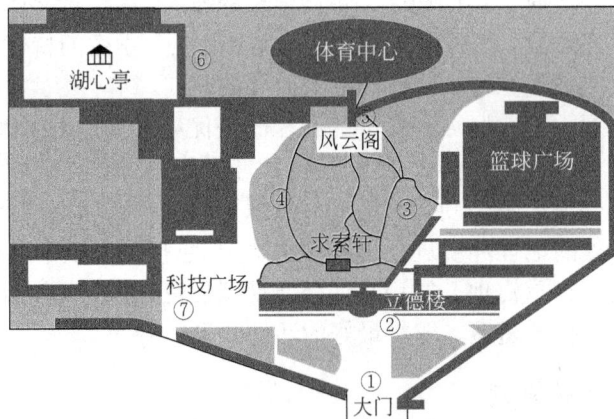

图 5-1　实践地点

表 5-1　不同实践地点的实践课题

实践地点编号	各地点在校园内的位置（名称）	实践课题
①	校门附近	位置、方向的判断
②	教学楼附近	岩石的分类探究
③	后山景点"求索轩"和"风云阁"所在的山脊	地形、地质构造的观察

实践地点编号	各地点在校园内的位置（名称）	实践课题
④	后山腰	植被类型、土壤剖面观察
⑤	体育中心停车场	山区公路选线探究
⑥	后湖温室花房	温室效应原理应用探究
⑦	校园规划宣传牌	山区聚落的地域形态探究

☆ **实践过程**（选择三例）

1）实践课题：地形、地质构造的观察。地点：图 5-1 中的地点③。方法：观察分析法、岩层产状测量方法。

实践活动一：在校园后山景点"求索轩"和"风云阁"所在的山脊上，对照校园卫星图片及校园规划图观察学校的地形地貌。山脊、山谷、陡坡、缓坡地形；流水作用形成的地貌；小流域分水岭、地表水状况等均可以观察到，这些知识在学校这一微缩景观上体现得淋漓尽致。学生进行观察、记录和总结。

实践活动二：从"风云阁"到学生公寓的陡坎处可以观察到地质构造和沉积岩。由于陡坎处的地质构造剖面较小，无法判断是否背斜或向斜构造，但可以观察到地层的倾斜方向，学生可以利用地质罗盘进行岩层的倾角、倾向和走向的测量。

2）实践课题：山区公路选线探究。地点：图 5-1 中的地点⑤。方法：踏勘、观察分析法。

实践过程：沿通往山顶的学校体育中心停车场的公路步行上山，一路观察山体坡度的变化、公路的形态和线路分布特点，思考分析地形对交通的影响。体现的知识是：山区公路应避开陡坡，若不能回避，陡坡通往高处的公路线设计成"之"字形（图 5-2）。

图 5-2　"之"字形公路

3）实践课题：山区聚落的地域形态探究。地点：图 5-1 中的地点⑦。方法：观察、绘图、分析法。

实践过程：阅读学校的规划图，从不同方向的高地观察学校建筑物的分布，观察学校周围地形和河流的情况，结合观察的结果，描述学校建筑物的布局形态，并分析其原因和优缺点。体现的知识是：由学校建筑物的分布可知，由于受到地形和河流的影响，山区城市聚落的布局形态呈条带状或放射状，这种布局的优点是亲近自然，缺点是交通不便（图 5-3）。

图 5-3　校园建筑布局示意图

成果展示。通过三种方式展示并交流成果：一是现场观察后发表所见所得，或提出思考问题；二是就校园地理环境的某一选题，完成小论文或调查报告；三是形成图件成果。

5.1.3　地理课外活动实施的方法

5.1.3.1　地理观测观察法

地理观察是对地理事物进行的一种查看性的体验活动。地理观测是按照一定的法则，采用适当的工具，通过观察和量化测定感知，或验证室外地理事象及过程的地理学习与研究活动。科学始于观察，测量使观察精细。地理观测观察方法使用不但能获得宝贵的一手资料，而且有利于培养学生严谨的科学态度，以及掌握、运用科学方法的能力。观测观察法是学生对地理要素直接认识的一种方法，多数针对自然要素进行，有基础性和科学性的特点。它是进行地理实践最基本和常用的手段与方法。根据实践任务水平要求不同，实施观测观察的条件也可高可低，同时讲究客观科学，表现在观测观察的顺序、方法，使用的仪器，操作的精度等方面，获得的数据客观、科学，才能为下一步分析和探究收集可靠的资料。

观测观察的内容主要有：①气象观测。一般在建有气象站或地理园的学校组织开展，既增加气象学知识，又训练掌握观测对天气的基本技能，还可以在积累长期气象资料的基础上进行补充天气预报。②天文观测。有的用肉眼即可观察，有的需要专门的仪器设备，有的可做长期常规观察（如大行星、著名星座、月相变化等），有的需要进行即时观察（如日食、月食等特殊天文现象）。③校园地理观测观察。观测观察的对象可以是地形地貌、岩石、土壤、地表水、植被等自然要素，也可以是校内功能布局、交通系统等人文要素。地理师范生应该充分挖掘校园内的自然地理要素和人文地理要素，选择特征明显的点位进行校园地理观测观察活动的设计。

5.1.3.2　地理演示操作法

地理演示操作法是借用一定的材料和工具，以文字、实物、影像等方式操作和展示的地理实践方法，具有直观形象和创造性的特点。通过演示操作，在一定的空间内将地理事象和过程具体化、形象化、动态化；由于操作人员不同，设计与控制实践过程的思路也不同，时常涌现出一些新思维、新方法，具有创造性的特点。地理演示操作能使抽象的概念和原理变得易于理解，验证性的演示操作可以深化地理知识，有课外促进课堂教学活动的作用。尤其重要的是，演示和操作有很大一部分没有固定的模式和方法，可发挥的空间比较大，地理师范生以任务驱动，可以很好地培养创造力，发展智力，同时养成热爱劳动的品质。

　　演示操作的内容主要有：①地理实验。根据其依赖的物质中介分为实物地理实验和虚拟地理实验，其中实物地理实验又分为地理过程性实验、地理结论性实验、地理技能性实验等。②地理教具制作。包括地理模型类、图像类、标本类、仪器类等地理教具的制作，常见的如制作校园平面图、各类地理统计图表、各种地理模型、岩石标本、雨量器、区时计算器、日晷等。③地理宣传展览。④地理观影活动、地理游戏等。

5.1.3.3　地理参观调查法

　　地理参观调查法是针对一定的学习或研究对象，通过观察或与人沟通，有目的、有计划、系统地获取地理信息，并进行分析研究的地理实践方法，具有直观性和互动性的特点。参观调查活动都是实地的，常常需要通过与社会各领域中的他人产生多种形式的沟通来获取信息，增强感性认识，对所学知识进行验证，加深理解和巩固，或为新知识的学习打下基础；掌握获得地理信息、加工和处理地理信息、分析和表达的方法；增强社会沟通和适应能力；了解人口、资源、环境与发展的现状，进一步树立人地协调观。

　　地理参观调查的内容主要有：①地理调查。是以访谈、问卷和抽样测查的方式进行信息和资料采集，并对信息和资料进行整理、分析、判断和推理，以认识地理现象、规律和原理的实践类学习活动，主要涉及土地利用状况调查、社区人口调查、产业布局与发展调查、环境质量调查等。②地理参观。是在教师的带领下通过学生直接认识地理环境的活动而进行，涉及各种参观活动，如参观工厂、牧场、矿山、水利工程、规划展览馆、天文馆、气象站，以及区域重点经济建设项目等，是地理实践活动的重要方式之一。

5.1.3.4　地理野外考察法

　　地理野外考察法是带领学生走出教室，到大自然中进行实地观察与观测，是对地理事物和现象进行的分析、测量和研究活动。地理野外考察主要针对自然地理要素和环境进行，具有实践性和开放性的特点，在野外使用各种仪器开展测量活动、解读地图并确定路线和点位、土壤剖面的挖制等都是真刀真枪，需要每个学生动手操作而非纸上谈兵。观察野外实物和现象，联系课堂知识对其进行印证、判断和决策，需要综合运用知识寻找解决方案，形成知识迁移运用和创新发展。在野外艰苦的环境中，需要精诚团结、互相帮助、克服困难、坚持不懈，这对形成坚强的意志力、完善人格，以及多方面能力提升具有重要作用。

　　野外考察的主要内容有：①地质地貌考察。涉及沿考察路线，学生独立观察常见的矿物、岩石、地层剖面、地质构造和各种沉积物的特征，并分析成因类型等，可以进一步分析地貌的形成原因，解释人类活动与地貌形态的相互影响。②河湖水文考察。涉及沿境内主要河湖进行沿岸考察，测量河流湖泊的水文特征，观察水系特征，了解和分析河湖的综合功能和开发利用现状。③土壤植被考察。主要观察土壤的成土母质、类型、质地、酸碱度等，了解当地土壤改良和利用状况，植被考察包括对天然植被类型、人工植被类型及其分布等的观察。

皖南山水风光欣赏研学旅行见表 5-2。

🎯 表解

表 5-2　皖南山水风光欣赏研学旅行设计

设计思路	根据《安徽省教育厅关于开展中小学生研学旅行试点工作的通知》中"研学旅行"的相关规定，即由学校根据区域特色、学生年龄特点和各学科教学内容需要的表述，结合安徽省内资源特色、高中阶段学生年龄特点及地理学科教学内容需要，开展此次以"皖南山水风光欣赏"为主题的研学体验活动，重在培养学生的地理核心素养		
方案设计	研学旅行目标	能说出研学旅行目的地（黄山、太平湖、桃花潭）所在地区的自然人文概况及其对当地经济社会发展的影响；能用课堂所学地理知识解释当地自然现象（景观）、地质地貌形成的原因； 能够收集目的地的地理信息，并处理简单的地理问题；通过小组合作和教师指导及实地考察，解释部分研学旅行课题所涉及的地理问题和地理现象的成因； 通过接触自然山水和社会风土人情，能够提出地理问题；形成环保意识，增强热爱家乡和祖国大好山河的情感	
	研学旅行具体内容	必修地理教材中涉及内容例举	必修一　第二章第一节　冷热不均引起大气运动 必修一　第四章第一节　营造地表形态的力量 必修一　第四章第二节　山地的形成 必修一　第五章　自然地理环境的整体性和差异性 必修三　第一章第一节　地理环境对区域发展的影响
		研学旅行目的地实际考察内容	"黄山归来不看岳"（黄山线） 根据时间可以选择黄山三大主峰其中一处进行地质地貌考察，可适当采集岩石标本；运用适当的景观欣赏方法观察奇松、怪石、云海等； "湖山好处便为家"（太平湖—桃花潭线） 观察太平湖水面及周边的自然环境；考察猴岛，了解猴子的生活习性；前往龙窑寨参观，熟悉陶器制作过程；游览桃花潭，欣赏古代建筑
	研学旅行方法	自主探究、小组合作、讨论问答	
	研学旅行方式	面向学校全体高一学生，自愿参加，以班级和年级为单位，根据教师设计好的研学旅行路线，由旅行社统一组织食宿，并为师生购买门票和旅游意外伤害保险	
方案实施	研学旅行线路安排	"黄山归来不看岳"（黄山线）	
		"湖山好处便为家"（太平湖—桃花潭线）	
	研学小课题	黄山奇松的生长特征及成因分析；体会黄山怪石命名中的智慧； 结合实际体验，运用相关知识解释黄山云雾形成的自然原因；黄山地貌的特征及成因总结；太平湖水质状况调查；李白与桃花潭的渊源探秘；旅游区生态环境问题调查	
	研学旅行准备	物质准备	GPS、笔、野外考察记录本、小锤子、标本夹、塑料袋等活动时可能会用到的物品，发放研学旅行指导手册
		精神准备	端正研学旅行态度，做好吃苦准备
	研学旅行安全防范	应急预案包括研学旅行交通保障、交通事故应急处理、餐饮卫生保障、财务安全保障、治安安全保障、预防走失、纪律要求等	
	研学旅行注意事项	要求学生保管好自己的行李物品，注意人身和财产安全；按时进行研学活动，不擅自脱离研学旅行队伍；不惹是生非，团结同学，善待他人	
	研学旅行成绩评定	活动前，制定好学生研学旅行成绩评价量表，可采取百分制（表略）	
	研学旅行总结	研学旅行目的地（黄山、太平湖、桃花潭）的地理位置、范围和面积等自然环境和人文环境； 黄山的地貌类型、形成原因等； 研学旅行时间、目的和要求、过程及研学课题完成情况等； 心得体会、活动收获和感悟，对此次研学旅行的建议等	

　　　　行动

　　议论讨论：有同学认为，地理课外活动实习可有可无，地理课堂教学实习才是最重要的，请发表自己的看法。

　　深化思考：地理课外活动较之地理课堂教学有哪些优势？如何因校、因班制宜开展多彩的地理课外活动。

　　查阅整理：研学旅行是近年倡导的培养学生地理核心素养的重要途径之一。收集国内外开展研学旅行的创新做法。

　　各抒己见：我国近现代教育家陶行知在汲取西方教学理论精髓的基础上，提出"教、学、做合一"的教学法，强调"行是知之终，知是行之成"。

5.2　地理课外活动实习的内容与实践

　　地理课外活动涉及的内容十分广泛，各种要素之间的联系也非常紧密，地理环境中处处存在丰富的活动资源，可以对校内外环境中的各种地理要素、多样资源素材进行梳理，有利于抓住相互关联的地理现象、挖掘蕴含的地理原理规律，选择合适的主题开展相应的实践活动。本节主要通过地理课外活动实习的类型、地理课外活动实施的程序和地理主要课外活动的实践等，走进地理课外活动实习。

5.2.1　地理课外活动实习的类型

5.2.1.1　按照活动的场所划分

　　活动的场所指地理课外活动实施的环境，是地理课外活动顺利开展的前提条件和必要基础，也为学生观测观察、动手动脑、实验实习、体验感受、学做结合等提供了保障。据此，地理课外活动可分为校内地理课外活动和校外地理课外活动。

　　（1）校内地理课外活动

　　校内地理课外活动即利用校园地理环境资源和条件，在校园空间范围内进行地理课外活动。其主要内容有地理实验、教具制作、观测观察、地理写作、橱窗展览、影视观摩、知识竞赛等。学校是地理环境的组成部分，涉及众多的自然因素、丰富的人文要素和区域的独特影响，首先地理课外活动可以从中学生学习和生活的校园开始。因其区域位置、空间条件，表现出既便捷又局限的特点。便捷性表现在不需要远距离交通，走出教室就可以开展，时间安排比较灵活，可以见缝插针地即时利用自习课进行，又可以专门安排周末或节假日这样相对完整的时间段进行；局限性表现在地理要素呈现的完整性、差异性受校园空间限制，不一定能完全满足课外活动的多种需要。地理师范生应将学校环境中的活动资源进行梳理，抓住关联的地理现象、挖掘蕴含的地理原理，选择合适的主题开展课外活动。例如，学习宇宙中的地球后，在晴朗的一天中，可组织学生到操场运用教具和太阳高度角计算公式，观测太阳高度角，并绘制太阳高度角示意图，或者开展校园平面图的绘制、地理专题展览活动等，激发学生对身边如此熟悉的校园不再"视而不见"，学会观察生活中的地理，培养热爱校园、爱护环境的主人翁意识。

（2）校外地理课外活动

校外地理课外活动即利用大自然和现实社会丰富的课程资源进行形式多样的地理课外活动。其主要内容有社会调查、户外观测、地理参观、野外考察等。校外地理课外活动与乡土地理实践活动紧密相连，具有开放性和完整性的特点。开放性表现在主题选取、方法设计上，时间和场所的确定等都具有灵活、开放的特点，在直观、真实的环境中，活动参与者体现开放合作的关系。完整性是校外地理实践活动所独有的优势，大自然和社会环境要素齐全、包罗万象，涉及自然地理的地形类型和地势特征、河流水系特征、土壤植被等的考察；人文地理的少数民族民俗文化的调查、当地农业类型及工业分布状况调查等，有助于深化和巩固课堂所学的地理知识，运用地理原理和规律分析生活中的地理现象，使学生学会收集、整理、分析、加工地理信息，掌握地理方法和技能，不断提高实践能力，进一步增强热爱家乡和祖国的情感，逐步形成人地协调和可持续发展的观念。

初中校内地理课外活动项目例举见表 5-3。

📡 **表解**

表 5-3　初中校内地理课外活动项目例举

活动项目	活动主要内容
小气候观测	利用手持气象站在校园内不同地点（操场、草坪、小树林）连续一周进行气温、气压、湿度、风速的观测并记录，对比不同地表对气象要素的影响
校内考察	对校园内的土壤、植被、地貌和有出露的岩石进行观察和考察，认识校园自然地理环境
平面图绘制	利用方位、建筑物相对位置及距离测定等方法获取基本数据，绘制校园平面图
简易指南针制作	利用磁铁、钢针、线等简易物品制作。巩固方向辨别，理解指南针原理
校园用水知多少	调查学校各部门用水情况，如教学楼、实验室、食堂、绿化、清洁卫生等，分析其合理性，提出节约用水的措施和建议
拼图竞赛	设计制作中国政区、地形、分区等图像，组织拼图大赛，强化区域认知能力
墙报板报	广泛收集地理热点、焦点问题相关资料，展示地理主题内容
微型讲座	根据当年地理重大事件和核心问题，在各年级或班级进行系列化、专题化的微讲座
观影活动	选择科教片、纪录片、科幻片、传记片等，组织学生观摩、讨论、座谈，或撰写观后感、小影评等

5.2.1.2　按照活动的内容划分

地理课程兼跨自然科学和社会科学，涉及的领域广阔、内容广泛，紧密联系社会生活生产，决定地理课外活动内容翔实丰富、知识面广、形式多种多样，对于学生形成人地协调观、地理实践力等地理核心素养作用重大。据此，地理课外活动可以分为自然地理课外活动和人文地理课外活动。

（1）自然地理课外活动

自然地理课外活动即借助一定的工具和仪器，运用方法和手段，为认识自然地理现象、探寻自然地理规律和验证自然地理原理进行的实践活动。其主要内容有天体天象观测、气象气候观测观察，地质地貌考察、河流湖泊监测、土壤植被考察、自然灾害调查等。自然地理课外活动通常在大自然中完成，具有明显的区域性和季节性等特点。自然地理事物在空间分布上有地域分异特征，一定的地理现象需要在其分布的区域内才能观察到，体现出区域性特点；同时，自然地理现象随着季节更替而发生变化，致使展开的实践活动需要在某些自然现象出现的特定季节才能观测到，尤其是天气、水文、植被现象等，表现出明显的季节性特点。地理师范生可以结合所在区域的乡土特点，利用乡土自然条件充分挖掘，精心设计和组织，促使学生通过丰富的活动、真实的自然环境，培养自我观察、自主比较、判断推理、探索发现等综合能力，掌握野外考察的方法技巧，锻炼坚强的意志品质。

（2）人文地理课外活动

人文地理课外活动即运用地理思想方法和工具手段，为认识人文现象、探究人文特征和地理规律、树立科学的人地观和可持续发展观进行的实践活动，其主要内容有工农业生产、交通运输、人口变化、城市发展、商业布局、土地资源利用、城市生活垃圾等。人文地理课外活动与自然地理课外活动一样具有区域性特点。不同的区域范围，地形、河流、土壤、植被、资源等各异，就形成了与自然地理环境相适应的不同人文地理现象，开展的人文地理课外活动也就具有一定的差异。例如，各地的民俗文化、风土人情、衣食住行、建筑风格都蕴涵着人文地理课外活动开展的要素。地理师范生可通过开展家庭走访、社区调查、港口观察、城市面貌感受等方法获取人文地理信息素材，思考、探究、分析社会发展和生活中的地理现实问题，重视培养中学生善于观察、勇于发现、敢于质疑、巧于创新的科学精神和人文精神。

高中校外地理课外活动项目例举见表 5-4。

表解

表 5-4　高中校外地理课外活动项目例举

学科性质	活动课题	活动主要内容	活动方式
自然地理	某小区物候观测	小区花草植物、常见昆虫等物候现象	观察记录
	某日月相观测	月相变化原理，中国古代太阴历来历，据月相变化判断农时	观测观察
	都江堰水利工程考察	都江堰水利工程历史、主体构成、发展变化、重要功能及其原理	考察研讨
	白鹭湾湿地考察	湿地科普知识、湿地的意义和保护	考察研讨
	某气象台站参观	气象台站观测仪器设施、气象原理、天气预报过程	观察操作
	成都雾霾感受	雾霾的产生、危害、影响、治理、防范等	感受体验
	青城山土壤、植被考察	土壤的类型和质地，植被类型和主要树种，及其与地理环境之间的关系	野外考察
	彭州白水河水文、地貌考察	水文水系特征，河床、河漫滩、阶地等河流地貌主要形态及其形成过程	野外考察
人文地理	成都市两日游旅游路线设计	成都市主要旅游点、线、面分布，以及其与交通方式及线路的关系，并拟定合理的旅游线路	调查研讨、设计方案
	洛带古镇体验	聚落形态、影响因素及客家文化特色	社会调查
	龙泉驿农业经济调研	龙泉驿区农业区位分析、主要农产品、农业经济发展特点	调查访谈、研讨分析
	成都地铁系统感受	地铁交通方式特点、布局及其对人们生活和生产的影响	调查访谈、研讨分析
	某村地理资源调查	学校附近某村自然资源种类、数量和分布调查及其评价	调查分析、评价建议

5.2.1.3　按照活动的时间划分

根据知识的性质和学校正常教学运行要求，组织地理课外活动必须考虑所需时间的长短，这与活动内容、形式和要达成的活动目标有紧密联系。据此，可以分为时间一般在一天到一周之内的短期地理课外活动和时间一般在一周以上的长期地理课外活动。

（1）短期地理课外活动

短期地理课外活动即利用课余时间在校园内外短距离、短时间内可完成的较为常见的一种课外活动。活动组织形式为，可以独立完成，也可以团队合作完成；活动形式灵活多样，可有观察观测、实验操作、社会调查、动手制作、实地参观、地理阅读、知识竞赛等。虽然其时间短、活动主题微小，但一般与课堂教学进度密切结合、形式灵活、活动目标针对性强。地理师范生可以针对课堂教学重难点，结合当前时事热点、重要建设项目、生活中的地理现象等组织学生进行科普宣传、阅读写作、知识竞赛、校园平面图绘制、校园小气候观测、社区人口状况调查、三圈环流模型制作、岩石鉴别实验等活动，及时巩固课堂所学知识、检验地理知识迁移运用，激发学习的兴趣和求知欲，培养良好的学习习惯，充分发挥课内外教学相辅相成、互为补充、相互促进、相得益彰的功能和价值。

示例　　　　　　　　　　　　**学校平面图绘制**

☆ **活动目标**

掌握方向确定、实物距离测量、平面图绘制的基本方法和步骤；巩固地图知识，了解地理事物空间位置关系；提高操作技能和实践能力；增强主人翁精神，培养热爱学校的感情。

☆ **准备工作**

导出课题——简介《某学校鸟瞰图》和《某学校平面图》制作过程，确定活动课题"绘制学校平面图"。知识准备——温习地图相关知识，并讨论确定图名、比例尺、方向标、图例、注记等基本要素，以及图幅大小、活动实施步骤，熟悉指南针使用。准备工具——指南针、卷尺、量角器、16 开纸张、绘图笔图等。组织形式——分小组进行，共分为 8 组，每组 5 人；活动时间为一天。

☆ **活动实施**

确定方向。选择一个基点位置，运用指南针定方向，如以学校校门为基点，先确定学校大门方向，再按照平面上的 8 个方位判断其他地理事物相对于学校校门的方向。

丈量距离。分小组实地丈量教学楼、实验楼、运动场、学生宿舍、食堂、绿化带等主要建筑物及地理事物，并依次记录实物的名称、方位和距离。

数据计算。根据图幅大小和实测距离数据确定恰当比例尺，并将测量所得距离数据按比例尺进行计算，转化为图上距离。

分组绘制学校平面图。根据测量数据和计算结果，以小组为单位绘制学校平面图，在平面图上绘制方向、比例尺、图例和注记；将学校附近及校园内的主要建筑物、绿化带等按一定比例缩小，在正确方位上根据计算距离，用不同符号表示在平面图上；用适当色彩美化图幅。

展示和评比。在班级内进行各小组作品展示；将校园鸟瞰图作为对比图，从图幅比例尺、方位、距离、图幅等角度综合评比，对优秀作品给予奖励；学生之间可以展开自我总结，畅谈活动体会，话说活动收获等。

（2）长期地理课外活动

长期地理课外活动即活动时间一般在一周以上在校内外进行的地理课外活动，涉及地理课外兴趣小组活动，以及寒暑假长距离野外综合考察或研学旅行活动。与短期地理课外活动相比，学生组成比较灵活，根据自身兴趣自愿报名参加；以团队活动为主，活动任务完成需要团队协作；活动内容探究性和综合性强，体现研究性学习和小课题探究的特点；活动目标对教师、学生、辅助媒介条件等都有一定程度的要求。例如，气象小组需进行长期的气象观测，积累大量气象资料，补充天气预报等；天文小组需进行长期的天文观测和文字记录，绘制天文图表和系列探索活动等。地理师范生可以在充分了解中学生兴趣特点的基础上，根据学校具体条件和学生实际情况，协助开展长期地理课外活动，不仅对中学生是一种极大的挑战，还可以锻炼其意志、培养团队精神，促进地理综合思维和地理实践力培养，这样的实践活动经历和体验对师范生和中学生都是极为宝贵的财富。

✎ **示例**　　　　　　　　　　　　　　**月相的变化观测**

☆ **活动目的**

理解月相变化的原理；了解中国古代太阴历的来历；学会根据月相变化判断农时，理解自然节律与人们生产生活的密切联系；激发探究地理问题的兴趣和动机，提高空间想象能力和观察能力。

☆ **准备阶段**

知识准备。可以采用师讲或学生自学等方式。依次分发不同时间的月相图片形成感性认识，明确活动的目的和意义。

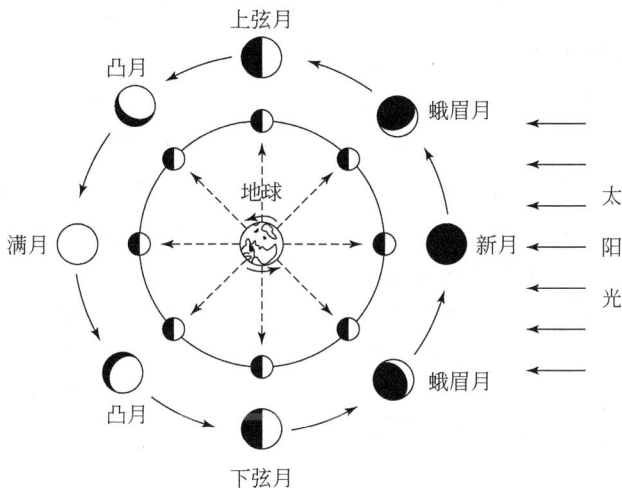

图 5-4　月相变化及成因图

自愿报名，成立月相观测小组。共 8 个小组，每个小组 3~4 人，推荐 1 名小组长，在学校视野宽阔的操场按照规定时间进行观测，具体活动时间见表 5-5。

表 5-5　活动时间表

组别	1	2	3	4	5	6	7	8
月相名称	蛾眉月	上弦月	凸月	满月	凸月	下弦月	蛾眉月	新月

续表

组别	1	2	3	4	5	6	7	8
月相简图								
观测时间（农历）	初三、初四傍晚	初七、初八傍晚	十一、十二傍晚	十五、十六傍晚	十八、十九日出前	二十二、二十三日出前	二十五、二十六日出前	初一、初二傍晚日落前或日出后

☆ 活动阶段

教师到场指导小组观测并提出以下要求：观测月相后及时填写表 5-5 中月相的名称，并画出简图；观测持续一整月并讨论思考：月相的成因、月相观测时间为何有差别；整理记录，写出观测报告。

☆ 总结阶段

待 8 个小组全部完成观测后，每个小组推选一名代表汇报观测结果并解释成因，可边汇报边展示"月相简图"，总结月相变化规律。师生共同对该活动进行总结评价，将各组的"月相简图"粘贴在橱窗相应位置。

———改编自新玲. 2000. 高中地理第一章《地球在宇宙中》第三节"月球和地月系"月相
观测活动课教学设计. 中学地理教学参考，（7-8）：48.

5.2.2　地理课外活动实施的程序

5.2.2.1　确定活动项目

活动项目的确定是地理课外活动实习的第一步。活动项目的确定应严格遵守实习学校的教学秩序和规章制度，不能凭地理实习教师一时的兴趣而随意确定，应与学校的地理教研组、地理教师多做商量、广泛讨论，在不干扰正常教学秩序的前提下，积极计划安排地理课外活动。若实习学校地理教研室已有较为固定的课外活动规划，或已经建立了地理课外活动小组，地理实习教师则应量力而行，请求承担其中的一部分或负责某个活动小组。若实习学校没有较为系统的课外活动课程，也没有固定的课外活动小组，则可以向地理组（或指导教师）提出自己的想法，组织学生进行某项或多项地理课外活动。无论以何种形式确定的活动项目，实习教师都应该制订出对该项活动的详细工作计划，交由地理组（或指导教师）进行审阅，获得认可批准后方可实施。

5.2.2.2　制订活动计划

基于地理课外活动项目，必须制订相应的活动计划。活动计划一般涉及项目名称、时间、地点、人员、仪器及材料清单、活动内容及安排、活动实施步骤及程序、注意事项、纪律要求、交通方式等。若课外活动项目是野外考察活动，则必须事先进行实地踏勘，进行实地论证，相互讨论，以便确定具体的考察路线、停留的点位、考察的内容、需要的时间等，包括在某种环境下，学生可能出现什么情况，都应该有所预设。活动的实施步骤需要提前细化并确定。如果是校内实验，则应对操作的顺序、精度，观察的时间点和内容都安排详细的步骤，提前设计和印制好相关记录表格，准备好相关图件。活动实施步骤是活动计划的主体，要使学生理解活动目标和内容，在活动的形式、方法、步骤的选取和制订上，应给学生提供主动参与决策的机会，与学生一起制订活动计划和方案。

5.2.2.3　明确活动目标

地理课外活动也是一种重要的地理学习形式，必须有明确的活动目标。但是地理课外活动目标与课堂教学目标有区别。实施地理课外活动的目标更关注学生认识范围的扩展、分析和解决问题能力的培养、情感态度与价值观的建立，以及地理学科核心素养的培育。因此，地理课外活动目标一般涉及以下内容：态度和行动目标——理解、关注、兴趣、尊重（他人、事实）、公正的态度和行动等；能力目标——认识、思考、交流、处理数据、研究、解决问题、设计与创造、合作、欣赏和表现美的能力等；知识和理解目标——有关具体地理事物或问题的初步的跨学科整合的知识、法律和道德意识、美学的修养等[①]。

5.2.2.4　选择活动形式

地理课外活动形式一般包括班级活动、小组活动和个人活动三种类型，应根据活动的内容、目标、特点和学生实际确定。个人活动因为分散，缺乏团体互助力和集体的监督，学习结果则会因为学生个体差异而出现较大差别，但活动的时间和场地相对较为灵活；小组活动和班级活动在进度控制上比较整齐，但是由于学生人数多，有可能出现部分学习能力较弱的学生获得操作的机会较少，需要教师特别加以关注，适时调整。若活动内容较为基础，活动方式较为简单，可以放手让学生进行个人活动。若活动内容比较繁复，活动目标要求较高，需要学生相互协作、探究讨论，往往采取小组活动或班级活动的组织形式。对于课外活动小组人员搭配，地理师范生应当把握分寸，既要注意每小组学习水平的"高低搭配"，保持组间基本平衡，又要尽量尊重学生意愿自由组合，提高课外活动效率。

5.2.2.5　选取活动方法

地理课外活动的方法种类繁多，如观察、测量、制作、演示、绘制、模拟、阅读、讲演、写作、讨论交流、访谈调查、思考分析、查阅资料、参观考察、实验实习等，主要根据课外活动目标、内容、特点等加以确定，同时也应考虑不同年龄学生的知识基础、能力水平和兴趣爱好等。在活动具体方法的采用方面，地理师范生应把自己放到"旁观者"的位置，鼓励学生寻找发现问题、分析问题、解决问题的办法，在学生需要时适时点拨引导。如果学生选用方法不当或有失误，教师也不必立即纠正，可以让他们尝试，失败的经验也是一种宝贵的学习资源和重要的体验成果。

5.2.2.6　活动动员及预习

在以上活动准备工作完成的基础上，应对学生进行地理课外活动动员和预习。分发活动方案，宣讲活动计划和内容，让每一个学生明确活动的目标、探究的任务、学习的要求和实施的步骤等。对需要预备的知识、仪器的操作方式和具体的活动程序，以及注意事项等，或以课堂的形式集体学习和强化训练；或以讨论题目的方式分发给学生，启发学生思

---

① 夏志芳，陈澄. 2000. 中学地理教育实习. 北京：高等教育出版社.

考和自学。在动员会上还应完成小组人员的配备、材料仪器的分发、必需用品的落实，同时强调纪律和注意事项。

5.2.2.7　开展具体活动

带领学生按照活动实施计划和步骤进行活动是开展地理课外活动实习的主要环节，也是检验地理师范生组织活动、协调关系、把握重点、具体指导和有效评估等能力水平的手段。地理师范生既是管理者，也是辅助者。作为管理者，需要保证活动有正常开展的足够时间、安全条件和宽松环境；要求学生认真参与，严格按照活动内容、实施步骤分步展开；调控活动实施环节紧凑有序，活动内容按时顺利完成。作为辅助者，应在活动过程中激励学生主动探索的热情，允许学生积极体验、充分表现、大胆表达、敢于质疑，在学生遇到困境或困难时给予必要而及时的帮助和耐心细致的指导，有助于地理课外活动有条不紊、富有成效地顺利进行。

5.2.2.8　活动总结及展示

具体活动实施完成以后，地理师范生应引导学生及时进行活动总结，包括回顾活动全过程、点评学生表现、指出需要改进的问题、提出形成活动成果的要求（实习报告或小论文）等，并在一定范围内进行活动展示和成果交流，也可以开展讨论议论，将活动中的思考和探索进一步深化和推进，力求活动在最大限度上锻炼学生收集、处理、分析、表达等各方面的实践能力。评价活动方式包括教师评价、小组评价、学生互评和自我评价等，尤其应该重视学生的自我评价，可以采用填写自我评价表的方式，以养成学生在活动后能主动反思的习惯，认识自己的进步和差距，激励自己未来更好地发展。

地理课外活动记录与自我评价表见表 5-6。

表解

表 5-6　地理课外活动记录与自我评价表

姓名		班级	
课题名称		活动主题	
活动时间		活动地点	
小组成员		活动方式	
承担的任务			
实施的活动内容			
参与的讨论			
活动结论			
活动中的收获			
活动中的不足			
需要注意或改进的地方			

5.2.3　地理主要课外活动的实践

5.2.3.1　校内地理课外活动的实习

（1）地理板报、墙报、展板、橱窗等展示

地理板报、墙报、展板、橱窗等属于地理图文宣传活动，题材丰富，涉及自然景象、城市风情、民族人口、资源环境、自然灾害等方面，多以图文相配形式呈现，也可以是地理短文、地理图片或地理谜语，起到普及地理科学知识和增强环保意识，进行地理审美和德育教育的作用，体现主题突出、标题醒目、富有吸引力，形式新颖活泼、语言简洁生动、通俗易懂，观点鲜明准确、启发性强等特点。地理师范生可以引导中学生结合自身特点和社会热点，广泛收集资料，遴选地理主题，设计内容形式，促使中学生在行动中锻炼组织协调能力和收集处理资料的能力，将知识性和趣味性融为一体，提高地理学习兴趣，并从中受到思想教育。

✏ **示例**　　　　　　　　　　　　　　　　**地理板报例举**

例举1：结合初中地理"香港和澳门"一节教学，以"香港的昨天、今天、明天"或"澳门的一国两制与区徽""大三巴牌坊、金莲花广场、七子之歌""妈祖"等为内容，布置地理板报任务（图5-5）。

图 5-5　港澳印象

例举2：结合资源、环境、灾害等热点问题，以"雾霾及其成因""如何减少雾霾"，以及"地震的前兆""防震减灾日的由来""避震要点"为内容，布置地理板报任务，如图5-6所示。

图 5-6　保护环境

（2）地理实验、地理模型、简易仪器等演示

地理实验、地理模型和简易仪器的制作与演示都是在一定空间内将地理事象和过程具体化、形象化、动态化，具有明显的直观性和创造性特点，便于理解抽象的地理事物、深奥的地理原理、复杂的地理规律。例如，地球公转与四季变化、流水侵蚀作用、火山爆发等演示过程，中国地形模型、中国分区模型、城镇工业布局模型等操作，岩石标本、指南针、风向仪、地球仪、世界时区计算仪表等制作，可以帮助学生直观、形象地理解和掌握难以理解的地理知识，锻炼学生的观察、思维、想象，以及动手操作、设计创新的能力，激发探究地理奥秘的积极性和主动性。地理师范生应协助班主任鼓励中学生积极参与、开动脑筋、就地取材，利用一定的工具和材料，按照方法和步骤进行地理标本、地理教具、地理模型、地理图件等的制作和演示活动。

示例　　　　　　　　　　地球公转与四季变化实验

☆ **实验目的**

观察地球公转轨道平面（即黄道平面）、赤道平面、黄赤交角、地轴倾斜方向；观察二分、二至、四立时，地球在公转轨道上的位置；观察太阳直射点在地球上移动的规律及其引起的四季变化；培养学生地理实践力核心素养。

☆ **实验准备**

制作太阳和太阳直射光线的示意仪：用一个木质圆球（尺寸和苹果差不多，也可以用比较规整的苹果或橘子代替，以方便竹签插入）作为太阳；用 8 根竹签或铁签（粗细和长短与毛线签差不多，也可以用毛线签代替）表示太阳直射光线；在木球四周均匀地钻 8 个小孔，将竹签插入小孔中。

要求 8 根竹签位于同一平面，使其能构成地球公转轨道面（即黄道平面），并将公转轨道平面平分为 8 瓣，每两瓣的夹角为 45°，8 根竹签分别表示地球二分日、二至日和四立日在公转轨道面上的位置；将木球和竹签都染成红色。

用木质座架将太阳木球安装在座架木棍的顶端；要求 8 根竹签所构成的地球公转轨道平面与实验桌面平行，其高度与稍后安装的地球仪球心距离桌面的高度相等。

实验桌面要水平，长、宽各 1.5m，可用两张桌子并排垫平。地球仪的赤道用 0.5cm 宽的红纸条粘贴一周，南北回归线和南北极圈用 <0.5cm 的黄纸条粘贴一周，并在地球仪的外圈上套一圆圈以表示晨昏圈。将太阳和太阳直射光线示意仪放在实验桌面的正中间。地球仪放在冬至日（12 月 22 日）的位置。

☆ **实验步骤**

演示地球公转一周，观察地球公转方向、地轴倾斜方向、黄道平面（地球公转轨道面）和赤道平面的夹角。

再演示地球公转一周，注意观察太阳直射点总是在昼半球的什么位置；太阳直射点总是在地球上的什么纬度之间来回移动；太阳直射点在地球上的南北移动，是否会引起各纬线圈昼弧、夜弧长短的变化；当太阳直射点在地球上向北移动时，各纬度上的昼夜长短怎样变化；当太阳直射点在地球上向南移动时，各纬度上的昼夜长短又怎样变化；太阳直射点的移动在赤道和极圈内会出现什么现象。

根据以上演示实验，对照"地球公转示意挂图"，填写记载见表 5-7。

表 5-7　记载表

观察顺序	1	2	3	4	5	6	7	8
地球所处日期	12 月 22 日	2 月 4 日	3 月 21 日	5 月 5 日	6 月 22 日	8 月 8 日	9 月 23 日	11 月 7 日
我国节气	冬至	立春	春分	立夏	夏至	立秋	秋分	立冬
太阳直射纬度								
太阳直射点移动方向								
太阳热量　北半球								
太阳热量　南半球								
昼夜长短　北半球								
昼夜长短　南半球								
所属季节　北半球								
所属季节　南半球								

☆ **小结思考**

在二分、二至前后，南北半球各是什么季节？中纬度地区的四季，在一年中获得的太阳热量及昼夜长短变化各有什么特点？引起四季变化有规律的更替，其直接原因是什么？如果黄赤交角为 0°，是否有四季变化？为什么？

——改编自胡永樑，练仕明，周行. 1995. 中学地理课外活动的主要形式、内容和做法.
中学地理教学参考，(11)：44-45.

（3）地理讲座、地理竞赛、地理游戏活动等举行

地理讲座、地理竞赛、地理游戏等实践活动，内容十分丰富、学生参与面广、趣味性很强。例如，可结合地理教材内容开辟的专栏或学生关心的地理问题，开展地球的洞穴、跨流域调水工程、臭氧层空洞等环境教育专题讲座；可结合学生追求时尚、与时俱进的特点，开展知识竞赛、拼图大赛、地理辩论赛、学具制作比赛等；可融地理性、知识性、趣味性于一体，开展角色扮演、地理猜谜、地图旅行、"你来比划我来猜"等地理游戏活动，激发学生的地理学习热情，锻炼学生的语言表达、合作交流、团队协作等能力，充分体现地理竞赛、地理游戏活动的娱乐、益智、育人和创新价值。在组织活动之前，地理师范生应结合中学生实际，认真讨论和选好主题，发动中学生广泛收集资料，做好充分准备，有条不紊地进行相应的课外活动。

示例　　　　　　　　　动物眼中的世界（交互式多媒体游戏）

1）示例说明：国家地理（national geographic）是美国最权威、影响力最大的地理教育网站，建设并呈现了大量地理资源。国家探索（national expeditions）是国家地理网站中针对学生创设的重要板块，内容丰富，形式多样，其中活动（activities）部分是一大亮点。该活动系列自 1998 年起发布在"国家地理"网站的"国家探索"上之后，不断被修改和补充。本案例选自该活动系列中的一例——动物眼中的世界。

"动物眼中的世界"是一例地理课外游戏活动，以交互式多媒体游戏形式呈现，以仿真的动画、丰富的地理事实材料来表现地理事物，从视觉、听觉和触觉 3 个方面来帮助学生建立地理表象。

2）背景材料。生物摄像机用于研究许多海洋动物，包括鲸、海龟、海豹和鲨鱼，其捕捉到的录像片段可以看到以前从未见过的动物行为、喂养方式等。

3）游戏任务。追踪安装生物摄像机的动物（南极的豹海豹、深海的抹香鲸、北极的髯海豹），注意观察和记录它遇到的所有其他动物和进入的不同自然环境。

4）游戏玩法。分别点击"南极的豹海豹""深海的抹香鲸""北极的髯海豹"3 个链接。

首先选择"北极的髯海豹"，接受北极探险的挑战，见图 5-7。点击"进入"按钮，第一个场景"冰面探索"出现在眼前（图 5-8），在冰面匍匐前进的小海豹就是你（安装了生物摄像机的动物）。移动电脑鼠标（小海豹在移动，其实也是你在移动），你可以去任何地方。这时有几只可爱的小鸟飞过你身边，用鼠标点击它们，则跳出其图片和详细介绍，原来是焦海雀和雪鸮。

图 5-7　北极的髯海豹页面

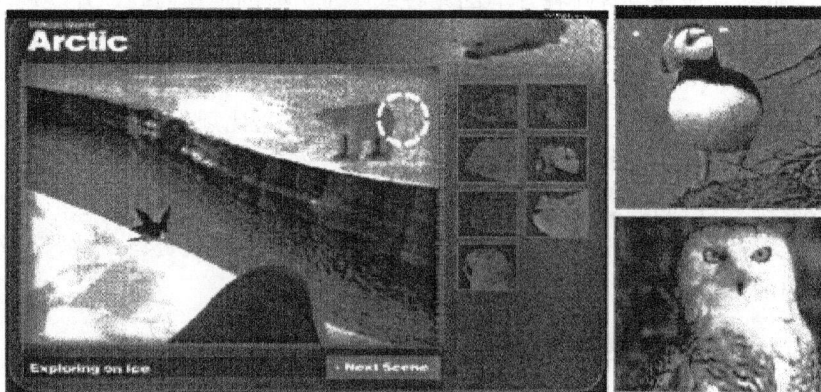

图 5-8　冰面探索

突然传来一阵野兽的咆哮声，那是北极熊，它正在海对面的大块浮冰上四处张望，寻找猎物。将鼠标移动到它附近，点击鼠标，进入介绍北极熊的页面（图 5-9）。

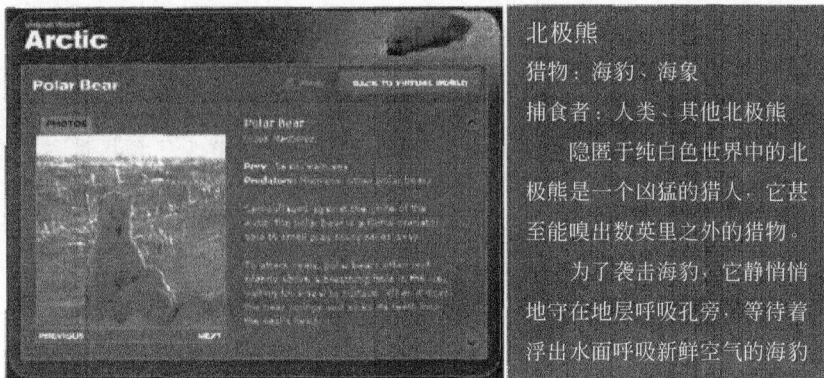

图 5-9　北极熊页面

"探索水下"的场景把你带入另一个神奇世界（图 5-10）：一群群角鲸、海豹等动物自由自在地游来游去，你可以近距离地观察它们。在第 3 个场景"游泳"中，偶遇珍贵的白鲸。

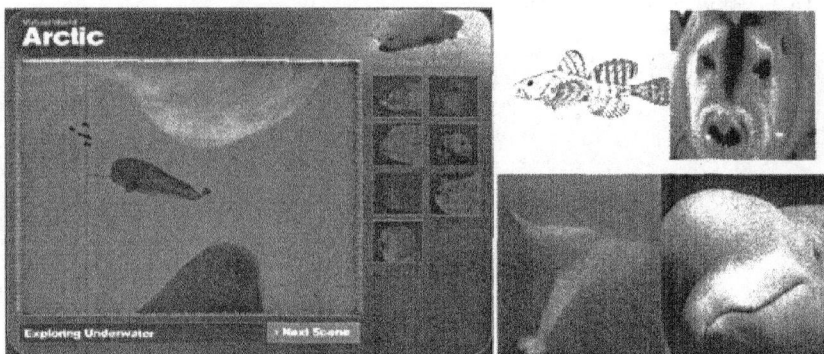

图 5-10　水下探索

用同样方法点击"南极的豹海豹""深海的抹香鲸"，你会惊叹于南极大陆和深海世界的种种奇观。

————改编自项熙. 2009. 美国"国家探索"地理活动设计评介. 华东师范大学博士学位论文.

5.2.3.2　校外地理课外活动的实习

（1）河流阶地、喀斯特溶洞、气象台站、植物园等观察

河流阶地涉及观察河流阶地形态、组成物质和阶面高度等，分析河流阶地形成原因，以及与人类之间的相互作用和影响。喀斯特溶洞涉及观察溶洞规模、洞口位置、洞内各种岩溶堆积体形态和地下暗河，分析溶洞景观形成过程和对自然环境与人类的影响。气象台站涉及观察和认识各种气象仪器的使用方法、天气预报过程，了解气象观测原理，以及进行气象观测和气象数据分析。植物园涉及观察不同植被的形态和种类，认识区域植被的主要特征，以及不同植被在自然、经济、生态等方面的作用。地理师范生可以根据中学条件和课时进度，利用周末等空余时间，协助班主任就近开展短期课外观察活动，是对自然地理知识内容的一种体验和深化，有助于激发探索大自然奥秘的求知欲和好奇心，培养观察生活、联系生活、体验生活、融入生活、提升生活的综合素养。

示例　　　　　　　　　　　　**气象站参观活动**

☆ **活动目的**

学会正确记录气象观测数据，分析简单气象要素图，了解天气预报过程；激发对气象观测的兴趣，培养团队协作意识。

☆ **活动内容**

认识百叶箱、风向标、雨量器、蒸发皿等主要气象仪器。

☆ **活动工具**

干湿球温度表、最高温度表、最低温度表等。

☆ **活动阶段**

*气象数据分析预测活动、了解天气预报制作活动（略）。

*气象仪器观察活动，学生根据工作人员的讲解，认识百叶箱、风向标、雨量器、蒸发皿、温度表、湿度表、地温温度计等主要气象仪器的使用方法及原理，做好观察记录。具体内容包括气温测量（图 5-11）、风向测量（图 5-12）、蒸发量测量（图 5-13）、日辐射量测量（图 5-14）、地温测量（图 5-15）。

图 5-11　气温测量

图 5-12　风向标

图 5-13　蒸发皿

图 5-14　日辐射量测量

图 5-15　地温测量

☆ **活动小结**

　　在参观实习后，先让学生小组内讨论交流本次参观实践学习到哪些气象观测知识、有什么收获和心得，并每组推选一名代表上台做成果汇报展示。教师进行点评和总结。

——改编自赵小漫. 2011. 高中地理实践活动教学研究——以人教版自然地理为例.
华中师范大学博士学位论文.

（2）工厂、码头、车站、高新区、商业中心等参观

　　对城市、产业、交通、人口、宗教等人文地理要素展开的课外地理实践活动方式主要有地理参观、地理访问、地理调查等，是一种开放性、多元化、发散式的体验学习，也是基础教育改革推行的一种新型课程学习模式。地理师范生可协助班主任利用周末等空余时间，就近开展短期的课外参观活动，如结合"交通运输网络"学习，组织学生参观港口、机场、铁路枢纽、汽车站等，思考分析其对周边和城市发展的影响；结合"工业、农业、商业贸易、城市区位"相关内容学习，可以组织对生产企业、商业中心、高新产业园区等的参观，了解其发展变化，以及对人们生活与社会发展的影响，分析发展中存在的主要问题及解决途径，锻炼学生观察和收集地理信息、分析和解决地理现实问题的能力，促使中学生了解国情、关注乡情、思考发展，建立人地协调的发展观。

示例　　　　　　　　　　**长春市高新技术开发区参观考察**

☆ **活动目标**

了解开发区建设历史、规划概况和经济发展现状；理解高新区在长春市城市发展和经济增长中的功能；感受城市的巨大变化，激发学生报效祖国的雄心壮志。

☆ **活动准备**

要求学生复习有关地图知识；简要介绍长春市高新技术开发区相关知识；明确活动目的，进行交通安全教育。

☆ **活动过程**

出发前给每位学生发一张高新技术开发区政区图，要求找出所要参观的地点，画出行进路线，说明行进方向，测算行进路程，构建心理地图。

参观高新技术开发区政府，观看开发区发展规划沙盘，聆听所取得的成绩及对未来的展望。

参观天都大酒店的餐厅、厨房、酒吧、客房等，了解酒店运营的一般过程、服务客流量、在开发区运行中的作用。

参观长春金赛药业股份有限公司制药一车间，观看现代化的制药流水线，了解药品的生产过程，进一步体会现代化科技的迅猛发展。

参观西门子汽车电子有限公司电子产品车间，领略国外先进的电子生产技术，扩大学生视野。

☆ **活动成果**

以小组为单位进行活动成果的整理和呈现，整理参观过程中的文字和数据记录材料，选取恰当角度撰写参观考察报告；整理所拍摄的照片，写出照片说明，开展"长春高新技术开发区参观考察展"。

——改编自王峰. 2002. 长春高新技术开发区参观考察活动课设计. 长春教育学院学报，18（4）：71-72.

（3）地理主题日、科技月等宣传活动

目前中小学普遍开展的科技月活动一般以月为周期，进行科学知识的普及和文化宣传，以及技术创新实践等。科技月中的地理活动或地理主题日活动涉及当年与地理科学相关的主要成就、重大事件、典型议题、国内外重要会议等，如 G20 峰会、一带一路主题、高铁建设、太空探索、精准扶贫、新农村建设等。地理师范生可以依托实习学校的科技月不失时机地开展地理课外活动，如结合"一带一路"倡议，开展"一带一路与地理""我是地理演说家"等专题演讲；结合 3 月 23 日世界气象日、4 月 22 日地球日、6 月 5 日世界环境日等，开展一系列宣传普及和探索创新的实践活动。

🖊 **示例**　　　　　　　　　　**"走进湿地"主题日活动**

☆ **活动目的**

认识湿地，理解湿地重要的自然生态功能；锻炼收集、整理和处理信息的能力；形成关注湿地、保护湿地、热爱生命的意识和环境友好的观念。

☆ **活动地点**

成都白鹭湾生态湿地公园、成都青龙湖湿地公园

☆ **活动内容**

遵循"认识湿地—探究湿地—宣传湿地—保护湿地"的认知顺序，围绕主题展开。

☆ **活动过程**

"湿地知识知多少分享"。要求学生以组为单位提前进行湿地相关信息的泛读，提交小组拟收集和分享的湿地知识选题。根据选题进行广泛的湿地知识收集、精读、梳理和提炼，并配合 PPT 展示。教师可以根据后续活动需要给予适当的补充。

"湿地环境保护影片观赏"。精选及播放有关湿地环境保护的影片或剪辑视频，使学生对湿地的形态、破坏现象、湿地保护等形成感性认识。

"走进湿地实施考察"。一是考察湿地植物的种类与生长状态，采集植物标本（主要在白鹭湾湿地公园进行），了解芦苇、浮萍、金丝藻等在湿地的生长规律，观察它们的外形特点；适当采集它们的标本，记录收获和感想。二是考察鸟类的种类与生活状况（在青龙湖湿地公园进行），观察青头潜鸭等珍稀水鸟的外形特征及生活习性；拍摄它们快乐的瞬间，记录收获和感想。

"保护与建设湿地问卷调查"。在湿地公园人群较多的地方（如出入口）进行问卷调查并分类整理，分析一般民众对湿地的认识水平。以小组为单位讨论保护湿地的措施，用写建议书或制作书签等形式把保护湿地的意识落实到具体行动中。

📣 **行动**

列表统计：

开发和利用好各种地理课程资源是地理课外活动有效开展的重要保障。列表统计实习学校可供师生进行校内地理课外活动的课程资源。

校外地理课程资源来源广泛、形式多样。列表统计实习年级开展过的地理课外活动并对其进行分类。

分享交流：

制订活动计划、选择活动形式、确定活动项目等，都是地理课外活动实施程序的重要流程。交流吸引学生参与活动并出谋划策的体会。

师范生与所在实习学校中的学生年龄相近，对开展地理课外活动非常有利，分享开展地理课外活动的有趣故事和难忘经历。

集思广益：

围绕"新时代、新要求、新作为"论题，从地理学习角度拟设计一期橱窗图片展映，或一次地理演讲比赛。

结合"一带一路""新农村建设"等主题，或结合地球日、世界环境日等，拟设计开展一次宣传和普及地理科学知识的公民素养提升活动。

自行绘图：

为强化学生热爱校园、美化校园的意识，引导中学生自绘本校校园平面图，并尝试做出立体模型。

采用漫画、蜡笔画、毛笔画、油彩画、木刻等形式，吸引中学生动手绘出心中理想的校园。

材料分析：

结合材料一，分析该观影活动设计的特色，进一步思考该活动的探索空间。

材料一： 巧用纪录片开展地理观影活动。

结合必修一自然地理学习的特点，精选英国 BBC 公司拍摄制作的《太阳系的奇迹——太阳帝国》《沙漠——火炉生活》《北极——极地生活》《海洋——潜入深海》《山脉》等优秀纪录片，设计观影活动方案。

"知识再现"——把学生在课堂中接触、学习过的地理知识加以提取，以填空形式让学生在看录像之前完成。一方面可以检查课本知识的掌握程度，另一方面也复习和巩固纪录片中涉及的地理知识。

"观影足迹"——以世界地图作为底图，标出纪录片中出现的地点，拉近纪录片中地理事件和学生的距离，巩固学生的区域认知能力。

"观影答题"——根据纪录片中出现的一些主要地理事件，或学生感兴趣的内容设计填空题目，在不耽误学生看片的前提下完成。

"观后感受"——设计的问题有：能否提取本次影片内容的关键词；主要收获是什么，印象最深刻的是什么场景；强化纪录片的主题，并反思纪录片中体现的人类活动与地理环境之间的关系；在思考和讨论过程中，全面、系统、动态地认识人地关系，训练学生的"综合思维"。

学生很乐于接受这样的教学方式，地理观影活动可开阔视野，让学生切实感受地理知识的丰富多彩，在学校开展的"我最爱的选修课"评比中被评为第一名。

——成都市第十八中学地理教师刘晓霞撰写

结合材料二，评析该野外考察活动案例中蕴含的实践方法、教学智慧及其启示。

材料二： 花山野外考察活动。

活动概况。花山交通方便，有公路经过花山山麓；相对高度约为 300m，坡度较缓，有多条通向山顶的小路；山下为耕地，山坡为树林，山顶为草地。考察点定为 3 个，甲点在山麓，乙点在山腰，丙点在山顶。

考察内容包括识别山地中的各类地表形态；测定山地不同高度、不同时间、不同植被条件下的气温、湿度和风速；测定土壤的 pH；调查植被类型和分布状况；整理考察资料；提出并讨论考察中发现的问题。

将全班同学分为 12 个小组，每 4 位同学为 1 个小组，给每小组发一份考察计划，主要包括考察内容、时间安排和注意事项等。

考察安排。甲点考察农作物种类；观察溪水水质，在小溪中取水样，观察水的透明度，嗅水的气味；测定耕地土壤的 pH；测定气温、湿度、风速。

乙点观察树木种类；测定气温、湿度、风速；测定土壤的 pH。

丙点对照地形图俯视周围地形，识别山峰、陡坡、缓坡、山脊、山谷、陡崖等地表形态；测定气温、湿度、风速；观察山顶植被；测定土壤的 pH。

考察记录和资料整理。各小组如实将各考察点测定的数据填表，交换数据并计算每个参数的平均值，绘制各考察点气温和相对湿度的变化曲线图。

问题讨论。甲考察点在丙考察点的哪个方向；乙考察点在丙考察点的哪个方向；甲、乙、丙 3 个考察点，在同一时间空气相对湿度有何不同，是什么原因造成的；甲、乙、丙 3 个考察点，在同一时间气温有何不同，是什么原因造成的；甲、乙、丙 3 个考察点，在同一时间风速有何不同，是什么原因造成的；在整理资料时，计算了各小组测定数据的平均值，这样做有什么意义；你还在考察中发现了什么问题。

交流总结。各小组写出考察报告、展示考察成果，并在宣传栏内张贴，供全班交流。

——摘自黄昌顺. 2008. 地理活动与地理教学. 北京：高等教育出版社.

参 考 文 献

白文新. 2012. 地理学科教育实习指南. 西安：陕西师范大学出版总社有限公司.

陈澄，樊杰. 2003. 走进新课程丛书普通高中地理课程标准（实验）解读. 南京：江苏教育出版社.

海娜日苏. 2017. 阿尔山市初中地理校外实践活动设计研究. 呼和浩特：内蒙古师范大学硕士学位论文.

胡永樑，练仕明，周行，等. 1995. 中学地理课外活动的主要形式、内容和做法. 中学地理教学参考，（11）：44-45.

黄昌顺. 2008. 地理活动与地理教学. 北京：高等教育出版社.

黄京鸿. 2011. 新课程地理教学论. 重庆：西南师范大学出版社.

江晔，刘兰. 2008. 地理课堂教学技能训练. 上海：华东师范大学出版社.

李家清. 2009. 新理念地理教学论. 北京：北京大学出版社.

李新玲. 2000. 高中地理第一章《地球在宇宙中》第三节"月球和地月系"月相观测活动课教学设计. 中学地理教学参考，（7-8）：48.

廖三红. 2016. 因校制宜开展校园地理实践活动——以东风高级中学为例. 中学地理教学参考，（1）：67-69.

邵志豪，王向东. 2014. 地理活动的内涵、特点与设计原则. 地理教学，（23）：23-24.

王峰. 2002. 长春高新技术开发区参观考察活动课设计. 长春教育学院学报，18（4）：71-72.

王倩云. 2016. 高中地理教育中的研学旅行研究. 芜湖：安徽师范大学博士学位论文.

夏志芳，陈澄. 2000. 中学地理教育实习. 北京：高等教育出版社.

项熙. 2009. 美国"国家探索"地理活动设计评价. 上海：华东师范大学硕士学位论文.

约翰·杜威. 2001. 民主主义与教育. 王承绪译. 北京：人民教育出版社.

张建珍. 2012. 科学探究学习视域中的地理主题活动设计研究. 上海：华东师范大学硕士学位论文.

赵小漫. 2011. 高中地理实践活动教学研究——以人教版自然地理为例. 武汉：华中师范大学博士学位论文.

第6章 聚焦：班级管理工作实习

学校教育到了现在，真空虚极了。单从外在的制度上方法上，走马灯似地更变迎合，而对于教育的生命的某物，从未闻有人培养顾及。好像掘池，有人说正方形好，有人又说圆形好，朝三暮四地改个不休。教育上的水是什么？就是情，就是爱。教育没有了情爱，就成了无水的池，任你正方形也罢，圆形也罢，总逃不了一个空虚。班级就是学校教育中的一个个池子。班主任是班级之池中静静流淌的水，他润物无声地将学生紧紧拥抱在博大的胸怀中，时刻将温暖传递给每个学生；班主任是班级之池中绵延不绝的淙淙流水，他时刻滋润着每个学生的心田，是学生茁壮成长的良师益友。班主任是班级教育活动的引领者、班级管理的协调者、学生全面发展的引导者。因此，与一般教师相比，班主任在道德、知识、能力、人格等方面都有独特要求。作为实习生，要想提高班级管理水平，做一名优秀的班主任，就需要从思想上明确班主任的重要性，在行动上认真学习班级管理方面的专业知识与技能，在情感上做到有情有爱。

——摘自德·亚米契斯. 2015. 爱的教育. 夏丏尊译. 北京：中央编译出版社.

班级管理工作实习是师范生进行教育教学工作的必要途径，也是地理教育实习的重要内容。班级管理关系到学校教育教学工作的实施和以基础教育育人为目标的落实，关系到新一轮课程改革的推进和管理模式方法的探索，也关系到学生核心素养的培育和健全人格的发展。本章以班主任工作实习和班级活动组织实习的视角，聚焦班级管理工作实习。

6.1 班主任工作实习

班主任工作实习是班级管理工作实习的主要内容。班级是学生参与教育教学活动的重要场所，也是学生人格发展与社会化的主要阵地。班主任是班级教育活动的主要实施者、班级工作的组织者、学生全面发展的引导者，以及各种教育影响的协调者和整合者。本节主要通过班主任工作实习的目的与要求、班主任工作实习的内容与方法、班主任常规工作的实习等，熟悉班主任工作实习。

6.1.1 班主任工作实习的目的与要求

6.1.1.1 班主任工作实习的目的

（1）深刻领会"教书育人"

"教书育人"可以从"教书"与"育人"两个维度进行考量。"教书"是知识信息的传递过程，在这一过程中，学生通过接受、处理、实践知识信息，扩大和优化自身认知结构，从而实现教学的第一职能，即知识性学习过程；"育人"则是"教书"的感性化、性格化过程，是学生在获得知识信息过程中产生的相应的意识、情感等方面的体验，并将这种体验通过具体的实践过程，固化于学生的意识结构中，成为影响学生社会性活动的意识、品质、性格和思想等方面的情感因素。班主任的首要任务，是做好学生的思想品德和政治教育工作，鼓励学生树立艰苦奋斗的献身精神和勇于创造的科学精神，养成良好的道德行为习惯；其次，教育学生树立远大理想，明确学习目的，端正学习态度，培养学习兴趣和求知欲望。班主任应全面关怀学生的成长，促进学生德、智、体、美、劳全面发展，培养他们成为有理想、有道德、有文化、有纪律、体魄健康的合格公民。

（2）强化教师职业道德

教师职业道德是构成教师职业素质的核心要素，也是托起教师社会形象的基石。教师职业道德是表现于教师职业行为之中的道德规范，是对教师在教育活动过程中的道德要求。2013 年修订的《中小学教师职业道德规范》具体涉及全面贯彻国家教育方针，自觉遵守教育法律法规，依法履行教师职责权利。忠诚于人民教育事业，甘为人梯，乐于奉献；对工作高度负责，认真备课上课、批改作业。关心爱护全体学生，平等公正对待学生，做学生的良师益友；关心学生健康，维护学生权益。遵循教育规律，实施素质教育；循循善诱，诲人不倦，因材施教；激发学生创新精神，促进学生全面发展。严于律己，以身作则；语言规范，举止文明；关心集体，团结协作。崇尚科学精神，树立终身学习理念，拓宽知识视野；潜心钻研业务等内容。班主任和学生接触最多，对学生的影响最大，严格要求自己，从自身做起，以行动去影响、感化、带动学生，是教师职业道德的基本要求，也是搞好班级管理工作的重要前提。

（3）提高班级管理素养

班级管理素养内涵丰富，涉及教育信念、道德素养、人格素养、专业知识素养和能力素养等，在很大程度上决定着班级的精神面貌和发展趋向，也深刻影响着每个学生的全面发展。师范生要胜任班主任工作，必须具备多方面素养。一是具备坚定的教育信念。只有确信教育工作的力量，"为了学生一切，为了一切学生，一切为了学生"，坚信每位学生都有闪光点和进取心，才能在教育工作中不畏困难曲折，顽强而细心地工作，最终收获辛劳的硕果。二是具备与班主任工作相关的道德素养，主要包括爱岗敬业、热爱学生、为人师表等。师范生应做学生的楷模，热心集体、乐于奉献、关爱学生、动之以情、言行一致、求实创新。三是具备人格素养水平。俄罗斯教育家乌申斯基说："教育者的人格是教育事业的一切。"班主任的人格对学生健康人格的形成有重要影响。师范生应具有乐观的性格、宽广的胸怀、进取的精神、较强的自我调控能力。四是具备专业知识与能力素养。班主任需要应对学生知识水平和范围进行的挑战，不断丰富自己的知识视野，努力成为博雅型、研究型的教师；还应具备观察、分析、判断、组织、协调和管理等多种能力。师范生亲自实践班主任工作的各项内容，开展各项集体活动，解决学生及班集体各方面的问题，对促进班级管理素养的提升具有重要作用。

（4）促进"教"与"育"相辅相成

中国自近代引进西方学校制度与课程之后，学校教育出现了学科内容之"教"，以及学生内心的道德、精神、人格之"育"两者间的分离。当今学校教育实践要改变这一弊病，一条最为基本的渠道，是通过深度开发不同学科教学的育人价值，使"教"与"育"在学科课程教学中真正得到融通。教学工作实习和班主任工作实习互相促进，相辅相成。师范生在进行课堂教学工作中，可以利用实习班主任之便，与学生广泛接触，对学生深入了解。地理备课、讲课能依据学生实际、贴近学生生活，使课堂讲解深入浅出、通俗易懂，符合学生的心理需求，并融洽进行情感交流，建立和谐师生关系。教育实习是一个围绕学科、深化教学、师生互动、相互促进的过程，师生双方都从中受到启发，都有所历练和成长，学校教育教学的意义就在创造生命成长、促进学生全面发展的丰富多彩的学校活动中。

示例　　　　　　　　　　　**班主任育人方法一瞥**

某天放学后，卫生委员向我告急："王某又要走了，不参加卫生打扫。"我赶到教室，发现该生正准备出教室，便对卫生委员说："王某可能有急事，就让他提前走吧！"然后我又对王某说："扫地的事你今天就不用担心了，去忙你的事情吧，你的任务我帮你完成。"第二天，这位学生来校后主动向卫生委员赔不是，并向我保证以后再不这样了，愿受班规"处罚"。从这个例子可看出，假如当时我硬与这个学生对着干，可能会出现两种结果：一种是我凭借自身的权威可以暂时留下学生，但是学生在认识上没过关，以后还可能变本加厉；另一种是如果学生任性地站起来与我硬拼，甚至逃课，这样只会进一步恶化师生感情，不利于良好师生关系的建立。因此，在与该类学生发生僵局时，最好是以合理的手段或开导或让步，以达到稳定和转化学生的目的，给学生一个反思自省的余地，使他们能正确认识自己的错误。育人工作就像一门艺术，班主任要善于运用多种方法去丰富这门艺术，滋润每一位学生的心田，只有这样，班主任才能更好地完成育人工作，促进学生的健康发展。

——选自欧阳本锦，张礼琴.2014.把爱传递给学生——班主任德育工作手记.新课程研究，（4）：46.

6.1.1.2　班主任工作实习的要求

（1）构建新型师生关系

师生关系是一种特殊的社会角色关系，是一种产生于教学活动中的以教学内容为媒体的教与学的关系。此种关系中，教师主要表现为教育者，而学生主要表现为受教育者。基础教育课程改革认为，教师与学生是有情感的相互依赖的教学统一体。相较于传统课堂教学而言，新课程更强调师生之间的情感交流，并将其放在师生交往中的首要因素加以认识与重视。新课程批判传统课程中过分强调教师角色与地位的观点，提出构建师生之间尊重与信任、平等与和谐的新型师生关系，要求教师走下讲台，更多关注学生的体验与感受，教师已不再是居高临下的传道、授业、解惑者，而是与学生共同学习、探讨交流、发现和分析及解决问题的同伴。同时，新课程强调采用激励性的语言对学生进行评价，力图体现一种浓浓的人文关怀与教师丰厚的底蕴和大智慧，有利于创造平等和谐的课堂氛围，以及形成团结互助的班集体意识，促进班级管理水平的提高，进而保障教学活动的顺利开展和教学质量的提升，保障学生素养的培育和个性的发展。

现代学生知识面广，心理成熟较早，班主任以特有的权威、居高临下的态度，不可能与学生建立民主、平等、信任、合作的关系。班主任可以尝试走进学生的课堂学习和日常生活中，与学生打成一片，先做他们的忠实听众，再针对学生的心理需求加以辅助和引导，拉近师生之间的距离，建立融洽和谐的师生关系。

（2）激发班级管理主动性

健康向上、朝气蓬勃、学风优良、团结互助的班集体有利于促进学生身心的全面健康发展。健全的班集体必须通过以班主任为主的教师集体和全体学生的共同努力才能形成。作为实习班主任，只有积极、主动地参与班级管理，才能从实际出发，因人、因事、因时、因地创造性地进行教育和管理。实践表明，班主任在组织和培养班集体、做好个别学生工作、了解与研究学生、指导学生学习中，只有充分发挥情感的作用，才能收到良好的教育效果与对学生进行有效的管理。实习班主任应主动与班主任沟通交流，及时了解班级情况，协助做好班主任管理工作；应注意协调各科教师，以学生发展为本，落实课程教学任务；应主动关注学生个体的课余生活，指导学生组织和开展丰富多彩的集体课余活动，配合共青团和少先队完成对学生的思想品德教育，及时注意和恰当处理各类偶发事件；还应做好学校教育与家庭教育、社会教育等的沟通协调。

（3）协助班主任工作

班主任工作实习是培养师范生独立从事班主任工作能力的必要途径，是对师范生职业素质综合性的全面锻炼。班主任工作是一种创造性的劳动。班主任工作实习可使师范生初步掌握班级管理和进行思想教育的技能技巧，增强从事教育工作的光荣感和责任感。教育实习期间，地理师范生应协助班主任做好班级日常管理工作，如每天除其他任课教师上课时间以外，都必须跟班到堂督促学生学习，检查学习纪律，组织各类活动，及时进行班级小结；组织好学生的早操、自习、课外活动、清洁卫生等，督促学生做好早操、课间操、眼保健操及参加文娱体育活动；主动了解学生的出勤情况，批阅班级日志等。师范生若要更好地协助班主任开展工作，需努力具备高尚的人格、扎实的理论、深厚的文化底蕴、高超的教育技巧、敏锐的观察分析能力及较强的表达能力；具有强烈的事业心，关爱每一位学生，理解、尊重学生的所作所为；应有谦虚、谨慎、不断进取的工作态度，以及雷厉风行、严谨细致的工作作风。

（4）规范自身教育行为

班主任是学生学习的榜样，以及未来发展的教育者和引路人，其教育理念、工作态度、方式方法和言谈举止等都会对班级学生的发展起着非常重要的作用。作为实习班主任，师范生应该按照教师的职业道德规范严格要求自己，做到言行一致、表里如一、以身作则、为人师表；向长期耕耘在一线的中学教师学习，努力具有崇高的道德品质、饱满的工作热情、开阔的知识视野、坚持不懈的进取精神，应多激发中学生的积极性和进取心，发现每个学生身上的创新火花和闪光点，善于组织开展各项学生活动，根据实际变化迅速做出调整与改进；为强化班级管理工作，不仅应与学生充分沟通交流，还需要与家长、任课教师和有关社会人士联系与协作，才能充分吸收学生、家长、社会人士的意见和建议，齐心协力、团结一致，凝聚各方面的教育力量把班主任工作做得更好。

📖 **阅读**　　　　　　　　　　**实习班主任工作要求**

班主任工作内容多样、要素复杂、形式丰富，由于教育实习时间有限，师范生协助班主任工作应努力做到以下几点。

听取班主任介绍班级、任课教师、学生情况和需要注意的事项。查阅学生学籍档案，翻阅学生卡片，尽量对号入座地认识和了解学生。

参加实习班级的欢迎会，实习班主任向班级学生介绍自己的基本情况和实习设想。

了解实习学校对班主任的工作要求，以及班主任工作计划，以此为基础制订实习班主任工作计划，呈交院校指导教师及班主任审批。

听取实习学校优秀班主任的工作经验和工作方法介绍。观摩班主任的日常班级管理和班级活动，虚心主动向班主任请教，汲取班主任工作的丰富营养。

　　参加或组织学生干部会，讨论、研究班级工作，召开学生小型座谈会，广泛了解班级的某些情况，并及时向班主任请示汇报。

　　利用空余时间密切接触学生，多观察、多关注，深入了解和认识他们，初步掌握学生的思想、学习、兴趣、爱好等特点。

　　参加学生早操、早读、课间操、劳动、文体活动和其他集体活动，负责各种活动的组织与指导。

　　查阅学生的作业、周记、教室日志，从中了解情况、发现问题，并及时向班主任汇报，一起讨论研究解决问题的办法。

　　做好班主任常规管理工作，开好每周的班会。实习期间，至少组织一次主题班会。

　　对个别学生进行思想政治教育。对部分学生进行家访，与家长一起共同做好学生的教育工作。特别是可对生病的学生进行探望。

　　实习结束前，向班主任、学生干部和全班学生征求意见，并做出实习班主任工作总结及展望。

6.1.2　班主任工作实习的内容与方法

6.1.2.1　班主任工作实习的内容

（1）制订实习班主任工作计划和填写日志

　　师范生制订实习期间的班主任工作计划，既是教育实习的基本内容，也是使实习工作更具有计划性的重要环节。同时，班主任工作计划具有增强工作自觉性，提高班主任工作质量，促进班级工作有条不紊地进行，增强集体的凝聚力和检查班级目标的作用。因此，师范生应在熟悉班级情况、了解学生个体特征的基础上，以实习班级的实际情况为出发点，遵循及时性、可行性等原则，制订切实可行的工作计划。一份完整的班主任工作实习计划应包括指导思想、基本情况、主要任务、日常工作和具体工作安排等几个组成部分。实习班主任工作日志用于记录班级每天发生的事情，便于积累工作经验，有助于更好地开展班级工作。日志主要的内容包括日常例行工作、遇到的问题及解决办法和建议、当日工作总结及次日工作安排等。

（2）了解学生特点和熟悉班级概况

　　俄国教育家乌申斯基说："如果教育家希望从一切方面去教育人，那么就首先必须从一切方面去了解人。"实习生进入学校后，应抓紧时间熟悉班级情况，而了解学生是熟悉班级、研究学生的第一步。师范生只有对学生有细致的了解，才能找出行之有效的方法，做好学生的教育工作，促进班级管理工作顺利进行。为了尽快熟悉学生情况，实习生进校后要尽量多接触学生，深入观察学生在各种活动中的表现，并做记录。也可以通过谈话的方式，如与班主任或者个别同学聊天来了解情况。了解学生涉及了解中学生的学习态度、知识结构、能力水平、兴趣爱好、个性特征、校外的表现等基本情况，家长教育背景、工作单位、家庭氛围，以及对子女教育的重视程度、生活社区环境等家庭状况。熟悉班级涉及熟悉班级总人数、性别结构、生源状况，班级学习氛围、活跃程度、互动交流，班级责任感、凝聚力、团队精神，以及优等生、中等生及学困生的比例，班级主要成绩与存在的问题等。可通过听实习基地学校班主任工作报告，优秀班主任经验介绍，实习班级情况介绍，查阅学生的档案材料，参阅班主任的工作计划，进班掌握第一手资料等途径进行了解。

（3）做好个别教育和进行家访

个别教育是班主任工作的重要内容，有经验的班主任都会把个别教育贯穿于整个班级工作的全过程。例如，针对优秀生应侧重教育正确对待自己的成绩，避免出现自我评价过高和骄傲自满的情况，确立更高的努力目标；针对中等生，应善于调动其学习积极性，帮助确立自信心，让他们在丰富的实践活动中施展才能，向先进方向转化；针对学困生，应善于发现他们身上的闪光点，学会欣赏和肯定他们的进步，并指出不足，深入分析原因，帮助他们逐步克服并改进。实习班主任要虚心学习班主任对学生进行个别教育的技能技巧，可以系统而全面地了解、分析、帮助两名学生成长进步；可通过家访，实地了解学生的家庭环境，并保持与班主任的协调一致性，与家长取得对学生教育的一致意见，更好地做好学生的转化工作；家访时向家长说明情况一定要准确全面，不要让学生有被"告状"的压力，最好让学生共同参与。

（4）组织主题班会和各类活动

主题班会和各类活动承载着学校教育工作的基本功能，组织主题班会和各类活动也是学校开展思想教育、政治教育和品德教育的重要形式。绝大多数中学都将班会和团队活动列入各个班级的课程表中，作为每周一次或间周一次的例行会议，大多数是由各班安排工作小结或团队组织生活，也可以开展主题突出、形式生动活泼的集体活动。实习班主任必须主持每周的周会、班会和团队活动，在实习期间应有计划地召开一次主题班会。地理师范生可以利用独特的学科优势、广阔的知识视野和较强的动手能力，不失时机地开展地理野外考察、乡土地理调查，举办旅游见闻交流会，或形式多样的地理趣闻信息发布会，组织学生开展地理知识竞赛等富有地理特色的班级活动。结合本班实际情况组织安排好周会、班会和团队活动内容，对于培养和锻炼地理师范生的教育工作能力和组织领导才干有非常重要的作用。

示例　　　　　　　　　　　　实习班主任工作计划

☆ 班级基本情况

通过与原班主任沟通了解班级大致情况，再用约两周时间观察学生，或者调查学生个人档案，了解每个学生的爱好、性格等。全班有男生 23 人，女生 25 人，共 48 人。班级大部分学生住校，少部分走读，学生的学习基础、生活习惯、行为规范等方面都存在一定不足。

☆ 班主任实习要点

大力指导学生干部工作。依靠干部及班集体的力量，形成良好的班风、学风。以"学习教育""自我教育""生活教育"为主题，教育和引导学生的身心健康发展，同时注意加强学困生的教育转化工作。

组织学生进行思想教育。落实《中学生守则》和《中学生日常行为规范》，有序进行德育教育。制定《值日生安排》《班干部值日安排》等班规，并注意进行安全、卫生、纪律等教育。广泛开展爱校、爱班等活动，进行法制、理想以及爱国主义、集体主义等思想教育。

☆ 采取具体措施

对学生认真负责，勤到班级，严管课堂、课间纪律，仔细检查班级和寝室的卫生。抓好升旗、早操、值日、卫生、墙报、行为规范等。

培养学生良好的学习习惯和生活习惯。加强其学习方法的指导。组织兴趣小组，培养学生的个性特长和爱好。

面向全体学生实行分类施教，加强学困生的转化工作和管理。多与学生和家长交流，争取使他们在学习和纪律方面都有进步。

重视文体工作和团队工作，教育学生积极参加体育锻炼和各类文娱活动，重视培养学生的团队精神和参与意识。

注重学校教育和家庭教育相结合，经常保持与学生家长联系，对学生抓两头、促中间，使全班形成一盘棋，真正成为一个团结向上的班集体。

——选自 http://tongxiehui.net/by/53581.html

6.1.2.2　班主任工作实习的方法

（1）行为观察法

行为观察法对弄清问题真相、了解学生真实全面的情况有重要作用。实习班主任可通过听取班主任介绍、开干部会、查档、组织座谈会等途径进行相关观察。观察内容包括学生个人方面的思想品质、学业成绩、身体状况、兴趣爱好、才能特长、性格特征、家庭环境、成长经历、希望和要求等；也包括班级总体的德、智、体概况，班级的建设和集体形成，班干部队伍组建，班风、班貌等呈现。需对观察所得的材料进行认真的分析研究，作为实习工作的依据。对所有了解的情况均应做记录，如"班主任工作日记""学生成长档案袋"等。这也是总结经验、研究学生成长规律的重要依据。

（2）谈话交流法

谈话交流法是通过摆事实、讲道理，情理交融，启发学生思考，提高思想认识，培养良好的品德和个性，促进班级工作的教育方法。谈话法分为个别谈话法和集体谈话法。前者适用于对个别学生的情况进行了解，以及对其进行思想教育，进行个别谈话，实习班主任的态度要亲切诚恳，正确引导，边听边想，启发学生说出真实想法。后者一般用于班级例会的情况小结、日常事务的安排、主题班会的中心发言等。集体谈话前应先拟提纲，做到条理清楚。谈话交流要有针对性，即依据学生的思想实际、年龄特点、个性差异及心理状态，有的放矢地进行；从爱护和关心学生出发，设身处地为学生着想，采用中学生喜闻乐见的方式，循循善诱，动之以情、晓之以理。

（3）榜样示范法

榜样示范法是以他人的优良品德和模范言行影响学生的思想、情感和行为的教育方法。列宁说过："榜样的力量是无穷的。"学生学习的榜样有很多，对他们影响较大的主要有伟人和英雄人物、家长和教师、优秀同学或同龄人。实习班主任可用英雄人物的言行去影响学生的意识、情感和行为，善于发掘学生身边起榜样作用的人和事，使学生受到有形的教育。为充分、有效地发挥榜样的教育作用，还应注意所选取榜样的真实可信，善于找到榜样和学生之间的联系点，以便于帮助学生缩短角色距离。例如，可利用优等生优秀、积极的一面，引导其他学生看齐，学生之间朝夕相处，相互亲近和熟悉，易于引起接受和认可，也促使榜样的力量更好地发挥。

（4）活动融入法

活动融入法是引导学生参加社会实际活动，在实践活动中磨砺锻炼，以提高思想认识和实际工作能力，形成良好行为习惯的教育方法。例如，组织百科知识竞赛、讲演展示、文艺表演、体育竞赛、抢答活动、书法比赛、各类读书会、专题讨论会、义务劳动和社会公益活动等，可以充分发挥学生的主观能动性和积极性，调动学生主动参与的热情和激情，培养学生知行合一、言行一致的良好品质，以及独立工作和自我教育的能力。

示例　　　　　　　**谈话交流法运用一例——　一位实习生的自述**

我在某校初一（1）班进行班主任实习时，班里有位女生，在家排行老小，学习成绩很差，作业都是应付地完成，抄作业现象严重，但与同学之间的关系很融洽。了解到这些情况后，决定在下周这个女孩生日当天采取谈话交流的方法对她进行教育。

她生日当天，我请她到办公室并示意她坐下，把准备好的熟鸡蛋放到离她近的办公桌一角，说道：“今天是你的生日，这是送给你的生日礼物。老师也是家里的老小，父母和兄长都宠着自己，但我通过努力学习，得到了更多人的肯定。咱俩情况很像，你也可以比现在更优秀。”女孩听完低着头小声说：“老师，我觉得我错了。”顺势鼓励说：“谁都有迷茫犯错的时候，老师相信你有较大的发展潜力，在接下来的学习生活中好好表现。”自从这次谈话后，这个女生学习的积极性更高，课堂听讲变得专心，成绩也慢慢提升，还经常主动找老师询问学习方面问题。

从上述例子可以看出，班主任运用谈话交流法首先应建立在对学生比较了解的基础上，如学生的兴趣、爱好、性格、家庭情况等；其次找准切入点，可以是学生关心的话题、喜欢的事物，或者是学生特别的日子等；最后应注意营造适合交谈的环境，良好的环境能促进谈话氛围、增强谈话交流的效果。

6.1.3　班主任常规工作的实习

6.1.3.1　班级教学工作的协助

师范生协助班级教学工作，主要涉及做好课前预习，保证良好的课堂秩序，督促学生进行课后复习，检查作业完成情况，协助晚自习，解答学生疑问等。

（1）做好课前预习

课前预习指学生在课前的自学，即独立地接触新教材，运用已掌握的知识技能去阅读、理解与思考。预习可使学生对将学的内容有初步的了解，同时找出自己无法排除的学习障碍，以便有准备、有目的地去思考和接受教师讲授的新知识，以提高听课的目的性、积极性，真正成为学习活动的主人。实习班主任应鼓励学生做好预习笔记，在上课前准备好书本、笔记本等。课前预习要求学生根据自己的实际情况进行，把时间放到基础较薄弱的学科上。

（2）保证良好秩序

良好的课堂秩序是教学活动正常进行的基本保证。良好的课堂秩序表现为：预备铃声响后，学生有秩序地进入教室；上课铃声响之前，学生将上课需要用的教材、文具准备好；教师进入教室后，全体学生起立行礼，待教师还礼后坐下；回答问题时起立；下课后，全体学生起立对教师表示感谢，教师还礼后坐下，结束教学。实习班主任应协助教师保证课堂的安静有序，建立课堂纪律规则，督促学生不迟到、不早退，迟到应获得教师批准后方可进入教室。

（3）督促课后复习

课后复习的目的在于强化和巩固课堂所学知识。心理学研究表明，复习应注意及时，按照遗忘规律，遗忘速度先快后慢，遗忘内容先多后少；复习方法应尝试重现与阅读交替，可以温故知新，不断提高理解和记忆效果；妥善安排复习时间，集中时间复习易产生抑制，宜采取分散复习。实习班主任应帮助学生根据每门学科特点来进行有针对性的复习，做到举一反三，学会灵活运用知识。还要协调好各学科的学习时间，根据学生每天可自由支配时间的长短，有侧重地布置作业。

（4）检查作业完成

检查作业完成情况是班主任工作的必要内容，也是了解学生情况的重要途径。作业的完成度和完成质量能在很大程度上反映出学生对知识的掌握，实习班主任应认真检查学生的作业完成情况，督促学生做好课后作业和复习，反馈学生对新知识的掌握，以及运用知识解决问题的程度；对于作业中出现的较为突出的问题，应适当做好记录，并及时向科任教师反映。

（5）协助晚自习

晚自习即学生在学校晚上集中自学、做作业的时间，容易出现纪律松散的情况，实习班主任应做到勤到班，为学生营造安静、良好的学习氛围。晚自习的一般内容是复习当天所学知识、梳理知识体系，完成教师布置的作业，做好第二天所学课程的预习。晚自习期间，如果有教学过程中疏忽的关键知识点，实习班主任可以进行知识补充；也可以对练习中集中出现的问题进行提示和讲解，达到及时释疑的效果。

（6）解答学生疑问

解答学生疑问能够让学生解开知识疑惑，获取新的认识，也是了解学生知识掌握程度的方式之一。实习班主任面对学生学习过程中遇到的问题，一定要认真对待，不能敷衍了事，如果解答不到位，反而会误导学生对知识的理解。解答学生问题时，态度应诚恳，讲解应耐心，对于学生提出的简单问题，不要只一句"课本上有"，要对其进行鼓励和引导；解答问题的方法宜巧妙，多举案例，易于理解；答疑时不要只给学生唯一正确答案，应多设参考性答案，注重学生发散思维，同时切忌强制性灌输。

阅读　　　　　　　　　　**如何指导学生预习**

如何指导学生预习，并使之逐渐形成预习能力与习惯，并没有固定的格式。这要依据教材与学生的实际给予具体的指导。其程序与要求如下。

首先，做好预习前的准备。根据课程标准和学生的实际确定学习目标，根据学习目标制订明确的预习目标；依据预习目标，结合教材主要内容和学生已学习过的知识设置问题，编写提纲；选择恰当的预习形式，并对学生进行预习指导。预习提纲的编写应建立在钻研、"吃透"教材的基础上；紧扣教材内容，题目难度适中；提纲编写力求明白、具体，有一定的"悬念性"；预习提纲及预习形式应表现出一定的层次性、选择性，以保证不同水平的学生都能在预习中获得满足感。

其次，提出完成预习的要求。可提前布置新课预习及其要求，留给学生充足的预习时间，并在必要时给予适当的提示或示范。向学生提出新课的重点、难点、关键及其他学习要求，使学生预习有思路、思考有方向、分析有方法。如果有相关的参考书、参考资料，应及时为学生提供。

最后，指导学生进行预习。这是保证预习有效性的重要措施。课后，教师必须对学生的预习进行必要的检查，以保证预习达到预期的目的，同时也有利于培养学生的预习能力和习惯。

——选自陈善卿. 1995. 教师基本技能训练辞典. 南京：南京大学出版社.

6.1.3.2　班级组织工作的协助

师范生协助班级组织工作，主要涉及班级常规的制订、一天常规工作的管理（可能涉及早操、眼保健操、课间操、清洁等）、班团干部的培养、班务会的开展、突发事件的处理等。

（1）班级常规的制订

规章制度是学生在学习和生活中必须遵守的行为准则，它具有组织管理、调控行为和思想教育的作用。班级常规简称班规，包括规则和程序两个部分。规则是教师对学生教室行为的规定，包括学生平时在班级中应遵守的行为规则，用以规范学生个人的言行举止，如"上课要集中注意认真听讲""不应在教室里大声喧哗，随意打闹"。程序是经过认可的处事方法或行为标准，是用以完成日常工作及反复在课堂上发生的其他具体活动的方式，如"学生作业的收发""上课前后师生的互相问候"等。制订班级常规时，应充分发挥学生的主体作用，师生积极参与、共同制订、认真修改。班级常规应以文字形式呈现，表述简明扼要，内容合理合法。合理即符合教育发展规律，适应学生的学习特征；合法即不能违背学生的法定权益，不能与教育法律法规相违背，要明确倡导和禁止的内容，防止出现大而空的条款。

（2）一天常规工作的管理

常规管理是班主任在学期中对班级进行的日常管理工作。做好班集体常规管理，可以提高班级整体的教育质量，形成良好的育人环境，内化为班集体成员良好素质，对建设良好的班风起保证和促进作用。班级日常管理的内容包括环境管理涉及对环境的规范管理和物质环境管理，前者包括教学秩序管理、作息制度管理、课堂秩序管理、自习管理、考试管理；后者包括教室环境布置、教室座位的编排等。教育性管理涉及面向全体学生的生活指导，包括道德指导、学习指导、安全与法规指导、健康与卫生指导，以及对学生的个别教育。学生评价涉及奖惩和学期操行评定。具体每日例行公事主要有打扫室内外卫生；考勤、上课和课间；早晚自习；午休、晚寝；组织放学等。实习班主任应协助原班主任做好一天常规工作的管理，在日常工作中积累经验，提升自身的班级管理能力。

（3）班团干部的培养

班团干部包括班长、学习委员、文娱委员、团支书等，是班级组织的核心力量，对班级的日常管理意义重大。例如，班长应全面负责、记录班级情况，主持召开班会等；学习委员组织全班学习了解各科教师上课、作业批改等情况，主持召开课代表会等。实习班主任应从思想意识上正确引导班团干部，树立他们团结合作、严于律己、宽以待人的处事态度，强调班团干部应该"以身作则，事事带头"，不能搞"特殊化"。从班级活动策划到作业收发、日常卫生的处理等班级工作，都可以安排学生自行管理。这既是对学生能力的一种锻炼，也为师范生迅速了解班级日常管理情况并做好相应安排提供了有效帮助。

（4）班务会的开展

班务会是讨论班集体常规事务的班会，每周召开一次，由班长主持，时间一般不超过

1 小时。其主要作用：一是总结回顾工作；二是通过讲评工作，达到表扬好人好事、激励先进的目的；三是针对班务会查找出的问题，全班人员共同分析研究，及时制定整改措施，明确努力方向；四是在班务会上，全班人员群策群力，为班集体建设提出合理化建议和意见。此外，班务会要充分发扬民主，激发学生主动参与，使班务会既是一个学习讲评会，又是一个思想交流会。在班务会开展过程中，实习班主任要给予指导、鼓励和支持，对不同意见进行分析和引导，提高认识。

（5）突发事件的处理

常见的突发事件主要有同学间的争吵与斗殴、钱物失窃、损坏公物等，一般发生在课间休息、运动场上，或就餐就寝的时候。实习班主任应勤到班、勤提醒，尽量防止突发事件发生。正确处理好突发事件，对于维护纪律、树立正确的班级舆论非常重要。处理偶发事件注意视情况而做决定，根据性质的严重程度，决定是否通知班主任；应沉着冷静、因势利导教育，面对突发事件处变不惊，利用教育智慧把学生引向正确方向；应调查研究、弄清真相，切忌偏听偏信，从多方面进行调查，做出正确处理；应正向引导、重在教育，启发学生真正认识错误。

阅读　　　　　　　实习班主任一日常规工作要点

每天召开班级晨会，总结前一天班级工作和布置新一天工作；检查本班学生常规工作——迟到、早退、旷课、卫生、头发、服装、耍手机、上网吧、抽烟、爬围墙等违规现象。

凡是学校组织的集体活动应到场亲自组织，不得遥控；严把学生请假关。学生请假出校门必须征得家长同意，没有特殊情况的一般不予批假。学生请假必须限定其出入校门时间，及时跟踪学生是否晚归。

安排好班级每天的值日生，明确卫生区位置，保持宿舍、教室、校园的卫生清洁，一般是早、晚各打扫一次。教育学生不得乱丢废弃物，对乱丢废弃物的学生给予批评教育。

实习班主任一日常规工作涉及早自习到位、课间到位，清点学生，对班级学生当日情况了解到位；升旗仪式、晨会、班会到位；清洁卫生、公共物品检查督促到位；各项活动督促到位。尤其是全班参加的文体活动，实习班主任应提前安排，确保活动质量、安全和良好秩序。实习班主任应深入学生中进行督促指导，及时发现问题、消除隐患。

6.1.3.3　班级生活工作的协助

师范生协助班级生活工作，主要涉及班级公物的管理、安全意识的教育、环境适应的教育、心理健康的教育等。

（1）班级公物的管理

班级公物是良好学习环境的重要组成部分，班级公物的保护与使用是每个学生的义务与责任。《中学生日常行为规范（修订）》规定：爱护校舍和公物，不在黑板、墙壁、课桌、布告栏等处乱涂改和刻画。借用公物要按时归还，损坏东西要赔偿等。实习班主任要制订班级公物管理条例，并对班级公物的管理起到监督的作用。例如，可以对班级的所有公物登记造册；也可以将班级公物的管理分配给学生，明确每个学生的责任；还可以制定合理的赏罚制度，对破坏公共财物的学生进行惩罚教育，对维护班级公物的学生进行表扬，这样有利于培养学生爱护公物的习惯和责任意识。

（2）安全意识的教育

安全意识是人们在生产活动中，对各种各样可能对自己或他人造成伤害的外在环境条件的一种戒备和警觉的心理状态。生命安全是学生健康成长的基础。加强学生的安全教育工作和防范意识，是班主任日常教育工作中的一项重要内容。实习班主任应让学生了解安全知识，如教育学生过马路要看红绿灯，不要在马路上玩耍；乘车时不要拥挤，要有秩序地上车；不要随便与陌生人聊天等。应不定期地在学校和班级中举行演练，在实践中让学生逐渐掌握在危机事件中处理问题的能力，如遇见失火、地震、突发疾病等危机事件，需要学生掌握一些基本的逃生方法与急救知识，以及具备一定的处理危机事件的能力。

（3）环境适应的教育

环境适应是个人为与环境取得和谐的关系而产生的心理和行为变化。环境适应教育可以提高学生的环境适应能力，使学生很快融入到新的学习环境中。实习班主任对学生进行环境适应教育：一是注意人际环境的适应，如针对刚入校的新生，可通过实施各种手段，让学生尽快相互熟悉，消除同学之间的陌生感，创建和谐的班集体；二是生活环境的适应，如尽快了解上下课时间、食堂就餐时间、学校基础设施的位置分布等，以便适应学校生活；三是学习环境的适应，促使学生在较短时间内结合自身实际，适应教师的教学常规、学校的课程设置和成绩评估方法等。

（4）心理健康的教育

教育部《关于加强中小学心理健康教育的若干意见》明确规定："中小学心理健康教育是根据中小学生生理、心理发展的特点，运用有关心理教育方法和手段，培养学生良好的心理素质，促进学生身心全面和谐发展和素质全面提高的教育活动。"对学生进行心理健康教育，维护和促进学生的身心健康，自觉地把心理健康教育工作纳入到班级工作中，这是新时期赋予班主任的新职责。对学生进行心理健康教育的内容包括普及心理健康基本知识，进行情绪调控和承受挫折教育，以及进行人际交往的教育等。有效的方法主要有讲授法、交流法、活动体验法，以及学校、家庭联合法等。实习班主任对学生进行心理健康教育，应面向全体学生，坚持以学生为本，充分调动学生的积极性，让学生乐于接受心理健康教育；还应因人而异，有针对性地实施心理健康辅导。

示例　　　　　　　　　　　　　　**环境适应方法一瞥**

一个黑人小孩在他父亲的葡萄酒厂看守橡木桶。每天早上，他用抹布将一个个木桶擦干净，然后一排排地整齐地放好。令他生气的是，一夜之间，风就把他排列整齐的木桶吹得东倒西歪。小男孩很委屈地哭了。父亲摸着小男孩的头说："孩子，不要哭，我们可以想办法去征服风。"于是小男孩擦干了眼泪坐在木桶边想啊想，想了半天终于想出了一个办法，他从井边挑来一桶又一桶清水，然后把它们倒进那些空空的橡木桶里，然后他就忐忑不安地回家睡觉了。第二天，天刚蒙蒙亮，小男孩就匆匆地爬了起来，他跑到放桶的地方一看，那些橡木桶一个一个排列得整整齐齐，没有一个被风吹倒的，也没有一个被风吹歪的。小男孩开心地笑了，他对父亲说："要想木桶不被风吹倒，就要加重木桶的重量。"男孩的父亲赞许地微笑了。是的，我们不能改变风，改变不了这个世界上的许多东西，但是我们可以改变自己，给自己加重，这样我们就可以适应变化，不被打败！

——选自 http://yjbys.com/yanjianggao/fanwen/616654.html

阅读　　　　　　　　　　　**心理健康的判断标准**

美国心理学家马斯洛（A.H.Maslow）和密特尔曼（Mittelman）认为判断一个人的心理是否健康有十条标准。

是否有充分的安全感；

是否对自己有较充分的了解，并能恰当地评价自己的能力；

自己的生活理想和目标能否切合实际；

能否与周围环境保持良好的接触；

能否保持自身人格的完整与和谐；

是否具备从经验中学习的能力；

能否保持适当和良好的人际关系；

能否适度地表达和控制自己的情绪；

能否在集体允许的前提下，有限度地发挥自己的个性；

能否在社会规范的范围内，适度地满足个人的基本需要。

6.1.3.4　班级信息工作的协助

师范生协助班级信息工作，主要涉及学生的基本信息、成绩、评语、档案等与班级和班级成员有关的信息资料的管理。

（1）个体档案的管理

个体档案是学生在学校学习生活中留下的资料，记录着每位学生的成长过程。学生的档案关系着学生未来的发展、升学和就业，实习班主任应协助班主任做好学生档案的建立与管理工作。可以利用网络为学生建立电子成长档案，记录学生的基本个人信息、家庭情况、成绩、评语、活动参与、奖惩情况等；也可以为学生建立一个班级纸质版的个人私密档案，记录学生每天的、每周的心情状况、学习状况、生活状况等，就像一个小小的日记本，记录学生的点点滴滴成长。个体档案管理有利于教师分析学生的性格、成绩情况，发掘学生的潜力，发现学生学习生活中的问题，及时引导改正，从而促进学生健康成长。

（2）班级资料的收集

班级资料的收集是班主任通过各种方式所获得的关于班级、学生基本情况的活动。通过收集、分析班级资料，班主任可以了解班级和学生的发展情况，有利于把握班级整体情况，适时调整学习计划，有利于班级组织的形成、巩固和发展，也有利于学生的学习和成长。实习班主任可以尝试通过下列渠道收集资料：在学校档案室或电子档案中查看学生档案；听取班主任及任课教师对班级、学生情况的介绍；通过与班干部、班级学生的谈话了解基本情况；通过与学生面对面交谈，以及其家庭作业、日记等，直接获得学生的想法；与学生家长沟通交流，了解学生在家的生活学习情况；也可以建立一个学生交流平台，如QQ群，让学生将自己的想法，或者有关班级建设的想法分享到群里。

（3）学生评语的撰写

学生的评语是班主任对学生的思想品德、学习态度、生活习惯等各方面的情况进行综合考察所得出的结论性语言，是班主任工作的一项重要内容和必要的教育手段。评语不是一种检查和评比，而是一种对学生阶段性的总结，可以更好地鼓励学生反思和进步。实习班主任协助班主任撰写评语，应注意客观、有针对性地给学生做一次比较全面的总结，如"本学期你表现很优秀，上课认真听讲，认真完成作业，学习非常努力，但老师希望你能大胆表达自己的想法。"应注重学生的发展过程，要求平时注意细心观察，积累学生的优点和成长变化，为评语的撰写积累素材。写评语时语言应亲切，富有情感，缩短师生间的距离，如将"该生怎么样"变成"你怎么样"的谈心式写法。

📖 **阅读**　　　　　　　　　　**实习班主任撰写中学生评语一例**

评语撰写应避免千篇一律、千人一面的模式，可根据学生的个性、气质、爱好、特长等心理特点，力求把评语写的准确鲜明、富有针对性，充分发挥评语的评价、反馈与激励作用，使学生既能看到自己的长处、成长与进步，又能看到自己的不足，并受到教育和启迪。以下内容摘自一位优秀班主任根据不同学生的个性给出的评语。

对各方面表现不错，缺乏自信心学生的评语：你是一个品学兼优的学生，有目标、有理想，并有为之付出的不懈努力和追求，有一首歌叫"相信自己"，愿它伴你走向成功之路。

对体育有特长的学生的评语：你为 9 班在运动场上立下了汗马功劳，"铁饼王子"的称谓是对你最大的肯定；如果在学习上也拿出拼搏精神，加强基础知识积累，相信功夫不负有心人。

对学习有困难的学生的评语：你在学习上的日渐进步令老师多么喜悦！它会成为你未来日日夜夜努力向上的动力。只要你肯付出，成功还会遥远吗？

这样的例子不胜枚举，评语虽然短小，但精炼而富有爱心的语言会打动每一个学生的心灵，这种无形的语言魅力能自然而然地拉近师生间的距离，也更能激发、帮助学生认识自己，并挖掘他们的潜能。

📢 **行动**

深化思考：班主任工作实习是教育实习必不可少的重要组成部分。实习班级管理工作对未来教师胜任教育教学工作有何重要价值。

分享交流：关于班主任工作实习办法，除本书提供的视角以外，结合自身经历还可以总结出哪些行之有效的方法。

概括梳理：从班级集体学习、社会生活和各类活动等方面，归纳班主任事务繁杂的日常工作。

议论讨论：班主任日常工作就是管理学生吗？其千头万绪的工作重点是什么？

6.2　班级活动组织实习

班级活动的组织与实施是班级管理工作实习必不可少的环节。班级活动是班集体精神、文化、纪律等建设的重要载体，开展丰富多彩的班级活动不仅可以使班集体充满生机与活力，促进学生积极健康发展，还可以促使师范生与学生尽快相互了解，建立深厚的感情基础，有利于班级活动的顺利开展。本节主要通过主题班会的举行、个别教育的进行和文体活动的开展等，掌握班级活动的组织与实施。

6.2.1　主题班会的举行

6.2.1.1　主题班会的功能

（1）深化品德教育

品德即道德品质，是个体依据一定的社会道德准则和规范行动对社会、对他人、对周围事物所表现出来的稳定的心理特征或倾向，讲求做人处世的道理和社会秩序的维持。具有高尚的道德品质是当今社会立足之本、做人之道，在未来发展中方能成就大业。中学阶段的品德教育涵盖面宽，融合了道德、心理健康、法律、国情教育等多方面内容。主题班会是品德教育最直接、最有效的途径，是学生集体的一种自我教育活动。例如，主题班会可以针对学生存在的学习目的不清、学习劲头不足等情况，联系当前社会主义核心价值观教育，协助班主任开展"我为祖国发奋学习""如何实现梦想"等活动。

（2）孕育思维火花

主题班会是以特定内容、焦点问题、社会热点等为主题，采取灵活多样、生动活泼形式的班级活动。班会主题的选择一般针对中学生共同关心的社会现实、学校重要事件，以及班级普遍性、倾向性问题的个案等，易引起他们的广泛关注和极大兴趣，也大大吸引他们主动参与和积极讨论。典型而有特色的主题班会应是师生之间就共同关心的话题的深入交流、双向互动，让人人全程、全员参与主题班会活动。通过营造开放、民主的活动氛围，鼓励中学生积极思考、畅所欲言、各抒己见、集思广益，促使师生之间充分交流、思维碰撞、观点交锋、深化研讨，激发创新思维的火花。与其他教育形式相比，主题班会在培养中学生探索创新、质疑问难、独立分析和解决问题等方面有着积极意义。

（3）强化实践锻炼

班主任是主题班会的指导者、策划者、组织者，学生是整个活动的主角和重心。班会主题一旦确定，应充分发挥中学生的主观能动性和个性特长，让他们自行准备、自主调查、自觉参与、自我设计、自由发挥，从班会的组织准备到顺利开展和问题研讨等，学生自始至终参与全过程。实习班主任应坚持民主与集中的原则，既给学生参与的时间与空间，激励每一位学生投入到班会活动中，又为学生提供参与实践锻炼的机会，使他们获得民主参与及团体合作的经验。例如，在"环保我先行"主题班会中，可以先让中学生以小组合作形式调查当地主要环境问题及其产生原因，以及当地为解决环境问题所采取的主要措施等，再让每小组分别以图表、歌咏、小品、话剧等不同形式展示当地的环保行动，最后师生共同呼吁环保从自身做起。

6.2.1.2　主题的选择

主题班会讨论话题的确定应是学生感兴趣的、关注的或与学生密切相关的问题，最好是由学生积极参与、策划确定的，而不是由学校或教师指定的。以学生所关注的问题，或当前热点、焦点问题作为主题班会讨论的核心，有利于学生乐于表达自己的见解和观点，深化对主题内容的认识和理解，培养学生善于思考、勇于表达、敢于创新的精神，也有助于提高学生发现问题、分析问题和解决问题的能力。

主题班会主题确定的要点

目的明确。班会主题的确定与设计必须具有鲜明的目的性，不能搞形式、走过场。凡事预则立、不预则废，不打无准备之仗。必须事先拟定计划、做好主题策划，对主题班会想要达到的目的、实施的过程步骤、采取的方法形式、学生的活动参与、取得的预想效果等做出设想，防止盲目性。

针对性强。应对本班学生的精神面貌、学习风气、健康状态、舆论导向、班级氛围和当前存在的主要问题等搞好调查分析，做到心中有数。这样班会的主题内容才能贴近学生实际，符合学生要求。例如，针对部分学生成绩突然下降的情况，可以召开"志气、勤奋、进步"的主题班会；又如，针对学生普遍存在的缺乏吃苦精神和学习兴趣的问题，可以开展"学海无涯，苦作舟或乐作舟"等主题班会。这些主题从学生中来，到学生去，很好地体现了"以生为本"的教育理念，能够收到较好的效果。

与时俱进。可以结合一年中重大的节日和纪念日等，不失时机地举行相应主题班会。例如，可以"五四"青年节、母亲节、父亲节、中秋节、教师节、国庆节等为契机，开展以欢度节日、愉悦身心为主题的班会活动；还可以结合一些特殊的纪念日开展主题班会活动：3 月 28 日的"地球一小时"活动可以提高环保意识，减少碳排放；4 月 22 日的"地球日"可以宣传环保理念，和谐人地关系；5 月 31 日的"世界无烟日"可以开展"爱惜生命，远离香烟"的主题班会等。

富有创新。主题班会对学生的教育具有长期性和连续性。倘若教育思想老化、组织方式单一，就会使学生产生厌烦情绪。主题班会组织应密切联系学生实际，具有新颖、趣味、多元等特点，强烈吸引和感染学生，以取得良好的教育效果。例如，可以"焦点访谈""抢答竞赛""模仿秀""勇敢向前冲""故事会""晚会"等形式，让学生积极参与、主动体验、深切感受、深刻领会、自主发现、勇于探索、融入实践……

——选自 https://baike.so.com/doc/544280-576225.html

6.2.1.3　主题班会的形式

主题班会形式的选择要不拘一格，丰富多样。采用符合中学生年龄特点的班会形式不仅可以调动其积极性，更能使他们得到情感和技能方面的教育与锻炼。具体设计时要根据学生的生活兴趣和心理特点，充分发挥学生的主体作用，构建具有知识性、教育性、趣味性的主题班会。常见的主题班会有以下几种形式。

（1）主题宣讲

主题宣讲是一种比较严肃、正式的主题班会形式，主要向学生传输正确的思想，或介绍科学知识。主题宣讲可邀请学校有关领导、科任教师，或校外人士、优秀毕业生，也可由班主任自己担任，还可让学生自己准备或现身说法，使理论知识与学生生活现实更为贴近。例如，邀请本地执法人员介绍法制知识，掀起学法热潮；邀请地理教师结合"一带一路"等时事热点做专题报告；由学生结合课程学习，广泛收集查阅资料，优化整合信息，制作成 PPT，进行学法的主题演讲；也可要求广大学生围绕主题做认真准备，特别注意安排一些在教育活动中认识提高较快的学生做主题发言，分享交流，因为学生自己的演讲能密切联系个人实际，表露真情实感，达到较好的教育效果。

（2）圆桌交流

圆桌交流即围绕时代特征、社会热点、关注焦点等一系列问题，学生敞开心扉、各抒己见、开门见山、畅所欲言，广泛探讨、交流对问题的看法。这种方式的主题活动，气氛自由民主，交流和谐畅通，有利于发挥学生的主动性、积极性，促使他们认真思考、不断反思，努力寻求问题的解决方法。例如，"教师、学生、家长沟通交流会"让三方围坐在一起，倾心交谈对教学管理工作几管齐下的做法和体会，消除不必要的误会和隔阂。又如，"我想对班级说……"主题会，可以绕圈依次施行，每个人完成"我想对班级说……"的"句子引子"，也可以选择跳过，以深化对主题的交流和讨论："这个班我喜欢的事是……""可以让我们班变得更好的事情是……""我想我们班应该做出一个决定……""我希望我们班成为……"等。

（3）讨论辩论

讨论辩论即围绕确定的主题或专题，让学生事先分成小组，在课外广泛收集资料，积极准备素材内容，在课堂集中交流汇报的一种主题班会形式，其目的在于统一认识、达成共识，充分发挥集体智慧与力量对学生进行教育。讨论辩论问题宜集中，可以是学生中的典型思想问题，也可以是学生认识模糊，或认识不清的问题。例如，"社会主义荣辱观中德与才谁更重要"的主题班会辩论中，正方观点是社会主义荣辱观德比才更重要，反方观点是社会主义荣辱观才比德更重要，双方可以通过广泛收集材料，各抒己见、唇枪舌剑、精彩辩论，促使中学生对社会主义荣辱观有深刻了解，明白今天的学习对未来祖国发展建设的重要意义。

（4）知识竞赛

知识竞赛即促使学生深化学习、深入思考、活跃思维、巩固知识、探讨交流、相互促进、共同发展的班级集体活动。主题班会的知识竞赛可以是学科知识、文化知识、生活常识或知识问答、知识比拼、知识简介等。例如，为促使学生了解自然科学知识的趣味性，可以举办"百科知识知多少"知识竞答；为促使学生更好地认识和了解祖国的大好河山，可以举办"美丽中国、爱我中华"知识竞赛；为促使学生了解党的光荣历史和优良作风，可以举办"党在我心中"知识大赛；为促使学生明确奋斗目标，立志早日成才，可以举办"探寻科学家足迹"知识演讲赛等。

（5）作品展示

作品展示即围绕思想教育、政治教育和道德品质教育等主题，把提前征集的学生作品，涉及小课题规划、生活故事、自由绘画、各类书法、课外制作等，进行班级展示，并作出欣赏性评价的活动。此形式有利于正确引导学生的兴趣爱好和个性特长，发挥学生的聪明才智和创造能力，促使学生在设计创作、动手实践、操作体验中，不仅可以将学到的学科知识与生活实际有机结合、学用结合、学以致用，也能培养学生持续的学习兴趣、持之以恒的坚持精神和独立解决问题的能力。例如，举办"小小书法家作品展"可以促进学生练习书法的积极性，培养坚持不懈、坚持到底的精神；举办"壮丽的山河——我国名胜古迹一览""伟大祖国在前进——我国科技成就荟萃"等可以极大地激发学生热爱家乡、热爱社会主义祖国、热爱中国共产党的深厚感情。

（6）调查汇报

调查汇报即根据一定的研讨目的，对某一现象、问题、经验进行系统、周密的调查，经过认真、细致的分析研究后，形成书面报告，在课堂上进行展示交流的一种主题班会形式。这种形式让学生走出课堂，走进充满奥秘的大自然和广阔的社会生活中，开阔眼界、放开心态、放手做事，去采访真人真事、了解社会现实，纠正认识偏差，明确努力方向。例如，针对社会热点舆论"独生子女问题多"，可开展 "成长的乐趣与烦恼""不做温室的花朵"等一系列主题班会活动，借以培养中学生独立生活、承受挫折、乐观向上的生活态度，以及包容宽广的胸怀、热情开朗的性格等。实习班主任可利用独特的学科优势引导中学生开展乡土调查与考察活动，指导学生拟好调查提纲，联系好调查单位和对象，写出调查报告，并进行主题班会交流。

6.2.1.4　主题班会的过程设计

主题班会的内容、形式确定以后，还应考虑过程的设计。主题班会的过程一般可以分为三大环节：点明主题—展示主题—深化主题。因此，过程设计应注意如下几个方面。

（1）点明主题

俗话说，"良好的开端是成功的一半"，主题班会也不例外。点明主题要简洁明快，让学生快速进入角色，乐于参与活动。其组织形式包括直接导入式、视频引导式、表演展示式、游戏参与式等。无论何种形式，都不要冗长繁复，宜新颖灵活，先声夺目。

（2）展示主题

展示主题即精心设计主题班会的高潮。主题展示要充实有力，可以多角度、多层次地予以论证，也可以根据需要，设计两到三次活动高潮，紧凑合理，突出重点。这样既能激发学生的活动热情，又能在活动高潮中收到最佳的教育效果。活动的高潮可以一个故事或一次表演来循循善诱，逐步深入。

（3）升华主题

升华主题即主题班会结束时应升华提炼主题，让学生在脑海中留下鲜明的"痕迹"，可以发人深省、耐人寻味、令人深思，切忌虎头蛇尾，草草收兵。例如，在"焦点访谈"主题班会中，可采用视频导入、现场采访和分组讨论等多种形式，让学生自行发现问题、主动探究问题。也可以通过"主播""外景记者""内场记者""摄影师"等角色的班级创作团队，大大增强同学的参与性和积极性，激发学生集思广益、建言献策，寻求解决问题的办法。

🖋 **示例**　　　　　　"正确处理人际关系，铸就共赢人生"主题班会设计

☆ **主题阐述**

刚由初中升入高中的高一学生，学习环境、学习内容、学习方式的改变会造成他们心理和认知的改变。这个年龄阶段又是学生世界观、人生观、处世态度、个性发展的关键期，他们敏感又极易冲动和叛逆，如果不能正确处理好人际交往中出现的困惑，必定会影响他们的全面、健康成长。

☆ **班会准备**

本班学生以往的课堂表现比较沉闷，不善于积极展示自己的思维过程和主要观点。根据这种情况，设计了极具感染力的 PPT 课件，以激发学生的兴趣，极大地调动他们的参与意识。通过课件逐步引导学生自觉思考，探讨人际交往中存在的问题，寻找正确的处理人际关系的方式、方法。在班会过程中，以学习小组为单位，采用组内自由发言和组间竞争的方式，调动学生的参与热情，以期达到教育全体学生的目的。

☆ **活动目标**

让学生体会良好的人际关系带来的美好生活；引导学生思考如何建立良好的人际关系；帮助学生掌握一些人际交往中化解矛盾的艺术。

☆ **设计理念**

高中阶段的学生能"自知"而不能"自制"。该班会的设计就是充分利用学生的"自知"，引导他们去分析、感悟、体验、升华自己的认知水平，通过老师的步步引导，不断触动他们的思维，最终落实到让学生明白该如何处理人际关系。帮助他们实现"自制"，达到人际关系的和谐。

☆ **班会流程**

环节一：配乐图片引入课题

配乐展示一组振奋人心的图片：国庆 67 周年阅兵，神舟十号成功飞天，屠呦呦获诺贝尔奖感言。

【引导】这些画面激动人心，无不让学生感受到人类的伟大，而这一切的成功都离不开人与人之间的团结与协作。当今社会就是一个合作的社会，而有效合作的前提和关键就是和谐的人际关系。

环节二：提出问题引发思考

【引导】任何一个人都不可能脱离别人、脱离社会而存在，对于中学生来讲，也不得不面对与父母、同学、老师等的各种各样的人际关系。研究证明：人一生的困难 90% 来自于人际交往，而良好、和谐的人际关系会让人受益匪浅。

开展方式：1 分钟学生独立思考，鼓励主动发言。

环节三：合作交流达成共识

【引导】良好的人际关系对我们的心情和成长都是如此的重要，那么在日常的学习和生活中如何建立这种良好的人际关系？

开展方式：学生以划分的学习小组为单位展开 3 分钟讨论，然后小组代表展示本组的讨论结果，要求发言稿在 50 字以内。教师点评并板书学生发言稿中的关键词语。

环节四：探究案例分析缘由

开展方式：展示 3 个案例，分到 6 个学习小组中，其中 1 组和 4 组负责案例一；2 组和 5 组负责案例二；3 组和 6 组负责案例三。展开 5 分钟的大讨论，然后小组代表展示讨论结果，小组成员进行补充。同一个案例的两个小组展开 pk，教师评价。

环节五：归纳总结升华认知

教师归纳矛盾发生时的处理方式：得理让人，有理慢说；换位思考，相互理解；静心沟通，达成谅解；赏识对方，促进发展；寻找原因，总结教训。

开展方式：让学生齐声朗读，加深记忆和触动。

课后反思：除了一节成功课后常有的兴奋以外，内心还有些许感动。这些学习基础比较薄弱的孩子，在课堂上为了小组的荣誉，主动发表自己的观点；为了小组的观点能得到别人的认同，甘愿从自身剖析，真实感人；小组对垒，为找到一种解决问题的最好方法争得面红耳赤，最终又相互认同……和谐的人际关系在这节班会课上已经体现得淋漓尽致。

——选自杨爱春. 2016.《正确处理人际关系铸就共赢人生》班会教育案例. 中国会议，（5）：216-218.

6.2.2　个别教育的进行

6.2.2.1　个别教育的含义及意义

（1）个别教育的含义

个别教育相对于一致性教育而言，是在班级授课制的前提下，根据学生个人的特点和需要，考虑到教育对象的个别性和差异性，以及教学方法和形式的多样性，进行的有针对性的单独教育。《国家中长期教育改革和发展规划纲要（2010—2020 年）》提出："关心每个学生，促进每个学生主动地、生动活泼地发展，尊重教育规律和学生的身心发展规律，为每个学生提供合适的教育"。该纲要对个别教育的进行提供了政策和理论上的指导。作为班主任，不仅要尊重每个学生的身心发展规律，还要根据不同学生的发展规律和特点制定相应的教育方法，激发学生的内在潜能，发展学生的个性特长，促进每个学生个性素质的全面发展。

（2）个别教育的意义

个别教育作为一种教育形式，在学校教育中扮演着特殊的角色。苏联教育学家苏霍姆林斯基曾说："每个孩子都是一个完全特殊、独一无二的世界。"班级中的每个学生都是活生生的有血有肉、有自主能力的人，他们的思想动态、学习状况、生活经历、性格特点等都不一样。实习班主任应善于观察和了解学生的共性和差异，因势利导、因材施教，针对不同的学生群体，采用不同的个别教育方法，"做到一把钥匙开一把锁"，不仅有利于中学生潜能的发掘，促进其个性化发展，而且有利于他们责任感、自信心的建立，促进其身心健康成长，也有利于良好师生关系的形成，从而实现全体学生的均衡发展。

6.2.2.2　个别教育的方法

（1）谈话法

谈话法即班主任以尊重、平等、信任、亲切的态度，平等、民主、友好、融洽的商讨方式与个别学生进行语重心长、推心置腹的谈话，以达到了解、认识、关爱和教育学生的目的。亲切的谈话可以拉近师生之间的距离，营造班级和谐、信任的氛围，消除学生对老师的警戒和成见，有利于谈话融洽进行。例如，与学生交谈时，应常用 "我相信你""努力就会有希望""你认为……"等语句。

（2）锻炼法

锻炼法即班主任布置一定任务，并组织学生按照一定要求参与各种实际活动，以形成良好的思想品质和行为习惯为主的方法。由于学生长期从家门到校门，以及某些学校长期片面追求升学率，学生缺少社会实践和艰苦锻炼。班主任布置集体或个人任务时，应有意安排某方面缺少锻炼的个别学生，使他们承担一定的工作，接受实践锻炼。例如，为加强城里学生对农村地区的了解，可以鼓励他们每年寒暑假以募捐、献爱心、学雷锋等形式到农村进行实践调研，强化学生对农村生活环境的了解，培养学生的人际交往和团结协作能力。

（3）书信法

书信法即以书面形式与学生畅谈、沟通思想、交流感情的方法。该方法适用于任何学生，不受时间、场所的限制。例如，发现某个学生上课心不在焉、成绩下降、情绪低落时，可以把老师想要对学生说的话写在作业本上，学生也会主动把自己的想法如实告诉老师，从而及时化解问题。又如，运用"班主任信箱""班主任交流角"可以让中学生感受到班主任对自己的良苦用心和真切关爱，相互以真诚的姿态、充分的信任和绝对的尊重互动交流、敞开心扉，起到不一样的、有效的教育沟通效果。

（4）换位法

换位法即师生互换角色，设身处地地为他人考虑，认识到每个人的年龄、知识、阅历等方面都存在差异，从而有针对性地进行个别教育的方法。换位思考是班主任走近、打开、进入学生内心世界的一把钥匙。如果班主任忽视学生的个体差异，在个别教育过程中，只按自己的看法、想法、感情、情绪教育学生，套上"自我中心"的思想枷锁，就会给教育工作带来主观随意性、被动性，有悖于教育工作的科学性和有效性。例如，针对很多学生爱吃零食、乱扔包装袋等问题，实习班主任可以有两种做法：一是严令禁止违反规定，并明确违反规定要承担的后果；二是通过换位思考，心平气和地与学生进行交谈，大家共同商量达成一致意见，让学生经过反思后做出改进。

6.2.2.3　个别教育的策略

（1）多角度了解学生

著名教育家乌申斯基说过："如果教育家要从多方面培养人，那么，他首先应该从多方面了解学生。"实习班主任应通过查看档案，充分了解学生的学习状况和家庭情况，并常与家长进行沟通；应经常与任课教师多交流，了解学生的学习成绩、学习态度、纪律表现、生活习惯等；应利用课余时间常与学生交谈，借机掌握其思想动向和行为表现，融洽师生关系，为进行个别教育打下坚实基础。只有充分而全面地了解学生，秉持"以人为本"的发展理念，才能有的放矢地创设良好的教育环境，促进每一位学生全面发展。

（2）创造宽松环境

教育最重要的目的是能使学生将教育内容内化为自己的思想，在教育过程中主动参与。在进行个别教育时，应善于创造良好的氛围，如轻松活跃型、和风细雨型氛围等。在与学生谈话时，首先应肯定该生的优点，然后用鼓励的口吻期待学生改正过错，这样，受教育的学生就感觉没有被厌弃，从而对改正错误充满信心。其次，在进行个别教育时，应注意选择时机和地点，可以在办公室、教室，也可以选择与学生相对而坐，或结伴而行，有时需要"热处理"，有时需要"冷处理"，如发现某个学生追求吃穿、不认真学习，就应及时对其进行教育，还可以就此现象发动学生讨论，这样既教育个别，又教育整体。

（3）用真情打动学生

在进行个别教育时，教师不能居高临下，首先可以对学生的过错主动承担一些合理的责任，以减少学生的心理压力；也可以利用学生爱父母这一心理，将父母对孩子的爱、所付出的艰辛与孩子现在的表现进行对照，使学生"流泪改错"。其次，教师还必须具有较高的语言修养，谈话时要坦诚，尊重被教育者，切忌恶语伤人、讽刺挖苦，否则，不但使学生感到自卑和不愉快，还会使学生产生对抗情绪和逆反心理。"你的教鞭下有瓦特，你的冷眼中有牛顿，你的讥笑中有爱迪生。"生硬的教育往往扼杀学生的天性、摧毁学生的意志、挫伤学生的积极性。

（4）平等对待学生

在进行个别教育时，教师要持真诚、民主的态度对待学生，让学生有充分阐述自己观点的机会，不能把自己的意志强加给学生；要乐于倾听学生的心里话，采纳合理观点，循循善诱，晓之以理、动之以情。在教师的心灵天平上，对每个学生都应该是同样的砝码，只有具备公平的教育观念才能培养学生公平的心理，也才有学生公平竞争的天地和空间。平等对待学生也是了解学生内心世界的最好方法，可从学生的语言、情绪和举止中发现问题，及时引导学生，即使学生倾诉过于"强词夺理"，也要认真、冷静地听完，加以分析和疏导。

✎ 示例　　　　　　　个别教育一例——一把钥匙开一把锁

班上有个学生上课时经常无精打采，搞小动作影响别人学习，提不起一点学习的兴趣；作业书写相当潦草……每天都有学生告状。于是找他谈话，希望他能按时完成作业，知错就改，争取进步。该生虽然口头答应，还在班务会上做了自我批评。可是后来一段时间里，他又一如既往，毫无长进。

于是再次找他谈话，了解到他十分怨恨某科任教师，该教师一直在课堂上因为他常违反纪律而批评他。"你已经认识到自己的错误，说明你是一个勇于认错的好孩子，你觉得应该怎样做？"该生表示今后要遵守纪律，认真完成作业。后来，在大家的帮助和关心下，该生无论是纪律还是学习，都有了一定的进步。教师特意安排班长跟他坐，目的是发挥同桌的榜样力量。在本学期 4 次月考中，他的成绩一次比一次有进步。为了鼓励他，教师特地发了进步奖状，并对他承诺：如果下学期各方面表现继续进步，就担任班级领队员，让全校师生每天都能领略其风采。

案例分析：以人为本，付出师爱。作为一名教师，应"以人为本"，尊重学生，与学生之间建立一座心灵相通的桥梁。如果我们承认教育的对象是活生生的人，那么教育的过程便不仅仅是一种技巧的施展，更是充满了人情味的心灵交融。以生之助，友情感化。同学的力量有时胜过教师的力量，同学之间一旦建立起友谊的桥梁，他们之间就会无话不说。榜样的力量可促进同学间的情感交流，在个别教育工作中就能达到事半功倍的效果。因材施教，循循善诱。该生情况比较特殊，主要是自制力差，对自己的错误、缺点认识不足，对教师的批评教育产生厌恶、憎恨心理。与学生倾心交谈，真正了解他的问题所在，使其认识错误，树立做好学生的念头，并充分发挥学生的力量，给予其学习和思想上的帮助，让他感到大家的关心、重视。

——改编自 http://www.docin.com/p-1821740376.html

6.2.3　文体活动的开展

6.2.3.1　开展文体活动的意义

（1）促进学生身心健康发展

健康不仅是身体没有疾病，而且还应当重视心理健康，只有身心健康、体魄健全，才有利于全面发展和人格健全。中学生正处于长身体、增知识时期，精力旺盛，求知欲强，好奇心重，充满朝气。有组织地开展多种文体活动能丰富校园生活、陶冶学生情操、增强学生体质，并缓解紧张学习所带来的压力。例如，化装舞会、迎新晚会、集体生日聚会、毕业联欢会、班级乒乓球赛、"两人三足"游戏等，可以激发学生的热情和兴趣，使其强身健体，培养学生的多种才能，放松学生的身心压力，保持积极向上的良好状态。

（2）增强班集体凝聚力

班集体凝聚力是在班级共同理念的引领下，经过师生的一致努力而形成的团体成员之间相互依存、相互协调、相互团结的整体力量。班集体如果具有很强的凝聚力和向心力，就很容易形成奋发向上、互帮互学的良好学习氛围，对学生的学习和发展起到极大的促进作用。班级文体活动是形成良好班风的重要组成部分。例如，合唱、集体舞及拔河比赛等文体活动的有效开展需要大家共同参与、相互配合，可促进班集体凝聚力的形成，提升班级团队的整体力量。

（3）增进团队协作精神

班级团队精神是班级成员相互沟通交流、协同一致为共同的愿景而努力奋斗的精神。班级具备坚定一致的团队精神，师生之间、生生之间就会有很好的教与学默契，促使班级形成良好的班风、学风、教风。同时，团队的紧密团结、充分信任、高效率的氛围可以提高班级的核心竞争力。文体活动的开展对培养学生的集体归属感和团队精神有很大的促进作用。例如，在田径接力比赛中，需要学生饱满的热情、积极的精神、密切的配合，才能步调一致地取得胜利；同样，在拔河比赛中，也需要班级团队共同参与、齐心协力，拧成一股绳，朝着既定的目标努力。

6.2.3.2　开展文体活动的形式

（1）体育活动

班级体育活动是在课外以班级或小组的形式展开的体育锻炼，它是体育课的延续和补充，也具有一定的教育性和竞争性。各式各样的体育活动可以使学生大脑得到充分休息，增强体质，使学生养成自觉锻炼的好习惯。班级体育活动丰富多彩，如跳绳、拔河、接力赛跑、篮球、趣味运动会等。保持身体健康是组织体育活动的最基本的目的。除此之外，还需要培养学生积极向上的心理素质。实习班主任应让学生明白体育活动的重要意义，培养其胜不骄败不馁的精神，使学生形成良好的心理素质和团队精神。

（2）文娱活动

班级文娱活动是以培养学生审美情趣、增强其艺术欣赏能力和创造力为目的的集体活动，是学校文化生活中不可或缺的一部分，能陶冶学生情操、增加校园生活乐趣、促进其个性发展、发挥其创造能力。例如，歌舞类表演涉及选择学生熟悉且传唱度高的歌曲、充满青春气息的集体舞；班级联欢会涉及唱歌跳舞、魔术表演、即兴展示等；文艺汇报演出涉及小品相声、曲艺杂技、歌舞表演等。实习班主任应根据具体情况采用不同形式，可与教师节、国庆节等特定节日相结合，开展"辛勤的园丁颂""祖国——我爱您"等活动。

（3）公益活动

班级公益活动是班集体或学生团体向社会奉献一份爱心或力量的活动，主要包括社区服务、环境保护、帮助他人、社会援助、社团活动等。对于参与公益活动的中学生而言，一方面可以锻炼自己的社会实践和沟通能力，另一方面其也能感受自我存在，以及在帮助他人的过程中享受到快乐。例如，地球是我们生活的家园，世界地球日（每年4月22日）是一个专为世界环境保护而设立的节日，旨在提高民众对现有环境问题的意识，实习班主任组织中学生参与到环保运动中，通过宣传绿色低碳生活，使生活环境变得更美好。

示例　　　　　　　　　　　　　　**公益活动两例**

☆ "书香四溢，温暖你我他"活动

　　每个学生都需要书香的浸润，特别是贫困山区的学生在成长初期不得不面临生存的压力，以及父母不在身边的孤独，更需要书籍为他们打开另一个世界，用书中的故事、书籍中藏着的爱，温暖他们的心灵。作为实习班主任，特意组织书香班级公益活动培养中学生的爱心，激励城里的学生把闲置图书捐献出来，给需要的学校和学生，传递阅读的力量，传递爱的温暖，让每个学生都拥有阳光般的力量。班级组织这样的公益活动不仅可以激发学生的同情心和爱心，培养其社会责任感和使命感，也可以带动、引领大家一起做公益，从自我做起，"用你的一本书，打开我的一扇窗""用实际行动，让世界充满爱"。让这样的善举温暖每一颗心，让爱在你我之间传递。

☆ **希望工程"一元捐"微公益捐款仪式活动**

　　新疆阿拉尔市第一师十二团中学少先队组织开展了希望工程"一元捐"微公益捐款仪式活动，用实际行动献出了自己的爱心。活动旨在倡导按照自愿原则，捐赠标准为每人一元钱，多捐不限，推广"微公益"的理念，让中学生了解公益，走近公益，参与公益。进而在全社会营造"人人公益""助人自助"的公益文化氛围，使他们感受爱的教育，增强慈善意识，提高社会责任感，教育、引导广大青少年，从身边的小事做起，从自我做起，帮助身边需要帮助的人，在全校营造出"全校公益、师生公益"的文化氛围。你一元、他两元……虽然捐款数量不多，却增强师生"一方有难，八方支援"的意识，积极参与公益事业，为社会的公益事业贡献微薄力量。

　　　　　　　　　　　　　　　——改编自宗铁梅. 2014. "一元捐"微公益. 少先队活动，（8）：44.

6.2.3.3　开展文体活动的要求

（1）明确目的，周密计划

　　由于各种文体活动的目的、内容、方法、形式各异，要取得预期效果，应进行周密的计划和精心设计。实习班主任可结合学校的培养目标，根据学生的兴趣爱好、特长等开展有针对性的、丰富多彩的活动。例如，计划的主要内容包括活动主题、组织者、活动形式、时间地点、活动预算、节目单印制等。良好、周密的计划能保障班级文体活动的顺利开展。每个活动的开展都有特定意义，不仅可以增长学生的学科知识，增进师生间的情感交流，也可以培养学生的综合能力和增强团队精神。

（2）学生为主，教师协助

　　学生是班级活动开展的主体，教师起引领、带动作用。没有学生在活动中的全面参与，班集体活动就不能有效进行。从活动的内容、设计、准备到活动的开展，都应是全班学生共同参与完成的。实习班主任应善于发现学生身上的闪光点和亮点，指导他们在活动过程中充分发挥自己的特长。例如，可以在活动中设立不同岗位；选用活动主持人时，可以让学生相互比拼，竞争上岗；在排练过程中，若学生有好主意，可以及时添加等。

（3）形式多样，富有创新

　　班级活动形式多种多样，应尽量选择适应中学生活泼好动、求新求异、时尚多元等心理需求的形式，才能为学生所接受和喜爱，形成欢乐、轻松、和谐、健康的活动情境，使学生在潜移默化中受到深刻教育和熏陶。随着时代发展和客观形势变化，班级活动内容也要不断创新、充实。例如，爱祖国、爱集体等主题不变，但应添加社会主义核心价值观新内容、新材料；可结合世界博览会、园林博览会等开展"我心中的世博、园博场馆"等活动；结合奥运会举行"奥运吉祥物、奥运口号的设计"等活动。

示例　　　　　　　　文艺活动"一个人都不能少"

每年学期末的文艺汇演总是班务工作中的一件大事。从策划编导到反复排练，让作为班主任的我几多心焦几多愁。

看着别班的老师、同学忙着筹备节目，我班学生居然比我还急，一下课便围着我询问，什么时候开始编排，排什么节目等。让我没想到的是，全体学生个个热情高涨，都想参加这次演出。

听音乐，学动作，一遍遍地重复，一次次地指责。我的指责并没有打消学生的热情，相反，越是那些协调性差的学生越是卖力，连休息时间也在不停地练习，还主动邀请同学帮忙指导、纠正。

一次次中断音乐，纠正、重来，学生一次次主动要求再来一遍……在师生共同努力排练的同时，我的耳朵里也传来了其他老师各种各样质疑的声音，"你班的节目创意好，排练效果也不错。建议换几位学生，否则影响全局。"换谁，没人可换；刷谁，下不了决心。那些动作不协调的学生已经很努力了，他们的付出比其他同学还要多好几倍。

演出如期而至，"请欣赏舞蹈——红色记忆。"台下的掌声夹着啼嘘声，幕后演员已摆好造型，全神贯注，就等音乐响起。幕布徐徐拉开，台下变得出奇的安静，我却格外紧张，生怕出什么意外。整个演出很完美，比平时排练的最佳效果还要好。心有多大，舞台就有多大。幸好自己把舞台给了学生，为学生提供了锻炼的机会。

——改编自张军.2016.班主任工作随笔.好家长，（30）：193.

行动

查阅整理：

班级管理工作对学生的成长发展至关重要。查阅有关班级管理或班级经营等方面的书籍，收集班主任工作的典型案例。

积累了解学生的内心世界，把握学生的思想动态变化，或进行有效家访的策略和技巧。

各抒己见：

"在教育工作中，一切都应当以教育者的人格为基础，只有人格才能影响人格的发展和形成，只有性格才能形成性格"。

"没有教不好的学生，只有不称职的教师"。

模拟尝试：

以"中国梦""绿水青山就是金山银山"等为主题，尝试设计一次主题班会活动方案。

以"一方有难，八方支援""新时代的00后"等为切入点，尝试开展一次 "献爱心"公益活动和"青春风采"文娱活动。

集思广益：

关爱每个学生是教师的神圣职责。引导班集体每人对重点帮扶学生提出一条具体可行的建议。

结合中学班主任工作和地理教学经历，总结升华自己的教育宣言或教育主张。

材料分析:

结合材料一, 分析该教育叙事中教师的言谈举止对学生的影响, 以及教育方法是否恰当对学生教育的作用。

材料一: 体育趣味竞赛游戏"移动跳圈"活动刚宣布, 全班同学都开心地欢呼跳跃。讲解游戏方法和规则后, 教师把全班学生分成两大组, 这时其中一组有同学大声叫起来: "老师, 不公平, 不应该让小明参加。"

小明忠厚老实, 不爱说话, 胖胖的身体显得有些笨拙, 是个运动能力较差的学生, 他一脸尴尬的表情, 不知所措, 默默地退了出来, 显得很伤心。我看在眼里, 也疼在心里。这时, 转向另一组同学问: "你们愿意接受他吗?"但大家不吭声, 一片沉默。我很失望, 一股气愤之火油然而生, 教训的话冲到嘴边又咽了回去, 提醒自己别冲动。我走到小明身旁摸摸他的头, 又伸手搂着他的肩膀对他说: "能帮老师一个忙吗? 现在还缺一个裁判。"只见小明抬起头看着我, 眼神中透着感激。那天的裁判他做得非常认真、负责, 同学们也玩得非常开心, 游戏结束后及时对他进行了表扬, 随后又请小明帮忙送器材, 让他感受到集体需要他。

结合材料二, 评析该案例中班主任的具体做法, 并设想晚会举办对中学生的影响。面对这种情况, 你有什么更好的意见和建议?

材料二: 临近元旦, 本班学生打算举办一场 Party, 迎接新年的到来, 但学校"恩准"的通知到下午放学时才下发, 显然时间不足以进行充分准备。于是, 几个班主任一同商量, 决定让学生上晚自习, 以后再找机会补晚会。宣布这个决定时, 教室像炸开了锅, 引起了部分学生的极大愤慨和强烈反对, 还夹杂着刺耳的"嘘"声。在他们看来, 缓办只是托词敷衍, 简单应对, 实际就是拖延不办, 不了了之。

为了赢得学生的信任, 修复千疮百孔的师生关系, 教师决定向学校申请举办新年晚会, 终于得到校方的同情和谅解。在学生们诧异的眼神中我借了设备齐全、装修豪华的教师活动室, 并专门召开班级迎新春晚会"筹备会议", 带头自筹资金。根据同学自愿报名和推荐, 形成节目单, 并发给学生便签, 让他们随时可以通过传纸条的方式自告奋勇地上台表演。

参 考 文 献

白文新. 2012. 地理学科教育实习指南. 西安: 陕西师范大学出版总社.

陈步君. 2013. 个别化教育: 彰显班主任的教育智慧. 思想理论教育, (8): 40-42.

陈善卿. 1995. 教师基本技能训练辞典. 南京: 南京大学出版社.

陈文豪. 2008. 当代大学生环境适应的主要障碍及其应对. 思想理论教育, (9): 79.

陈宇. 2016. 发挥书信的教育作用. 班主任, (3): 23-26.

程晋宽. 2016. 班级管理理论与实务. 北京: 高等教育出版社.

崔洪军, 尹德霞. 2016. 班主任工作中的个别教育. 科普童话: 新课堂, (32): 125.

德·亚米契斯. 2015. 爱的教育. 夏丏尊译. 北京: 中央编译出版社.

杜华. 2013. 换"伪"思考为"换位思考"——班主任教育学生中存在的问题及其消解. 现代教育科学, (4): 111-112.

郭李君. 2010. 写份让学生动心的操行评语——浅议操行评语的撰写. 才智, (1): 59.

胡良民, 周旗. 2003. 地理教育实习概要. 西安: 西安地图出版社.

季春阳, 廖志刚. 2005. 在高师教育中实现教书育人能力的再生产——如何在高师教育中培养学生的教书育人能力. 教师教育研究，17（1）：30.

焦艳娜. 2013. 全面了解情况，做好学生教育工作. 学苑教育，（11）：77.

李春秋. 1993. 中国小学教学百科全书·品德卷. 沈阳：沈阳出版社.

刘洋. 2014. 谈谈班主任个别教育. 课程教育研究（新教师教学），（31）：104.

刘志军. 2011. 教育学. 北京：高等教育出版社.

欧阳本锦，张礼琴. 2014. 把爱传递给学生——班主任德育工作手记. 新课程研究，（4）：46.

宋子然. 2014. 100 年汉语新词新语大辞典·上册. 上海：上海世纪出版股份有限公司辞书出版社.

苏红梅. 2008. "五个坚持"是做好班主任工伦的基本要求. 农业教育研究，（1）：46-47.

田恒平. 2008. 中小学班级常规管理. 上海：华东师范大学出版社.

田红. 2017. 润物细无声——一位体育教师的教育手记. 教书育人，（13）：33.

万祥，席永梅. 2006. 破解班主任难题. 福州：福建教育出版社.

王守恒，但柳松. 2013. 班主任班级管理实务. 芜湖：安徽师范大学出版社.

徐长江，宋秋前. 2015. 班级管理实务. 北京：高等教育出版社.

叶澜. 2016. 融通"教""育"，深度开发学科的育人价值. 今日教育，（3）：1.

余嘉云. 2005. 新型师生关系：理论与现实之间的发展观. 当代教育科学，（16）：13-14.

张军. 2016. 老师的心有多大，学生的舞台就有多大——班主任工作随笔. 好家长，（30）：193.

张晴晴. 2017. 论高中班级凝聚力的形成与发展. 现代教育科学，（4）：66-69.

张永伟. 2015. 谈班主任如何做好学生心理健康教育. 中国校外教育，（5）：30.

张治勇，龚宝成. 2016. 教育实习. 芜湖：安徽师范大学出版社.

周德昌. 1992. 简明教育辞典. 广州：广东高等教育出版社.

周立群. 2015. 岭南师范学院教学实习手册. 武汉：华中科技大学出版社.

朱学尧. 2017. 增强班级凝聚力的策略研究. 江苏教育，（39）：54-55.

宗铁梅. 2014. "一元捐"微公益. 少先队活动，（8）：44.

第 7 章　聚焦：地理教育科研实习

教育在个人生活中的地位越来越重要，因为其在促进现代社会发展方面的作用越来越大。终身教育不是一种遥远的理想，而是在以一系列强化这种需要的变革为标志的复杂教育环境中日趋形成的一种现实。

终身教育是不断造就人、不断扩展自身知识和才能，以及不断培养自身判断能力和行动能力的过程。它应该是每个人了解自己及其环境，并在职业界和居住区发挥作用。

终身教育建立在 4 个支柱的基础上：学会认知、学会做事、学会共同生活、学会生存。

学会认知，途径是将掌握足够、广泛的普通知识与深入研究少数学科结合起来，这就是学会学习，以便从终身教育提供的种种机会中受益。

学会做事，以便于不仅获得专业资格，而且从更广泛的意义上说，获得能够应付许多情况和集体工作的能力。这还意味着要在青少年的各种社会经历或工作经历范围内学会做事，这类经历可能因为地方或国家的具体情况而属于自发性的，也可能因为学习和工作交替进行的教育的发展而属于正式的。

学会共同生活，途径是本着尊重多元性、相互了解及平等价值观的精神，在开展共同项目和学习管理冲突的过程中，增强对他人的了解，以及对相互依存问题的认识。

学会生存，以便于更充分地发展自己的人格，并能以不断增强的自主性、判断力和个人责任感来行动。为此，教育不应忽视人的任何一种潜力——记忆力、推理力、美感、体力和交往能力等。

正规教育系统不顾其他学习形式，越来越强调获取知识，而现在十分重要的是，应把教育作为一个整体来加以设计，这种看法应该在制订教学计划和确定新的教育政策方面给未来的教育改革以启示和指导。

——摘自德洛尔. 1996. 教育——财富蕴藏其中. 北京：教育科学出版社.

地理教育科研实习是地理师范生围绕地理教育教学过程中的实际问题而展开的尝试性、练习性的研究活动，是在教育理论和科学方法指导下的应用型研究。地理教育科研实习的目的是引导师范生参与各种教研活动，体验地理教学的复杂性与多样性，并在研究现实问题中帮助他们理解地理教育科研活动的程序，熟悉地理教育教学研究的方法与手段，从而促进师范生形成积极的科研态度，提高科学研究活动组织能力和提升地理教育科研能力。本章以地理教育调研实习和地理教学研究实习的视角，聚焦地理教育科研实习。

7.1　地理教育调研实习

地理教育调研实习是师范生对当前地理基础教育教学工作所进行的专题教育调查研究，是根据教育部对高等师范院校师范生的规定，作为评定教育实习成绩的依据之一。本节主要通过地理教育调研实习的内容与类型、地理教育调研实习的程序与方法、地理教育调研报告的撰写等，把握地理教育调研实习。

7.1.1　地理教育调研实习的内容与类型

7.1.1.1　地理教育调研的内容

（1）基础教育地理新课程推进

基础教育地理新课程推进涉及地理学科功能与育人价值、地理课程核心素养的培育与渗透、初高中地理课程标准与地理教科书的发展变化、地理模式方法与媒体手段的改革与应用、地理测试方式变革与探索、地理课外实践活动与研学旅行的开展、地理课程资源开发利用与户外考察基地的建设等方面的调研。

（2）地理教师专业发展

地理教师专业发展涉及地理新课程改革发展对地理师资的需求、中学地理教师专业素养与新课程的适应状况、新入职地理教师专业教学能力适应课堂教学的情况、地理学科核心素养落实对地理教师的新要求、地理教师专业成长途径与在职培训、地理科学专业师范生职业意识与从教能力及综合素质、地理专业办学方向与社会需求之间的矛盾等方面的调研。

（3）中学生地理学习状况

中学生地理学习状况涉及地理学习态度与学习习惯及学习迁移、地理学习的动机和兴趣与注意力、地理学习的方法及策略与地理核心素养的形成、地理学困生的学习心理与调整、中学生的家庭教育背景和"三观"、中学生不同年龄阶段地理学习的心理特征和各种智力及非智力因素的影响、班级的地理学习风气和学习氛围等方面的调研。

7.1.1.2　地理教育调研的类型

（1）相关调查

相关调查主要涉及地理教育中同时存在的两种现象之间的相关程度的调研。例如，对不同学段的学生，或者同一学段的学生心理特征与地理学习兴趣的关系、学生地理学习方法与学习成效的关系、学生对地理教师的情感与地理学习成绩的关系、实习学校办学思想与地理教育地位的关系等方面的调研。

（2）因果调查

因果调查主要涉及地理教育中某些现象的形成原因的调研。例如，相当部分初中学生地球地图的学习效果明显低于中国地理或世界地理的学习效果的原因调研、分区地理学习成绩不如地理总论学习成绩的成因调研、部分高中学生对自然地理的学习兴趣高于对人文地理的学习兴趣的原因调研、对选修地理课程学习的重视程度显然不如必修地理课程学习等形成原因的调研。

（3）现状调查

现状调查主要涉及地理教育的各种现状的调研。例如，新课程标准在初高中地理教学中的落实情况的调研、初高中渗透地理四大核心素养的调研、初高中学生地理学习状况的调研、"互联网+"背景下地理教师角色转变与适应现状的调研、当前地理教师的职业倦怠现状的调研、农村中学初高中地理教师专业素养与专业发展的情况调研等。

（4）发展调查

发展调查主要涉及不同年级、不同学校地理教育的差异调研。例如，高中学段与初中学段地理学习目的与积极性的差异调研、初高中学生地理学习能力与学习效果的差别调研、中学生男女性别不同影响地理学习差异性的调研，以及七、八年级学生地理学习心理与地理学习迁移的差异、高中一年级至二年级与高中三年级学生地理学习主观能动性与地理考试成绩的差异性调研等。

阅读　　　　　　　　　　　**地理教育研究薄弱点**

☆ **研究的理论基础尚未深入，领域逻辑起点不够清晰**

对于一门学科，若理论基础不扎实，缺乏学科自身的逻辑和方法论，容易出现逻辑起点不清晰、重心偏移、难以递进等现象。目前，我国地理教育类文章对教育教学理论的应用缺少必要的分析与批判，且各领域逻辑起点不够清晰，这在一定程度上降低了地理教育研究的科学性、系统性。具体表现在：地理课程理论研究关于课程的指导思想和指导原则的研究大多停留在追逐当代课程和教育文件的理论诉求；教材理论研究关于分析教材、运用教材的整体性理解不强；教学理论关于学习理论的研究仍处在表层的评介层面；地理教学评价研究的理论基础研究薄弱，较多的是模仿、借鉴国外的理论评价方法，并将其作为研究起点，体系和实用性不足。

☆ **研究的范式和方法相对传统，实践研究缺乏价值引领**

我国地理教育研究虽然注重理论思辨与实证的结合，但教育文章中运用实证研究方法的科学性和规范性还有待加强，表现在地理科学的独特方法论、历史法和实验法等运用甚少，更多的是延续较传统、单一的研究视域和研究范式，以经验主义为主，科学主义研究范式涉及不足，在揭示内部微观环境中的地理教育问题、人种志研究、叙事研究、田野研究等特殊情境式方法运用少。此外，价值引领作为教学实践的灵魂，是实现学科价值的重要依托，但当前地理教学研究在理论上涉及地理哲学、社会价值和地理科学方法价值等方面的研究较为缺乏，在实践研究中对地理科学思想及方法、人文情怀及社会伦理、审美等真善美价值渗透不足。

☆ **研究的内容有待完备，与国际相比仍需拓宽加深**

近年来，我国地理教育研究的范围有所扩大，但与课程较发达国家相比，仍需在广度上拓宽、深度上加深。具体表现在：在课程模块中，有关地理课程设置及资源开发评价的理论研究、国外课标纵向比较和国际地理教育文件研究较少，且缺乏对课程标准质量与表现标准的精细研究。在教材模块中，义务教育阶段教材研究薄弱；缺少运用历史法挖掘、评价教材资源的研究。在教学模块中，过多注重教学"知识本身的传递"作用，缺乏地理学科育人价值的基础研究。例如，教学媒体和教学设计研究对价值取向涉及不多，教学理论对理论指导和学习过程机制的探究也未能深入，而有关地理核心素养的具体教学方法模式研究尚浅。在教师专业发展模块中，专业标准研究薄弱，与地理学科整合度不高。

☆ **研究成果的空间分布不均，地区之间缺乏融合交流**

从研究成果的地区分布看，华东地区研究成果数量稳居第一，其次是华中地区和华北地区，而西北地区研究篇目最少、研究力量有待加强。这种"地区分布不均，一家独占鳌头"的现状是限制地理教育全面发展的因素之一。从研究领域的地区分布看，同一领域在空间上存在"冷""热"不均现象。例如，教学模块在五大模块中受众面最为广泛，各个地区都应对其加强重视，以促进各地区地理教育研究的蓬勃发展，但是各模块集中在华东地区，东北、华北、华南等地区研究不足，在一定程度上限制了各地区间的交流合作和全面发展。

——选自梁秀华，蒋雪鹏，曾莉毓，等. 2017. 全景图：地理教育研究的成就、

问题与展望（下）. 地理教育，8：10.

7.1.2　地理教育调研实习的程序与方法

7.1.2.1　地理教育调研的程序

（1）准备阶段（确立调研主题、制订调研计划）

确立调研主题是进行地理教育调研的第一步，也是关键性的一步，决定着调研的方向、目标与内容。地理教育调研的选题应关注现实性、可行性与操作性，不宜求大而应求深，从某侧面探索某一问题的一个方面，实现其教育调研的目的。鉴于地理教育实习内容较多、时间有限，教育调研的选题可由地理院系统一布置，各实习点（组）分工进行，也可由师范生个人在双方指导教师辅助下自由选择。

制订调研计划一般包括明确调研目的及要求，拟定调研专题及范围，确定调研对象及人数，选择调研方法及手段，安排调研时间及环节，编制调研提纲等。其中，调研对象来源于实习学校、中学生、中学教师和师范生。选择调研对象应全面，能从多角度获取信息材料；应注意较强的代表性，能有效代表调研对象总体；应注意数量适当，选取样本合理，并尽可能选择易于沟通、便于合作和信度较高的调研对象。

（2）设计阶段（选定调研方法、拟定调研提纲）

选定调研方法是进行地理教育调研的必要一环，教育调研方法有多种，应根据不同的调研内容与目的选择相应的调查方法。一般而言，常用而重要的调查研究方法有问卷调查法、访谈调查法、座谈调查法、观察法和文件法等。

拟定调研提纲是在调研方法选定的基础上，依据不同调研方法的要求与特点，拟定相应的调研提纲。例如，访谈提纲的拟定一般会涉及访谈的主题、围绕主题呈现出相关的具体的访谈问题，以及主要的访谈方式（结构式、非结构式和半结构式等）。

（3）实施阶段（确定调研步骤、安排日程及人员）

地理教育调研的实施阶段主要包括确定调研步骤和安排日程及人员等，即根据调研的目的和任务、确定的调研主题和对象、拟定的调研方法和提纲，在征求指导教师审阅同意后，与被调研方面联络沟通并做好充分准备的基础上，正式进行调查研究，广泛收集事实材料。例如，问卷的发放与回收，若是集中被调查者（如学生或教师），当场答卷并收回；若是派送被调查者（如学生、教师或专家、家长），待填写完后收回；尽量少用将问卷邮寄给被调查者填好再收回的方式，确保问卷调查结果的有效性。

（4）总结阶段（整理分析数据、形成调研报告）

整理分析数据即对通过问卷、访谈、座谈、观察、卷宗查阅等方式广泛收集的信息材料进行认真分析与概括整理，并在对其进行去粗取精、去伪存真的同时，应分类排序、查漏补缺整理统计，绘制成图表或列表梳理，从定性与定量角度进行由此及彼、由表及里的深入思考与深化分析，揭示调研对象的本质，并得出合理结论。

形成调研报告是进行地理教育调研的最后环节，即将调研的必然结果撰写成书面报告，

对进行调研的问题做出科学分析与合理解释，并提出解决问题的可行对策与建议。调研报告一般要求于教育实习结束前完成，尽可能征求被调查者的意见，以便及时修改调整。返回高校后，教育调研报告经修改整理、誊清完善后送交实习带队教师。

7.1.2.2　地理教育调研的方法

（1）问卷调查法

问卷调查法即针对某一调查主题设计调查问卷，让被调查者填写问卷，然后再对问卷情况进行统计分析，以获取有关信息资料的一种方法。该方法相对于其他方法较为省时省力、简便易行；一般不要求调查对象署名，有利于获取真实信息；同时，不受调查人数和范围限制，大多采用封闭型回答方式，便于计算机进行定量处理，具有广泛性，是地理教育调研中最基本、最常用的一种方法。

问卷调查法是地理教育调研实习中一种重要的方法。尽管科学的问卷调查对前期问卷设计和被调查对象的选择有非常严格的要求，又面临教育实习时间长短不同、调查对象范围大小不同、师范生能力不同、教师科研指导不同等因素，使用问卷调查法进行研究会产生水平上的差异。但是，这是师范生在校期间难得的获得实际训练的机会。

示例　　　　　　　　　重庆市高中生地理实践力培养现状调查问卷

亲爱的同学：

你好！我是重庆师范大学 2016 级学科教学（地理）的硕士研究生，正在进行一项关于高中生地理实践力培养现状及其对策的研究。为了切实了解你们的地理实践力水平，以及今后能够采用更合适的方法教授对生活有用、对终生发展有用的地理，我设计了这份问卷。本次调查采用实名的形式，调查结果仅用作研究，不会出现个人信息，请根据你的实际情况放心填写，你的宝贵意见将对研究工作提供很大的帮助。

一、基本信息

地区：　　　　　学校：　　　　　年级：　　　　　姓名：　　　　　性别：

二、现状调查

*你的学校开展过地质、水文、地貌、植被等野外观察观测活动吗？

A. 没有　　　　　　　　　　　　B. 开展过 1 次

C. 开展过 2 至 3 次　　　　　　　D. 开展过 3 次以上

*你的学校组织过社会调查吗？（如社区公共服务设施布局的问卷调查）

A. 没有　　　　　　　　　　　　B. 组织过 1 次

C. 组织过 2 至 3 次　　　　　　　D. 组织过 3 次以上

*你做过或观看过地理模拟实验吗？（如运用草被、沙子、碎石、枯叶等实验材料，比较不同地面状况对地表径流、地下径流及下渗的影响）

A. 做过，也观看过　　　　　　　B. 做过，但没观看过

C. 没做过，但观看过　　　　　　D. 没做过，也没观看过

*（多选）你的学校有哪些地理实践场所？

A. 地理实验室　　　　　B. 地理园　　　　　C. 气象观测站

D. 小天文台　　　　　　E. 地理橱窗　　　　F. 都没有

*（多选）你去以下哪些校外场所参观过？

A. 气象台　　　　　　　　B. 天文馆　　　　　　　　C. 科技馆

D. 展览馆　　　　　　　　E. 少年宫　　　　　　　　F. 植物园

G. 动物园　　　　　　　　H. 工厂　　　　　　　　　I. 农村

J. 大学或科研单位

*若有参观的经历，多数情况是你：

A. 主动要求　　　　　　　　　　　　B. 父母要求且个人自愿

C. 学校要求且个人自愿　　　　　　　D. 被动参观

*（多选）你在学校学习过以下哪几种课程或讲座？

A. 有关 GIS、RS、GPS 等信息化课程或讲座

B. 有关安全教育、野外生存、环境保护等课程或讲座

C. 有关地理测绘、定位、采样工具学习等课程或讲座

D. 有关气象、水文、天文观测等课程或讲座

E. 其他

*你对学校组织的野外考察、社会调查、模拟实验等地理实践活动感兴趣吗？

A. 感兴趣　　　　　　　　　　　　　B. 不感兴趣

*你的学校有组织地理社团或地理兴趣小组吗？你参与了吗？

A. 有，积极参与　　　　　　　　　　B. 有，没有参与

C. 没有，希望组织并将会积极参与　　D. 没有，组织不组织与我无关

*在野外活动，如地质考察、登山、徒步旅行、探险、旅游等，为防止迷路，必须掌握判断方位（东、西、南、北）的方法。你知道有哪些方法吗？请具体回答。

*茶马古道是以茶、马为主要商品，以马帮为主要运输方式的古代商道。该商道分布在滇、川、藏等地区，沿途穿越高山、峡谷、密林。暑期一群旅游爱好者计划沿茶马古道，靠站徒步古道游，体验马帮文化。从文化体验角度，请你指出他们应做的前期准备。

*图 7-1 为甘肃张掖某地区的地貌景观，该景观显示的岩石类型和主要的地质构造最可能是（　　　）

A. 岩浆岩、褶皱　　　　　　　　　　B. 沉积岩、褶皱

C. 岩浆岩、断层　　　　　　　　　　D. 沉积岩、断层

图 7-1　地貌景观

*图 7-2 为某城市功能区规划图，图中城市布局合理，从工业联系的角度考虑，若在该

城市规划一个机械工业区，适宜的地点是（　　），选择原因（　　）。若在该城市中规划一个高级住宅区，适宜的地点是（　　），选择原因（　　）。

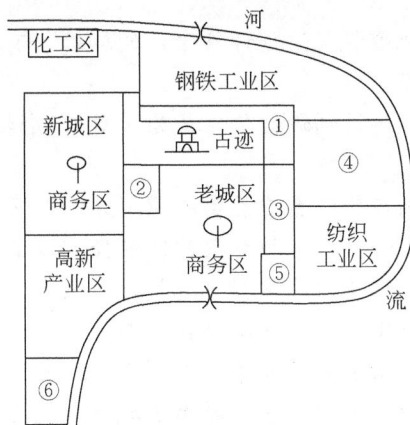

图 7-2　功能区规划图

*请补充设计"生活小区环境满意度调查问卷"，要求补充 3 个问题并写出来。

亲爱的居民朋友：

您好！非常感谢您能接受我们的调查！我们是××学校的学生，为了研究社区居民对社区满意度及社区环境质量，我们设计了本次调查。本次调查采用匿名形式，我们将严格保密您的信息，您可以放心作答。非常感谢您对我们此次活动的理解和支持，并对耽误您宝贵的时间深表歉意！请选择适当位置打√，如填写"不满意"，请惠赐您的宝贵意见和建议。调查表复印有效。

您的年龄：A.20 岁以下　　　B.21～35 岁　　　C.36～60 岁　　　D.60 岁

①您对道路及公共场所清扫保洁质量：满意□　　　基本满意□　　　不满意□

②您对垃圾箱管理，如是否破损、脏乱等：满意□　　　基本满意□　　　不满意□

③＿＿＿＿＿＿＿＿＿＿＿＿＿＿＿＿＿＿＿＿＿＿＿＿＿＿＿＿＿＿。

④＿＿＿＿＿＿＿＿＿＿＿＿＿＿＿＿＿＿＿＿＿＿＿＿＿＿＿＿＿＿。

⑤＿＿＿＿＿＿＿＿＿＿＿＿＿＿＿＿＿＿＿＿＿＿＿＿＿＿＿＿＿＿。

——重庆师范大学 2016 级研究生张怡撰写

（2）访谈调查法

访谈调查法也称访问调查法，简称访谈法，即用即席谈话的方式，或者是调研者与调查对象面对面交谈，以获取相关信息资料的一种方法。该方法针对性较强，可以比较深入地了解受访者的真实认识和心理状态，增强调研的深度；也便于当面观察，能够随时随地体察受访者的心理变化，以灵活调整访谈策略和方式。该方法可以直接与调查对象交谈，直接了解受访者的思想观念和态度看法；也可以访问与调查对象有关的人员，间接了解相关情况。访问谈话可以按预先拟订好的提纲或计划进行，也可以根据现场情况或需要临场发问。

访谈是社会交往的一种常用形式，在地理教育调研实习中比较常用，尤其是在问卷调查与统计过程中，常有一些疏漏的问题需要通过深入的访谈加以了解。为了调查初中学生不会书面回答的较为复杂的问题，或在全面调查的基础上做一些有针对性的重点深入了解，或者对学校有关领导、有经验的地理教师与班主任、学生家长等进行个别访问和交流。

示例　　　　　　　　　　**访谈调查简析**

为了访谈专家对"初中地理教师培训评价体系的构建"有较为深入的思考和看法，将所提问题及主要观点总结如下。

问题一：构建初中地理教师培训评价体系是为了更好地规范培训各方面，您认为在原则上应注意哪些问题？

就构建初中地理教师培训评价体系应贯彻的原则方面对多位专家进行访谈和归纳，多数专家认为评价指标要全面，评价过程的可操作性较强，以及评价结果要具备一定的导向性。另外，评价主体多元性和评价方法多样性也是大多数专家所提及的重要方面。

关于评价主体多元性，专家提出了一些观点：本评价体系评价的是整个培训全程，则在一定意义上，整个过程中的所有参与者皆可成为评价人员。具体评价主体的确定则应依据其参与培训的深入程度、受到培训结果的影响程度等，主要有参训教师、授课教师、培训管理者和参训教师所在学校的相关教学管理人员等。

问题二：在构建初中地理教师培训评价体系的指标上，您有何建议？

绝大多数专家认为应尽可能全面，基本囊括培训评价的主要方面，如培训目标、培训内容、教学方法等。也有专家提出可适当考虑引入"增值评价"，突出培训评价内容的科学性、合理性。就这一问题，将在培训评价体系基本框架构建完毕后，对其进行再评价及解决。

问题三：在初中地理教师培训评价体系的构建方法上，您有何建议？

绝大多数专家坚持建议以定性和定量相结合的方法展开构建。其中有专家提到可采用较为科学的特尔斐法和层次分析法结合构建。

问题四：对于构建初中地理教师培训评价体系，您还有其他建议吗？

对于该问题，多数专家强调了以上所提到的主要方面。另外，有专家特别指出，目前培训评价的深入性有待提升，即"前延后展"不足。"前延"是指在培训前，结合培训目标与基本内容，对参训教师的实际需求进行有效征集、归纳，同时结合参训教师的特点和教学内容的知识特征选择合适的培训方法与手段，整体上提升培训的实效性。"后展"是指在培训结束后，除既定评价以外，还应扩展评价范围。即将参训教师回归原来教学岗位后行为的转变纳入评价中，完善培训的整体性。

——重庆师范大学 2012 级研究生胡晓强撰写

（3）座谈调查法

座谈调查法又称团体访谈、开调查会、座谈会等，简称座谈法，即对一定人数群体或一个人数不多的团体就某一主题展开讨论，或者了解有关各方对某个问题的意见，以获取相关信息资料的一种方法。座谈的主题必须明确，可事先列出调查提纲，让与会者充分准备；座谈的对象要有一定的代表性和同质性，与会人员应熟悉情况；调查者要诚恳、谦和，使与会者知无不言，言无不尽，并应安排专人详细、客观地做好记录。

座谈法相比于访谈法省时间，获取的信息更多，在地理教育调研实习中较常用，如邀请实习学校有关领导介绍该校的校史校情、办学思想和教学特色等；请部分中学生交流对地理实习教师的具体看法；特邀实习学校地理教师畅谈其专业成长体悟和课堂教学感悟；请学生家长代表诉求与教师、子女沟通交流的适当方式等。

⊚ 表解　　　　　　　　　　　**座谈计划表及要点表**

☆ "八年级地理课堂小组合作学习成效的影响因素"座谈计划表见表 7-1。

表 7-1　座谈计划表

座谈主题	八年级地理课堂小组合作学习成效的影响因素
座谈目的	通过对不同水平合作学习小组的学生进行座谈，发现影响中学生小组地理合作学习的影响因素，并提出改进对策
座谈对象	实习学校八年级 4 个班部分学生，其中一部分合作学习活跃，一部分表现一般，一部分不活跃；两个不同教师的地理课
座谈时间	实习第 6～8 周，座谈共两次
座谈内容	*喜欢小组合作学习的理由 *小组讨论时是否活跃，为什么 *喜欢讨论哪类问题，为什么；认为哪类问题困难，哪类问题更容易 *经常爱发言表达的理由是什么，不爱发言的原因是什么 *爱发言是否会对小组学习有影响，为什么 *教师应当如何引导小组合作学习，采用何种方式会认可 *有哪些因素会影响小组地理合作学习
座谈用具	纸笔，中学生可允许使用录音机或摄像机

☆ 对"高一地理实习老师的具体看法"座谈要点表见表 7-2。

表 7-2　座谈要点表

知识面，科学性，思想性	课堂语言，三板，现代手段	教态，幽默感，时间把握，提问	布置作业，批改作业，命题	课外辅导，课外活动，亲切感，仪表，其他
就以上某点的某些方面进行描述，举实例进行说明				

（4）观察法

观察法又称观摩法，即根据调研主题，有目的、有计划地利用眼睛、耳朵等感觉器官直接进行实地观察，以获取相关信息资料的方法。一般包括：①情境观察，即选取或安排某种特定情境，以观察和记录调查对象对这种情境的反应。②时间观察，即观察一定时间内，某一特殊行为发生的次数。该法可以亲临现场进行直接观察，有利于获得可靠的第一手资料，也可以深入实地具体观察，以获取生动形象的感性材料。有时需要观摩某些教育活动，观摩事先有准备，虽不如观察自然，但比较集中、典型。要调查先进的教育经验，除访谈或座谈以外，往往要到实地察看，所得到的收获可能比谈话更多。观察活动应具有典型性，并尽量避免加工准备，排除学生因有人参观而表现异常突出等因素。应认真观察教与学双方的活动及相互反馈，并做好典型事例的记录。

在地理教育实习中，师范生在教育教学活动的自然状态下，常根据调研的主题进行有目的的看、听、思、记。例如，直接观摩听课，边听、边看、边记，身临其境，感受真切，不仅会有具体而生动的印象，而且会形成调研问题的整体认识。

地理教师课堂评价行为观察记录表见表 7-3 和表 7-4。

表解

表 7-3　观察记录表

评价语言的内容			评价语言的有效性		
情感性评价（学习兴趣、态度、习惯）	内容性评价（文本内容）	方法性评价（学习方法）	评价目的（清晰、准确、简洁）	评价时机（恰当、生硬、不合适）	评价态度（亲切、自然、个性化、形式化）
次数　%	次数　%	次数　%	次数　%	次数　%	次数　%

表 7-4　高中地理动态课堂教学观察测量表（3）：学习评价维度（试用）

评价指标（权重）	观察点		赋分	合计
准备环节（10%）	教师是否按时到岗候课			
	上课铃声响后学生能快速进入学习状态（人数）			
	准备学具（教科书、地图册、笔记本、小地球仪、练习纸、空白地图等）（人数）			
倾听状态（10%）	能够专注地倾听老师的讲授（人数）			
	能够专注地倾听同伴的发言（人数）			
情感体验（10%）	能够对教学内容保持较好的学习兴趣（人数）			
	能够对教学内容保持比较强烈的求知欲（人数）			
	能够与他人一起分享学习的快乐（人数、方式）			
互动环节（20%）	能够积极参与同老师之间的对话（人数）			
	师生对话、人机（微课等）对话的形式			
	师生对话的质量（启智式、思辨式、互惠式……）			
	生生间的被互动与对话（人数）			
	生生间的积极互动与对话（人数）			
	互动的习惯（质量、人数）			
	学习气氛热烈、愉悦、踊跃（人数）			
主动学习（20%）	能够积极发现、提出问题（人数）			
	学生有多元化、多样化的独立学习行为	积极记笔记（人数）		
		地理地图整理（人数）		
		独立阅读教材、辅助学习资料等（人数）		
		自主生成问题，并讨论解决（人数）		
		创新教具、学具、模具等（人数、质量）		
		独立查阅资料、网络资源等（人数）		
责任达成（30%）	回答问题的正确率（人数）			
	课堂练习的完成率（人数）			
	绘图、图表混合多元等学习创新总结（人数）			
	课堂练习的正确率（人数）			

续表

评价指标（权重）	观察点	赋分	合计
责任达成（30%）	课堂学习的展示效果（人数、质量）		
	教师是否有拖堂现象		
备注	采用五级量表：优秀：5 分，90%以上的人数或高质量；良好：4 分，75%左右的人数或质量较高；一般：3 分，50%左右的人数或质量一般；不太好：2 分，30%左右的人数或质量较差；不好：1 分，30%以下的人数或没有质量。 教师上课迟到、早退、拖堂者，本观察测量表分值在综合积分基础上扣分 15%，拖堂严重者（以超时 2 分钟计起）扣减总分值的 30%，直接定为不合格	总计	

——选自侯建成. 2016. 基于动态课堂观察视域下的高中地理课堂教与学评价. 地理教育，8：12.

（5）文件法

文件法又称卷宗查阅法，即查阅各种书面教学材料，或充分利用有关教学文件资料，以获取有关调研信息的方法。例如，教学计划、报表、会议记录、书面总结、档案卷宗、教案、学生笔记和作业及其试卷、可公开的日记、成绩册、班团队活动计划、课外活动计划、照片、录音录像视频和档案袋等。查阅必须注意目的性和计划性，收集资料应有代表性和典型性，并有足够分类，以便全面反馈调研目的。

7.1.3　地理教育调研报告的撰写

7.1.3.1　基本格式

（1）标题

标题也称题目，是教育调研报告的重要组成部分，也是吸引关注的首要因素。因此，标题应尽量做到确切、简明、醒目，字数一般不宜超过 20 个字，尽量少用标点符号。教育调研报告的标题有以下几种常见形式。

一是直述式，即用调查对象和主要问题等作为标题。例如，"关于某校高中地理实践力素养培养现状的调查"，这种标题形式简明、客观，表达研究问题。

二是设问式，即高度概括文中问题，以设问形式作为标题。例如，"某中学如何推进研学旅行"，这种标题形式主题鲜明，具有一定吸引力。

三是双标式，即采取双行标题，用副标题揭示调查的内容或对象。如"点燃手中的火把——某校初中地理学习模式创新的调查"，这种标题形式新颖，富有感染力和吸引力。

（2）引言

引言又称前言、导言、序言、总提等，是教育调研报告的开始部分，其对引出正文、引发兴趣、引起关注具有重要作用。引言应开宗明义、简明扼要地说明调查的起因或背景、目的与意义、任务或内容，以及调查的基本状况，涉及调查的时间、地点、对象、范围、取样及调查的方式方法等。尤其必须注意将调查的目的性、针对性和必要性交代清楚，具体说明调查方式方法，如写明调查方式是问卷或是访谈，还是开座谈会。

（3）正文

正文即教育调研报告的主体部分，反映调研的情况分析及结果。这部分需要对调查的大量材料，经过分析思考和概括梳理，通过文字表述、调查图表、统计数字及有关文献资料，用纲、目、项，或篇、章、节的形式，有条理地、准确地对主体内容进行叙述，做到观点明确、材料可靠，事例典型、数据确凿，主次分明、详略得当。大致有两种写法，一种为横向式（并列式），即将调查内容分成并列的几个部分或方面来写。例如，对某校中学地理教师专业素养现状的调查，可对专业知识、专业能力、专业态度和专业性向等侧面集中论述。另一种为纵向式（垂直式），即对调查内容，按事物发展的时间顺序和演变过程，将其分为几个部分进行叙述。例如，某中学地理教研组开展校本研究情况的调查，就是按时间顺序，呈现出校本研究的发展变化过程和主要探索成果。

（4）体会（反思）与建议（对策）

体会（反思）与建议（对策）即依据正文的科学分析，可以对结果做进一步阐述，深入讨论一些问题，提出建设性的意见和建议，或针对调查结果提出解决问题的对策和改进措施。当然，还可以对调研主题进行展望，提出本调研中遗留的问题，或者需要进一步研究的问题等。调查情况分析，以及结论和体会（反思）与建议（对策）是地理教育实习调研报告的主要部分，应注意内容丰富、材料翔实，结构安排力求条理清晰、重点突出。撰写可以采用小标题，注重段落层次分明。

（5）附录

附录是教育调研报告的附加部分，即列出调查方法依据的文献目录和调查所用的工具，问卷调查必须附有完整的问卷。一般而言，附录内容涉及参考、引用资料的出处，调查统计图表的注释，以及旁证材料的说明等，目的在于对撰写报告负责，并对资料作者表示尊重。

7.1.3.2　调研选题

（1）实习学校调研

1）某学校新课程推进的调查；

2）某学校地方课程与校本课程的实践与反思；

3）某学校实施校本培训的探索创新；

4）某学校校园文化特色的思考；

5）某学校创新实践活动基地的探索；

6）某学校开展专项活动的分析与反思。

（2）中学生调研

1）初中学生地理学习习惯调查分析——以某县几所中学为例；

2）高中学生地理综合思维素养培养探究——以某两市部分中学为例；

3）高三学生地理复习常见问题探析；

4）高中地理学困生学习心理状况调查分析；

5）农村学校中学生参与地理课外活动兴趣的调查；

6）互联网+背景下学生课外地理学习方式的调查与思考。

（3）地理教师调研

1）优秀地理教师课堂教学实践调查；

2）中学地理教师专业成长途径调研；

3）当前地理教师倦怠现状与成因分析；

4）地理新教师适应新课程需求的分析与对策；

5）农村中学地理教师的角色转变与适应研究——以某几所农村中学为例；

6）欠发达地区地理师资需求与队伍建设的调查。

（4）班主任工作调研

1）班集体创新做法的调查；

2）主题班会的新探索分析与思考；

3）新形势下班级师生沟通交流的状况分析；

4）家庭氛围对初中学生学习态度的影响研究；

5）城市独生子女学习的心理特征与成因分析；

6）班主任与学生家长网络沟通方式的现状调查。

（5）地理教育实习调研

1）实习学校对高等师范地理教育实习反馈的调查；

2）近几届毕业生对地理教育实习意见与建议的调查；

3）中学生对地理实习教师看法的分析；

4）近几届本院地理教育实习现状分析；

5）通过教育实习反思本院地理教育实践环节；

6）基于教育实习改革地理科学专业教育类课程设计。

示例　　　　　　　　　　　**高中生地理生活经验调查分析及教学启示**

☆ 概念的界定

本书中涉及的几个概念界定如下：地理生活经验，在本书中是指以日常生活为寓所，人们在实践中通过自己的感官直接接触客观外界而获得的对与地理学相关的客观事物的表面现象的认识。地理生活经验是生活的经历，是对生活的认识和见解，具有主体性、主观性、实践性和多样性的特点，是一种重要的地理课程资源。经验拥有率，在本书中是指对某一调查问题有所经历或认识的样本数量在总样本中的比重，其数值大小能够反映出样本在某一生活方面拥有的经验程度的高低。

☆ 现状调查和统计结果分析

1）调查样本的状况

生活经验拥有率及其特点受到年龄、性别、生活环境等因素的影响。为了更为全面、准确和均衡地了解现在学生所拥有的地理生活经验情况，笔者在调查问卷中对被抽取的 147 位高一学生的性别，以及来自农村或城市两大主要影响生活经验的因素进行了调查。通过对收回的 145 份有效调查问卷进行统计可知，被调查的学生中有男生 69 位，占 47.6%，女生 76 位，占 52.4%；有农村学生 43 位，占 29.7%，城市学生 102 位，占 70.3%，样本具体状况见图 7-3。

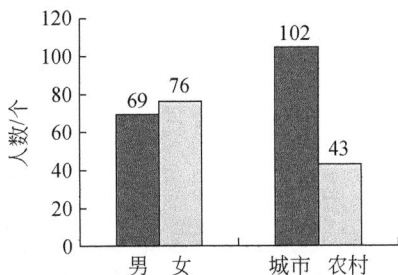

图 7-3　调查样本各组别分布情况

2）调查问题的设计

为了使得本调查的结论能够更好地为高中地理教学提供参考，笔者根据高中地理学科内容从地球运动、气候等自然地理和人口、工农业等人文地理角度精心设计了与学生日常生活密切相关的 15 个问题。依据生活经验的含义，问题着重调查的是，学生是否拥有与地理知识相关的生活经历体验或认识，而非是否已经拥有正确的地理知识，见表 7-5。

表 7-5　与高中地理相关的生活经验调查问题

序号	调查问题	调查结果（是/否）
1	你注意过冬夏季节正午时物体影长的差异吗	
2	你感受过时差吗	
3	你是否观察过水沸腾时热气的运动状况	
4	你感受过冬夏季井水温度与外界温度的差异吗	
5	你是否注意过霜冻多出现在晴天的夜晚	
6	你尝试过用地理方法辨别方向吗	
7	你去过海滨沙滩吗	
8	你注意过身边外来务工人员主要来自哪里吗	
9	你有过陪伴家人或亲属买房的经历吗	
10	你知道当地冬小麦种植和收获的月份吗	
11	你知道自己所在城市或乡镇有哪些工厂吗	
12	你能说出 5 种汽车车标及其产地吗	
13	你是否经历过城市堵车高峰	
14	你在生活中用过一些方法来节约用水吗	
15	你在学校里是否有垃圾分类扔弃的习惯	

3）统计结果与分析

笔者从性别、农村与城市、总计 3 个类别分别对 145 份有效调查问卷进行了统计，计算出了学生与 15 个问题相关的地理生活经验拥有率（表略）。

☆ **学生地理生活经验特点成因分析**

学生的地理生活经验，主要是在与自然环境的直接接触和对生产劳动的参与过程中，通过感知、观察、体验和思考等方式获得。一般来说，与自然环境接触和参与生产劳动时间越多，地理生活经验就越丰富。现在学生地理生活经验缺乏的重要原因就是他们投入到自然和生产劳动中的时间太少。这首先是因为现在学生学习负担较重；其次是因为许多学生沉迷于网络和电脑游戏。

☆ **调查结果对地理教学的启示**

一是了解学情选案例。教师在选择生活经验案例时不能想当然和自以为是，而应该注重多与学生进行交流，充分地考虑到他们的生活环境、兴趣、性别和年龄等因素，以保证学生对教师所选案例的熟悉度。二是通过多种途径补经验。开展调查实践活动；制作地理实验；增强学生间生活经验的交流；发挥多媒体的教学功能。

　　　　　　——选自武强. 2014. 高中生地理生活经验调查分析及教学启示. 地理教育，6：48-49.

行动

　　深化思考：在实施地理教育调研的步骤中，就你本人而言，最大的问题是什么，该如何解决。

　　议论讨论：有同学认为，地理课堂教学实习是硬指标，地理教育科研实习是软指标，请发表自己的看法。

　　各抒己见：教师是引导者、参与者、促进者、学生学习的伙伴，又是探索者、研究者、改革者。

　　模拟尝试：结合自己熟悉的地理教育现象或地理教学问题，拟定一份地理教育调查计划。

7.2　地理教学研究实习

　　地理教学研究实习是师范生对实习学校地理教师的观察研究，以及对自己教学，主要是课堂教学实践进行的反思性研究，是促进地理师范生学会开展教学研究，并以一定形式将自身的研究成果呈现，进而更好地进行专业成长的重要手段。本节主要通过地理教学研究实习的特点、地理教学研究实习的途径和地理教学研究成果的表达，把握地理教学研究实习。

7.2.1　地理教学研究实习的特点

7.2.1.1　研究目的的应用性

　　师范生的地理教学研究实习其实是在教育理论与方法指导下对教学实践中的实际问题进行研究，带有鲜明的应用性。其特点是，从教学实践中的现实问题出发，进而确定选题展开研究，不属于学术研究，也非理论化阐释，更不会验证某个重要的研究假设，而是对课堂教学现存问题进行分析和思考，寻求解决问题的途径和对策。尽管师范生的教学实践还不充盈，尚未触及某些教学问题，但经历教学研究过程有助于提高自身素质和增强研究意识。正如苏霍姆林斯基认为："如果你想让教师的劳动能够给教师带来乐趣，使天天上课不至于变成一种单调乏味的劳动，那你就应当引导每一位教师走上从事研究这条幸福的道路上来"。

7.2.1.2　研究内容的实践性

　　师范生的教学研究是对日常教学活动的一种自觉的多元化的探究过程，更多的是在教学现场，尤其是在课堂教学现场展开，具有突出的实践性。其特点是，"通过实践、为了实践、在实践中"，强调师范生的主动参与和全身心体验，研究内容是与教育实习阶段的学习特点相联系，学习中学地理教研的特点，学会从教学现状中抓取问题，大多是某项任教能力或技能训练中的具体问题，例如，怎样发挥"三板"的优化组合功能、如何设计好地理课堂实验、怎样合理利用大学资料和网络资源等。作为师范生，从一开始走上讲台就不断分析自身的教学行为，反思自己的教学实践，有助于提升自我反思能力，增进了解自己行为的意义，尽快走上教学和研究相结合的道路，并将教学研究习惯带入今后的教学工作中，为成长为研究型教师奠定基础。

7.2.1.3 研究方法的简易性

师范生的地理教学研究是在具体的教学场景中发生发展的，在更多情况下表现出自主性、及时性和情境性的特征。没有学术研究或专业研究那样规范，也不会像日常生活经验总结那样随意，常被称为行动研究，即特指教师个体或研究群体为改进和提高自己的教学实践而进行的研究，也是一种公开的反思活动。这种看似"简易"的研究其实更真实、实用，针对性、操作性更强，并非不尊重研究过程与方法的科学性和客观性，而是通过师范生教学实习中的行动研究，掌握科学研究的方法，摸索有效解决问题的途径，逐步形成教学研究能力。伴随着"授之以鱼，不如授之以渔"的呼声，地理师范生不仅应该学会，更应该会学、会创新。

7.2.1.4 成果表达的灵活性

毫无疑问师范生的地理教学研究是对地理教学实践中的现实问题的分析、反思和提炼，表现于"行动上""为行动而研究""对行动的研究"和"在行动中研究"。地理教学研究成果的表达形式可以灵活多样，可以是一则教育叙事、一个教学课例，可以是一篇教学反思、一项教学案例，也可以是一篇教学小论文，一篇经验性的文章，当然，也可以是说课稿、教学设计、教材分析、试题命制、微课录制等实践应用研究成果。

阅读　　　　　一位地理特级教师对年轻教师的肺腑之言

坚持读书，教书育人。要向书本学习，要让阅读成为自己的一种生活方式。通过阅读开阔视野，丰富知识，提高理论水平，把握教育规律，从而使自己的课堂丰盈，让自己的教法灵活，让自己的学生受益，也让自己有更好的发展。读书是增强底蕴、丰厚学养的最佳途径，能让教师用更为丰沛的学识去滋润学生的心灵，熏陶学生的情感。这样"教"出来的学生才是高雅的、有思想的现代人。

主动加压，积极进取。怎么解决教学探索中动力不足的问题，应该自我加压，即通过积极、认真地开设观摩课、参与教研活动等途径，自我"麻烦"，增强教学探索中的自转动力，防止产生消极的倦怠心理。要珍惜一切可以提高自身业务素质的机会，不要把评优课、公开课、教学设计评比、论文评比、课件制作比赛和青年教师基本功大赛等看作是任务，在可能的条件下都要以积极的心态参加，参加就是磨炼、提升、进步和飞跃。

瞄准目标，勤奋努力。教得好，不仅是你所教的学生成绩好，更为重要的是，他对你所教的课产生了极大的兴趣，他的学力得到了发展。受欢迎就是学生喜欢你。他们的好成绩不是靠熬夜伤身，而是在健康愉悦中取得的。可能是你学识渊博，课堂生动有趣；可能是你和蔼可亲，宽容他们课堂上的错误；可能是你课堂民主气氛浓厚，让学生有了课堂主人的感觉；可能是你的学养、风度和人格吸引了他们。

登高远望，不断反思。美国心理学家波斯纳曾提出教师的成长公式是"经验＋反思＝成长"。作为一名青年教师，如果只埋头教书，从不反思探究，从不整理自己的成败得失，怎么可能提升自己的教学理念？学习理论可以使自己"登高远望"，从宏观入手，博采众长，以便因"材"施"法"。从小处着眼，潜心揣摩具体教法，定期梳理零星思考，善于总结教学经验，勇于提炼，归纳于笔端，教师的专业水平才能真正得以提高。

——改编自李广水. 2017. 守望地理教学的家园. 南京：河海大学出版社.

7.2.2　地理教学研究实习的途径

7.2.2.1　结合师范生自身的教学实习训练

师范生的教学实习训练内容丰富具体，主要包括：①课堂教学实践，涉及地理备课、议课、观课、上课、评课、说课等环节。②教学技能训练，涉及导入、讲解、组织、板书、媒体、教态、结课等技能。在这些实践训练中，师范生应以研究的眼光积极思考，去主动发现问题。例如，从评课过程中可以发掘的选题"略谈地理教学评课的八个要点""地理评课主要评什么"等。③课外教学实践，涉及校内地理课外活动、校外社会调查和户外考察等活动设计、组织和实施、评估等实践训练。课外活动的探索创新是基础教育地理教学的重要内容，也是进行地理教学研究的热点话题之一。例如，在组织课外地理活动中发现的问题"如何使地理制作和微型实验落到实处""一次地理环保系列活动的反思"等。④学生的作业、考核等学习活动的实践，学生作业和考核中的问题，往往是教学中的疑点及难点，也是学生认知上的盲区，尤其是对重要考核，如期中考、期末考、会考、高考复习等答题卷进行统计分析，可以捕捉到有价值意义或者最为困惑的问题，作为教学研究的起点。例如，"地理等直线图题的解析思路及教学建议""探究型、实践性作业的创新设计"等。

7.2.2.2　结合一线地理教师的教学实践

师范生在实习期间会通过教学见习、课堂实习观察一线教师的教学，通过教学研讨会、各种讲座等形式接触一线教师的教学，也会在课堂实习中直接从事教学活动，并感受一线教师的教学指导。在这些直接或间接的教学实践中，师范生应该具有研究意识去观察、发现具有探索价值的问题。师范生可以总结成功的教学经验进行研究，尤其是观摩优秀教师上课，会让师范生受益匪浅，大有收获，从中梳理、总结一线地理教师在教学实践中积累的丰富而宝贵的教学经验，作为地理教学选题研究，以在更广的范围内推广借鉴。可以抓住迫切需要解决的问题进行研究，在新课程推进中，课堂教学改革与创新是主阵地和重头戏，例如，"地理课堂培育综合思维和区域认知素养的探讨""地理教学中人地协调观的有效渗透""如何设计高效课堂提问""怎样生成地理教学"等都是有价值而急需解决的焦点问题。师范生还可以发掘各种交流的信息进行研究，在教学实习交流讨论的过程中会产生许多教学思想的碰撞、争议观点的交锋或创造性思维的火花，这些碰撞、交锋、火花非常难能可贵，蕴藏着值得研究的教学问题。

7.2.2.3　结合理论学习和文献研读

博览群书的过程本身就是一个完善自身的智能结构的过程，是一个敏锐观察、发现研究问题的过程。师范生在学习应用教育学、心理学、地理教学论等理论中，在广泛阅读专业的地理杂志和教育期刊及图书中，倘若注意理论联系实际，学用结合，积极思考，也可以从中发现和提出有意义的研究问题。著名科学家爱因斯坦曾经提出："提出一个问题往往往比解决一个问题更为重要。因为解决了一个问题，也许仅仅是一个数学上或实验上的技能而已，而提出一个新的问题、一个新的可能，从新的角度去看待旧的问题，却需要有创造性的想象力，而且标志着科学的真正进步。"因此，教学研究的敏捷思维源于教学的实践活动，也来自于对前期研究成果的学习和了解。

7.2.2.4 结合小课题行动研究

师范生的小课题探究是选取高校教师研究的子课题，或者通过申报大学生创新项目，或者自主拟定课题尝试进行研究，并将学、研、做有机结合的一条教学研究的途径。选题是小课题探究的重要环节，一般是先发现和提出问题，再查找资料分析问题，最后结合教学实际确定研究课题。选题注意热中求冷、同中求异、小题大做，切忌跟风追潮，大题小做。小课题研究的方式方法可采用观察法、总结法、案例法、行动研究法等，特别强调行动是小课题研究的核心，是寻找问题解决方法、创新实践形态的过程。注重边实践边研究、边研究边实践，立足于师范生个体的兴趣爱好，鼓励根据自身的潜力条件，选用适合自己的方法和策略行动研究，着眼于教学问题的解决、思维方式的改变，逐步养成探究习惯，学会进行课题研究，致力于服务日常的教学活动和教师的专业发展。

阅读　　　　　　　**地理新教师如何选读教育科研论文**

☆ 选读专业发展经验体会的话题

阅读这类文章可以帮助新教师在职业生涯中少走弯路，在短时间内熟悉教育教学业务，并且寻找到自己专业发展的支点。例如，2015年第1期于吉海的"教师专业成长过程中的'机缘'与'巧合'"，认为一位教师的成长，在工作的前6年比较重要，这一阶段的学习历程将会决定后续的发展水平；作者结合自己的成长过程，畅谈教师专业成长中经历的一些"机缘"与"巧合"，归纳到通过名师导航、优质课竞赛、学术会议参与、课题研究、论文撰写、试题命制等方式，可有效促进地理教师的专业素养提升，从而实现课堂教学质量的提升。

☆ 选读教学工作需要参考的话题

如果最近正在给学生讲区域地理内容，以下文章可以进入你的视线。2015年第6期梅国红、陈涓的"基于地理学科素养的高二区域地理有效教学策略探讨"，指出在新高考改革背景下，高二区域地理教学应选取典型案例，采用问题探究和思维建模的教学思路，培养学生的地理学科素养；区域地理的复习应在学科思想的统领下，以培养地理学科素养为目标，注意创设思考情境，设计有思维递进关系的"问题链"，激发学生的求知欲和探索欲，将各地理要素用系统地理的基本原理进行内化，统整成地理综合体，由具体规律推导出一般原理，将知识与技能进行迁移，去分析、解决实际地理问题，从而提高教学效率。

☆ 选读教学方法探索改进的话题

探索教学方法的改进是每个一线教师时常需要关注的问题，而他人往往已经有一些比较成功的案例可供借鉴。例如，2014年第10期陈书来的"太阳高度角教学新思路浅析"，利用图像辅助，有效整合教材内容，站在学生易理解、能探讨的角度突破知识重点和难点，这种从整体到局部的思维，总结出正午太阳高度角的时空变化规律及计算方法，不但会使较抽象、理性的知识点得到思考和探讨，而且学生在理解探讨过程中，让获取知识变为较形象、感性的问题解决过程，通过实用案例互动探讨，对知识点的理解与掌握能达到事半功倍的效果。

☆ 选读学科教育发展前沿的话题

学科教育发展必须与时俱进，当年或近期都有学科教育研究的焦点和热点问题。例如，2015 年第 1 期陈胜庆的"以'立德树人'为目标指向的地理教师专业发展"侧重探讨全国考试招生制度改革对地理教师提出新的目标与要求，指出高考招生制度改革的本意是促进中学各门学科发挥育人价值，促进中学教育实现"立德树人"的根本目标，并从"从育分到育人""从课内到课外""从感性到理性""从个人到团队"几个角度指出了以"立德树人"为目标指向的地理教师专业发展的丰富内涵。

☆ 选读切入点较新颖的话题

地理教学、教改、教研三位一体，选读切入点较新颖的研究话题，有助于更好地进行地理教学、探索教改和深化教研。例如，2015 年第 5 期陈昊的"也谈地理教学的'课魂'"，结合 6 个案例从 4 个方面阐述地理教学的"课魂"。用"课魂"构筑地理知识框架，形成课程标准化的课堂；用"课魂"体现地理现实意义，拓展生活化的课堂；用"课魂"激发学生的求知欲，营造情感化的课堂；用"课魂"进行世界观教育，创设理性化的课堂。

☆ 选读比较擅长或感兴趣的话题

假如你曾经读过或写过"巧解地球运动问题的'基本法+突破点'策略"这样的文章，相信对以下文章也会感兴趣。2015 年第 8 期王成勇的"光照图中的三线关系"，指出三线光照图是常见图形，它是一种源于基本光照却又较为抽象的图形，抓住光照图的基本原理是解答此类题目的关键；理顺这三线的关系，将抽象的光照图转绘成直观的光照图，将局部光照图还原到全球光照图中，就能化繁为简，逐步培养学生的空间观，顺藤摸瓜捕捉图中的信息，从而顺利完成解题任务。

——改编自陈先锋. 2016. 地理新教师如何选读教育科研论文——以《地理教育》杂志为例.

地理教育，3：47-48.

7.2.3　地理教学研究成果的表达

7.2.3.1　教育叙事

教育叙事即通过叙述教育活动中某个或某几个有意义的生活事件、教育现象、教学行为和经验等故事，对其进行分析和反思，发掘或解释隐含于故事背后的教育思想、教育信念，体悟教学理念、教学真谛，揭示教学规律、教学活动的研究形式。教育叙事不仅具有真实性、情境性、亲历性等特征，还具有问题性、实用性、反思性等重要的研究价值的特点，是将客观的过程、真实的体验、主观的阐释有机融为一体的教学研究活动。教育叙事应该有主题，从某个或某几个教学事件中产生，一般以叙述为主，也可以夹叙夹议，对反思教学过程、提升教学水平、促进专业成长具有积极作用。

示例　　　　　　　　　　　　　　　　**地理教育叙事两例**

☆ 没有爱就没有教育

在短短一年多的地理教学过程中，我深深地明白教育需要爱，正如陶行知曾经说过的："爱是一种伟大的力量，没有爱就没有教育。"

2015 年 8 月底带着期待与压力，我来到云阳盘石中学，接受学校的安排，担任高一 9

班的班主任，同时教 4 个班级地理课。初入职场，对教学内容不熟悉和班主任工作的烦琐使得"忙"成为生活常态。对于班级的日常管理，我"跟得紧、管得严"，班级没有出现大问题，但是自己也并没有成就感，觉得是自己用时间与心血换来的平静。但是 11 月中旬发生的一件事情让我受益匪浅。

11 月中旬的一天，晚上 6 点 10 分上完德育课回到办公室备课，突然有学生来告诉我班上何×肚子疼，很难受。我立即去教室，发现何×脸色苍白，询问后得知，她因为没有好好吃饭，胃病又犯了，立即请同事开车送我们去了医院，途中一直联系不上其家长，于是我带她做检查、取药等，然后打车回到学校已经十点多，将她送回寝室安顿好后，我回到住处煮了一碗粥给她送去。她接过粥，眼里满是惊讶与感动，再三交代医生嘱咐的注意事项后，我才回寝室休息。

12 月的月考中，何×地理成绩进步很大，整体排名进步不少。在月考总结中她写道：我最想感谢的人是雷老师，在我生病无助的时候，她带我去医院，回到寝室 11 点了，因为医生说不能吃刺激性食物，雷老师就给我熬了粥，虽是白米粥，可我吃着心里甜甜的。她的关心像姐姐一般的温暖，我有什么理由不努力学习？

后来我才了解到何×家里条件不太好，父母常年在外打工，她读书期间住学校，假期回家只有她自己一人，得到的关爱很少。我半夜给她送去的一碗白米粥让她感受到了爱和温暖，也激发了她学习的热情。教育不仅是课堂上简单的说教，也不仅是课堂教学知识的传授，一个鼓励的眼神、一个称赞的手势、一句温暖的问候都可以给学生带来极大的鼓舞，引导他们更加积极地学习与生活。

——重庆师范大学 2017 级研究生雷艳撰写

☆ 散文与地理教学的邂逅

余秋雨先生的《天涯故事》让我第一次知道"天涯海角"，这个如诗如醉的地名勾起了我无尽的向往。正是简单的一次文字邂逅，驱使我去翻阅地理图集、网络搜索，一探究竟。作为一名地理准教师，我逐渐意识到，自己会选择何种方式去创造一次"地理"与"学生"的邂逅，让学生也能自主地开放地理之花？

无论是地理学科三维目标的制定，还是地理核心素养雏形的初现，每一次的凝练、提升，都贯穿着对学生主体更加重视、对学习能力要求越加突出、对学生全面发展越加强调。要想学生开出艳丽的地理之花、结出丰裕的地理之果，必须谱写出对学生生活、终身发展有用且现代公民必备的地理核心素养之曲，形成良好的地理课堂或课外的教与学主旋律。

判天地之美、析万物之理，判是析之基、析是判之本。地理学习的第一步正是多看、多听、多想，无论是地理课本的知识呈现，还是课外读物的细微勾勒，甚至是自己亲眼在自然界观察所得，只有抓住学生的兴趣，点燃他们的思维火花，才能为后续的教师教、学生学埋下伏笔。这种看、听、想正是初期浅显的区域认知，对区域特征、差异形成最初的表象认知，进而做出一定的假设、分析、解释，甚至预测。

好学深思，心知其意。在新课程教学理念下，改变照本宣科、死记硬背的教学方式，渐深入人心。要想学生成为课堂主人，其必须形成积极思考、自主探索的意识，真正地形成思。面对各式各样的地理事物与现象，学生应具备基本的综合思维能力，利用全面、系统、动态的眼光与逻辑去辨析万物，恰当比较、抽象概括，得出正确结论。学生在看的基础上，才会为之感兴趣的地理要素进行思考，为地理基础知识的积淀、能力的提升和核心素质的养成打下扎实基础。

不登高山，不知天之高也；不临深溪，不知地之厚也。学贵在行，行是学的最高追求目标，知识的学习终归是为问题的解决提供思维的钥匙。行反映出地理实践力素养，在自然和社会的环境下，学生有能力进行考察、调查和实验模拟，是地理学科课程特有的学习方式，是基础知识深度理解的呈现和行为能力的高阶表现。要开展各式各样的地理活动，激发学生参与实践的能力，将所得理论联系实际，学以致用。

教无定法，贵在得法。作为一名准教师，且将看、思、行融入地理教学的整个过程中，盘活地理课堂内外，让学生真切找到适合自己学习的支点，盛开地理思维之花，结出地理实践之果。

——重庆师范大学 2017 级研究生赵鹏彬撰写

7.2.3.2　教学课例

教学课例即围绕具体的课堂教学进行行动研究的一种综合性的成果表达形式，一般由教学设计、教学实录和教学反思三部分构成。教学设计主要是对课堂教学问题解决的教学预期做引言说明；教学实录主要呈现课堂教学问题解决的基本过程，或者教学片段，以及提炼的教学情境的组合；教学反思则是对课堂教学问题解决的结果进行分析与评价。教学课例应该有明确的主题或鲜活的标题，如生成教学：成功教学的一服良药——以某节课为例，撰写过程是将教学设计意图、教学基本过程和教学反思评析有机结合进行叙写提炼。教学课例是反映课堂教学从设计到反思的全过程，是将备课、议课、说课、观课、评课融为一体的校本研究的实践形态，也是教师教学行动研究运行的基本过程。

示例　　　　　　　**"高原湿地——三江源地区"教学课例**

☆ **教学设计**

"高原湿地——三江源地区"是八年级《地理》（人教版·下册）第 9 章"青藏地区"第二节，根据课程标准要求和教材内容，本节课教学内容分析如图 7-4 所示。

本课例从三江源地区为什么会成为江河源地的问题出发，分析三江源地区"中华水塔"的由来，最后回归三江源地区的保护。教学过程分为 3 个环节：一是学生在读图析图的过程中认识三江源地区的地理位置与自然环境，知识落实到地图上，培养学生的地理综合思维和区域认知能力；二是通过科学小实验和"说文解字"让学生对三江源地区各地理要素间的联系形成整体认识，在观察思考的同时培养学生的综合思维与地理实践力；三是视频展示三江源地区的生态环境问题，学生小组讨论问题的产生原因与解决措施，锻炼合作、表达、归纳能力，树立可持续发展观念。

☆ **教学片段**

片段一。教师讲述：我们来看汉字中"源"字的写法。源有江河源头之意，所以其偏旁部首是三点水。河流最初的水源来自高山之巅的皑皑白雪，"源"字中的"厂"和"白"象形变形就是雪山上的冰雪，这是第一"点"。冰雪融水注入湖泊沼泽，湖泊沼泽在枯水期成为河流重要的水源补给，这是第二"点"。湖泊沼泽水蒸发到空气中转化为大气降水（包括植物蒸腾的水），大气降水又补给积雪、冰川、湖泊、沼泽，因为大气降水少，所以是三点中的最后一"点"。三"点"相互联系，形成一个有机整体，为三江提供源源不断的水源，这些涓涓细流汇成小溪，形成我国三江最初的源头，即"源"字中的"小"（写法上同"川"），这个有机整体组成的"源"就是今天我们讲的高原湿地。

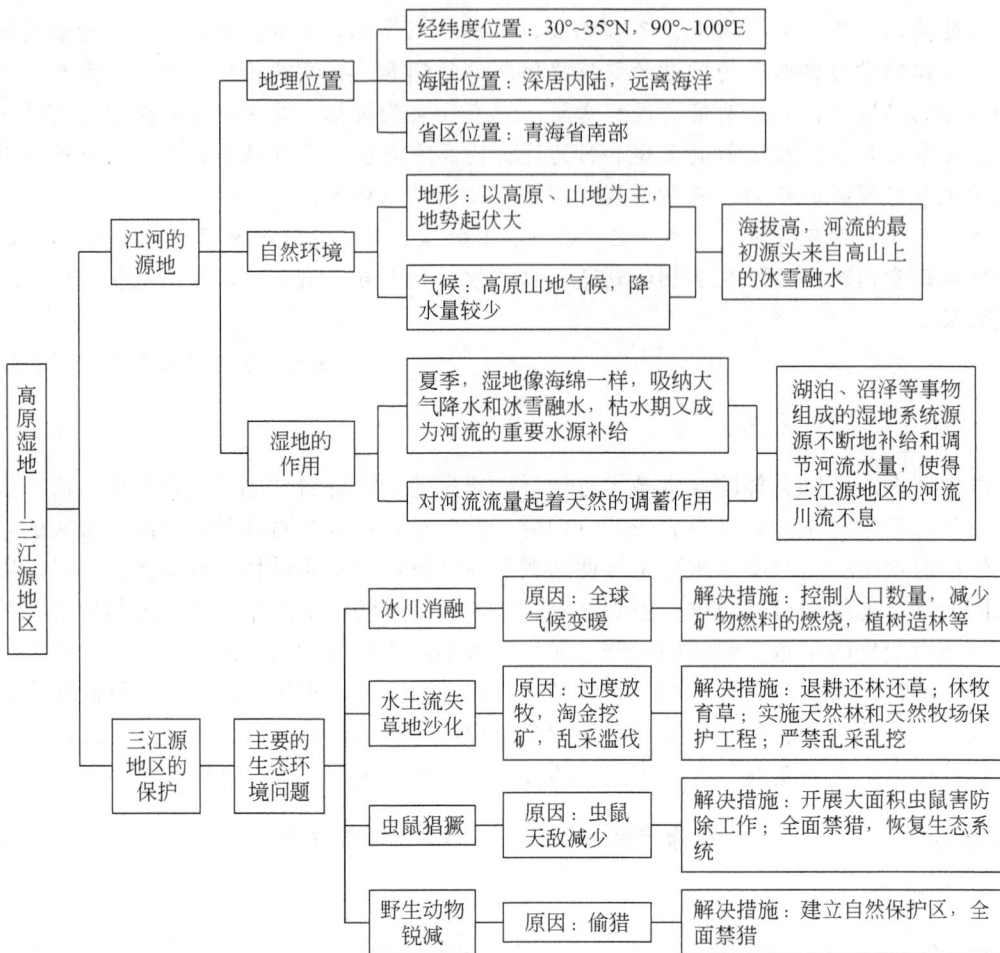

图 7-4　教学内容分析示意图

设计意图。将中国传统文化"说文解字"引入地理课堂，让学生感受汉字之美的同时，了解"源"字中蕴藏的地理知识，深刻理解三江源地区各地理要素间的整体联系，培养学生的地理综合思维。"说文解字"的教学方式也增强了地理课的文学气息，地理课也可以诗情画意。

片段二。承转：近些年，科考队员再次踏上三江源时，看到的一些现象让人痛心不已，它的生态环境问题日益严峻，我们通过一个短片来看一看主要生态环境问题。

视频：三江源地区的生态环境问题。

板书："三、呵护三江源"。

问：视频中三江源地区主要生态环境问题有哪些？

生：冰川消融，水土流失，草场退化。

问：除这些以外，三江源地区还有哪些生态环境问题？

生看书总结：三江源地区还面临着土地沙化、虫鼠猖獗、野生动物锐减等问题。

问：试想，如果这些问题继续发展下去，会对三江源地区产生什么影响？

生：冰川、雪山逐年萎缩，众多江河、湖泊和湿地缩小、干涸。水土流失、草场退化使得这里不能再继续放牧，人们失去家园，甚至被迫搬迁，离开家园。

师：长此以往，又会对三条江的中下游地区产生什么影响？

生：略。

师引导分析总结：如果长江、黄河发源地的水源不断萎缩、枯竭，那么黄河中下游会出现断流现象、长江中下游地区可能会出现旱灾现象。草场退化和水土流失加剧使河流的含沙量增加，造成中下游河道泥沙淤积，给航运、排洪等带来困难，使长江中下游地区洪涝加剧、黄河中下游地区断流时间增长等，生态环境严重退化。可见，影响的不仅是源区的生存环境，对三江流域中下游地区的生态环境和社会经济的可持续发展也带来了严重影响。

问：是什么原因导致的这些生态环境问题，面对这些生态环境问题我们该怎么办呢？

活动：学生四人一组讨论三江源地区生态环境问题产生的原因与解决措施。要求：一个组长，一个记录员，一个发言人，一个后备发言人。

生分组展示：略。

师引导总结三江源地区生态环境问题的产生原因及解决措施。

冰川消融：原因是全球气候变暖。解决措施：控制人口数量、减少废气排放、植树造林等。

水土流失、草场退化：主要原因是地表缺少植被保护，过度放牧、淘金挖矿、乱采滥挖使得地表植被破坏严重。解决措施：退耕还林还草、休牧育草、实施天然林和天然牧场保护工程，严禁乱采滥挖。

虫鼠猖獗：主要原因是虫鼠天敌被猎杀，缺少天敌。解决措施：开展大面积的鼠害防除工作，全面禁猎，恢复生态链。

野生动物锐减：原因是盗猎。解决措施：设立自然保护区，全面禁猎。

讲述：为了保护三江源地区的生态环境，早在 2000 年国家就设立了三江源自然保护区，通过一系列措施，三江源的生态恶化趋势已经得到了一定程度的遏制。

设计意图：通过视频播放三江源地区的生态问题，与前面大美三江源形成鲜明对比，冲击学生大脑，激发学生去探讨三江源地区生态问题的原因和应对措施，小组讨论提高了学生的自主学习意识和综合分析地理问题的能力。

☆ **教学反思**

注重学生地理核心素养培养。本节课的亮点之一来自片段一，此段关于"源"的"说文解字"出现在科学小实验之后，对三江源地区"中华水塔"的由来进行知识总结，一般的陈述总结没有新意，而"说文解字"的讲解方式让学生耳目一新，通过讲述"源"字字形结构中蕴藏的地理知识，使学生清晰、明了地认识到自然环境中的各地理要素是相互影响、相互联系的，学生感受汉字之美的同时震撼于"源"字的地理阐述，震撼的过程就是一个构建学生地理综合思维的过程。"说文解字"的教学方式别出心裁，又用意深刻，不仅对构建学生地理综合思维有益，诗情画意的讲述也使地理课充满文学气息。

活动安排适当，但创新不够。片段二展现了本节课的活动部分，四人小组的方式讨论三江源地区生态环境问题的产生原因及解决措施，小组成员人人有分工、个个有事做，讨论结束后分小组展示讨论结果，整体耗时 10 分钟左右。活动出现的时间符合教学内容的环节设计，小组讨论安排中规中矩，展现的结果基本达到教学目标。但本节课活动安排过于平淡，缺乏创新，能否把小组讨论变成小组表演、小组评说、小组辩论，以及活动的设计是否服务于教学内容，还需要教师再细细琢磨与研究。

——新疆维吾尔自治区乌鲁木齐市第二十五中学地理教师何明径撰写

7.2.3.3　教学案例

教学案例即对典型且含有疑难问题的真实情境进行描述，是对教学现象的动态性把握，是从实践到理论，再从理论指导到实践探索的结合的产物。主要包括：案例背景，涉及时间、地点、人物、起因等基本概况；案例描述，是有针对性地对主题的事件或情境进行具体、真实、完整的叙写；案例反思，则是结合教学思想理念，剖析案例素材，诊断典型问题，反思教学行为。教学案例应该主题明确，主线明晰，具体翔实、情节完整地客观反映教学现场的典型问题或真实情境，并有独到思考或提出解决策略，一般具有问题性、客观性、实践性和批判性等特征。教学案例是来自于日常的教学实践，贴近于一线教师的工作，服务于教学，又立足于教研的常见形式。

示例　　　　　　　"地理教师培训课程构建创新"案例设计

中文摘要： 地理教师培训课程构建是地理教师专业化培训的重要内容。地理教师培训"自构型课程"构建以点、线、面课程设计为突破口，旨在提高地理教师培训的有效性。

关键词： 自构型课程；递进式课程；有效性；地理教师

☆ 背景信息

本案例遵循课程论、教学论、发展心理学和 PDCA 质量管理等基本原理，基于 2015～2016 年的"国培计划"初中地理培训团队置换脱产研修项目实践，探索出地理教师培训基于学员教学与培训能力基础的"'自构型–递进式'＋'分层互动–循环提高'"课程构建和管理模式，其实施与推广成效主要表现为，模式应用获得高质量培训效果，并证实模式的有效性，包括阶段评估结果显示学员教学与培训能力逐渐达标，追踪调研结果显示训后学员送教下乡业绩丰硕；模式推广应用，助力多种培训走向规范并获得成功；形成"地理 PTS"，支撑协同教学，有效促进"国培计划"持续发展。

☆ 案例正文

"自构型课程"构建。根据教师和教研员对地理教育教学知识的多元化需求及前期受众调查和国培的教学经验，对学员所面临的各种教学问题进行诊断、归并，再依据具体培养目标、专家设计、学员个人需求等，形成宽泛的培训课程资源，实现"资源匹配"；培训前学员从课程资源里按需选择，实现"学员匹配"；最后由培训单位组织专家对结果进行整合，构建匹配的课程体系，形成培训执行课表，实现"双向匹配"。

以案例开发为先导，用案例承载问题、理论与方法结合，并以多样化的方式呈现在教学中。其中"点式案例"来自学员疑难问题，其开发过程使案例富有针对性和个性化；在点式案例矩阵中，以理论线索为主线将案例以线状规则呈现于具体的教学中，形成"线性相关案例"；在实践中，线性相关将教学理论—教学技术操作—教学实施行为—教学评价综合集成为有针对性的教学能力提升面，构成"案例综合集成面"。这种"'点-线-面'案例载体式"的内容系统组织，再次有效提高了培训的针对性，如图 7-5、图 7-6 所示。

递进式课程构建。基于教师技能属于心智动作技能领域的认识，按照布鲁姆的目标分类理论框架，教师教学能力可以分为由低到高的 3 个层次。"模仿"指在原型示范和具体指导下完成操作，或对所提供的对象进行模拟、修改等；"操作"指独立完成操作，或进行调整改进，或尝试与已有技能建立联系；"迁移"指在新的情境下运用已有能力，或理解同一能力在不同情境中的适用性。依据分层原理设计出递进式培训课程，见表 7-6。

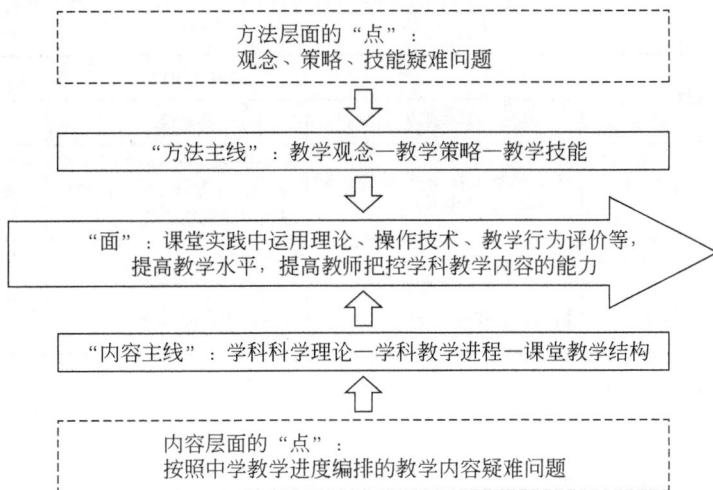

图 7-5　"点线面案例承载课程结构"模式

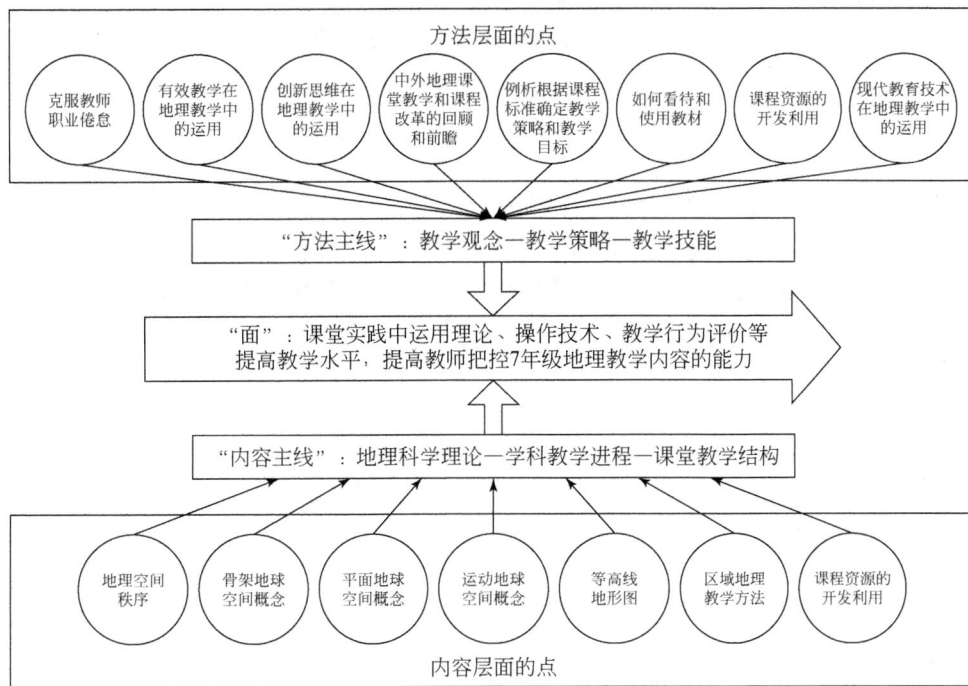

图 7-6　"国培计划 2016"教师培训团队置换脱产研修项目开发课程的途径及课程分布

表 7-6　基于地理教学和培训的能力循环提升课程概览

核心能力	课程	递进式课程		
		基础课程	提高课程	高水平课程
教学设计	地理学科课堂教学设计	基于课程标准和教材的教学设计	基于师生和学校条件的教学设计	基于问题和效果的创新设计
教学评价	地理作业设计与评价	地理作业设计理念、分类、分层	分层作业设计水平提高	个性化作业设计

续表

核心能力	课程	递进式课程		
		基础课程	提高课程	高水平课程
教学评价	课堂观察与评价	课堂观察方法的学习与实践（讲座与案例模拟）	课堂观察方法的现场实践（定性与定量相结合，熟悉地理教师课堂能力评价标准）	课堂观察方法的应用（独立操作校本研修或送教下乡）
教师技能	"地理三板"教学基本功	模仿绘制	独立绘制	创新绘制
科研能力	地理教学科研指导	地理教学案例编写	地理教改论文撰写	地理教研课题申报与研究

成效经验和推广应用（略）。

☆ **案例思考题**

1）地理教师培训"自构型课程"开发的创新点。

2）地理教师培训"自构型课程"组织的主要特色。

3）布鲁姆目标分类理论对地理教师培训递进式课程构建的指导意义。

4）"自构型课程"开发实施对地理教师持续培训的启示。

——云南师范大学教授李琳撰写

7.2.3.4　研究报告

研究报告即对科研课题的一种文字说明材料，也是对原创性研究成果表达的一种新的应用写作文体。其可以广泛用于课题研究成果的表达，如师范生小课题探究成果的表述；其也是学术研究期刊的论文主体，涉及理论性论文、评论性论文和以研究报告等为载体的验证性论文等，如师范生以教学主题为内容的研究成果的表述。研究报告类型有科研报告、实验报告、学期报告、读书报告等，虽然报告内容有别，其格式也不完全相同，但主要包括以下几个部分。

（1）引言

引言即研究报告的开场白，涉及问题的提出、研究的背景与依据、研究的目的与意义，以及研究的假设等。

（2）正文

正文即研究报告的主体，涉及研究的思路与框架、研究的方法与过程、研究的内容与主要成果、研究的结果与分析讨论，以及问题与对策等。

（3）结论

结论即研究报告的结束，涉及结论及说明、解决了何种问题、未解决何种问题，以及需要进一步研究的问题。

（4）其他

其他即研究报告涉及的参考文献、感谢及附录等说明。

🖋 **示例**　　《地理科学（师范类）本科专业人才培养模式改革的研究》研究总结报告

☆ **研究过程的基本情况**

研究计划执行情况。本项目在项目申报书拟定的研究计划基础上，制订了项目的具体实施方案，填写了项目任务书，实施了项目开题，进行了中期检查评估，按本项目计划要求展开了一系列研究，完成了预期的研究任务。

　　研究的主要过程与活动。自本项目于 2006 年 10 月由重庆市教育委员会批准立项以来，本项目研究主要经历了以下几个阶段：准备阶段（立项至 2007 年 3 月）——制定具体实施方案；广泛开展调查研究。研究阶段前期（2007 年 4 月至 2007 年 9 月）——归纳整理提炼信息；深化理论学习研讨；总结前期改革实践。研究阶段后期（2007 年 10 月至 2008 年 6 月）——试用改进培养模式；自觉开展相关研究；主动加强学术交流。总结阶段（2008 年 7 月至 2008 年 10 月）——总结项目研究成果；接受专家的评估验收。

☆ 研究内容与结果

1）研究的主要内容

　　人才培养模式改革的必要性、现实性——地理科学、教师的教育发展需要，以及基础教育新课程推进、人才市场变革的挑战。人才培养目标的调整——培养为基础教育和地方人力资源开发服务的复合型地理师资人才。人才培养方式的改进——采用多元化人才培养方式。课程体系的改革——调整通修类、专业类、教育类和实践类四大模块课。培养途径的拓展——促进课堂教学与课外活动、社会实践有机结合。教学方法手段的改变——运用多种教学方法和手段大力开发课程资源。

2）研究的观点与结论

　　从现代科学技术发展要求、地理科学面临挑战和教师教育发展趋势的必要性分析；从基础教育新课程推进、传统人才市场变革和培养师资机构开放的现实性考察，地理科学（师范类）本科专业人才培养模式改革势在必行。

　　人才培养模式的实质是，为实现其培养目标构建和实施的人才培养体系，是一项包括培养目标、培养具体方式、课程体系结构、方法手段等要素的系统工程。人才培养模式改革是当前高等师范院校深化教育教学改革的重要环节。

　　人才培养目标调整是人才培养模式改革首先要明确的导向，决定着培养方式、课程体系和方法手段等一系列问题的取向。培养为基础教育和地方人力资源开发服务的复合型地理师资人才，必然是地理科学（师范类）本科专业培养目标调整下的人才培养模式改革取向。

　　要实现复合型地理师资人才的培养目标，必须实行主辅修、基础课+分方向、2.5+1.5 等多元化的培养方式；必须改革与优化通修类、专业类、教育类课程体系结构；必须拓展课堂教学与课外活动、科研活动、社团活动、社会实践活动融合的培养途径；必须强化创新教学方法、多媒体技术和课程资源开发利用的有机整合。

☆ 研究的特色与创新

　　研究认识的新视点。传统的、常规的人才培养模式的改革往往局限于某一项具体的培养方式或某一方面的改革，而本项目研究首先定位人才培养模式是实现其培养目标构建和实施的人才培养体系，是一项全方位的系统工程，涉及培养目标、培养方式、培养途径、课程体系、方法手段诸方面的改革；其次，人才培养模式改革不可能一蹴而就，不是短时间的，需要长期的、持续的积累与改进，本项目研究在前期某项或某方面改革探索的基础上继续深化研究。

　　研究方法的新思路。本项目研究采用调查法、文献法、总结法、观察法、案例法、综合分析法、行动研究法等一系列方法综合运用，并将现代信息技术与互联网运用于研究中。主要在广泛调查研究的基础上，积极借鉴国内外教师教育人才培养模式改革的成功经验和研究成果，并系统学习和深入思考现代和当代有关教育理论、课程理论、学习理论等基础理论，为人才培养模式改革提供实践依据和理论支撑。

改革实践的新举措。人才培养方式是人才培养模式的具体形式，近 10 年的实践表明，"主辅修"培养方式、"基础课＋分方向"培养方式、"2.5+1.5"培养方式等，这些不断改进的培养方式都可以提供多样化的发展选择，有利于造就复合型地理师资人才。培养途径是人才培养模式的保障措施，实行课堂教学改革与丰富的课外活动、科研活动、社团活动、社会实践活动融为一体的模式，有利于提高学生的多种能力和综合素质，促进复合型地理师资人才培养目标的实现。

☆ 研究成果的实践效果或应用情况，社会影响

☆ 研究中存在的问题、今后的研究设想

☆ 研究成果

7.2.3.5　教研论文

教研论文即教育科研论文的简称，是用以进行教育科学研究、表述教育科研成果的文体。与科研论文相比，教研论文更注重从教学实践出发，选择有价值的问题进行研究。与其他教研成果相比，以论文为最终成果的教学研究更加突出理论性、科学性和学术性。教研论文类别多样，从教育科研的角度可分为经验型、研讨型、评述型、学术型等论文，其基本结构一般由以下几部分构成。

（1）题目

题目是教研论文的中心论点，表达研究的指向，常用一句话点明所要研究的问题。

（2）摘要及关键词

摘要简述论文的主要研究问题、论文结构和观点，不应描述研究过程，字数以 300 字以内为宜。关键词是表达论文中心论点的核心词语，一般单独列出 3～5 个。

（3）引论

引论是教研论文的前言，是论文主体的过渡。必须简明扼要地写清楚研究的目的、意义、前人的研究状况，以及本研究所要解决的问题等。

（4）主论

主论是教研论文的主体，对研究内容进行阐述和论证。一般都将主论部分分成若干部分，或将论文中心论点分为几个分论点，以番号、标题等逐层展开论述。论文标题层次一般不宜超过 4 级。

（5）结论

结论是对教研论文内容的高度概括和梳理，起到前后呼应、画龙点睛的作用。包括结论和讨论，主要论述研究结论，特别说明有创见的论点，也可以提出进一步研究的问题和方向。

（6）引文或参考文献

引文注释的内容应包括作者姓名、书刊名称、文献篇名、卷数、册数或期数、页码、出版单位和时间等。参考文献是教研论文引用前人、前辈的研究成果，主要有夹注、脚注、尾注等形式。

示例 从主题教学走向地理核心素养培育研究（节选）

摘要：近年来，地理核心素养的构建与培养成为推动地理教育改革的重要课题。分析地理核心素养的构成要素与价值定位，探讨主题教学对地理核心素养培育的意义，并从主题选择、主题教学核心路线设计、主题教学实施路径等方面介绍如何运用主题教学培养地理核心素养，并以"宇宙中寻找'新家'"为例进行具体说明。

关键词：地理；主题教学；核心素养

地理教学的实质和核心是"地理立人"，通过地理学习形成地理核心素养。地理学科应该承载哪些核心素养的培养，可以依托何种教学方式培育核心素养，如何评价学生的学习成果，以及如何利用地理学科优势提升学生的关键能力和品格。

☆ **地理核心素养的构成要素与价值定位**

1）地理核心素养的构成要素

高中地理学科核心素养是通过地理学习而形成的、具有地理学科特性的必备品格和关键能力，主要由人地协调观、综合思维、区域认知和地理实践力 4 个要素构成，可以从基本价值观、基本思想和方法、基本活动经验 3 个维度对其加以认识。

2）地理核心素养的价值定位

用地理核心素养梳理教学目标。用地理核心素养梳理教学目标可以超越传统的知识和能力，并能纠正过去重知识、重能力、忽略态度的教育偏失，不再以地理知识作为学习的唯一范畴，可以整合运用于"生活情境"，强调其在生活中能够实践力行的特质。同时，以地理核心素养为统领教学目标，即可以在培养地理观念、思想、方法、能力方面发挥有效作用，同时可以使学生在"互动沟通""问题探究""行动参与"等方面得到发展。

围绕地理核心素养开发课程体系。地理课程的开发应以地理核心素养为主轴，围绕达成地理核心素养的核心概念和关键能力选择课程内容。在选择具体的地理学习内容时，从地理学科内容层面、社会需求层面、学生发展层面，密切联系学生的生活经验，结合社会热门问题和师生感兴趣的问题，善用地方自然现象与自然环境，配合地方特色民俗等人文现象和人文环境。

为衡量学生全面发展提供评判依据。地理学习评价的内容应定位在"地理核心素养"的形成与发展状况评价上，即以"素养"为立意，准确理解和把握地理学科核心素养的内涵、具体表现和行为表现。评价方法可以通过"成果观察"等方式对"地理核心素养"的表现进行评价，在评价时可以把学习过程分为不同的结构表现层次。

☆ **运用主题教学促进地理核心素养发展**

1）主题选择

主题内容的选择要紧紧围绕地理核心素养的关键能力和必备品格的培养展开；应设置贴近现实环境、社会及学生生活的真实的主题情境；主题的实施路径要体现自主、合作、探究的学习方式。

2）主题教学核心主线的设计

一是基于问题设计的思路；二是基于情境设计的思路；三是基于探究的设计思路。

3）主题教学实施路径

观察情境、觉察问题。教师以语言描述、想象或回忆的方式，或者借助于电影、故事、参观、访谈等媒介，就学生感兴趣或者热门的现实生活话题，唤起相关的地理经验。

引导讨论、确定主题。将问题加以整理、归类，使之成为可探究的主题，并将其划分成要探讨的几个子题。

分工合作、探究主题。各小组学生了解自己所负责的工作，并主动进行规划和设计，教师协助其完成。

整合成果、分享经验。可以通过演讲、辩论、报告、观摩等方式展示学生的学习成果，小组间进行成果的分享与评价，并对小组间的经验进行整合。

综合评价、拓展应用。通过抽象、概括等过程，梳理本主题的知识结构、搭建本类地理问题学习的思维方式方法，将新获得的概念方法在新的情境中进行应用并内化。

☆ **主题教学案例——宇宙中寻找"新家"**

1）内容标准

描述地球所处的宇宙环境，阐述太阳对地球的影响；说明地球的圈层结构和地球运动的地理意义。

2）学业要求（表 7-7）

表 7-7　核心素养与学业要求

核心素养	学业要求
综合思维	理解日地关系对地球生命存在的重要意义；分析昼夜更替和长短变化、太阳高度角变化、季节变化等现象产生的原因
人地协调观	定位人类生存的自然地理环境的位置，并描述地理环境具有高度的复杂性，认识到地球对人类的重要性
地理实践力	对太阳高度、昼夜长短等天文现象进行观察、调查，并查阅有关资料，表达自己的观察结果及体会；运用教具、学具，或通过计算机模拟，演示地球的自转与公转

3）情境设计

请大家组成一个团队，分工合作，完成"宇宙中寻找'新家'——一个类似地球的星球"的探索主题。

4）学习要求

搜集人类能够在"地球"上居住的条件或证据，研究太阳和地球的影响关系；收集资料证明目前地球的内部圈层结构和外部圈层结构的划分对研究地球对人类影响的合理性；能够对现实中看到的"昼夜更替""昼夜长短""水平运动的物体发生右偏""不同地方有不同时刻""太阳高度角变化""四季的形成"等自然现象给予合理的解释，并能举例说明人类如何利用这些自然规律顺势而为。

5）内容安排（表 7-8）

表 7-8　教学建议

课时	情景设计与活动形式
1	观看改编自美国电影《末日世界》《阿凡达》的微视频，展示星空之美、地球之殇和科幻之旅，唤起学生探索宇宙的兴趣，以"头脑风暴"的活动形式，让学生围绕任务要求讨论思考，在真实的情境中分析、提出、转化为地理问题，形成所研究的主题，并划分子题，提出各子题的解决方案，做好分组工作
2	子题 1：我们要找一个怎样的"星球"，展开寻找证据、讨论质疑和评价的活动。围绕子题 1 的完成，让学生重建课程标准内容中的"地球上生命存在的条件"和"太阳对地球的影响"知识组织结构，形成相关的概念框架，培养学生的综合思维素养
3～5	子题 2：通过"地球自转""地球公转"的模拟实验，让学生理解现实生活中看到的自然现象，完成课程标准内容中的"说明地球运动"，培养学生综合思维和地理实践力核心素养

续表

课时	情景设计与活动形式
6	子题 3：去哪里寻找这样的"星球"，并展开讨论质疑和评价。本节课主要针对课程标准内容中的"地球所处的宇宙环境" 反思 1：我们有必要寻找这样一个"星球"吗？反思 2：如果人类真的要踏上这样的行程，需要做好哪些物质和心理准备？本节课主要培养学生的人地观和地理实践力 最后，老师通过概念框架指导学生搜集、处理信息的方向，梳理本项目的知识结构、搭建本类地理问题学习的思维方式，并把学生的智力发展从一个水平引导到另一个更高的水平——抽象、概括、推广到陌生的、新的真实情景中

参 考 文 献

施久铭.2014.什么是核心素养——为了培养"全面发展的人".人民教育，（5）：6.

褚宏启.2015.我国学生的核心素养及其培育.中小学管理，（9）：10.

——选自程菊，徐志梅，舒建秋.2016.从主题教学走向地理核心素养培育研究.地理教育，2：4-6.

行动

查阅整理：

科学研究与教育研究或专业研究与教学研究的区别（提示：可从研究的目的、人员、基础、问题、方法、设计、资料分析、成果表述、成果应用等方面进行比较）。

地理教学研究成果的多种表述形式和地理教学研究论文的划分与类型。

议论讨论：

广义的研究是探求未知事物的行为和过程。狭义的研究是用科学方法探求事物的本质和规律。地理教师和师范生的教学研究属于广义研究还是狭义研究？

行动研究表现于"行动"上、"为行动而研究""对行动的研究"和"在行动中研究"。

分享交流：

列出教育实习期间收集的地理教育调研课题，并简要说明选题研究的必要性和可行性。

你有自己非常关注和青睐的地理教学研究选题吗？如何选中这一题目的？请根据本书提供的视角简评这一选题的价值。

模拟尝试：

以地理教育实习中小课题探究或其他途径教学研究入手，尝试完成一份研究报告，或撰写一篇教研论文。

结合教育实习经历和地理课内外教学实践，请每位地理师范生列出实习中的一条教学座右铭。

材料分析：

结合材料一，分析该地理教育叙事体现的教育理念，或从中值得反思的问题。

材料一： 在一期树屋建造夏令营期间，同学们奋战五天的树屋终于建好了，最后老师就邀请同学们自己决定树屋的名字。大多数同学都在想象自己心中的理想树屋名字，我的小组的最终决定是"水杉树屋"，是一位女生想出来的，其理由是，因为树屋建造在一片水杉林中，且在两棵水杉树之间，窗户外面就有水杉的枝条。水杉是国家一级保护植物，如果叫水杉树屋的话，人们就会潜移默化地有一种保护它的意识。听了她的解说后，我十分认同，觉得这个树屋肯定会以我们组的名字命名。经历几次角逐后，很快就到最终 pk 环节，最后剩下"风之谷树屋"与"水杉树屋"，但在全班的最后表决中，带有童话气息的"风之谷树屋"胜出。

```
          北方地区
            │
            │ 提问：北指的是哪儿以北？
  ┌─────────┼──────────────────────────────────┐
  │         ▼                                    │
  │      位置、范围                               │
  │         │                                    │
  │         │ 提问：在这个范围内包含了哪些地形类型？  │
  │         ▼                                    │
  │                    ┌── 东北平原 ──── 黑土地    │
  │              平原 ─┤                          │
  │      地形、土壤 ─┤   └── 华北平原 ──┐          │
  │              高原 ──── 黄土高原 ──── 黄土地     │
  │         │                          │          │
  │         │ 提问：两种土壤对比，哪种土壤更肥沃？这其实与其气候 │
  │         │ 密不可分。北方地区的气候特征是怎样的呢？    │
  │         ▼                                    │
  │              类型：温带季风气候                  │
  │                      气温：最冷月平均气温在0℃以下，冬季寒冷 │
  │      气候                最热月平均气温在20℃以上，夏季炎热 │
  │              特点：                            │
  │                      降水：年平均降水量为400~800mm， │
  │                          季节分配不均，集中在夏季    │
  │         │                          │          │
  │         │ 提问：400~800mm的降水量算是比较丰富的， │
  │         │ 在这样的降水量下，耕地类型以什么为主？   │
  │         ▼                          ▼          │
  │      农业特征 ── 耕地类型：旱地 ──── 农业类型：旱地农业 │
  └─────────────┘ 提问：旱地上耕作的农业
                    类型叫什么名字？
```

　　　　提问：结合北方地区的气温、　　　　　　　提问：北方的旱地上种
　　　　降水和熟制特点看，北方地区　　　　　　　植了哪些主要作物？
　　　　农业发展可能有什么问题？
　　　　　　　　　　　　　　　　　　　　　　主要作物
春旱 ──────────────────────────────　粮食作物：小麦、玉米、谷子
　　　　　　　　　　　　　　　　　　　　　油料作物：花生
　　　　　　　　　　　　　　　　　　　　　糖料作物：甜菜
　　　　　　　　　　　　　　　　　　　　　其他经济作物：棉花、大豆
　　　　提问：这些农作物在北方能一年几熟？
　　　　可以从其气温特点思考
　　　　　　　　　　　　　　　　　　　　熟制：一年一熟或两年三熟

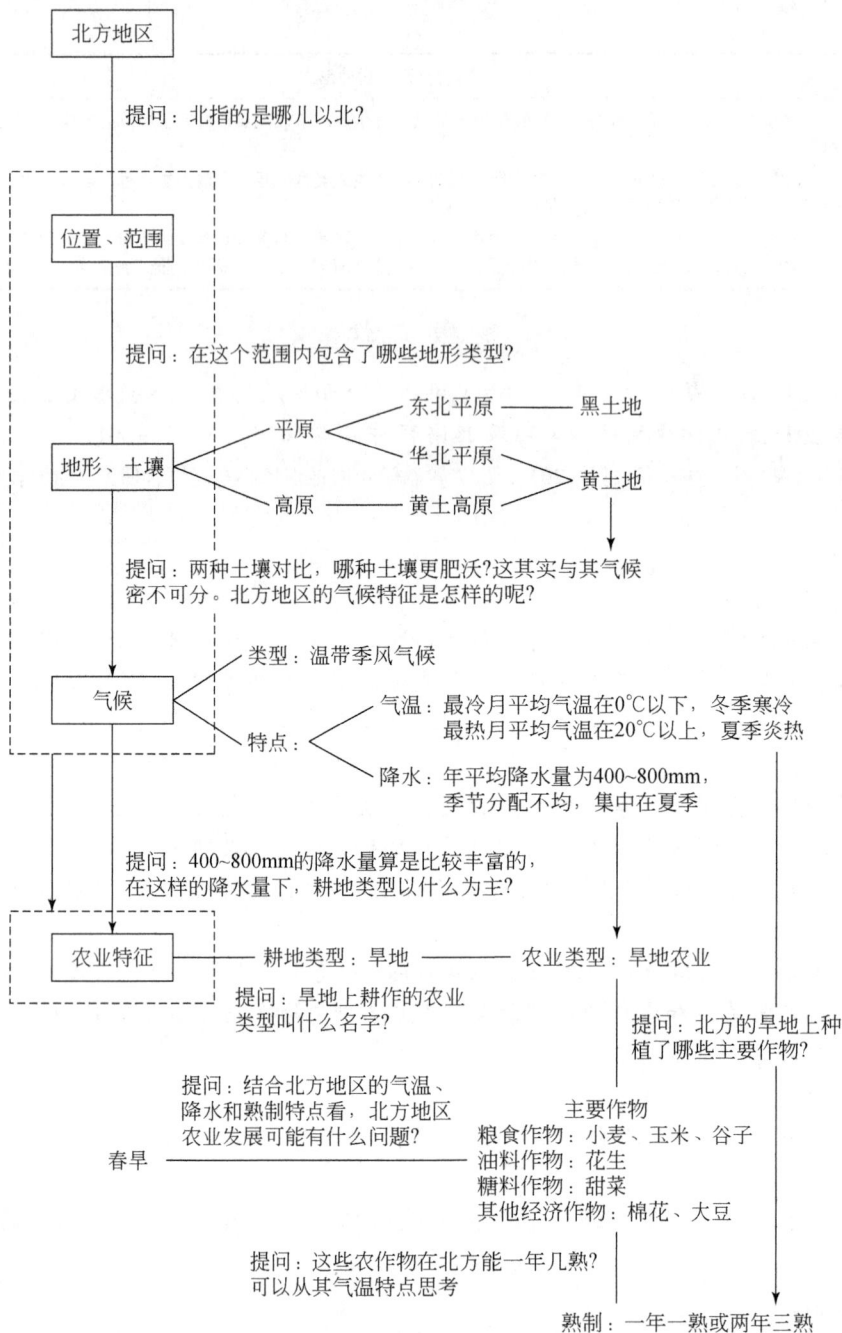

图 7-7　教学思维导图

思维导图中"→"表示因果关系，"—"表示顺承思路。上部虚线框中表示自然地理因素，下部虚线框中表示人文地理因素。

提问是老师语言表述的部分，也是学生连续逻辑思维的部分

面对这个结果，我组的这位女孩哭了，但此时的我找不到合适的语言去安慰她，她哭得越来越厉害，我只好把目光转向正在讲课的老师，他理解我的用意后说："对于没有选上的名称我表示十分的遗憾；但是，对于树屋名字的选出，是采用你们都认同的比较公平的方式，如果有意见可以提出来一起协商。"稍等片刻后又说："其实哭也是一种发泄方式，我们继续

上课!"过了一会儿，女孩停止哭泣，虽然能看出她心中还有遗憾，但已经没有不满和悲伤。

哭泣有时只是一种情绪的宣泄而已，不用过多的紧张，其实学生只是还没有完全冷静，或者是你的继续安慰一次次唤醒她痛苦的回忆，毕竟事情的缓解需要一个过程，别过多关心只是发泄情绪的事情，继续讲课她就会慢慢地平复自己的情绪，恢复过来。

学生有矛盾并不可怕，可怕的是因为矛盾而产生了不满或者憎恨。在解决学生矛盾的过程中，首先应秉着公平、公正的态度去解决；在询问有关情况后，协商解决办法，直到双方满意为止。

——重庆师范大学 2017 级研究生朱太红撰写

结合材料二，评析该地理教学课例设计的合理性、思维导图运用的适切性和教学环节的关联性。

材料二：北方地区是学生地理学习的第一个大的地理分区，通过对北方地区的自然特征和农业进行学习，能够"举一反四"，学会分析、比较四大地理单元自然特征和农业的方法；知道自然特征对农业生产和生活的影响，树立因地制宜、人地协调的科学观念。在设计教学环节时，采用思维导图（图 7-7）对本节课内容进行有效整合，从而使本节的教学流程和需要解决的重点、难点内容清晰可见，对提高师生双方的教学效果都具有重要作用。

——改编自詹李梅，庄永红. 2018. "北方地区自然特征和农业"思维导图教学课例（人教版）.

地理教育，2：23-25.

参 考 文 献

陈倩，李晴. 2013. 高中地理教学案例设计研究综述. 中学地理教学参考，9：20-21.

高鸿源，赵树贤，魏曼华. 2013. 师范生教育实习指南. 北京：北京师范大学出版集团.

李晴. 2012. 中学地理教育学. 北京：科学出版社.

李晴. 2016. 地理教师教育微课程设计与实践的探索. 地理教育，12：51-52.

刘宝，谭学才. 2015. 化学教育实习课程论. 北京：科学出版社.

项家庆. 2008. 新课程背景下中小学教师如何开展行动和叙事研究. 武汉：华中科技大学出版社.

袁书琪. 1995. 地理教育学. 福州：福建教育出版社.

翟大彤，韩龙淑，李鹏鸽，等. 2014. 教育实习指导. 北京：北京师范大学出版集团.

郑金洲. 2005. 教师如何做研究. 上海：华东师范大学出版社.

周跃良，杨光伟. 2011. 教育实习手册. 北京：高等教育出版社.

第 8 章 践行：地理教育实习检测

评估，正是一个发现这些已经制定和组织好的经验能在多大程度上产生期望结果的过程，同时，评估的过程也包括指出该方案的长处和弱点。这有助于检验我们组织和制订的教学计划的基本假设的效度，也可以检验我们用以实施教学计划的特定工具——如教师和其他条件——的效能。

......

既然评估涉及获得有关学生行为变化的证据，那么任何有关教育目标想实现行为的有效证据，都为评估提供了一种合适的方法。认识到这点很重要，因为很多人都将评估等同于纸笔测验……但是，仍然有大量其他类型的期望学生实现的行为，而这些行为所代表的教育目标不能简单地用纸笔工具进行评估。例如，通过观察处于社会条件下的学生，你能更容易也能更准确地评估"个人—社会适应性"这一教育目标。观察也是了解学生的习惯和某种操作性技能的有用工具。另外一种在评估中很有用的方法是访谈，可用来了解学生在态度、兴趣、鉴赏力等方面发生的变化。人们有时候也使用调查问卷来收集有关学生的态度、兴趣和其他行为类型的证据。

——摘自拉尔夫·泰勒. 2017. 课程与教学的基本原理. 罗康，张阅译. 北京：中国轻工业出版社.

地理教育实习检测是以地理教育实习为对象所进行的一种价值判断活动，是依据地理教育实习的目标与规范，对地理教育实习进行系统检验与考核，判断其与实习目标间的距离并以期改进的过程，对地理教育实习活动具有导向、激励、发展、调控和监督等功能。本章以地理教育实习中期检查和地理教育实习效果评价的视角，践行地理教育实习检测。

8.1 地理教育实习中期检查

教育实习中期检查即为更好地了解师范生的教育实习状况，及时反馈实习学校的意见和建议，加强教育实习的过程监控，由高等师范院校教务处及相关学院在教育实习中期组织的对师范生教育实习进展进行的检查工作，确保教育实习工作有序进行，有效达成教育实习目标。本节主要通过地理教育实习中期检查的目的、检查的重点和检查的方式，进行地理教育实习中期检查。

8.1.1 教育实习中期检查的目的

8.1.1.1 强化教育实习过程监控

教育实习过程监控即高等师范院校实习工作督查小组，在教育实习中期深入基地学校，全面把握地理教育实习状况，了解实习师生动态、师范生实习需求、双方指导教师的指导进展，以及实习学校对实习工作的要求等，及时发现问题，并妥善处理，解决实习师生的后顾之忧，保障地理教育实习不偏离正常轨道。由于地理教育实习形式多样，包括基地集中实习、分散实习、顶岗实习、委托实习、单一编队实习、混合编队实习等，再加上实习学校情况各异、实习涉及面广、教育实习任务重、实习生多，全面掌握教育实习动态至关重要。教育实习中期检查是教育实习全过程的重要环节，需要高等师范院校相关领导、教师等分散到各实习学校进行巡视调研，对整个教育实习过程进行实时监控。例如，了解地理师范生是否按照地理教育实习计划有条不紊地开展实习工作，是否试作实习班主任工作能做到班级常规管理的"五到堂"，即不缺席早读、课间操、眼保健操、自习课、体育锻炼及晚自习，协助班主任不仅完成班级日常事务的管理工作，也能创造性地开展班级文体活动。

8.1.1.2　保障教育实习顺利进行

对教育实习工作进行扎实的中期检查，有利于教育实习工作的顺利开展、教育实习任务的圆满完成，促使师范生从师任教能力有更大的提升，进一步巩固地理专业思想和教师职业意识。除对地理师范生教育实习前期情况进行全面的了解和把握以外，中期检查还应注重发现典型、及时肯定成绩、表扬突出实习生、树立实习榜样，发挥先进分子的带头示范作用；还应鼓励师范生增强自信、斗志昂扬地迎接后期教育实习挑战，激励他们为实现预定目标踏实工作、虚心学习、勇于创新、主动探索，信心百倍、满怀激情地圆满完成地理教育实习任务。例如，对于分散实习的地理师范生，主要通过微信、QQ、电话等渠道，侧重关心他们的思想状况和实习需求，关注他们的工作进展和实习表现，针对实习生活中的实际问题和具体困难，点拨开导、排忧解难。又如，及时发现中期检查中地理教育实习的成功经验、典型案例、创新做法等，梳理总结、归纳提炼，并向其他实习学校宣传推广，以达到取长补短、相互交流、学习借鉴、共同提高的目的。

8.1.1.3　强化大学和中学协作交流

大学和中学的协作交流是保障教育实习顺利开展、提高教育实习效果、促进师范生全面发展的重要因素。离开中学的大力支持和友好协助，没有实习学校领导的关怀和教师的具体指导，教育实习无法真正进行和展开。在教育实习的中期阶段对各实习点进行巡视检查和全面走访，可以加强与实习学校的密切联系，巩固和发展与实习学校的良好合作关系，增进与实习学校领导的沟通和实习学校指导教师的意见交流。尤其是应通过中期检查，收集各实习点，包括实习基地学校、分散实习学校等对实习工作提出的意见，对实习问题改进提出的建议，以及对实习工作的更好开展提出的对策。利用中期检查，对这些问题进行集中研究，相互协作，及时解决，逐步构建大学与中学的联动机制，促使双方协同发挥教育实习的监督与指导作用，推动教育实习有效、高效地进行。例如，双方领导及指导教师汇聚在一起，开展座谈交流，探讨对实习生后期课堂教学任务、班主任实习工作指导任务的落实，以及进一步规范教育实习的要求和措施等。

📖 **阅读**　　　　　　　　　**大学与中学协同合作实习指导**

协同合作实习指导流程分为审阅教案—课堂观察—交流分享—撰写反思 4 个阶段循环进行，如图 8-1 所示。

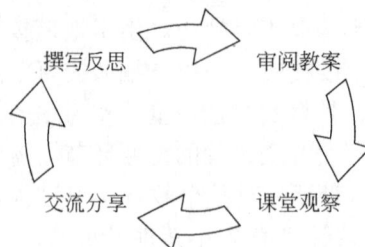

图 8-1　协同合作实习指导流程

审阅教案。实习生首先与中学地理指导教师讨论，确定教学内容，将教学设计于教学前一周交给中学地理指导教师审阅，针对实习生设计所存在的问题进行讨论交流，并修改调整，将修改后的教案同时分发给同一实习小组的同伴。

课堂观察。大学与中学指导教师和实习小组同伴共同进行地理课堂教学观摩。重点对执教实习生所设计的地理教学目标、方法、活动等方面进行观察，以了解教学计划的实践情况。

交流分享。观察地理课堂教学后，执教实习生与指导教师及同伴进行集体反思和专业沟通，实现教学经验的分享，促进教学设计的流程、思路更为明晰，活动设计符合地理实际，以获得实践性知识。

撰写反思。大学指导教师对实习生教学前后设计上的变化进行讨论和分析，帮助实习生进行教学反思，并与小组同伴分享，挖掘所采取的教学决策后蕴藏的地理课程改革理念，使教学设计方案更加符合中学地理教学实际的要求。

在这个流程中，大学指导教师和中学指导教师分工合作，各有侧重。中学指导教师侧重训练实习生对地理教材分析、重点和难点把握、课堂提问、讲授、组织课堂活动等方面的能力。大学指导教师则要帮助学生了解和发现这些策略在具体教学情境中的丰富含义，以及分析具体课堂决策后面可能隐藏的各种动机和意义，揭示教学理论与地理教学实践之间的关系。同时，实习生通过与中学指导教师在教学实践中的交流分享，在亲历体验和问题解决中进一步理解教育理论对地理课堂教学实践的指导作用；在大学指导教师的帮助下，运用所学的教育理论对教育实践中的实际问题进行揭示和批判，实现教育观念和认识的改造和提升。

——改编自郑丽萍，汪君. 2011. 高师协同合作实习指导模式的建构与实施. 教学研究，7：80-81.

8.1.2　教育实习中期检查的重点

8.1.2.1　教育实习计划的落实

检查实习计划安排是否适当。通过中期巡视检查，了解当次教育实习时间安排是否按照原计划有条不紊地进行，当与实习学校计划有冲突时是否及时进行了有效调整，并作出合理安排。了解人员安排是否合理，高等师范院校和实习学校均有指导力量进行有效指导。了解师范生实习年级、实习班级安排落实情况，以及实习人数是否符合要求等。例如，进校时间适逢实习学校新生军训、实习学校刚开学就进校实习或临近进校实习地点突然更改等，如有这些情况，应尽早避免或尽量协调解决。

检查实习计划是否正常实施。通过中期巡视检查，了解实习前期各种常规工作是否按照原计划正常进行，见习和实习阶段的班级管理工作、课堂教学工作以及其他教学管理工作等是否按照教育实习计划规定的要求、内容、任务逐一开展与落实。例如，每周的实习组周会有无进行，指导教师是否认真听取了实习生课前试讲、是否检查了实习生的备课教案，实习生能否按照实习要求每天准时到校实习、进行见习，并认真备课等，着重检查考勤及每周实习组会议记录。

示例　　重庆师范大学地理与旅游学院 2014 级教育实习计划（节选）

☆ 实习目的与基本要求

地理教育实习是师范专业教学计划的重要组成部分，其目的是使学生将平时所学的基本理论、专业知识和基本技能综合地运用到地理教育教学实践中，综合训练学生作为中学地理教师的基本功，从而培养学生独立从事中学地理教育教学工作的能力。同时，通过教育实习，检验我院本科教学质量，并了解当前地理教育现状，学习各实习学校和教师的先进经验，以便进一步改进我院的教育教学工作，不断提高人才培养质量。教育实习的基本要求如下。

在实践中深刻领会党的教育方针、政策，使实习生树立从事地理教育工作的责任感和事业心，培养其良好的教师职业道德。

了解地理教学工作的一般规律和特点，培养学生具有初步的独立从事地理教学工作和教学研究的能力。

初步了解班主任工作的一般规律和特点，培养学生具有初步的独立从事班主任工作和教育管理的能力。

☆ 实习内容与过程

准备阶段（2017 年 9 月 2 日至 9 月 10 日）。指导教师到实习中学落实实习工作，召开实习动员会，举办讲座等。各实习组做好分工和准备工作，分发实习用品。

见习阶段（2017 年 9 月 13 日至 9 月 20 日）。进驻实习学校，了解规章制度，见习教学和班主任工作。实习组长编制实习每周课程表，人手一份，尽快报送办公室和指导教师。

第一轮教学实习生通过试讲，原任教师和学院指导教师签批教案。第一轮实习班主任制订实习班主任工作计划，交原任班主任签字并实施。实习班主任要做到"六到"（早读、课间操、自习课、文体活动、清洁扫除、晚自习）。

实习阶段（2017 年 9 月 23 日至 12 月 13 日）。正式开始课堂教学和班主任实习，并要求参加教学科研活动、教研组工作和学校其他活动。每位实习生至少上课 8 节，并做好记录，及时评议。每周每年级详细互评一次。各轮教案和试讲都要提前由指导教师批准通过。各年级根据条件召开一次实习观摩课。

每个实习班级至少召开一次主题班会或活动，至少组织一次班刊。每位实习生至少做一个中学生的思想工作，进行家访，辅导各门课的学习。选好教育科研或教育调查题目，开展调查，收集资料，写好教育实习论文。实习期间各实习组完成两期（中期和后期）实习简报，反映各小组实习中的基本风貌，以及所见、所闻、所思等内容，图、文、诗词等形式都可以。

总结阶段（2017 年 12 月 14 日至 12 月 21 日）。实习结束最后一周，各实习组安排实习工作总结，组长据此完成实习组总结，内容包括基本情况、突出成绩、存在的问题及建议等，并请指导老师提出修改意见，经修改形成小组总结报告。

各实习组总结最后由班级指定专人负责总撰稿，形成学院实习总结报告，并与实习相关资料一起报学院备案。回校后 3 天内每个实习生将教案、班主任工作计划、班主任日志、教育实习调研报告、个别学生的调查报告等上传教育实习平台，将实习总结等交给指导教师。

8.1.2.2　教育实习活动的进展

了解师范生的实习状况。通过中期巡视检查，了解师范生的生活概况，以及他们在实习学校吃、住、行的实际需求；了解师范生的工作进展，以及师范生实习班主任、课内外教学、教育科研等的实时动态；了解师范生的学习状态，以及师范生之间、师范生与中学生之间、师范生与双方指导教师等的交流沟通。例如，师范生实习中的工作态度、投入程度、主动性与积极性、敬业精神与创新意识，具体涉及听评课课时数及活动参与，上课课时数及反思改进等；师范生课内外教学的能力素养，如板书板图板画、讲解、提问等技能，活动设计、教材处理、课堂调控等能力。

了解指导教师带教情况。通过中期巡视检查，督促本学院带队教师到岗、指导、管理等具体工作的开展。了解指导教师是否按照教育实现计划要求到实习学校负责管理协调实习组的工作，认真负责和耐心、细致地对师范生进行教育教学实习工作指导。例如，指导教师到岗次数，听取师范生试讲和课堂教学的课时数，以及课中认真记录、发现问题，课后及时点评、纠正错误，促进师范生反思、改进和解决等；对实习工作中出现的各种学习、管理、生活等问题，是否及时召开周会进行讨论解决，认真倾听师范生的反馈意见，协调和平衡各方关系，找出应对措施，充分发挥指导教师言传身教、身先示范的作用。

实习指导教师听课记录见表 8-1。

⊙ 表解

表 8-1　实习指导教师听课记录

科目	地理	课题	热力环流	授课教师	文义玲
班级	高一 5 班	听课时间	2016.10.12	听课地点	重庆市第一中学校
		板书要点		点评	
教学内容	热力环流 一、热力环流原理 （1）热力环流的概念 （2）热力环流的形成过程 地面冷热不均→大气的垂直运动→同一水平面气压差→大气的水平运动 （3）热力环流各地点气压值大小规律 （4）等压面的弯曲 二、自然界中常见的热力环流现象 （1）城市风 （2）海陆风 （3）山谷风			（1）由暖气、空调安装位置设置悬念引入新课，激发学生的兴趣，但问题设置的语言不够简洁明了 （2）强调了先有垂直运动，再有水平运动 （3）等压面的弯曲是难点，但并没有讲得很清楚	

续表

科目	地理	课题	热力环流	授课教师	文义玲
班级	高一 5 班	听课时间	2016.10.12	听课地点	重庆市第一中学校
评价	（1）注重创设情景、联系生活。运用与实际生活联系紧密的事例，如暖气、空调安装位置，海陆风的形成、城市热岛效应等问题，帮助学生理解抽象知识内容 （2）注重知识的生成过程。以蜡烛火苗的偏向小实验引起学生的探究欲望，以解决生活中的地理现象为探究线索，力求使学生能够用示意图说明热力环流的形成过程 （3）传统与现代教法的结合。为突破难点，在教学设计中，除设计展示多媒体课件以外，还结合传统的板画进行辅助分析 （4）师生互动不够。教师讲解过多，学生不太活跃，课堂氛围有点沉闷 （5）重点和难点突破需要加强。有些难点内容没有讲解清楚，如等压面的弯曲 （6）教学媒体需要强化。板书排版有点混乱，课件在字体、色调与对比度、链接的设计等方面还存在不足				
建议	（1）建议教师精讲热力环流的原理，并举一例加以说明，然后让学生分组例举热力环流在生活中的运用并加以解释，既可活跃课堂气氛，也能充分发挥小组合作的功能 （2）注意讲解仔细、层层剖析，运用多种方法突破重点和难点，不要泛泛而过，既无反馈也不落实 （3）板书设计应考虑全局，合理安排，课件设计注意简洁、大方、美观、鲜明有特色				

听课人：杨娅娜

8.1.2.3 教育实习任务的达成

检查课堂教学实习情况。通过中期巡视检查，了解师范生在教育实习前半段，课堂教学见习、地理课堂试教是否按照教育实习计划中的任务要求进行；了解师范生地理课堂教学的相关作业是否已经按照要求完成。例如，师范生听课节数，地理课堂试教的课时数，听课记录和教学设计的完成数量等。

检查班主任管理工作实习情况。通过中期巡视检查，了解师范生在教育实习前半段班主任管理工作见习、班主任协助管理工作否按照教育实习计划中的任务要求进行；了解师范生班主任协助管理工作的相关作业是否已经按照要求完成。例如，班级日常管理的正常进行，班会课的组织与开展，班主任工作计划的制订，以及班主任日志的撰写等。

检查课外活动实习情况。通过中期巡视检查，了解师范生在教育实习前半段，地理课外活动计划的制订、组织与实施情况。例如，地理课外活动方案的撰写，地理课外活动开展的次数、实施的内容、组织的形式、完成的情况、师生的反馈等。

检查教育科研实习情况。通过中期巡视检查，了解师范生在教育实习前半段，教育科研实习完成情况；了解师范生对教育实习事件的考察，教育实习资料的收集、整理，教育实习问题的分析和教育现象的探讨。例如，确定的教育调查和研究的对象，已经采用的教育调查和研究的方法，撰写的调查研究报告等。

8.1.3 教育实习中期检查的方式

8.1.3.1 学校领导访谈

学校领导访谈即高等师范院校教务处或相关学院负责人亲自拜访实习基地学校领导，与其面对面直接交流教育实习的整体情况。双方领导的交谈主要涉及本届师范生教育实习年级、指导教师安排，食宿条件与工作环境的基本情况；实习基地学校的教育教学工作特点，以及课程教学改革现状；实习基地学校对师范生实习状况的反馈意见，以及今后教育实习的期待；实习基地学校对高等师范院校课程设置、人才培养的意见和建议；高等师范院校和实习师生对实习基地学校的期许等。通过学校领导访谈，有利于及时沟通与交流教育实习进展，总结优点与成绩，发现问题与不足，尽早采取可行措施有针对性地解决问题，获得有效信息、保障实习质量，为后续教育实习的顺利开展清除障碍。例如，通过中期检查时与对方领导交谈得知，为避免因为教育实习期间不断请假参加应聘而致使实习秩序混乱、效果不佳、管理困难，实习基地学校希望实习生能够由大四上学期的秋季实习改为大三下学期的春季实习，以保证教育实习效果；为规范实习基地学校统一管理，希望实习生进出校园佩戴统一的胸卡等，方便进出校园，强化实习纪律。

8.1.3.2　实习师生座谈

实习师生座谈即高等师范院校教务处或相关学院负责人组织实习师生坐在一起，从自身实践和感受出发，畅所欲言、各抒己见，探讨教育实习中的问题及其解决措施。座谈主要涉及实习生的收获和感悟，课堂教学及班级管理等实习工作中遇到的困难和疑惑；指导教师带教过程中的经历和体会，对实习生管理、带教实习安排、教学检查等方面存在的问题；实习师生各自从自身角度提出的建设性意见和建议等。通过座谈，可以现场为实习师生提建议、出实招、解困惑，保证实习生能专心致志、全心全力投入后期教育实习中，学院指导教师能继续在生活和教学上为实习生提供认真、耐心、深入的指导与帮助，提高教育实习质量。例如，在某次教育实习座谈交流中，实习生反映课堂教学时数过少，真正上讲台的机会不多，教学技能没能得到充分的锻炼；学院指导教师反映，因为实习生分散在实习基地学校的不同校区，不便于对其进行实习指导和管理等，高等师范院校领导听取意见后，及时向实习基地学校进行了沟通。

地理教育实习场景如图 8-2 所示。

图示

图 8-2　师生座谈

——重庆师范大学凤鸣山中学实习组提供

8.1.3.3　实习学校考察

实习学校考察即高等师范院校教务处或相关学院负责人深入实习基地学校，对其教室、操场、办公室、食堂、宿舍等实习设施设备进行实地参观考察。考察主要涉及实习生的备课、试讲等环境，课堂教学、课外活动等场所，以及就餐、住宿等生活条件。通过实习学校考察，了解实习生的食宿问题和实习工作开展的障碍，及时与实习基地学校进行沟通交流，解决其后顾之忧，为实习生后续教育实习活动的开展提供更好、更畅通的后勤保障。例如，某学院在中期巡视考察中发现，实习基地学校没有配备实习生备课活动室，他们只能在班主任或者地理教学指导教师办公桌旁开展实习工作，受到的干扰比较大，无法安心备课，也没有地方进行试讲；实习基地学校食堂没有设置单独的就餐窗口，使部分有禁忌的少数民族实习生就餐比较困难等。

8.1.3.4　实习资料抽查

实习资料抽查即高等师范院校教务处或相关学院负责人在教育实习中期对实习师生的各项实习资料进行随机抽查，检查实习是否按照计划逐步落实。抽查主要涉及考勤记录、每周全体实习生会议记录、实习班主任计划、听课记录、教学日志、班主任日志、实习周记等。通过实习资料抽查，进一步明确教育实习规章制度，督促实习生规范实习行为，按照教育实习计划的规定逐步推进教育实习的步伐，保障教育实习工作的顺利开展。例如，抽查考勤记录，了解实习生每天是否按时到岗；了解每周会议的主题、开展和落实情况，以及效果反馈，强化每周会议的凝聚力作用；了解实习生教育实习手册填写情况（或教育实习平台作业提交情况），督促实习生按时按质完成教育实习相关作业等。

阅读　　　　　　　　　　　**热切的关怀、亲切的鼓励**

今天，在教育实习进行到第 8 周的时候，学院的领导和老师们来重庆市第一中学校看望了我们实习组。大家早早地就来到校园门口等待，不断张望他们的身影。看到院领导和老师们风尘仆仆走进校园的一刹那，内心涌起了阵阵温暖，几周来的劳累、辛苦一下子就烟消云散了。

他们热情地和我们打完招呼，先去参观了宿舍和食堂，了解了我们的住宿条件和就餐环境，亲切地和我们交谈，询问了日常的生活情况。然后，他们与实习学校的领导和指导老师们进行了沟通交流，听取了实习学校的领导和指导教师对我们教育实习工作的评价，非常感谢实习学校对我院教育实习工作的大力支持和鼎力相助，对实习生不厌其烦的进行耐心指导和细心帮助；也对实习学校对实习工作的顺利开展和实习生工作表现的肯定表示欣慰。

学院领导和老师随后组织实习师生进行了交流座谈。座谈会上，气氛热烈、沟通融洽。领导一致对实习组工作扎实、认真负责、吃苦耐劳、精益求精的精神，以及师生对实习工作充满干劲和高度热情大加赞赏，也及时指出教育实习过程中面临的实际问题。实习组同学人人畅所欲言，个个敞开心扉：十分感谢实习学校提供的教育实习的极好平台以及对生活、工作给予的细心照顾，更感谢地理组各位指导教师的精心指导和耐心帮助，并表示今后一定会严格要求自己，更加细心备课、全力以赴认真上课，按照学校教育实习要求，高质量完成地理教学实习任务。

最后，学院领导和老师希望我们再接再厉，勇于创新，鼓励大家要发扬重庆师范大学精神，肯吃苦、勤钻研、乐思考、善交流、勇创新、甘奉献，在实习学校树立起我校学生团结活泼、积极进取、斗志昂扬、探索创新的精神面貌。

领导和老师又到下一个实习组看望其他实习同学，可我的心情却久久不能平复，领导的支持、老师的关怀一直浮现在眼前，指导教师的热切鼓励和同学们的豪言壮语仍然回响在耳边。我暗暗下定决心，再苦再累都不怕，一定要以更饱满的热情投入教育实习后期阶段，给自己大学四年的学习生活画上一个圆满的句号。

——重庆师范大学 2013 级本科生陈莎莎撰写

行动

深化思考：地理教育实习中期检查对整个地理教育实习任务圆满完成的必要性和重要性。

议论讨论：地理教育实习中期检查可从哪些方面检查、反馈实习生的工作态度和表现等。

概括梳理：实习生本人在实习前期主要做了哪些工作？还有哪些没有如期展开？后期如何改进？

集思广益：除本书提供的地理教育实习中期检测方式以外，还可否提出新的检测形式。

8.2　地理教育实习效果评价

教育实习效果评价即在一定的教育思想、教育理论、教育理念指导下，依据教育实习标准要求，对教育实习活动及其效果给予价值上的判断和评估，是全面检测高等师范院校人才培养质量和教育教学实践效果的有效途径。全面的教育实习评价涉及教育实习的组织管理、教育实习的基地建设、实习指导教师、实习师范生等方面。其中，师范生的实习评价是重要方面。本节主要通过地理教育实习评价的功能、地理教育实习评价的内容和地理教育实习评价的方法，开展地理教育实习效果评价。

8.2.1　地理教育实习评价的功能

8.2.1.1　诊断功能

诊断功能即通过教育实习评价比较客观地反映出教育实习的实际情况和水平，准确地指出教育实习的优点和存在的问题，把控教育实习的整体状况。教育实习评价能够使高等师范院校认真总结教育实习管理经验，把实践中提出的新问题提高到教育科学和管理科学的理论高度进行研究，从而推动教育工作者以科学的理论作为指导，为制定可行的教育实习政策、标准，促使高等师范院校教育实习质量的不断提高做出更大努力。同时，促使地理师范生在实习过程中及时得到反馈，并根据评价反馈进一步树立教育信念，调整自己的教学行为，提升其课内外教学实践能力，促进教师心理和职业能力的成熟，避免其在未来职业岗位上独立面对各种复杂的教育情境时处于"孤立无援"的状况。

8.2.1.2　导向功能

导向功能即通过教育实习评价判定教育实习活动是否符合教育实习的目的和要求，有无全面完成教育实习计划，以及方案规定的任务和内容等，保证教育实习始终沿着科学正确的方向运行。在职前教师培养过程中，师范生对地理教师应该具备的专业素养、运用的教学技能、教学工作的规划等缺乏明确认识，对教师职业成长的认知水平较低。如果师范生在实习期间没有明确的努力方向和具体的实践目标，势必会影响其实习效果和职业发展。

因此，通过科学、合理的评价对其予以引导，指导他们主动去思考应该做什么、怎样去做，以及达到什么样的要求，一方面能较为全面地衡量学校教育实习管理工作，另一方面也可引领实习工作正常进行。

8.2.1.3 发展功能

发展功能即教育实习评价立足于地理师范生实际，用发展的眼光衡量实习生的具体表现，着眼于实习生的未来和发展，包括他们个人综合素质的提升和教育教学水平的提高等。正如美国著名教育评价学专家斯塔弗宾所言：评价的目的不在于证明，而在于改进。也就是说，教育实习评价不能只对师范生的实习情况做简单的好坏区分，而应将促进师范生发展作为评价过程的重要目标。教育实习评价并不是用分数单一地衡量师范生是否符合实习要求与标准，不再是单纯地为了进行检验、鉴定和总结，而是关注他们在实习过程中的变化和发展，通过评价对其表现做出及时反馈，引导他们不断审视、反思、修正自身，实现自我快速成长。教育实习评价应是地理师范生未来职业发展的起点、向导和动力，不断推动实习生素质的提升与教育教学能力的发展，才是教育实习评价的最终归宿。

8.2.1.4 激励功能

激励功能即教育实习评价是实习生不断自我认识、自我总结和自我提升的发展过程。一方面，通过实习评价，促使实习生为获得实习成果的肯定赞赏、实现自身价值的认可而对实习产生高度的热情并全力以赴，使刻板的评价标准经由被评价者自我实现的内在需要转化为被评价者的实际行动，从而推动教育实习预期目标的达成。另一方面，在实习过程中，当实习生感受到自身实力与实习中学指导教师或其他同学的巨大差距时，就会形成一定的心理压力和危机感，形成自我发展的内在动力。例如，师范生在实习阶段前期接触中学地理课堂，感受到基础教育地理课程改革对地理教师的要求高、任务重，心理压力增大，指导教师以身作则、示范引领，激励师范生知难而进、迎难而上，克服困难、增强自信，为后期教育实习奠定基础。

Web 2.0 技术在地理教育实习评价中的作用见表 8-2。

表解

表 8-2 Web 2.0 技术的作用

相关技术	作用体现	评价角度
播客	视频可以动态、直观地记录完整的地理教学过程，指导教师可以直接对教学视频进行针对性点评	观摩地理课堂教学过程，评价实习教师对地理知识的组织能力及其课堂教学技能
博客	个人学习与知识管理工具，记录地理课堂教学中的情况与问题，进行教学反思与实习工作总结	评价实习教师自身学习能力与对教学工作的反思能力
Wiki 协作	实现协作学习与互评活动，在一定的激励机制下最大化个人和他人习得的成果	评价实习教师对于地理教学设计、案例选择与教案撰写等方面的了解与掌握情况
论坛、讨论组	实习教师与指导教师进行地理教学时存在问题讨论与交流，并对特定主题发表各种观点	评价实习教师相互交流实习情况与对实习问题的解决能力
聚合 RSS	指导教师通过订阅实习生博客来及时获悉更新资料，实习教师可以订阅地理专业实习同学的博客	只做信息汇聚功能

——改编自陈玲平，黄萍萍. 2010.Web2.0 下教育实习过程的评价方法探究. 软件导刊, 9（4）: 102-104.

8.2.2　地理教育实习评价的内容

8.2.2.1　地理课堂教学实习评价

课堂教学实习是教育实习的重要环节，通常称为"试教"。地理课堂教学实习促进师范生走进中学教学一线，了解新一轮地理课程改革理念和动态，掌握地理课堂教学的技能技巧，具备未来教师从事地理教学工作的能力，强化地理教师的职业意识，塑造新一代教师爱岗敬业、教书育人的光辉形象。对师范生地理课堂教学实习进行评价，包括对其课前准备中的课程标准研读、教材处理、学情分析、教案编写，课堂教学中的教学过程实施、教学课堂调控、教学氛围营造、师生互动交流、方法媒体优化组合，教后反思中的目标达成、效果反馈、亮点和闪光点、问题和失误、改进建议等方面的评价。

8.2.2.2　班主任工作实习评价

班主任工作实习是教育实习不可或缺的一部分，通常称为"试作"。班主任工作实习可使师范生初步体会班主任的日常管理工作，了解班主任的工作特点和重心，为今后的班级管理和班主任工作的开展奠定良好基础。对师范生班主任工作进行评价，包括对班主任工作计划及日志撰写、组织主题班会和常务班会、班团队建设、文体活动开展、班级偶发事件处理、与学生的交心谈心、进行家访，以及早操、课间操、眼保健操、清洁值日、早晚自习、作业检查、课后辅导等班级日常管理工作的评价。

8.2.2.3　地理课外活动实习评价

课外活动实习是教育实习的重要组成部分，是课堂教学实习的补充和延伸，它与课堂教学实习有机地结合起来，可以较全面地实现实习目标，更好地完善教育实习过程。地理课外活动实习可以促使师范生了解和掌握地理课外活动实习的内容，组织、管理和开展活动的方法，独立完成课外活动的各项工作，培养创新意识，提升地理课外活动的指导能力。对师范生地理课外活动实习进行评价，包括对活动计划安排、活动内容形式、活动主题、师范生指导能力、中学生参与意识和程度、与课堂教学的联系等方面的评价。

地理课外活动实习评价参考内容，见表8-3。

表解

表 8-3　评价参考

评价要点	评价分数	评价等级					总分
		优	良	中	及格	不及格	
活动组织落实、计划合理、方案切实可行	10						
活动内容丰富、形式灵活、途径多样	20						
活动主题鲜明、切合学生实际、结合地理学科特点	20						
活动指导规范、讲解清晰、示范得当、操作有效	30						
活动过程中学生参与程度高、主体意识强、团队分工协作	20						

8.2.2.4 地理教育科研实习评价

教育科研实习是教育实习中培养师范生研究能力的重要渠道。地理教育科研实习可以促进师范生将书本上学到的一些科学研究的理论与方法在实践中加以运用，亲自实践操作过程，培养独立进行调研的计划、内容等制作和进行的能力，学会具体操作方法，为走向社会从事科学研究奠定良好基础；通过师范生对来自各方面、各种渠道、各种形式的调查研究资料的收集和整理，了解人们对地理教育的认识态度及需求，了解地理教育在社会发展中的位置和作用，重新调整自己的学习目标和走向社会的工作目标，摆正自己的位置，提高事业心，增强责任感，养成进行科学研究的习惯，善于在研究、总结工作经验的基础上提高工作质量。对师范生地理教育科研实习进行评价，包括对其调查研究内容，选题的创新性、实用性、可行性，调查研究的方法和程序，科研成果的呈现等方面的评价。

地理教育科研实习评价参考内容见表 8-4。

@ 表解

表 8-4 评价参考

评价要点	评价分数	评定等级					总分
		优	良	中	及格	不及格	
紧密结合社会、学科、学生实际选题，主题鲜明，具有一定的理论性和实用性	20						
调研目的明确，参与态度积极，计划切实可行	20						
深入实际调查，不辞辛苦走访，虚心学习请教，认真记录采集	10						
广泛资料搜集，认真分析研究，方法运用科学，加工处理有效	20						
撰写报告规范、结构体系合理、文字表述流畅，调查结论可靠	20						
成果运用具有一定的推广性，对地理课程改革和地理教学具有参考意义	10						

8.2.3 地理教育实习评价的方法

8.2.3.1 按照评价的性质划分

（1）定性评价

地理教育实习定性评价是指导教师对师范生的实习表现和完成任务等进行观察和分析，对其地理教育实习工作进行的描述性评价，如评出等级、写出评语等，侧重于质的方面。主要通过面谈、等级评价、评价展示会、档案袋评价等途径了解学生的具体实习表现。面谈即指导教师与实习生面对面进行交流，共同研究和分析实习生教育实习的情况；等级评价即指导教师依据实习生相关材料，对照评价标准，对其表现给予相应等级；评价展示会即在教育实习结束时，指导教师组织师范生进行实习成果展示交流，根据其表现及成果材料进行评价；档案袋评价即对师范生教育实习开始到结束的相关实习材料，如班主任计划、授课教案、反思日记、指导教师和同伴的评课记录、组织班会情况、班主任日志、对个别学生教育的记录等，建立专门档案，用于实习结束成绩的评定。这种评价方式应用较广，简单实用，强调师生间的反馈交流，注重师范生整个教育实习过程的全面表现和发展变化，比较人性化，评价所得的结果易被评价者所接受，但不可避免有一定的主观色彩。

一位地理实习生的"试作"成绩鉴定见表8-5。

表解

表 8-5 "试作"成绩鉴定表

姓名	李××	学号	20110514×××	专业	地理科学（师范）
实习学校	重庆市第八中学	实习班级	初二5班	起止日期	2014年9月至12月
实习学校"试作"指导教师意见	该实习生在本校实习班主任期间，能坚持每天全程跟班，主动与班主任交流班级情况，与同学谈心，进行个别指导。认真听取老师的意见，并虚心学习，积极主动参与班级管理与活动，做学生的知心朋友和"大姐姐"。在此期间，独立主持一次班会和一次课外活动，参与组织本班校运会的筹备、组织和管理。通过"师生联系本"用笔谈的方式与每一位学生交流并进行指导，受到了学生的好评。 该生有较高的素质、强烈的责任心、真诚的爱心，给我们留下了深刻的印象。 成绩：_____分　　指导教师：_____（学校盖章）____年____月____日				
学院指导教师意见	该生在重庆市第八中学实习班主任期间，全身心投入班级管理，工作认真负责、踏实肯干，善于动脑思考。实习态度端正，能虚心接受指导，较好地运用班级管理方法与技巧，独立妥善处理班级日常事务，积极开展各项活动。十分热爱学生、关心学生成长，特别注意个别教育的方式方法，深受学生喜爱，受到了师生的一致肯定。 成绩：_____分　　指导教师：_____　____年____月____日				
学院实习领导小组意见	对班主任管理工作进一步了解和熟悉，掌握班级管理工作的方法技巧，初步具备班主任工作能力。 综合成绩：_____分　　实习领导小组组长：_____（学院盖章）____年____月____日				

（2）定量评价

地理教育实习定量评价是采用数学的方法，将教育实习相关内容进行项目划分，对划分出的各个项目的评分标准和分值作出规定，再按照标准计分对评价对象的特性用数值进行描述和判断，侧重于量的方面。进行定量评价需要根据教育实习目的、学科特点和评价内容，构建评价的指标体系，教育实习的评价指标可以分为教学基本技能、教学设计能力、专业精神与人格等一级指标，各占不同的权重。其中，一级指标又可以分为若干二级指标等，如教学基本技能可分为语言表达、板书设计、课堂组织、目标确定等，二级指标又在一级指标下占不同的权重。这种评价方式操作较为复杂，但是以定量的标准和分值进行计分，可使目标明确、具体，可在一定程度上减少主观判断产生的不公，使评价结果更加客观、精确、公平。同时，因为项目划分明确、指标体系清晰，对地理师范生的教育实习起到了导向和激励作用，有利于教育实习工作的组织管理，增强教育实习评价的有效性。

地理教育实习评价指标参考见表8-6。

@ 表解

表 8-6　实习评价指标参考表

一级指标	权重	二级指标	权重
教学基本技能	0.15	教学语言流畅、准确、简洁	0.04
		"三板"规范、工整，演示操作熟练	0.03
		教态自然，感染力强	0.04
		教材处理适度，教学目标贴近学生实际	0.04
教学设计能力	0.15	符合地理教学目标要求	0.04
		满足学生地理学习需求	0.04
		体现地理新课程理念	0.03
		教学环节合理、结构层次清晰	0.02
		能有效突出重点、突破难点	0.02
教学方式	0.15	体现自主学习、合作学习、探究学习	0.10
		创设学习环境，为学生提供讨论、质疑、探究、合作与交流的机会	0.05
专业精神与人格	0.15	热爱地理教育事业，勇于奉献	0.03
		有团队合作精神与协调能力	0.03
		尊重学生个体差异，公平诚信	0.06
		关心、关爱每个学生的发展	0.03
现代信息技术	0.15	熟练运用现代技术手段进行地理教学	0.07
		能鉴别和利用校内外地理课程资源	0.04
		能有效帮助学生寻找、收集和利用学习资源	0.04
交流与反思	0.10	能帮助、指导学生进行交流与反思，对学习过程和结果进行评价	0.04
		能对自己的教育教学行为进行反思，从中获得经验和教训	0.04
		能积极与学生、家长、同事交流和沟通，总结改进教学	0.02
教育能力	0.15	能了解和掌握个别与全体学生的情况	0.05
		制订具体、明确、可行的班主任工作计划	0.03
		工作方法灵活多样，能有效对学生进行思想教育	0.04
		能创造性地开展班级管理工作	0.03

——改编自丘名实. 2004. 中学物理教育实习评价研究. 海南师范学院学报（自然科学版），17（1）：83-86.

8.2.3.2　按照评价的阶段划分

（1）过程性评价

地理教育实习过程性评价是对师范生在实习过程中的具体表现进行观察分析，并随时进行记录的评价，有计划、有步骤地贯穿于整个教育实习过程中，评价效果的显现也是逐步完成的。实施过程性评价主要通过以下途径：一是在实习过程中随时收集实习生相关材料，如根据每周的反思日记、听课记录、授课教案、个人规划、班主任日志、自评量表等，对实习生给予全面指导，及时解答其疑惑，并对实习生的表现做出评价，为更好地进行教育实习提供参考意见。二是定期召开实习交流会议，由实习生汇报实习情况，交流和分享自己的实习经历，指导教师对必要的疑惑和困难做出指导和解答，并对实习生的态度、能力等做出评定。通过过程性评价，可以及时了解地理师范生的教育实习动态，发现其优势及不足，共同研讨，相互学习，在分享中促进交流，在交流中促进成长，以更好地完成地理教育实习任务。

　　教育实习成绩档案袋评价模式内容如图 8-3 所示。

图示

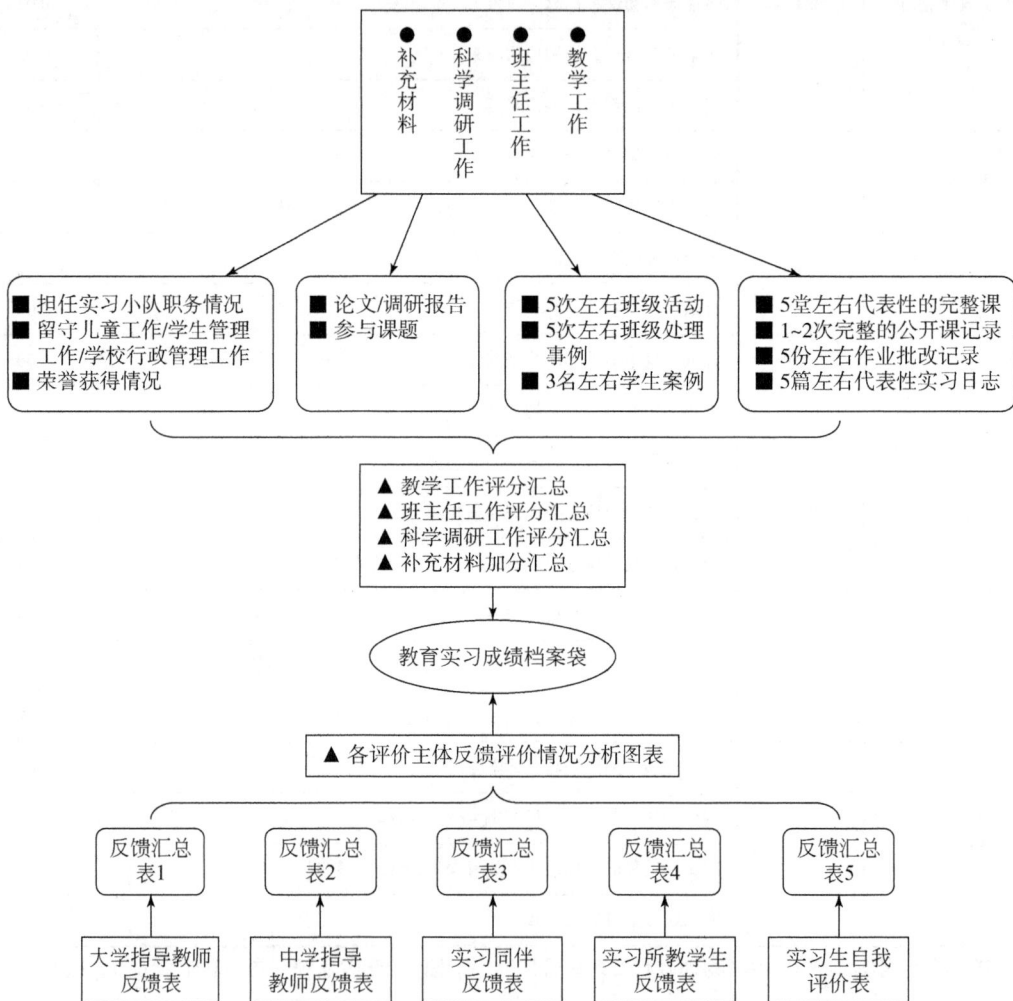

图 8-3　教育实习成绩档案袋评价模式内容框架图

——改编自祝丽巧. 2016. 高师院校教育实习成绩档案袋评价模式的建构研究. 闽南师范大学硕士学位论文.

（2）终结性评价

地理教育实习终结性评价是整个教育实习结束后，指导教师根据师范生相关教育实习工作做出的总结性评价。终结性评价的参考依据，一是实习生及时上交所有实习材料、规范完成教育实习相关文本；二是各类实习总结会上的陈述展示、指导教师深入实习学校了解到的师范生实际表现；三是各种评价量表，如实习学校地理指导教师对师范生课堂教学的评价量表、班主任指导教师对师范生班主任实习工作的评价量表等。依据上述材料对地理师范生教育实习工作的成绩和不足进行评价，对胜任或基本胜任或不胜任中学地理教育工作做出鉴定结论。鉴定一般采用评语和评分相结合的方式，因此，又叫"教育实习成绩报告"，其主要内容包括对实习生课堂教学实习和班主任工作实习进行评价，先由实习学校地理指导教师和班主任指导教师写出评语并给出成绩，然后由院系实习指导教师写出评语并给出成绩，综合两者评分后由院系实习指导小组进行审核，对实习生的成绩进行复评，根据不同分级制订出优秀、良好、中等、及格、不及格等若干等级。"教育实习成绩报告表"将记入学生档案，实习成绩不合格者不能毕业。

一位地理实习生的"试教"成绩评定见表 8-7。

@ 表解

表 8-7　"试教"成绩鉴定表

姓名	杨××	学号	201105147××	专业	地理科学（师范）
实习学校	重庆市第八中学	实习班级	初一 4 班	起止日期	2014 年 9 月至 12 月
实习学校"试教"指导教师意见	\multicolumn{5}{l}{该生在教育实习期间，非常出色地完成了课堂试教工作。具体表现有以下几点：一是在思想上对教学实习工作非常重视。从开始实习第一天起就全身心投入工作中，顺利地完成从学生到老师的角色转换。二是勤奋好学，肯于钻研，虚心接受指导教师的意见，听课积极认真。三是与学生交朋友，以亲身经历向学生传授学习经验，帮助他们解决学习中遇到的难题，努力做学生的良师益友。四是认真研究教材、教法，备课中不墨守成规，勇于创新，大胆尝试合作探究的教学模式，并在授课中展现出一定的控制课堂的能力和优良的教师基本功素养。经过这次教学实习，该生已经具备作为一名地理教师的基本素质，相信在不久的将来，他一定会成为一名优秀的中学地理教师。 成绩：　90　分　　指导教师：　黄 ×　　（学校盖章）　　2014 年 12 月 1 日}
学院指导教师意见	\multicolumn{5}{l}{该生在进行地理课堂教学实习期间，认真积极、勤奋踏实，能够虚心向指导教师请教，认真钻研教材，积极查阅资料，发现问题能主动提出讨论，善于思考，能举一反三。在地理课堂教学中表现出良好的综合素质，教学目标明确，板书工整、语言清晰、教态自然，能够适时根据教学内容及学生反应调整自己的教学方式，有一定的课堂组织和驾驭能力。注重教案的编写与课后的反思。相信在今后的工作中能更好地注重备课的针对性和难点的有效突破，使自己更快成长。 成绩：　86　分　　指导教师：　杨××　　　　　2014 年 12 月 18 日}
学院实习领导小组意见	\multicolumn{5}{l}{对地理课堂教学工作进一步了解和熟悉，掌握地理课堂教学的方法技巧，初步具备地理教师的基本素质。 综合成绩：　88　分　　实习领导小组组长：　王×　　（学院盖章）　　2014 年 12 月 20 日}

8.2.3.3　按照评价的主体划分

（1）自我评价

地理教育实习自我评价是师范生依据评价标准对自身教育实习活动进行的评价，包括实习前的自我诊断、实习中的反思评议、实习后的全面评价，是一个自我反馈、自我激励、自我调整和自我提高的过程，是师范生检验自己在地理教育实习中各方面成长与进步情况的方式，也叫内部评价。主要涉及自己在教育实习前的知识、技能等基础和充实提升，对课堂教学的准备、设计、实施等技能的初步掌握和强化提高，对班主任常规管理和主题工作的基本了解和进一步熟悉，对地理教师职业信念、理想情操、专业素养、教书育人的模糊认识和深化领悟等。通过地理师范生的自我评价，不仅可以及时发现自身存在的问题，调整教学行为，强化教育实习效果，还可以反思地理课程改革，总结梳理教育教学经验，为今后胜任中学教学工作奠定基础。

一周课堂教学实习回顾见表 8-8。

表解

表 8-8　实习回顾

_____年 __月___ 日　　　星期_____

本周内讲授最成功的教学内容是哪几节?为什么会取得成功?

教学设计思路、教学环节构成、教学活动安排有哪些亮点? 可否进一步提高?

本周内讲授不成功的教学内容是哪几节?为什么会失败?

师生互动交流、地理专业术语阐释、板图板画绘制有哪些地方还需要改进?

与中学生课后交流，了解他们是否喜欢我的课，喜欢课堂讲授的哪些方面?

中学地理指导教师观课后点评的启示是什么? 还希望获得哪些方面的指导与帮助?

大学指导教师听课后的评议及建议对后续课堂教学有什么作用?

实习组同伴对我课堂教学实习的点滴评议和分享交流是什么?

对一周以来的教材内容熟悉、课堂教学调控和上课的进步进行反思。

对在下周内要完成的课堂教学实习任务、提升的地理教学技能的期待。

（2）他人评价

地理教育实习他人评价来自于双方指导教师、实习组、其他实习生和中学生对该实习生教育实习各个方面表现的评价，也称为外部评价。主要通过其他人对实习生的课堂观察与随机调查和反馈评价等方式进行。主要看其是否以学生为中心安排教学活动，教学环节设置是否合理，学生融入课堂、参与教学的情况如何，是否关注学生的个性差异，是否让学生充分展现自己，对学生的评价是否合理、公平等；调查实习生班级管理能力、班队活动开展实施水平等情况。这是收集信息、科学评价师范生的有效渠道之一。通过他人评价，可以使评价更为广泛与全面，使评价结果更加科学与公正，来自指导教师、实习组、其他同伴、中学生和家长等其他评价主体的教育实习评价，往往能够促使师范生更清楚自身在教育实习实践中的主要优势和局限性，并针对存在的问题和不足进行认真仔细的分析、有效落实的改进，并争取在课堂教学能力、课外活动组织、班主任工作管理等方面不断提升。

示例　　　　　　　　　　**记一位地理实习教师的图表课堂**

2016～2017 学年第二学期，一位华中师范大学的硕士研究生来我校实习。她形式新颖的内容呈现，简洁纯净、干脆利落的语言表达，以及工整规范的备课笔记等教学素养深深触动了作为地理教学指导教师的我。总体来讲，她的课堂呈现以下特点。

☆ **充分利用图表**

读图能力是地理学科的核心素养之一。如何从起始年级培养学生的读图、析图能力早已成为地理教师思考的课题。功夫在平时，地理教师应有意识地用图表充实课堂。这位实习教师的众多原创图表就恰好契合了学生的需求，她比较擅长运用表格、图像等形式来呈现地理知识、揭示地理规律、启迪学生思维。

"昼夜长短的变化"教学。夏至日，北半球昼达到一年中最长，纬度越高昼越长，北极圈内极昼；冬至日，南半球昼达到一年中最长，纬度越高昼越长，南极圈内极昼；二分日，全球各纬度昼夜等长，其规律如图 8-4 所示。

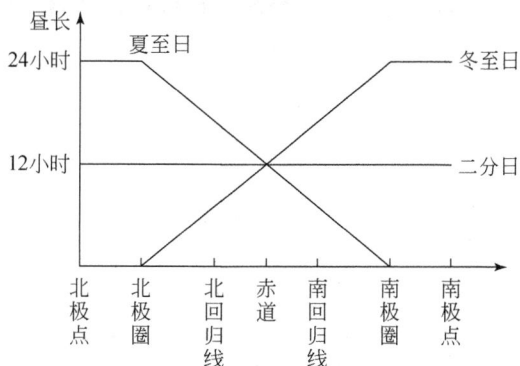

图 8-4　二分二至日各纬度昼长示意图

3 条特殊纬线昼长随时间变化：北极圈昼最长与最短分别出现在夏至日与冬至日。南极圈昼最长与最短分别出现在冬至日与夏至日。赤道上终年昼夜等长（图 8-5）。

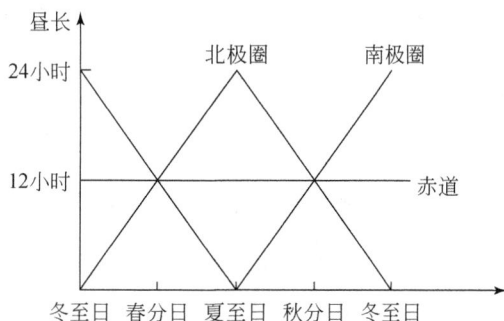

图 8-5　赤道、北极圈和南极圈二分二至日昼长示意图

☆ **重视导入与承转**

富有生命的地理课堂好比师生共同演绎一个精彩的故事，精心设计的导入能起到衔接知识、激发兴趣、埋下伏笔、激活思维、主动探究等作用。承转往往位于前后两个学习板块之间，起到承上启下、前后联系的作用。重视导入与承转的地理课堂会让学生觉得过渡自然，氛围轻松。

"正午太阳高度的变化"课堂导入。去年 6 月，李明家在某小区购买了一套一楼的商品房。今年 12 月入住后发现，阳光全被南边的楼房挡住了。他感到很困惑，看房那日，一楼阳光明媚，怎么才过去几个月阳光就被挡住了？这是什么原因？

"正午太阳高度纬度分布"向"正午太阳高度季节变化"过渡。同一时刻，太阳直射点的位置是确定的，只要知道直射点纬度，就能描述不同纬度正午太阳高度分布状况：正午太阳高度由直射点所在纬度向南北两侧递减。那么在同一地点，由于太阳直射点南北移动，对正午太阳高度有什么影响？

☆ **精心设计课堂练习**

课堂练习是学练结合的重要路径，其设计应紧扣地理课程标准，同时应能提高学生的思维能力。学练结合的突出优点是能最大限度地调动学生积极参与学习过程，使学生在地理课堂上真正有所收获，感到学以致用。地球运动的地理意义是高中地理必修一中较难的部分之一，必须在课堂上进行有针对性的练习。

"地球运动的地理意义"课堂练习一。如图 8-6 所示，盱眙（33°N）的楼间距取决于哪一天的正午太阳高度？

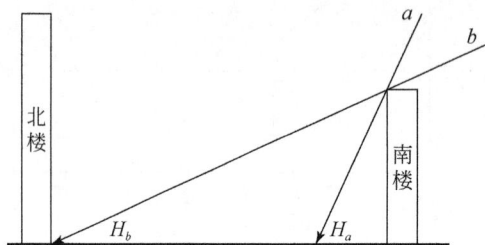

图 8-6　二至日盱眙（33°N）正午太阳高度

"地球运动的地理意义"课堂练习二。读太阳直射点回归运动示意图（图 8-7），思考 9 月 23 日至次年 3 月 21 日，盱眙（33°N）正午太阳高度如何变化？

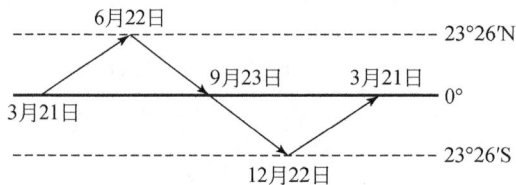

图 8-7　太阳直射点回归运动示意图

以上是对实习教师课堂教学的记录与评价，一样的教材，不一样的教法，真是让人受益匪浅。还未正式登上三尺讲台，其扎实的教学基本功和对高中地理教学的智慧理解令人钦佩。多听课、多反思，反观自身教学的不足，不断优化教学方法，改进课堂教学，是促进地理教师专业成长的重要途径。

——改编自曹元. 2017. 一样的食材，不一样的味道———记一位实习教师的图表课堂. 地理教育，10：49-51.

行动

分享交流：

结合地理教育实习实践活动，谈谈自己在实习评价过程中遇到的主要问题和困惑。

回顾地理教育实习的经历，举例说明同学和指导教师的评议如何对自己的实习起促进作用。

议论讨论：

有实习生认为，教学实习评价就是教育实习评价，还有实习生认为教育实习评价只是形式，对此发表自己的看法。

有人认为，教育实习评价的标准是学生能否得到发展，有人却认为学生得到发展不能量化，不能成为评价教师的标准，说说你的看法。

查阅整理：

查阅 2~3 份地理教育实习评价表，与本书的评价表对比分析，寻找异同，概括优势和发现不足。

国内外教育实习评价改革方兴未艾，收集地理教育实习评价内容改革的典型案例。

模拟尝试：

从地理课内外教学实习、班主任管理实习、地理教育科研实习等方面，对自身教育实习进行评价，并撰写一份自我鉴定。

作为实习活动的主体，地理师范生对地理实习成绩评定一定有更多的想法和建议，尝试提出更合理或更易于操作的评价方法。

材料分析：

结合材料一，依照地理教育实习中期检查的主要方面，进一步细化中期检查的具体内容。

材料一：某学院教育实习中期检查内容。

与实习学校领导座谈。了解本届实习生教育实习基本情况，听取反馈意见；调研基础教育地理课程教学改革现状；调研学生就业情况；沟通协调其他相关工作。

与实习教师交流。了解指导教师指导实习情况；对实习生的指导投入程度；对实习生的指导能力；与实习学校指导教师的沟通交流情况等。

与实习学生沟通。全面检查教育实习各项工作进展情况；了解实习生的实习态度；了解实习生专业知识与专业能力水平；听取实习生的反馈意见；了解教育实习网络平台作业上传情况等。

观摩课内外教学。观摩实习生地理课堂教学，了解他们对地理教材的熟悉程度、教师教学基本技能概况；观摩实习生地理课外活动的组织与实施，了解他们开展地理课外活动的能力与知识储备。

检查班主任工作及教育科研实习。了解日常班主任实习工作的开展、班级管理能力水平与方法技巧等；了解实习生对教育科研实习的进展及个案调查。

根据材料二，比较两份地理课堂教学实习评价表的异同点，并对共同规律和各自特色进行分析说明。

材料二：见表 8-9 和表 8-10。

表 8-9 中学地理课堂教学实习评价指标表

评价项目（含分值）	评价要点
教学目标（30 分）	符合新课程标准要求和实际学情
	具有针对性和可操作性
	教学活动能基本围绕教学目标进行

续表

评价项目（含分值）	评价要点
教学内容（20分）	教学内容系统、科学、准确
	能有效突出重难点
教学方法（30分）	学生主体地位得到充分体现
	学生课堂参与程度高
	师生、生生间能有效互动
教师基本功（30分）	教态自然、大方，情绪饱满、热情
	教学语言规范，"三板"工整美观
	教学过程的组织调控恰当有效
教学效果（30分）	大多数学生能够掌握当堂教学内容
	学生能亲历知识的生成过程
	学生能通过学习获得成就感和满足感
地理学科特色（20分）	读图、析图、绘图等地理技能得到训练和提高
	综合、分析、比较、发散、迁移等地理思维得到锻炼

——摘自胡晓东. 2012. 中学地理课堂教学评价指标体系的构建. 内江师范学院学报，12：101-105.

表 8-10　地理课堂教学实习评价表

评价指标			分数（满分100分）
一级指标	二级指标	评价要点	
教师行为（0.325）	教学基本功（0.105）	教学语言清晰流畅、规范有趣，教态亲切自然，能够轻松驾驭课堂，能够民主、公平对待学生（0.450）	
		教学地图、图表、教具选择恰当，熟悉板图、板画、板书，设计规范，合理选择教学媒体和现代化教学手段（0.550）	
	教学内容（0.258）	教学目标明确，符合学生实际，重点突出，抓住关键（0.300）	
		准确把握地理教材，教学内容系统、科学、正确（0.700）	
	教学过程（0.637）	激活学生先前学习的相关地理知识和生活经验（0.300）	
		新的教学内容联系生活中的地理现象或情境加以呈现和启发（0.300）	
		提供机会使学生运用所学地理知识和原理解释生活中的地理现象，或解决新的问题（0.400）	
学生行为（0.675）	学生兴趣状态（0.200）	注意力集中，能够积极参与教学的各个环节，并保持较长时间的注意力（0.400）	
		具有浓厚的学习兴趣，敢于提出问题，发表见解，保持适度的紧张与愉悦（0.600）	
	学生思维状态（0.200）	能够积极主动思考，并踊跃发言，吸取他人信息，能够发散思维联想到相关地理知识	
		发现和提出地理问题，合作探究解决问题（0.700）	

续表

评价指标			分数（满分 100 分）
一级指标	二级指标	评价要点	
学生行为 （0.675）	学生反馈状态 （0.600）	对地理概念、原理、地理空间结构等能够理解并表述，能够将相关知识迁移到具体情境之中（0.350）	
		能够运用所学地理知识解决新的变式问题，结合案例运用所学地理技能解决具体问题（0.350）	
		地理学习兴趣浓厚，能够体会地理学与现实生活的密切联系和地理学的应用价值，具有地理审美情趣与鉴赏力（0.300）	

注：表格中数字为权重。

——摘自宋健，吕宜平，苏庆华. 2014. "生本化"高中地理课堂教学评价
指标体系构建. 教学与管理，1：76-78.

参 考 文 献

曹元. 2017. 一样的食材，不一样的味道———记一位实习教师的图表课堂. 地理教育，10：49-51.

陈昌奇. 2010. 动态评价理论视角下的教育实习评价模式探索. 职业教育研究，8：54-55.

陈玲平，黄萍萍. 2010. Web2.0 下教育实习过程的评价方法探究. 软件导刊，9（4）：102-104.

胡晓东. 2012. 中学地理课堂教学评价指标体系的构建. 内江师范学院学报，12：101-105.

胡英宗. 1991. 对教育实习成绩评价方法的研究. 吉首大学学报（自然科学），12（5）：96-101.

拉尔夫·泰勒. 2017. 课程与教学的基本原理. 罗康，张阅译. 北京：中国轻工业出版社.

刘强. 2003. 思想政治学科教学新论. 北京：高等教育出版社.

牟超兰. 2013. 高等院校师范生教育实习有效性评价体系研究. 经济研究导刊，4（186）：299-300.

丘名实. 2004. 中学物理教育实习评价研究. 海南师范学院学报（自然科学版），17（1）：83-86.

宋健，吕宜平，苏庆华. 2014. "生本化"高中地理课堂教学评价指标体系构建. 教学与管理，1：76-78.

唐瑛. 2010. 档案袋评价：师范生顶岗支教实习评价的新途径. 高教高职研究，10：188-189.

吴茂江. 2009. 教育实习导论. 银川：宁夏人民出版社.

云莉. 2012. 当前高等师范院校教育实习评价存在的问题及对策. 内蒙古师范大学学报（教育科学版），
　3（25）：41-43.

郑丽萍，汪君. 2011. 高师协同合作实习指导模式的建构与实施. 教学研究，7：80-81.

朱璐. 2007. 高师教育实习. 长沙：湖南师范大学硕士学位论文.

祝丽玲. 2016. 高师院校教育实习成绩档案袋评价模式的建构研究. 漳州：闽南师范大学硕士学位论文.

第9章 梳理：地理教育实习总结

社会不仅通过传递、通过沟通继续生存，而且简直可以说，社会在传递、在沟通中生存。在共同、共同体和沟通这几个词之间，不仅字面上有联系，人们因为有共同的东西而生活在一个共同体内；而沟通乃是他们达到占有共同的东西的方法……保证人们参与共同了解的沟通，可以促成相同的情绪和理智倾向——对期望和要求作出反应的相同的方法……

社会生活不仅和沟通完全相同，而且一切沟通（因而也就是一切真正的社会生活）都具有教育性。当一个沟通的接受者，就获得了扩大和改变的经验。一个人分享别人所想到的和所感受到的东西，他自己的态度也就或多或少有所改变。传递的人也不是不受影响……

要沟通经验，必须形成经验；要形成经验，就要身处经验之外，像另一个那样来看这个经验，考虑和另一个人的生活有什么联系点，以便把经验搞成这样的形式，使他能理解经验的意义。除了论述平凡的事物和令人注意的话以外，必须富有想象力地吸收别人经验中的一些东西，以便把他自己的经验明智地告诉别人。一切沟通就像艺术。

——摘自约翰·杜威. 2001. 民主主义与教育. 王承绪译. 北京：人民教育出版社.

地理教育实习总结是地理教育实习全过程的最后一环，即对教育实习过程中的学习交流、思想认识、工作状况等进行系统而全面的回顾，并以此为基础发现问题、总结经验、深化研究的认识活动，也是一种切实有效、理想和现实结合的反思方式，其目的是探讨教育实习过程中的内在联系和本质规律，升华地理教育实习的改革成果，为未来的教育实践活动提供指导与借鉴。本章以地理教育实习分层总结和地理教育实习分享交流的视角，梳理地理教育实习的总结。

9.1 地理教育实习分层总结

地理教育实习分层总结即从不同方面、不同层次、不同角度对教育实习全过程进行具体而深入的归纳概括，有助于地理师范生大学期间的后续学习和未来的继续教育具有更强的针对性、目的性和导向性；有利于实习指导教师融入中学地理教育实际，更富有成效地指导地理教育实习；有利于高等师范院校改革课程设置、优化教学内容、强化实践活动。本节主要通过地理师范生自我总结、地理实习组总结和学院教育实习总结，归纳地理教育实习的分层总结。

9.1.1 地理师范生自我总结

9.1.1.1 自我总结的内涵

自我总结即师范生在教育实习的各个阶段，对自己的地理课堂教学、班主任管理工作、地理课外活动组织等各方面进行梳理和总结，把自己对实习工作的体会、认识、收获、局限进行分析、概括、归纳，并形成书面文字。自我总结可以反映师范生职业意识、专业能力和工作态度等方面的发展和变化，是师范生教育实习收获的集中体现，也是检查和评价其实习表现及评定其成绩的重要依据之一；可以帮助师范生正确认识和评价自己，总结经验、提高认识，为将来从事地理教师工作提供经验与借鉴。地理师范生在进行自我总结时，应实事求是，尊重客观事实，不夸张、不回避；内容充实，理论与实例相结合，避免空洞；突出个人特色，文字简明扼要；总结全面，但要详略得当、取舍适宜；事例典型，引人深思。

9.1.1.2　自我总结的方式

（1）全面总结

全面总结即地理师范生对自己在整个地理教育实习过程中的课堂教学、班主任工作、课外活动组织和地理教育科研等实践活动进行全面梳理和归纳总结，在此基础上分析反思，并针对存在的主要问题提出改进建议。总结内容主要包括：①教育实习的基本概况，涉及个人进行教育实习的时间、地点、经过、完成的任务等；教育实习的收获与体会，涉及课堂教学实践、课外活动指导、班级工作组织管理、教育调查与研究等方面所取得的进步、效果和体会。②教育实习存在的问题和对策，涉及教育实习过程中暴露出的思想意识、知识能力、沟通交流等方面的局限，并分析产生问题的根源；今后努力的方向，涉及针对薄弱环节如何补救、存在问题怎么改进、优势长处如何进一步发挥等，并对学校学院教育实习工作和实习基地学校在指导教育实习和管理工作等方面提出自己的希望和中肯的意见及建议。

（2）专题总结

专题总结即地理师范生结合课堂教学、班主任工作、课外活动指导、教育科研实习四大模块中的某一模块，或实习过程中体会最深、收获最大的某一问题而进行反思梳理和归纳总结。专题总结主题鲜明、针对性强，可以对地理课堂教学的设计、实施、评价，或班主任日常工作的实习、班团队工作的开展、主题班会的组织等进行归纳总结，也可以就地理课堂教学的板书设计、课堂提问、活动组织、媒体运用，或者班主任日常工作的课堂纪律管理、学生的交心谈心、个别学生的家访和特殊事件处理等进行分析思考。无论专题总结涉及的内容是大还是小，都应注意选题典型、主题明确，运用教育学、心理学、地理教学论所学理论知识分析、研究地理教育实习中的实际问题，要求从实践感悟和实习经验中精心提炼、细心梳理，就一个问题说深说透，阐述清楚，能给深化教育实习以较大的启发和教育。

阅读　　　　　　　　　　　**地理教育实习总结选编**

☆ **班主任实习小结：不忘初心，方得始终**

在重庆市第七中学校两个多月的班主任工作实习中，收获颇多，受益匪浅。回味充实的班主任实习工作，班主任指导教师对我的谆谆教导，中学生对我实习表现的直接反馈，都将为我今后的教育生涯指明方向。

转变角色，严而有爱。班主任角色转变的第一步是，应以最快的速度记住班上每一位学生的名字，关注学生的学习与生活，多与他们交流和沟通，增强师生间的相互信任。面对学困生和潜力生，更应该多关心、多鼓励，既严格要求，又尊重个性。与学生保持适当距离又不失亲近感，上课是师生，遵守课堂纪律，下课是朋友，可以随意畅聊。

做好计划，繁而不乱。班主任的日常工作非常烦琐，每天早、中、晚必须三到堂，应协调管理眼保健操、课间操和各类活动。所以，在见习期间应多观摩、学习指导教师对班级的常规管理和班级事务的处理方式，多听意见和建议，多向指导教师虚心请教，以便于在实习班主任期间，能根据班级和自身的实际情况提前做好每周的计划清单，不急不躁、有条不紊地开展工作。

以身作则，示范学生。班主任的日常行为习惯会潜移默化地影响学生，实习班主任应该时常留意自己的言行举止，以一名正式班主任的标准来要求自己，更能得到学生的认可与尊重。"要给学生一碗水，自己就要有一桶水。"实习期间深刻体会到，要想做好班主任工作，应注重自己的学科教学，积极钻研学习，让学生从喜欢你的课堂到喜欢你的管理，信服你、相信你，使自己的教学得到学生的认可，管理得到学生的支持。

这次的实习经历给我留下了深刻印象，是未来真正做班主任工作的奠基石。虽然还存在很多不足，但既然选择了远方，便会风雨兼程，怀着一颗有爱的心一直"在路上"，朝着前方的灯塔努力前行，争取早日成为一名合格、优秀的班主任。

——重庆师范大学 2014 级本科生谢红艳撰写

☆ 课堂教学实习小结：勤学加苦练，实践出真知

教育实习是师范教育中极为重要的实践性教学环节。大学期间，即使学过许多关于教育教学的课程，也总有种"纸上得来终觉浅"的感受。"师者，传道授业解惑也！"是对教师职业的高度概括，但我深知"绝知此事要躬行"，实践才能出真知！2017 年 9 月，我在重庆市第七中学校开始了近 3 个月的教育实习。

不打无准备之仗。地理课堂教学实习是整个教育实习最为关键的一个环节。结束一周的教学见习后步入地理课堂教学实习，指导教师要求在上课前必须有一份详细的教案并认真试讲，通过后才可以正式步入讲台。为了备好一堂课，我查阅了大量有关信息，并借鉴优秀教案中的闪光点和可取之处，如问题情境的设置、重难点的突破和三板的巧妙设计等。试讲是让自己更加熟悉教案和教学语言的过程，通过反复试讲才能在课堂上精心导入、灵活提问、自由发挥、展示实力，从而强化师生互动、活跃课堂气氛、调动学生的积极性。

良好的开端是成功的一半。教学实践使我清晰地感受到，好的导入能迅速抓住学生，促成其学习情绪高涨，获得良好的教学效果。例如，教学"森林的保护和开发——以亚马孙热带雨林为例"内容时，我运用主题为"保护森林——拒绝使用一次性筷子"的公益广告引入，让学生体会森林的重要性，思考森林为什么既是重要的自然资源，又是不可替代的环境资源。精彩的视频和生动的问题情境立刻吸引了学生注意，促使他们积极思考、主动探索。

教无定法却贵在得法。教学方法虽然多种多样，但选择教学方法时必须结合学生实际和教学内容需要。我教学实习的高中地理必修三是以区域可持续发展为中心论题，应结合典型的地理案例进行教学。案例教学法要求能举一反三、迁移运用，类比分析其他地方的相关问题，深化内容理解。例如，教学"地理环境对区域发展的影响"内容时，可以长江三角洲和松嫩平原河网密度的差异对农业生产的影响为例，让学生思考、分析、归纳、总结，逐步突破教学重点和难点，形成正确的区域认知，树立可持续发展观。

生生互动以动促学。中学地理课堂师生互动非常重要，应以生为本、突出学生主体地

位，教师只起引导、促进和激励作用。例如，每堂地理课都设置 6～8 个地理提问、2～3个学生活动，既可以活跃课堂氛围，激发学习兴趣，调动学生积极思考、自主探究，又有利于落实教学任务、增强教学效果，形成地理学科核心素养。

毛主席说过："人类总得不断地总结经验，要有所发现，有所发明，有所创作，有所前进。"上一堂地理课容易，上好一堂地理课很难，努力做一名合格且优秀的地理教师将是我一生不懈的追求。

——重庆师范大学 2014 级本科生陈茜撰写

9.1.2 地理实习组总结

9.1.2.1 实习组总结的内涵

实习组总结即对实习基地学校地理教育实习工作基本概况的回顾，归纳概括主要成绩、找出存在的问题，并分析原因，提出今后改进实习工作的建议，并形成书面文字。实习组总结的基本内容应包括：实习基本概况，主要涉及实习的时间、地点、年级、小组人员分配、指导教师安排、实习内容落实等；课堂教学实习及课外活动实习总结，主要涉及实习生课堂教学准备、课堂教学展示、课堂教学评价，以及课外活动计划制订与具体活动实施等；班主任工作组织管理实习及地理教育科研实习总结，主要涉及班主任计划、班主任日志等的落实完成，班主任日常工作、主题班会、文体活动的开展情况等，以及地理教育科研调查和地理教学实习研究的基本情况等；教育实习工作的组织管理，主要涉及与实习基地学校、其他实习组、外校实习组的协调配合，以及实习组内的组织纪律、出勤情况、思想意识、工作态度和分工协作等情况的总结。

9.1.2.2 实习组总结的要求

实习组总结的要求一般应由实习组长带领组员统计小组成员教育实习的基本数据，如听课、备课、说课、讲课、实习班主任、教育调研的具体数量及平均数；在组长主持下召开总结会，听取实习生个人总结汇报，通过大家的广泛交流、充分讨论、集思广益，将收集的数据和材料、意见和事例进行分类整理，综合概括，并汇总本实习组的整体情况为书面总结，主要包括实习基本概况、课堂教学及课外活动实习、班主任工作组织管理实习及地理教育科研实习、教育实习工作的组织管理等，以及突出事例和存在的不足。注意实习组总结应不夸大成绩、不回避问题、不面面俱到，条理清晰、层次分明，数据准确、事例真切、用词恰当、文字简练。通过实习组总结，概括教育实习工作的主要成绩，总结实习组管理的工作经验，找出存在的基本问题，强化实习生反思习惯、合作意识、踏实的工作作风、严谨且负责任的教育态度，专业的课堂教学能力和班主任工作能力，使师范生受益终生。

示例 重庆师范大学 2013 级重庆市第一中学校实习组地理教育实习总结

光阴似箭，日月如梭。不知不觉教育实习已经结束，从开始的教育见习到站上讲台实战；从了解班主任工作到可以独立带领班级学生参加集体活动，在这短短 3 个月中，我们经历了很多、成长了很多。

☆ **实习基本概况**

本实习组共有 8 名同学，实习基地学校是重庆市第一中学校，分别有 4 名同学在高一年级、高二年级。实习时间为 2016 年 9 月至 2016 年 12 月共 14 周。有两名地理实习指导教师与 8 名班主任实习指导教师精心教导。共上课 150 余节，听课 300 余节。在实习过程中，本组成员除完成日常的"试教"与"试作"工作以外，高一实习组还参加了年级健美操比赛、篮球赛的组织；高二实习组参加了年级足球比赛的组织。

☆ **课堂教学实习**

态度端正、认真备课。实习组认真钻研地理教材，深入细致备好每节课。坚持"三备"，确定教学目标、重点和难点，写出详细教案，向指导教师请教；虚心听取指导教师的意见和建议，反复修改教案，认真进行试讲。每位组员都能积极参加听课，给予同伴中肯的意见，共同修改和补充教案，完善教学设计。

积极主动、投入试教。实习组同学都力求上好每节课。精心组织课堂教学，注重发挥学生的主动性，充分利用 40 分钟的课堂时间，保证每节课的质量。通过课前的反复试讲和课堂上的"实战"，促使自己从最初的羞涩，以及担心自己能力不够而出现的自卑心理，到已经能有条不紊地按照教学设计及规范完成教学任务。

反思改进、提高能力。每次上课后，人人都坚持进行全面反思，审视自己的教学设计、重点和难点突破、教学方法及手段采用等，并虚心听取大家的意见和建议，在不断的演练中探讨切磋、查漏补缺、调整改进，强化基本功训练，掌握教学技能技巧，提高地理课堂教学能力。

☆ **班主任工作实习**

实习期间，作为实习班主任，经历了学校的一些大型活动：健美操比赛、篮球赛、足球赛、月考、期中考试、家长会等。在这些工作中，我们都积极参与，更好地掌握和熟悉了班主任的工作与流程。

熟悉班级、了解学生。进入实习班级后，实习组成员通过与班主任、科任教师进行交流，查阅班级学生的档案资料和记录，与学生进行交谈等各种方式，尽可能在较短时间内认识和了解班级学生的基本情况，增进与学生之间的了解与交流。

日常管理、认真负责。班主任实习阶段，大家面对每天忙碌的日常工作，坚持做好"六到堂"。从早上 6：30 到晚上 22：30，时刻关注班级动态，跟班督促学生的学习、纪律和卫生等，并不失时机结合学生特点对其进行思想道德教育。

特定活动、灵活安排。每周一第八节课是班会课时间，实习组每位成员在实习期间都在班主任的指导下组织一次主题班会，拉近与学生的距离，培养自己的组织管理能力。

每月末的月考，实习班主任轮流监考并批改试卷，分析班级学习情况，登记考试分数和错误题次，一方面有助于更好地了解学生的学习情况，便于开展班主任实习工作；另一方面，组织管理能力也得以提高。

☆ **课外活动和教育科研实习**

课外活动有声有色。实习组成员或共同或独自开展了各种各样的地理课外实践活动。带领学生绘制校园平面图、进行正午太阳高度测量、利用晚自习探索星空奥秘、设计地理板报墙报、举行地理知识大赛、进行地理主题日宣传活动等。这些课外实践活动的开展得到了实习学校领导和地理实习指导教师的大力支持，也增强了地理实习组齐心协力、团结一致的团队精神和工作能力。

调研实习有序展开。教育调研实习也是地理教育科研实习的有机组成部分，结合校情、学情、地理学科特点，实习组开展了"实习学校地理校本课程设置""中学生地理学习兴趣""优秀地理教师或班主任的典型事迹"等调查研究活动。调查前广泛搜集相关信息和资料，拟定重点突出、切合实际的调查提纲；在调查中开展扎扎实实、稳扎稳打的调查活动；调查后及时梳理、归纳调查内容和结果，既为基础教育地理课程改革提供一定的参考，也为实习工作的开展提供帮助。

☆ **实习几点建议**

教育实习时间提前。进行教育实习时正是用人单位招聘比较集中的时间，既要在实习学校实习，又要紧张准备招聘，大大影响了实习效果。如果把教育实习提前到第 6 学期，可以更早地进入实战教学，提前实践锻炼，迎接招聘才会游刃有余。

"试教""试作"指导协调。"试教"和"试作"的同学，最好分开进行课堂教学实习和班主任工作实习锻炼。如果中学指导教师既是班主任又是地理教师，便于平衡教学和班主任工作，更好地指导学生实习。

实习学校具备条件。由于实习生人数较多，每位中学实习指导教师平均要指导 4~6 个实习生，但所教班级、课时、精力等有限，实习生进行课堂教学的时间偏少，建议选择师资力量充足、班级数量较多、教学条件充足的实习学校。

感谢所有给予实习组关心、支持、帮助、爱护的领导和老师、学生与家长。为期 14 周的实习生活，让实习同学初尝了身为一名班主任教师的酸甜苦辣，也更体会到做一名地理教师所肩负的责任。

9.1.3　学院教育实习总结

9.1.3.1　学院教育实习总结的内涵

学院教育实习总结即教育实习结束以后，以学院为单位，在实习生自我总结和实习组总结基础上进行的有目的、全方位、系统性的整体总结，是高等师范院校地理教育实习的重要组成部分。总结的内容主要包括：学院地理教育实习的总体概况，涉及实习总人数、实习时间、实习具体学校、具体师生安排、实习组织工作的落实等；教育实习的主要成果，涉及课内外教学、班主任工作等实习的主要成绩和工作经验，实习特点、典型事例，以及师生的发展变化；教育实习存在的问题，涉及师范生专业思想、教育意识和工作态度的不足，课内外教学存在的局限，以及班主任工作、教育科研等方面有待提升之处、教育实习组织管理工作需要改进的地方；教育实习的改进建议，涉及教育实习时间、内容、人员安排和各方配合的改进，双方指导教师加强联系交流的建议，强化实习生扎实、有效教育实习的措施，以及对本专业人才培养计划、地理教学方案、地理课程设置、教学管理等方面提出的意见等。通过学院地理教育实习总结，有利于了解基础教育地理课程教学改革的实际情况，强化大学与中学教学与科研的合作互动，推动高等师范院校地理教育教学改革，更好地培养适应基础教育地理课程改革的新型师资。

9.1.3.2　学院教育实习总结的形式

学院教育实习总结主要有实习成果展和实习总结汇报会两种形式。实习成果展是地理教育实习成果和实习生精神风貌的全面展现，可以具体实物、丰富的图片、摄影照片、精炼文字、生动案例、多样视频等全面反映实习生教育实习的充分准备、反复试讲、精彩展示、精心点评、多彩活动、温馨交流、和谐互动、户外考察、热情指导、互助互学、调查访问、撰写报告、小组总结、依依不舍、挥泪离别等场景。

实习总结汇报会是对整个地理教育实习工作的全面体现和全方位展示。参与人员应包括地理实习生、地理专业低年级学生、实习指导教师和学院领导等。总结流程一般包括：教育实习总领队简要介绍教育实习整体概况，并在总结经验的基础上提出开展地理教育实习工作的合理化改进建议；各实习组需用 PPT 简要展示本组实习成果、主要经验和好的做法、需要努力的方向等；学院指导教师主要与大家交流指导实习工作的经历与收获；优秀实习生代表分别分享上好地理课的感悟和体验、做好班主任工作的心得和体会；签约学生展示面试应聘流程、查找信息渠道、结构化面试注意事项等；表彰优秀实习生，以及在实习过程中优秀教学设计的编写者和优秀个案调研报告的撰写者；学院主管领导总结教育实习巡视情况，对教育实习工作作出客观评价，并对教育实习工作的顺利完成给予肯定，为即将走上教育工作岗位的实习生寄予殷切希望，对在校师范生的学习与工作提出更高要求。

✍ 示例

深入实习悟感知，学为人师初体验
——福建师范大学地理科学学院 2014 级地理科学（师范）专业教育实习汇报

2018 年 1 月 3 日下午，我院 2014 级地理科学（师范）专业教育实习汇报会在知名 1-104 教室进行。出席本次汇报会的有院党委副书记、地理系主任、地理系部分教师、2014 级辅导员及 2014 级地理科学（师范）专业全体同学。

汇报会以一个精美的视频开始。视频中翔实、准确的各项实习数据使在场师生对本次师范专业实习有了一个初步且印象深刻的了解。接下来，各个实习小组分模块进行汇报展示，整个汇报围绕"三尺讲台展风采""殷殷师心为爱名""仰取俯拾悟感知""开雾睹天论异同"4 个篇章展开，各个篇章的代表讲述了实习队在教育实习中的所学、所看、所悟及所知，整个汇报会主次分明、积极向上。汇报结束以后，地理系主任对整个教育实习进行总结，并对师范专业同学未来的教师职业生涯提出美好祝愿。最后，院党委副书记发表讲话，他对 2014 级地理科学（师范）专业教育实习圆满结束表示祝贺，要求师范专业学生要对教育实习进行认真反思和总结，并对 2014 级的毕业生提出殷切希望。

此次教育实习汇报会的顺利举行（图 9-1 和图 9-2），为 2014 级地理科学（师范）专业教育实习画上了一个圆满的句号。通过此次汇报会，地理科学（师范）专业的同学不仅交流了学习成果，分享了实习教学经验，也为将来毕业后求职上岗、从事教师教育工作打下了良好的基础。

图 9-1　实习汇报

图 9-2　师生合影

——选自 http://geo.fjnu.edu.cn/_t272/6a/82/c5035a158338/page.htm

行动

概括梳理：自己的教育教学能力仍然存在哪些薄弱环节，该如何有效地提升，并向优秀地理教师学习可供借鉴的经验。

模拟尝试：根据地理教育实习的全过程，结合实习组实际状况，完成一份实习组地理教育实习总结。

查阅整理：实习总结的内容和形式也在不断推陈出新。收集其他高等师范院校地理院系教育实习总结的主要成果和特色。

深化思考：地理教育实习总结和教育实习评价都是教育实习的重要内容，两者之间存在什么样的内在联系。

9.2　地理教育实习分享交流

教育实习分享交流是基于教育实习过程中不同层次、不同阶段总结的基础上所进行的实习小组、实习组、实习学校、地理学院，生生之间、师生之间、组与组之间、校与校之间所进行的教育实习成果分享交流。通过分享交流，可以相互学习、取长补短、集思广益、总结经验、发挥优势、找出问题、不断调整，以利于今后教育实习工作的顺利进行。本节主要通过地理课堂教学实习、地理课外活动实习和班主任工作实习等交流，分享地理教育实习的成果。

9.2.1　地理课堂教学实习交流

9.2.1.1　备课的交流

备课交流即实习生对自身地理课堂教学的准备情况，以及理解课程标准精神、分析地理教材、查找信息资料、了解学生情况、确定教学目标和选用方法媒体等，各抒己见、集思广益，相互讨论教学设想，并提出修改意见的交流活动，是总结规律、交流经验、改进教学的有效方式。备课交流是发挥团队精神、解决教学重点和难点问题的活动，也是了解需求—明确要求—预先设想—讨论交流的过程。通过备课的分享交流，可以弥补师范生认知的不足、知识的局限、视野的狭窄，有助于吸取不同的意见，相互借鉴、相互启发，将集体的智慧与个人的思考有机结合，紧贴学生实际，对自己的教学思路进行调整、改进，进一步探索和创新地理课堂教学设计，不断提升备课水平，优化教学行为，从而提高课堂教学效果。

备课交流的内容主要包括：对学情的了解，涉及学习态度、学习能力、知识基础等，如学生地理学习的兴趣点、可能产生的疑难点、知识能力的关键点；教材的整合利用，涉及教材的分析挖掘、处理加工和优化组合等，如知识结构的重难点、内容取舍和调整的把握点、教材整合的融合点等；教学目标设计和方法媒体的选用，涉及核心素养培养的落实、方法选用的针对性、媒体选择的合理性等，如人地协调观、综合思维、区域认知、地理实践力的内在关联，教学方式与内容、学情的契合程度，教学过程与内容要求和学生实际的结合等；课程资源的开发和利用，涉及资源的筛选、提取、整合和优化等，如选择的素材是否能有效辅助重点内容的讲解，选择的案例是否能突出说明地理原理和规律等。

阅读　　　　　　　　**地理备课心得两则**

☆ 核心素养取向的地理教学目标设计

核心素养取向的地理教学目标不是空中楼阁，无根之木，而是地理三维教学目标的成长发展，进阶拔高。核心素养之于三维目标并不是简单的取代，更不是否定，而是在继承中发展，在传承中创新，在整合中突破。笔者在总结前人经验的基础上提出了三种核心素养取向的地理教学目标设计理念，即分步实施、整体谋划、整合共赢。并以人教版必修 1"大规模海水运动"一节为例进行案例研究。

1）设计之一：分步实施。从核心素养的内涵来看，地理核心素养存在着由低到高、拾级而上的阶梯抬升。分步实施的地理教学目标设计，实际上是依据地理核心素养的四维内涵进行的，这就好比一个 4 层的蛋糕相互平行，逐步提升。基于分步实施理念的地理核心素养的教学目标设计如下。

区域认知：运用全球洋流分布图，说出洋流的概念、类型和分布特点；结合纽芬兰渔场的案例，认知洋流对地理环境产生的重要影响。

综合思维：运用表格综合分析洋流分布特点；结合全球气压带风带模式图，综合分析洋流运动的原因；结合纽芬兰渔场的案例综合思考洋流对地理环境还有哪些影响。

地理实践力：在自学的基础上回答洋流的概念、类型；填写洋流分布特点的表格；绘制洋流分布模式图；在交流讨论中回答洋流运动的原因及其带来的影响；启发学生自己动手设计有关洋流的验证实验。

人地协调观：在分析纽芬兰渔场案例资料的过程中，培养上位的资源观及可持续发展观；在分析洋流成因及影响的过程中，培养学生的逻辑推理、归纳总结等下位能力。

2）设计之二：整体谋划。地理核心素养作为一个逻辑整体不容割裂，不容肢解。整体谋划的地理教学目标设计是一个知识点"统领"下的 4 个组成部分，其类似于一块蛋糕被切分为 4 份。基于整体谋划理念的地理核心素养的教学目标设计如下。

结合全球洋流分布图，让学生在自学的基础上回答洋流的概念和性质；让学生在综合分析的基础上运用表格认知洋流东西岸、高低纬及在印度洋的分布特点，培养学生表达交流、综合思维、分析对比的能力。

在认知全球洋流分布图及气压带风带分布图的基础上，让学生在综合分析和讨论交流中描述洋流运动的原因，并动手画出洋流分布模式图，培养学生的演绎推理、实践操作、综合思维和归纳总结等能力。

结合纽芬兰渔场的基本资料，认知纽芬兰渔场的现状，在综合分析和交流讨论中列举洋流对地理环境产生的影响，培养学生合作交往的能力，以及正确的资源观、可持续发展观。

在认知和思考洋流成因、规律的基础上，积极鼓励学生设计洋流的验证实验，培养学生的动手实践能力，激发学生的求知欲，培养学生的学习兴趣、科学态度。

3）设计之三：整合共赢。地理核心素养取向的教学目标设计离不开对地理三维目标的整合和提炼。整合共赢的设计理念，实际是四维"统领"下的三维"纵深"。换言之，每一种地理核心素养都应包括知识与技能、过程与方法，以及情感态度与价值观 3 个方面，这就好比一个 4 层的蛋糕被纵切为 3 个部分，共分为 12 块。基于整合共赢理念的地理核心素养的教学目标设计如下。

　　区域认知：结合全球洋流分布图，让学生在自学中回答洋流的概念和性质；在对比分析的基础上归纳洋流在东西岸、高低纬及印度洋的分布特点，培养学生的空间观念和区域认知的方法。

　　综合思维：结合全球气压带和风带分布图及相关案例，在讨论的基础上综合分析洋流形成的地理原因及对地理环境产生的影响，培养学生的逻辑推理能力和宏观视野。

　　地理实践力：结合全球洋流分布图，尝试画出并描述洋流分布模式图，鼓励学生动手模拟洋流运动实验，培养学生的动手实践和语言表达能力。

　　人地协调观：结合纽芬兰渔场资源枯竭的案例，深化课堂学习，讨论分析洋流对地理环境产生的影响，培养学生正确的资源观和可持续发展观。

——改编自范泰洋，黄文斌，彭清思. 2017. 核心素养取向的地理教学目标设计初探.

中学地理教学参考，8：25-27.

☆ 确保学情分析的合理性与完整性

　　分析学情是合理进行地理教学设计的重要因素，一般涉及地理学习基础、学习能力、学习态度等，对梳理地理学科核心素养、设计地理教学活动、安排地理教学环节都起着重要作用。表 9-1 反映出地理学情分析可从学生已知、想知和怎么知三方面出发，逐步细化到具体的教学内容。以人教版地理必修 1 第三章第二节"世界海洋表层洋流的分布"为例，可以进行如表 9-2 展示的学情分析。

表 9-1　地理教学设计学情分析的内容

主要内容		具体内容
	生活经验	生活中的地理现象，生活中的地理问题等
	知识基础	感性地理知识：地名、地理景观、地理数据、地理分布、地理演变 理性地理知识：地理特征、地理概念、地理规律、地理成因等
已知	技能基础	地理观测技能，地理实验技能，地理调查技能，阅读、分析、绘制、运用地理图表的技能，阅读、分析和运用地理数据的技能，地理模型制作技能等
	方法基础	收集、整理、分析和运用地理信息，发现和解决地理问题，表达、交流和反思地理学习等
	情感、态度与价值观基础	地理审美情趣、家国情怀、全球意识、可持续发展等
想知	学习兴趣与动机	地理好奇心、地理学习需求等
怎么知	学习风格	地理感知方式、地理注意方式、地理思维方式、地理记忆方式、地理问题解决方式等

表 9-2　"世界海洋表层洋流的分布"学情分析

主体			内容
		生活经验	"世界海洋表层洋流的分布"远离授课班级学生生活，部分学生借助课外阅读、网络等知道有洋流的存在，但对洋流的认识模糊
		基础知识	未系统学习洋流知识，但已学过气压带和风带、地转偏向力和海陆轮廓等基础知识
授课班级学生	已知	技能基础	读图、析图能力较差，但能绘制简单的地理图像
		方法基础	能对一般的地理问题进行分析和交流，并表达自己的观点
		情感、态度价值观基础	已初步形成环保观念，但还未能真正落实到保护和科学利用海洋上，在授课时应逐步渗透学生对人类与海洋和谐共处的认识

续表

主体			内容
授课班级学生	想知	学习兴趣与动机	对未知洋流具有较强的求知欲望和探索精神，但由于世界海洋表层洋流的分布较为抽象和宏观，可能会引起部分学生的畏难情绪。借助视频和实验，可以激发学生学习的热情和课堂参与度
	怎么知	学习风格	演绎和抽象思维较弱，但活泼好动，勤于思考、敢于表达。学生通过读图、小组讨论和绘制模式图等掌握世界海洋表层洋流的分布规律，再借助实验从感性到理性探究洋流动力，符合学生的认知规律

——改编自温秀娟，刘建平. 2015. 中学地理教学设计中学情分析的问题与优化策略.

中学地理教学参考，12：29-31.

9.2.1.2　上课的交流

上课交流即师范生对自身地理课堂教学的得失，以及遇到的亟待解决、比较困惑的问题，与实习组其他成员或指导教师进行的自我剖析和交流讨论活动，是相互学习、取长补短，逐步改进、不断提升课堂教学能力的有效途径。上课交流是一种有益的思维活动和再学习活动，也是回顾教学—分析成败—查找原因—寻求对策—以利后行的过程。课堂教学的分享交流可以促使师范生反思自己的教学行为，分析自身的教育观念及教学活动，剖析自己在课堂教学中的优点和缺点，细致、冷静地加以归纳总结，比较自己与他人教学中的异同点及成功与失败，找到问题所在，进一步提高课堂教学的有效性，逐步培养和发展对教学实践的判断、思考和分析能力。

上课交流的内容主要包括：教学中的成功之处，涉及教学过程中达到预想目的、取得良好效果的做法，如新颖巧妙地导入、留有悬念的结束、激发学生思维的提问等；教学中的失败之处，涉及教学目标与教学行为的不协调和不一致，如教学重难疑点处理不当、教学内容整合不足、教学方式选用欠妥、实践活动结合实际不够等；教学中的机智之处，涉及课堂教学闪现的灵感和碰撞的思维火花，如及时处理偶发事件的灵活、转化学生错误为课程资源的正确引导等；学生课堂表现，涉及学生课堂互动、自主学习和参与活动等，如化解学习的迷惑点、调整练习的欠缺点，强化学生的独到见解和"智慧火花"，激励学生的参与程度与配合度等；课堂教学的比较，涉及自己授课与同伴和指导教师授课的比较，如地理教师和实习生课堂教学环节的设置、重点和难点的处理、教学氛围的营造，以及教学机智的呈现等方面的差异。

阅读　　　　　　　　　　　**地理上课的体会三则**

☆ 如何从导入开始创设精彩课堂

用生活经验擦亮学生智慧的双眼。学生的学习总是建立在一定的生活经验之上，对于学习地理教学中那些相对独立、前后联系少、本质属性较隐蔽的知识，更需要依赖学生的生活经验，从中提炼出新知"生长点"，让学生通过观察、分析、比较引入新知，开启高效课堂。

用轶闻趣事聚焦学生分散的思绪。在教学过程中，有时到了上课时间，学生还是气喘吁吁、汗流浃背、精神分散，给教学带来难度。这时比较好的处理方法就是，利用一些学生比较喜欢的故事引入课堂教学，利用学生比较爱听故事的心理聚焦学生思维，开启高效课堂。

用地理实验拨动学生宁静的心弦。抽象的地理知识广泛存在于客观事物之中。这一特性决定了在地理教学中引入实验的可能和必要，可充分利用现有条件，把新知的发生、发展过程寓于学生的实验，或者教师的演示之中，以引入新知，开启高效课堂。

用地理新闻引发学生科学的探索。地理新闻即日常生活中与地理知识关系密切的报道，教师启发学生阅读新闻，设计相应的学习任务或探究性题目，让学生围绕具体任务或问题，充分解读新闻中的地理知识，以小组合作为组织形式，在学习过程中进行科学探究，形成一种体验和感受，可达到内化理解之目的，开启高效课堂。

　　　　　　　　　　　　——选自徐锋. 2014. 精彩课堂如何从导入开始. 地理教育，1-2：15.

☆ 如何优化地理课堂提问设计

精心设计，明确目的性。课堂提问应明确目标：为引出新课或前后联系；为突出重点或突破难点；为激发兴趣或引起争论等。例如，你知道正在开工的"西气东输"三线工程吗（引出新课，激发兴趣）？"西气东输"的"西气"主要指产在哪里的天然气，"东输"又指的是输送到哪些地区（突出重点）？塔里木盆地是我国天然气资源最丰富的盆地吗，用数据说明（突破难点）？"西气东输"工程建设中要克服哪些困难，应注意哪些问题（引起讨论）？等等。

循循善诱，讲究启发性。设置问题应根据学生的心理特点和认知水平，通过教师的启发和诱导，让学生借助已有知识，经过思考、分析、比较、判断得到解决，而不能远离学生已有知识和智力的最近发展区。例如，"西气东输"的"西气"是不是指天然气，塔里木盆地天然气是否丰富，长江三角洲的天然气需求量大吗。这些问题显得肤浅，缺乏启发性。

把握分寸，注意适度性。提问适度性即难易适中，不贪大求全，要防止浅——缺乏引力，索然无味；偏——抓不住重点，舍本逐末；深——高不可攀，"听"而生畏；大——无边无际，无从答起。太易，脱口而出，无法引起思考；太难，难以下手，产生畏难情绪。

创新求异，力求新颖性。提问力求新颖奇特、角度各异，切忌千篇一律、单一死板，留给学生想象的空间和思考的悬念，以及探究的动机。例如，学习水循环原理后提问："君不见黄河之水天上来，奔流到海不复回。"请用水循环原理说明大诗人李白的诗句是否符合自然规律，激发学生地理学习兴趣。

　　　　　　　　　　——选自韩国元. 2014. 如何优化地理课堂提问设计. 地理教育，5：12.

☆ 如何用生活中的元素巧讲抽象地理知识

用"小人游泳"巧讲南北回归线。黄赤交角、太阳直射点的季节移动等知识点比较抽象，在七年级的教学中，考虑到学生的年龄特征与认知水平，一般都是尽可能在符合逻辑关系的前提下，简化和浅化相关知识内容，重现象描述、轻原理分析。以人教版七年级上册为例，课本主要用二分二至日地球与太阳的位置图来介绍地球公转的基本情况，说明地球在公转轨道的不同位置，太阳照射情况不一样，并通过一段阅读材料介绍太阳直射点、回归线、极圈等概念。最后引导学生在此基础上理解四季和五带等知识。通过多媒体和教具演示，大部分学生都能够接受相应结论，基本完成教学目标。但在此过程中，由于相关概念和模型太过抽象和立体，部分学生的思维仍存在一定障碍，知识点的形成偏虚化，时间久远后，遗留在学生脑海中的可能不是清晰明了的知识和概念，而是学习过程中产生的困惑和挫败。可尝试构建"小人游泳"模型，在放松自在的生活元素中将相关概念进一步形象化，进而增进理解，提高教学效率。

氛围创设：图 9-3 左图中小人直立身子游泳，右图中小人侧着身子游泳，分别观察水面在小人身体的哪些部位（腰、肩膀、膝盖）。

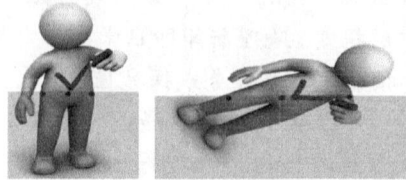

图 9-3 小人游泳

知识迁移：如果地球直着身子公转，太阳光所在平面就相当于小人游泳的水面，太阳永远直射在地球的腰部，即赤道。如果地球斜着身子公转，那么太阳直射点将可能出现在地球的肩膀、腰部和膝盖，即北回归线、赤道和南回归线（图 9-4）。

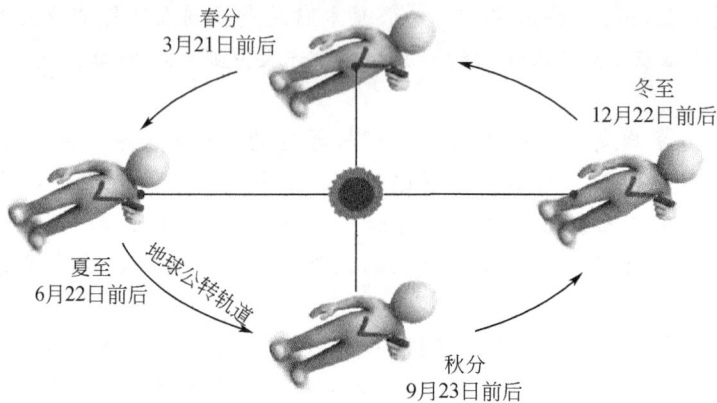

图 9-4 地球公转示意图

用"空饮料杯"巧解海陆热力性质差异对季风形成的影响。"季风气候显著"是亚洲气候的重要特征之一。虽然没有要求学生具体说出季风气候的成因，但是当好奇心足、求知欲强的学生问及相关内容时，作为教师是该回避，还是想办法解释？七年级学生没有"比热"这一物理概念，但是"水升温、降温速度慢"这一现象可以从生活中观察总结得出结论，如通过引导学生描述冬夏季井水水温的差异，可以顺利迁移到冬夏季海洋和陆地的温度差异。关于"空气受热膨胀上升，遇冷收缩下沉"这一现象，小学科学课里也有所涉及。然而如何让学生理解夏季海洋表面形成高压，冬季陆地表面形成高压？七年级学生的知识储备里没有气压的概念，但日常生活中应该有机会接触到这一名词，如每天的天气预报。学生系统学习相关物理知识前，可以先用空气浓厚度暂代气压这一名词。怎么解释近地面气流上升处，空气浓厚度（气压）减小；气流下降处，空气浓厚度（气压）增大？可用饮料杯进行类比：喝完饮料后，继续用吸管往杯子外抽气，杯内空气浓厚会如何变化？如果通过吸管往杯内吹气会如何？学生很容易得出以下结论：气流通过吸管上升离开饮料杯，杯内气体浓厚度（气压）减小，气流通过吸管下沉进入饮料杯内，杯内气体浓厚度（气压）增大。进而教师可以引导学生得出以下结论：冬季海洋较温暖，气流上升，气压相对低；夏季海洋较凉爽，气流下沉，气压相对高。类比水往低处流的原理得出最终结论：夏季气流从海洋吹向陆地，冬季气流从陆地吹向海洋。至此，关于海陆热力性质差异导致的季风这一抽象且超出学生现有知识体系的知识点，可以通过学生日常生活中的感性认知形成一定的感性基础，对季风的风向会有更立体和深刻的印象，从而更好地理解我国东部季风区夏季高温多雨、冬季寒冷干燥（低温少雨）的气候特征，为今后更进一步具体学习这一知识打下坚实的基础。

——选自汤天巍. 2017. 生活元素：助力巧讲抽象地理知识. 地理教育，6：46-47

9.2.1.3　听评课的交流

听评课交流即师范生观摩、听取指导教师或实习组其他成员的地理课堂教学，并针对听课的实际情况和感受体会，集中进行分析探讨、反思评议的交流活动。听评课交流是一种技巧、一种智慧，是集思广益、深化研讨，在和谐、愉快、发展中进步的重要渠道，也是分享经验—专业引领—共同提高—教学相长的过程。听评课交流注重围绕共同关心的话题进行对话、交流和反思，营造良好的、和谐的、互动的交流氛围，注意克服消极地接受评判的心态，又防止拒人于千里之外的不合作态度，促进彼此的理解和信任，充分尊重他人，善于理解他人的立场，但也不要轻易放弃自己的观点，从而做到自信而不封闭，虚心而不盲从。通过听评课的分享交流，可以促使师范生更好地熟悉地理课堂教学规范，汲取地理教师的先进教学经验，具备地理课堂教学听评课的专业态度和能力，从而促进师范生的专业成长。

听评课交流的主要内容包括：教学目标的达成，涉及学习活动中学生学科素养的落实，如学生问题的回答、思维活动的程度、参与活动的细节、作业的反馈等体现的人地协调观、综合思维等四大核心素养的培育；课堂教学环节的调控，涉及课堂导入、新课讲解、巩固总结和作业布置等，如课堂结构的环环相扣、教学时间的分配衔接、合作学习的组织与指导、重点知识的巩固和强化等；教学氛围的营造，涉及教学情境的创设、学生活动的设计等，如问题设计的价值性、层次性、情境性、启发性、艺术性，教学活动安排的针对性、启发性、合理性、可行性、操作性等；课堂教学的特色，涉及教学主线或思路、材料或案例的选择、方法和媒体的选用等，如教学主线明晰，教学思路有所创新，材料或案例选择精当、鲜明典型，方法新颖、手段先进等。

阅读　　　　　　　　**地理听课点滴感悟**

我在重庆市第一中学实习期间，听了许多节不同地理老师的课。通过听课学习，我在地理教育教学方面有了很多收获，每一节课都有很多宝贵的教学经验值得学习与借鉴。

充分调动学习积极性。在听课过程中，发现每位地理教师都想方设法用不同的方式调动学生的积极性和主动性，如小组讨论、地理竞赛、游戏活动、角色扮演、自主探究、绘图制作等。这些形式多样的方法不仅激励学生参与学习，更深化对地理知识的理解和掌握。

做好课前准备工作。在课堂教学中，地理教师讲解深入浅出、案例素材充实多样、方法运用灵活多元、活动设计精心到位，不仅反映出地理教师的人格魅力和教学实力，更体现了地理教师课前的精心准备。例如，研读课标、挖掘教材、修改教案、调试教具，甚至有的预先操作演练。

拓展延伸地理知识。在听课中还发现，各位地理教师上课都很注重知识的拓展与学生能力的培养，多种渠道培养学生的逻辑思维能力和实际操作能力。例如，重庆市第一中学学生一般基础都较好、动手能力强，讲课中必须多增加知识的广度和深度，结合学生比较感兴趣的话题，加强地理与生活的联系。

——重庆师范大学 2014 级本科生李艳撰写

9.2.2　地理课外活动实习交流

9.2.2.1　校内实践活动的交流

校内实践活动交流即师范生结合组织和指导中学生在校园内实施丰富多彩地理课外实践活动所进行的概括梳理、分析探讨和沟通交流。学校是中学生学习、生活、活动的共同场所，蕴藏着丰富的地理课程资源。校内地理实践活动组织实施的分享交流，一是可以促进师范生更好地了解实习学校的实践活动资源，掌握校内地理课程资源的类型、特点，短时间内充分利用校内地理课程资源，有效开展各种地理实践活动；二是可以突破时间、精力、能力、条件和其他各种因素的限制，开阔视野与思维，获得不同的感受和体验，分享自己积累的经验教训，虚心听取其他实习生的意见建议，共同探讨交流，不断积累校内地理实践活动组织经验。

校内地理实践活动交流的主要内容包括：活动的设计和组织，涉及活动的选题、策划和具体安排，如地理墙报和手抄报的主题确定，地理知识、拼图竞赛的活动设计，校内植物、地理园观察的组织等；活动的实施和展开，涉及活动的具体指导、进行步骤和主要环节等，如地理主题班会包含的猜灯谜、地名对话、地理拼图、击鼓传花等的进行，地理制作包含的简易地球仪、等高线模型，各大洲、各国、各省（市）轮廓模型等的制作；活动的评价和反馈，涉及评价的内容、要点和反馈的途径与方面，如地理绘图、小论文撰写成果的点评，地理实验操作步骤、实验报告呈现的反馈，对运用风向仪、气温计、量雨器等地理监测设备开展校内气象观测活动的亲身体验和感受等。

地理学具制作成果展示如图 9-5～图 9-8 所示。

图示

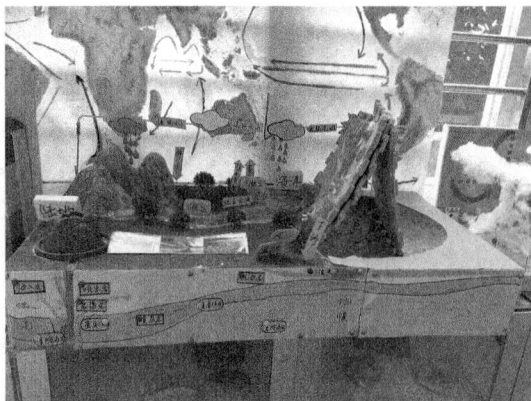

图 9-5　模型制作一

图 9-6　模型制作二

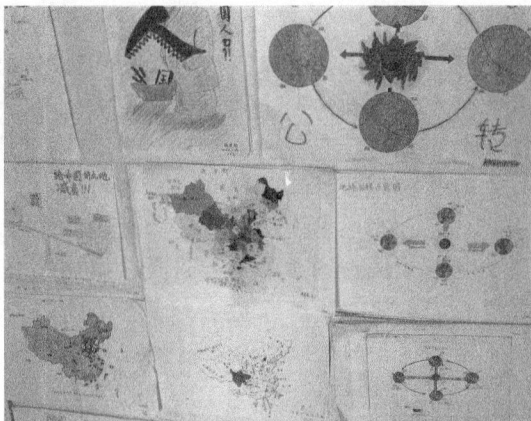

图 9-7　板报设计一

图 9-8　板报设计二

9.2.2.2　校外实践活动的交流

校外实践活动交流即师范生围绕中学生在校园外实施形式多样的地理课外实践活动后所进行的概括梳理、分析探讨和沟通交流。校外地理实践活动的场所是一个包括大自然和社会生活的广阔天地，也是开拓知识视野、深化教学内容，将课堂内外、校内外紧密结合的平台。通过校外地理实践活动组织实施的分享交流，一是可以展示校外地理实践活动的成果，反映师范生指导中学生参与实践活动，通过自身努力和辛苦而收获的喜悦与成果，得到的启示与锻炼；二是拓展地理课堂教学内容，实践活动可以突破时空限制，动静结合、鲜活灵动，将课内知识内容与课外实践资源有机结合，弥补地理课堂教学深度、广度和时间的有限性；三是提升地理实践活动指导能力，促进师范生因人、因地、因时而异，有目的、有主题、有计划、有组织、有实效地开展校外地理实践活动，充分发挥指导和协调作用。

校外地理实践活动交流的主要内容包括：活动的策划和安排，涉及活动主题的确定、活动线路的考察、活动安排的预设，如研学旅行的线路确定、主题公园的参观安排、土地类型调查的主题选择等；校外活动的组织和进行，涉及活动的组织管理、具体实施和主要项目等，如地质地貌的特殊地质构造、典型地层剖面、奇异地形和石灰岩溶洞的考察，工业布局调查包含的人员安排、分组分工、知识准备、方式方法选择等；活动的总结和反思，涉及总结的项目、特点和反思的方法、路径等，如城市化访问调查的特点、方式、结论和建议，反思中学生实践活动中的工作态度、探究习惯、能力水平和最终成果的内容、形式等。

示例　　　　　　　　　**探析地域文化对巴黎城市景观的影响**

2016 年 5 月，我们有幸成为学校师生访法团成员，随团开展法国研学旅行活动。本次活动的研学课题之一是"地域文化对巴黎城市景观影响的研究"。我们所在城市（临沂）的道路网为"方格—环形—放射式"，听闻法国巴黎的城市道路网及城市建筑风格与中国城市（临沂）有很大区别。借此次法国研学旅行一探究竟，并揭示地域文化对城市道路网、城市建筑风格产生的影响，以此提高合作探究能力。

探析目的：通过实地调查、参观、体验、访谈等，了解巴黎城市形成的区位因素、巴黎城市道路网特点及巴黎哥特式（欧式）建筑特色；探究巴黎城市道路网及哥特式建筑风格形成的原因；与中国城市（临沂）相比，尝试总结地域文化对城市格局和建筑风格的影响；通过研究活动，体验多元文化（不同的社会制度、宗教信仰、风土民情等）；开阔视野，培养文明素养、实践能力、团队精神和责任担当意识。

探析过程：行走在巴黎市区，感受哥特式建筑，圣心教堂（图9-9）、塞纳河岸边的建筑（图9-10）是巴黎市区主体建筑风格的代表；实地考察巴黎凯旋门、圣心教堂、所住酒店附近的道路网，其皆为放射式网。图9-11是以巴黎凯旋门为中心的放射式道路网，以巴黎圣母院为中心，也形成了相应的交通网；参观巴黎圣母院（图9-12），考察其建筑风格及位置特点；访谈当地导游、中国留学生，并上网查阅文献资料，分析、处理考察材料，得出研究结论。

图9-9　圣心教堂

图9-10　塞纳河岸

图9-11　放射式道路网

图9-12　巴黎圣母院

探析结论：法国城市格局与主体建筑风格被深深打上了宗教文化的烙印。法国城市发展历史悠久，多以教堂为中心，向四周扩散，市中心很少有现代化的高楼大厦。巴黎城市在大格局上形成以巴黎圣母院为中心的环形—放射式道路网。局部地区以小教堂为中心，形成小范围的放射式道路网。例如，以凯旋门、圣心教堂等为中心的局域放射式道路网。巴黎城市形成的区位因素——河流中心岛，具有水源充足、水运便利、利于安全防御等诸多便利条件。80%以上的法国人信仰天主教（广义为基督教的一个分支），所以到处可见天主教堂。在法国布雷斯特与巴黎，游客去的最多的地方就是教堂。教堂是灵魂升天的地方，其建筑风格为尖形、拱门、肋状拱顶与飞拱，受教堂建筑风格的影响，普通建筑风格也多为尖形、拱门、肋状拱顶与飞拱，称为哥特式建筑。不同国家有不同的历史文化背景、社会制度、宗教信仰、民俗风情等，这些地域文化深刻影响城市景观的形成与发展。作为当代中学生，应该了解不同国家的多元文化，如不同的社会制度、宗教信仰、风土民情等，传承并丰富全人类共同的文化和道德价值观。

———选自胡一辰，刘皓轩等. 2017. 探析地域文化对巴黎城市景观的影响. 地理教育，8：55.

9.2.3 班主任工作实习交流

9.2.3.1 日常工作开展的交流

日常工作开展的交流即师范生对实习班主任日常具体管理工作的交流，主要涉及思想教育，如升国旗、团队活动、班务会、读报；学习管理，如晨读、上课、考试、自习、课外作业等；生活纪律，如劳动、考勤、纪律、卫生、作息等；文体活动，如课间操、眼保健操、文娱、体育、科技活动等；班团建设，如班委会、团支部、兴趣小组等；活动计划，如工作计划、班级总结等；班级评价，如总体评价、个人评语、奖励惩罚、表扬批评等；班级文化建设，如班级板报和学习园地等；处理学生偶发事件和找个别学生谈话等。地理师范生交流班级日常工作的开展有利于更全面地了解班主任日常管理工作涉及的内容，熟悉班主任常规工作的特点和开展形式，做实习班主任力所能及的事情，更好地协助班主任进行日常管理工作；有利于深化对班主任日常工作要点和重心的了解，抓住处理日常班级事务的关键和核心，避免走上工作岗位后舍本逐末、因小失大，抓不住班级管理的重心；有利于不断总结教训经验、积累和揣摩班级管理的方法，使班级日常事务的处理更加完善，考虑更全面，为今后独立承担班主任工作奠定基础。例如，某实习生通过向班主任指导教师取经发现，新生入学最关键的是，首先应把班级管理工作导入正轨，班级管理也应避免"老黄牛式"和"保姆式"的管理方法，让班干部协同管理并得到锻炼。

阅读   **我与"后进生"姚同学有个约定**

姚同学是班级较为典型的"后进生"：上课注意力不集中，经常走神，小组一讨论就找不着北；性格活泼好动，喜欢打篮球，已经到痴迷的程度；每次作业都马虎了事，敷衍老师；在寝室住校的晚上经常一个人躲在被子里哭，天生缺乏安全感，敏感多疑，认为大家不喜欢他，一度想转学；家庭教育民主，但父母有些被动，感觉有力使不上劲。当然该生也有优点：劳动积极，跑步很快，心疼父母，对班主任不撒谎，没有放弃学习。针对他表现出来的特征，本学期采取了以下方式和他过招。

利用劳动委员职责加强自律。察觉他做值日认真，大胆让他担任劳动委员负责公共区域卫生，一开始我故意找茬，"怎么门外有小纸屑？""怎么扫帚东倒西歪？"有时不是他的错，但是我都想方设法转移到他的管理责任上，让他觉得自己很重要，离开他班级就转动不了。有了劳动委员头衔，他每天都有事可做，做值日更积极，检查卫生更仔细，责任感油然而生，当自己欲犯错时也会想起——我和别人不一样。

及时引导调整负面情绪。姚同学性子较急，说话做事易失分寸，一次他在寝室午休时，因为没有按时就寝，被生活老师罚站和做公共卫生，心里很委屈，认为自己并没有影响他人，心里有了怨言，也把情绪写在了脸上。我课余时间邀请他到办公室，拍着他的肩膀说，如果我是你也很生气，但我会想想自己是否有错。生活老师的工作繁重，每一间、每一层落实学生安全就寝很辛苦，如果每个人都不理解生活老师，一丁点事就闹情绪，那生活老师才委屈呢。我语重心长地和他交流，没有批评、没有责备地沟通了半个小时，他的眼神让我明白他已经意识到了自己的错误，后来确实也改变了不少。

巧用兴趣点塑造新我。姚同学热爱篮球，只要一下课必定在篮球场，或行走在篮球场的路上，我利用班级晨会让他扮演篮球队队长，他准备时的专注与投入与在课堂上判若两人。我与体育老师达成一致让他练篮球，希望他两年后争取以体育特长进入高中。到校篮球队选球员时，他两眼含着泪，拿着一封通知书来找我：老师，我到底该选学习，还是选篮球？看到他的纠结和认真，我知道他是信任我的，需要我帮他拿主意，我就是他在校的家长。我细细地帮他分析并告诉他，练篮球时好好练，学习时好好学，两手都要抓，争取文体双全。

——改编自廖素兰. 2017. 班主任沟通案例——我与后进生姚同学的约定. 考试周刊，（70）：175.

9.2.3.2　班级特色创新的交流

班级特色创新的交流即师范生对实习班主任组织管理工作探索创新的交流，主要包括：管理创新，涉及班级规章制度、工作管理方式等的创新，如班长竞选制，让学生毛遂自荐，并参加班长竞选，提供管理方法和竞选演讲，接受全体同学评判。班干部轮换制，避免"大权独揽"，培养学生的竞争能力和管理能力。组建创新小组，将学生按照成绩、能力、习惯等合理搭配，并组合成学习小组，相互帮助、共同成长。活动创新，主要涉及活动形式、活动内容、活动场所等的创新。例如，创新主题班会，可以开展集体生日班会，让学生感受集体温暖；可以针对学生对流行歌曲的喜爱，在班会课上唱主题歌曲，增强班级凝聚力。创新养成教育，开展"养成好习惯"系列活动，为幸福人生奠定坚实的基础等。地理师范生分享班级特色创新，主要是交流协助班主任在管理工作中的新做法、新思路、新手段，有利于开阔视野、发散思维，激发班级管理及班级活动设计的创新意识，思索班级创新的方法和形式，为实习班级管理制度的改变和新颖班级活动的开展建言献策；有利于互相学习、学会提炼、不断提高，更好地协助班主任在日常管理顺利进行的情况下，根据班级实际创造性地开展工作。

阅读　　　　　　　　　　**班级管理创新撷英**

上好"开学三课"。第一课"收心课"。班级召开"新学期、新打算、新目标"的主题班会。第二课"展示课"。班级举行"我给同学们的新年见面礼"特色寒假作业展示活动。展示的作业主要包括小制作、摄影作品、美术作品、手抄报、对联集锦、优秀作业等。第三课"安全教育课"。讲解安全要求，提高学生的安全意识。

班级"军衔制"。制订《班级学生军衔制管理办法》。学生"军衔"的初级认定是按所任职务给予确定的，之后，每三周根据个人考核的百分制成绩认定一次。为班级做出重大贡献的学生将给予跳一级的认定；降到列兵以下的学生，将取消其本学期班级评优权利。认定委员会由班主任、正副班长、班长助理和特邀学生组成。

班级"自省园地"。为了在集中教育中贯穿"自省教育"，引领学生懂得自爱，勇于自省，善于自控，提升养成教育的质量，教师可在班级中建立"自省园地"。每日晨会课，学生对前一天和早晨的言行进行反省，能做到4条的，可以分别取三角星或五角星贴在自己的荣誉本里。达到10个五角星或15个三角星，就可以给自己的花园增添一朵梅花。是否达到要求由学生自己审核，其他学生可以参与评价，但最终取不取星由学生自己决定。

——选自张海燕. 2017. 创新主题教育活动　提高班级德育实效. 理论探索，17：31.

9.2.3.3　班级管理得失的交流

班级管理得失的交流即师范生对实习班主任管理班级的成功与失败的交流，主要包括：管理中的有效经验、优点、亮点的交流，如表扬和批评学生应抓住适当时机、讲究语言技巧；与家长交谈，应平等沟通、提出合理化建议；组织家长会，应做好充分准备、讲究方式方法、力求气氛和谐；处理偶发事件，可以采取降温处理法、变退为进法、移花接木法、幽默化解法等。管理中的失败教训、不足、局限、有待提升方面等的交流，如班主任教育学生的方法不得当，有可能做了大量工作，但效果并不好，甚至越管越差；班主任把班级管理权力掌握到手中，从来不让学生参与，很容易抑制学生的主动性、积极性和创造性，使其缺乏自我教育和自我管理的能力等。地理师范生分享协助班主任进行班级管理时的得与失，有利于相互探讨、学习借鉴、交流共享班级管理经验，熟练班主任管理技巧，使大家都有所得、有所思，进行思想的碰撞和心灵的交会，为自身班主任工作艺术和水平的提高奠定基础；有利于分享成功经验，体会其中的甘甜与快乐，以此为契机，认真研究，勇于实践，把协助工作做得更好，促进自身尽快成长；有利于发现班级管理中容易出现失误的地方，分析失败原因，找出症结所在，积极寻求解决对策，使今后走上班主任岗位时的管理更加规范、完善、顺利，尽量在班级管理中避免失误。

阅读　　　　　　　　　　　　**班主任谈话"五不要"**

不要拒人千里。班主任站在管理者和教育者的角度与学生谈心，很容易把学生推向被管理者和受教育者的对立面，无形之间筑起一道"高墙"，再好的道理学生也听不进。因此，班主任既要把谈心看作是心理沟通的过程，更要把谈心看作是感情交流的过程。

不要随意插话。在一般的教育性谈话中，班主任往往难以忍受交谈过程中的片刻静默，学生的表述出现停顿时，班主任可能会马上加以催促："你说，快说啊！"使学生感到自己在被审问，并且产生抵触情绪。

不要一味批评。一味地批评学生时，班主任往往带有自己的个人情绪，使学生感到难以接受，把班主任苦口婆心的批评教导当作耳旁风。因此，即使教师的观点和学生的意见有所不同，也应认真听取学生的看法。

不要同情安慰。学生遇到挫折与困难时会垂头丧气，甚至会伤心哭泣，如果班主任只是劝慰和同情，可能会使学生产生情绪被否定、在教师心里没有价值等感受。班主任应设身处地地去感受来访学生的内心体验，了解其所想所为的动机缘由，不要以自己为参照标准去评判学生的是非得失。

不要命令训导。班主任与学生谈心时基本采用规劝或说教方式，并总是以帮助学生解决当前问题为直接目标，常常会直截了当地告诉学生目前的问题是什么，应该怎样做，无论学生能否接受都没有选择的权利。长此以往，学生的主动性和积极性难以得到提高，使学生产生"学好学不好是老师和家长的事"的想法，个人的意愿和主动性被磨灭。

行动

分享交流：
走进中学上地理课是师范生梦寐以求的事情。分享第一次站上地理讲台的难忘经历。
组织主题班会是班主任工作的重头戏。交流第一次组织主题班会的成败或得失。

议论讨论:

为什么说参与地理教育实习经验交流是一个学习和提高的过程。

应该向受到教育实习总结表彰的优秀实习生和优秀实习组学习哪些典型事迹和经验。

各抒己见:

自己有对地理教育实习深入而全面的反思吗?怎样才能逐步养成反思的良好习惯。

学院教育实习结束后总要评选优秀实习生,当评选和评价发生矛盾时该如何面对。

自行绘图:

结合中学地理教育实习感受,想想自己将要担任第一份教师工作的场景,并绘一幅图画。

用图画形式感谢地理教育实习中帮助过、激励过自己的同学、指导教师、学校领导和学生及家长等。

材料分析:

结合材料一,指出学院教育实习总结的不足之处,并提出应从哪些方面改进,完善学院教育实习总结的框架结构。

材料一:某学院教育实习总结

实习概况。本次参加实习的有 101 人,其中自主实习的有 56 人,集中实习的有 45 人。集中实习的学校包括重庆市第一中学、重庆市第七中学等的重庆名校。重庆市第一中学的指导教师为杨娅娜老师,实习人数为 9 人;重庆三十七中、重庆天星桥中学指导老师都为陈国建老师,实习人数分别为 4 人、6 人;重庆市凤鸣山中学指导老师为翁才银老师,实习人数为 11 人;重庆市第七中学指导老师为雷建华老师,实习人数为 8 人;大学城第一中学指导老师为李孝坤老师,实习人数为 7 人。2017 年 9 月 11 日,我院召开了实习动员大会,第二天学生就带着本院教师的祝福和实习学校教师的期待开始了实习之旅。

主要成果。根据实习计划,本次教育实习涉及地理课堂教学实习、班主任工作实习、地理教育科研实习和地理课外活动实习等内容,包括见习、实习、总结等阶段,每个阶段都有实施时间,通过有计划、有步骤地开展工作,现已顺利完成。教育实习期间,带队指导教师能够按照教育实习计划和学院的统一要求,每周深入实习学校,检查实习学生的实习情况和实习表现,指导学生的教育教学实习,及时解决他们在实习中遇到的各种困难和问题,保证教育实习工作的有序进行。

全体实习生也能在带队教师的带领下,按照实习学校的要求和教育实习计划,认真进行教育实习。按时到校、尽快熟悉生情、认真备课和上课、积极开展班主任实习工作,协助实习学校各部门做力所能及的工作,展示了勤奋、乐观、踏实、向上的良好形象,给实习学校的师生和领导都留下了深刻印象。

通过 14 周近 4 个月的实习,按照学校要求,实习生在对方及学院教师的共同指导下,较好地完成了"试教""试作"工作:一是教学准备工作,每个实习小组都在个人备课基础上充分发挥了集体备课优势,大家共同学习课程标准,钻研教材,设计教法,精心试讲。二是课堂教学工作,大多数实习同学都能较好地把自己所学的教育理论知识用于课堂教学实践,善于根据学科的性质特点和学生的实际组织教学。三是辅导、作业批改和成绩考核工作,实习同学大都能认真、细致地了解学生的学习情况,及时予以集体辅导或个别辅导,力求做到当堂解决问题。在教学中,每位实习同学都认真布置、批改作业。同时,做好学生学习成绩考核和评定工作。四是班主任工作,通过近 4 个月的实践,实习同学从理论上、实践中深刻地认识到班主任工作的意义、特点和内容，初步实践了班主任工作的方式和方法。在班级组织管理中，大部分实习同学都能积极辅助班主任，认真开展班级日常工作，对班级日常工作的管理有要求、有检查；积极、主动地指导本班开展地理课外活动。

存在问题。部分实习生理论知识不够扎实，在备课时把握不好教学目标及教学重点和难点，对教材的挖掘仍需努力，反映出实习生理论水平有待提高；教学课堂驾驭水平需大力提升，在驾驭和把握课堂教学的环节中，需积累更多经验，不断提升自身素质；教师语言表达仍有提升的空间，在与学生交流时措辞不够准确，口语表达技巧还需要加强；班主任工作方面，由于实习生与学生年龄相近，容易与学生打成一片，但工作经验不足，特别是班级管理的经验还非常欠缺，需要在以后付出更多努力。

改进建议。面对实习生存在的问题，提出以下改进建议：一是加强专业知识的巩固与提升；二是训练提高自己的教学基本功，抓紧练习板书、板图、板画、普通话和讲解技巧；三是熟悉中学地理教材；四是加强自己的心理素质。

根据材料二，分析实习日志所反映的地理师范生对教师职业认识上的逐步变化。说明实习日志这种交流方式的优越性和局限性。

材料二：实习日志是实习生实习全过程的记录，撰写日志是实习生用来记录、澄清自己思路的方法，也是洞察实践意义的方式。写日志的过程也是对自己实习进行反思的过程，它可以追问教育理念，检查在实习过程中的不足，并为实习过程中的不足寻找解决方法。日志可以客观地陈述实习过程，也可以主观思考实习感受；可以细致描述，也可以概括分析、批评思考。这是一种与自己对话的有效方式。因为实习日志是已经撰写出来的文字材料，师范生可以在记录以后随时进行查阅回顾、深入思考，也许同样的一次实习经历，由于实习的深入和认识的不同，当时的观点会与一段时间以后的观点有所不同，定期的回顾思考会使认识更全面、更客观、更理性。例如，有的师范生在刚刚进入实习的初期阶段会不自信，与学生交往不能把握自我角色，会对教师职业充满恐惧的心理，经过一段时间的实习，会逐渐变得成熟起来，自信心增强了，和学生交往也就比较自如，得到学生的认可，并喜欢上教师职业。及时的实习日志会反映出对职业认识和对自我认识的变化，会更理性地梳理自己的职业认同感和职业信念。再如，有的师范生在上课时遇见突发事件，当时采用了一定的方法进行处理，也许再过一段时间，随着实习的深入，其会想出更巧妙的处理方法。

参 考 文 献

陈红，朱雪梅. 2017. 地理课堂教学观评课的常见问题及改进建议. 地理教育，9：45-47.

范泰洋，黄文斌，彭清思. 2017. 核心素养取向的地理教学目标设计初探. 中学地理教学参考，8：25-27.

韩国元. 2014. 如何优化地理课堂提问设计. 地理教育，5：12.

李莉. 2013. 高师教育实习用反思促进成长. 西安文理学院学报（社会科学版），3（16）：110-113.

梁洁仪. 2012. 有效开展中职地理课外活动的意义和策略. 中国电力教学，14：113-119.

廖素兰. 2017. 班主任沟通案例——我与后进生姚同学的约定. 考试周刊，（70）：175.

凌锋. 2014. 如何关注"意外"促进精彩生成. 地理教育，9：12.

孙博. 2012. 初中地理实践活动教学调查研究. 长春师范学院学报，6：18.

汤天巍. 2017. 生活元素：助力巧讲抽象地理知识. 地理教育，6：46-47.

温秀娟，刘建平. 2015. 中学地理教学设计中学情分析的问题与优化策略. 中学地理教学参考，12：29-31.

徐锋. 2014. 精彩课堂如何从导入开始. 地理教育，1-2：15.

杨爱春. 2016. 《正确处理人际关系铸就共赢人生》班会教育案例. 中国会议，（5）：216-218.

约翰·杜威. 2001. 民主主义与教育. 王承绪译. 北京：人民教育出版社.

张彩宏. 2009. 校外地理实践活动的有效指导. 地理教学，2：8-10.

张海燕. 2017. 创新主题教育活动　提高班级德育实效. 理论探索，17：31.

第 10 章　透视：地理教师职业竞聘

据说，人们不能预见未来；但人们能够创造未来。我们也可以说，"我们能够预见多种多样的未来；我们必须选择和需要某一种未来。"……

未来的学校必须把教育的对象变成自己教育自己的主体。受教育的人必须成为教育他自己的人；别人的教育必须成为这个人自己的教育。这种个人同他自己的关系的根本转变，是今后几十年内科学与技术革命中教育所面临的最困难的一个问题……

教育必须认识，它本身是为什么的。教育是形成未来的一个主要因素，在目前尤其如此，因为归根到底，教育必须培养人类去适应变化，这是我们时代的显著特征。

有各式各样的、复杂多端的变化。这些变化在性质上差别很大，它们实际上影响着每一个人类共同体，而且它们又是模棱两可的，既展现新的前景，又产生新的威胁……

为人们投入工作和实际生活做准备的教育，其目的应该较多地注意到把青年人培养成能够适应多种多样的职务，不断地发展他们的能力，使其能跟得上不断改进的生产方法和工作条件，应该帮助青年人在谋求职业时有适度的流动性……

一个人应该接受哪一类教育，应该从事哪一种专业；这只取决于这个人的知识、能力与才干，而不应该取决于他在学校里所获得的知识是高于还是低于他在职业中或自学中的实际经验。

所有的学习者无论是青年，还是成人，不仅应该在它们本身的教育中，而且应该在整个教育事业中发挥他们负责任的作用。

——摘自联合国教科文组织国际教育发展委员会. 1996. 学会生存——教育世界的今天和

明天. 北京：教育科学出版社.

地理教师职业竞聘是师范生结束大学 4 年系统学习生活，踏入社会就业的又一个人生重要的转折时期。作为地理师范生，如何在风云突变、竞争激烈的教师职业岗位竞聘中脱颖而出，在真正步入社会，开始独立人生的求职应聘的舞台上走出属于自己的一片天地，这不仅关系到学校教师职业的认同和选择，也关系到个人的未来发展和生活质量。本章以地理教师职业竞聘准备和地理教师职业竞聘考察的视角，透视地理教师职业竞聘。

10.1　地理教师职业竞聘的准备

地理教师职业竞聘的准备是顺利通过教育系统教师职业竞聘用人单位各类考察的基石，也是面临严峻就业形势，成功跨越应聘难关的重要一环。本节主要通过教师职业竞聘的信息收集、教师职业竞聘的务实准备和教师职业竞聘的心理调适等，明晰地理教师职业竞聘的准备。

10.1.1　教师职业竞聘的信息收集

10.1.1.1　竞聘信息收集的渠道

（1）高校毕业生就业主管部门

高校毕业生就业主管部门既与毕业生就业工作所涉及的各级主管部门保持着密切的联系，也与用人单位定期进行信息交流分享活动，是地理师范生获取就业信息最直接、最有效和最主要的来源，也是教育系统用人单位选录毕业生所依赖的一个重要窗口。其提供的就业信息具有准确性、权威性、可靠性、多样性等特点，尤其是学校的就业信息网，地理师范生应予以高度关注和重视，它不仅内容丰富、具有针对性，而且实用性强。

（2）各级教育主管部门及人事部门

全国的大学毕业生就业主管部门是教育部，县级以上的教育和人事部门均成立了大学毕业生就业管理和指导机构，每年都会通过各种形式为大学毕业生提供大量真实可信的就业信息。目前，很多地方采取地市及所辖区教师竞聘"凡进必考"的招聘组织形式，地理师范生应特别留心自己青睐的地方教育局，人事主管部门的网站，或编印的用人单位需求信息。

（3）各种类型供需见面会

各种类型供需见面会包括高等师范院校举办的毕业生大型供需见面会，这类招聘会能够在较短时间内汇聚众多用人单位，尤其是教育系统各单位的大量需求信息，时效性、针对性强。其包括用人单位来高校召开的中小型校园专场招聘会，这类招聘会与专业相关的职位信息丰富，岗位适应度强，签约比例高，是地理师范生成功竞聘的主要方式之一；还包括各种人才市场举办的毕业生供需见面会，这类招聘会为各级专业人才的合理流动和师范毕业生的求职择业提供了机会，地理师范生应根据自身实际状况有选择地参加。

（4）各类社会关系网

各类社会关系网包括：家长、亲友和其他熟人提供的信息，针对性更强，鉴于他们对用人单位和求职者双方都比较了解，其成功率较高；老师、校友和其他朋友收集的信息，往往较为准确、迅速，匹配性好，经老师和校友推荐，用人单位会觉得更可靠；求职竞聘中，同学之间需信息共享，由于地理师范生的求职目的和需求存在差异，广泛交换信息、彼此分享交流十分重要，可以达到互惠互利、成功的目的。

（5）网络信息平台

随着高校就业工作信息化和网络化进程的快速发展，特别是网络视频招聘系统的筹建和完善，促进利用网络平台获取就业信息成为一种流行的求职方式和高校毕业生就业的一种新趋势，这种方式方便用人单位和毕业生，也可以大大降低招聘和应聘的成本。地理师范生应关注办学类型相同的兄弟院校的就业信息网，尤其是985、211等重点高等师范院校，可以扩大信息来源。同时，应注意地方教育局、人事局或者中小学自办网站提供的相关信息。

（6）教育实习和社会实践等活动

教育实习和社会实践是高等师范院校师范生人才培养方案的重要内容，通过教育实习或社会实践，师范生不仅能将所学专业与将来从事的工作有机结合，也可以更清楚了解有关需求情况，让实习学校更多地了解自己。倘若有招聘意向，实习学校或实践单位很可能将其纳入第一考虑对象，也有利于避免师范生盲目求职，这种竞聘择业方式正日益受到用人单位和师范毕业生的青睐。

阅读 **盘点教育系统的主要招聘形式**

一是"凡进必考"。即事业单位招聘应届毕业生最常用的形式，以地市及所辖区教师招聘最为常见。这种招聘录用权、分配权在教育行政部门，使用权在下属教育单位。招聘流程主要分为招聘公告、报告、笔试、资格审查和面试、教育教学能力测试（说课或试教）、体检、补录、公示、聘用等阶段。这类招聘面向的对象多为中小学正式在编教师，完成所有程序一般需要 3～4 个月。

二是"组团招聘秀"。即近年来一些实力强劲的教育系统用人单位乐意采用的招聘形式，其特点是机动灵活、招聘时间短、效率高，结果令人满意。通常分为：大团招聘，其流程为宣讲、笔试、面试和试讲（或说课）、体检、签约等环节，层层筛选；中团招聘，其流程笔试较少，而是宣讲后直接筛选简历，挑选符合条件的毕业生进入面试和试讲环节；小团招聘，学科需求和招聘指标往往不多，能否现场签约视具体情况而定。

三是"赴外单招"与"在家统考"两不误。即组团招聘与凡进必考的折中方案，其采取"招聘指标划块，开辟绿色通道"的做法，一方面组织统考录用新教师，另一方面又拿出招聘计划赴外招聘。单独组织考核、现场直接录用是这种"绿色通道"最主要的特点，毕业生无需再参加当地统考，只需要展开内部竞争，胜出者即可被录用。

四是"'坐镇'考察"。即用人单位当年招聘指标少，不再单独出来招聘。毕业生需要通过多方打听，获取准确的学科需求信息，及时投递简历，并加强联系，方能获得面试和试讲的机会。毕业生如果提前知悉自己心仪的学校有接收实习生的计划，也可以联系校方，恳请给予实习机会，通过不俗的实习表现，谋取理想职位。

五是"实习与招聘双管齐下"。即近年来兴起的教师招聘新潮流，类似于"校企合作"中的"订单式培养"，适合"磨合式"就业。在两到三个月的实习时间里，一方面，师范毕业生可以更好地了解实习学校；另一方面，实习学校领导通过考察实习生、听取各方面反映，若满意可直接聘用。这种方式招聘的教师工作会更安心和努力，也有利于高等师范院校开展人才培养模式改革，贴近市场办学。

六是"不拘一格降人才"。即经济发展较为活跃或改革力度比较大的地区所采用的招录高等师范院校毕业生的形式。教师招聘通常作为当地政府"引智工程"的一部分，师范毕业生应积极抓住人才引进所给出的优惠或特别的招聘条件，争取成功谋到职位，在这场没有硝烟的求职大战中取得胜利。

——改编自刘淑玲. 2010. 师范生职业发展与就业指导. 北京：高等教育出版社.

10.1.1.2 竞聘信息筛选的程序

（1）鉴别信息

利用多种渠道广泛收集的就业信息可能会繁杂无序，需要仔细甄别。首先，需要注意识别真伪，将虚假、过时的信息剔除；将关系不大的信息排列到一边，提取与自己专业及兴趣有关的信息。其次，需要判定权威可靠，了解就业信息的来源与质量，比较同类信息的深度。例如，从政府部门获取的就业信息，人事部门最有权威；从学校获得的招聘信息，就业主管部门最有发言权。最后，需要鉴别信息内容是否齐全，尚有不清楚的地方，应抓紧时间修正补充相关信息。

（2）把握重点

筛选信息切忌主次不分，主次不分可能会使求职过程走过多弯路，结果错失应聘良机。应在就业信息去伪存真的基础上，去粗取精，再精挑细选，确定两个以上信息作为应用信息。对于应用信息，也可以根据自己的择业标准排序，并有主次之分，其重要依据是是否适合自己，也要虚心听取父母、亲友及老师的建议。应对用人单位就业信息进行综合评估，以决定是否应聘。例如，该单位是否符合本人的长远发展预期，是否适应本人的生活需求，是否满足自身的综合需要等。

（3）了解透彻

对于重要的信息，应注意寻根究底、深化了解，除了解用人单位的整体信息以外，如用人单位的准确全称、行政隶属关系、联系办法、所有制性质、需要的专业和使用意图，以及具体岗位、其规模、发展前景和福利待遇等；还应着重寻求具体用人岗位的要求，包括用人单位的专业需求、使用目的、具体工作岗位性质、所需人才的具体要求和用人意向等。针对用人单位岗位的具体要求，应注重对照检查自身不足，并及时进行调整与弥补，有针对性地设计具体岗位应聘材料，以做到有的放矢，增大成功率。

（4）及时反馈

就业需求信息一旦选定，应不失时机地主动与用人单位主管人员取得联系，询问应试的方式、时间和要求等，并充分备好求职材料，使需求信息尽早变成供需双方深度沟通的重要桥梁，也可以按照排序信息的先后顺次与用人单位联系，表达自己的诚意；如果时间紧迫，可以同时联系，但同时接到多个单位的接收意向时，应尽早确定方向，并从礼貌和诚信的角度，对决定放弃的单位及时告知、表达歉意，并简要说明原因。

✎ **示例**　　　　　　　　**小张就业信息收集的"小贴士"**

各省（自治区、直辖市）人力资源与社会保障网等政府网站［主要针对教师公开招聘，基本有编；信息最准确、最及时；信息更新少；各省（自治区、直辖市）只公布本地区的招聘信息，信息查找较麻烦］：

重庆人力资源和社会保障网 http：//www.cqhrss.gov.cn/

重庆市渝中区人力资源和社会保障网 http：//www.cqyzrsj.gov.cn/

河北省人力资源和社会保障厅 http：//www.hbrsw.gov.cn/index.html

河南省招教网 http：//zhaojiao.haedu.cn/

其他综合性教师招聘网站［汇总各省（自治区、直辖市）各性质教师岗位招聘信息］：

文武教师网 http：//www.wenwu8.com/

各高校就业信息网站（主要针对在本校进行校园招聘的信息）：

西南大学就业创业指导与服务网 http：//bkjyw.swu.edu.cn/

就创网（陕西师范大学生毕业生就业指导与服务中心）http：//job.snnu.edu.cn/

北京师范大学学生就业与创业指导中心 http：//career.bnu.edu.cn/

重庆师范大学学生职业发展与就业服务平台 http：//job.cqnu.edu.cn/

——重庆师范大学 2016 级研究生张怡提供

10.1.2　教师职业竞聘的务实准备

10.1.2.1　书面材料的准备

书面材料是师范生求职过程中，大部分用人单位考察应聘者的重要依据，是判断和评估毕业生能否胜任教育教学工作，并与该单位长久共同发展的基础。书面材料一般分为主体材料和辅助材料，其中主体材料包括以下几项。

（1）毕业生推荐表

毕业生推荐表即由学校发给毕业生填写的附有学校书面意见的推荐表。该表的综合评定及推荐意见部分由辅导员或班主任填写，以组织负责的形式向用人单位推荐，具有较大的权威性和可信度。各个学校毕业生推荐表的栏目设计和编排体例会有所不同，同一学校不同年份的毕业生推荐表也可能会有所变化，但一般均包括个人基本信息、学历、获奖情况、承担社会工作、个人特长爱好和自我评价等。

（2）求职简历

求职简历即由师范毕业生自行设计的重要的应聘材料，主要针对想应聘的工作岗位，对自身的相关经验、业绩、能力、性格等做简要陈述。必须用电脑打印，以凸显规范清晰，体现时代特征；应具有简洁、鲜明、有序、个性突出等特色，避免冗杂烦琐。简历无固定格式，但一般包括个人基本信息、教育经历、社会工作及课外实践、荣誉与成就、个体兴趣特长和勤工助学经历等。

（3）自荐信

自荐信即有目的地针对不同用人单位的一种书面自我介绍。它不同于目录式的简历，其书写格式一般包括 3 个部分，首先，做自我简介，阐明自己的姓名、学校、所在专业等；其次，主体部分侧重说明自己的入职愿望和自身具备的资格，尤其要简要阐明自己对该工作的理解和感兴趣的原因，简洁阐述自己的资历具备应聘职位的资格，并突出相关工作能力，以证明自己能够胜任该单位的相应职位；最后，可说明"希望有机会面试"，并附上自己的联系地址、邮政编码、电话号码、电子邮箱，或 QQ、微信等。

辅助材料主要是对求职主体材料的证明和扩展，以更好地体现求职者的自身素质和工作实力，一般包括以下几项。

（1）体现专业素质的辅助材料

体现专业素质的辅助材料也称硬件材料，包括学业成绩单、知识与技能比赛证书、英语四级六级考试证书、普通话水平证书、计算机等级证书、教师资格证、发表的科研论文、获得的专业与教学奖励等。其中，首要而重要的辅助材料是教师资格证，它是教育行业从业人员的职业技能认证。

（2）体现综合素质的辅助材料

体现综合素质的辅助材料也称软件材料，包括：政治素质的体现，如是否为党员、入党积极分子；能力水平的体现，如是否担任过主要学生干部、组织过大型活动策划等；奉献精神的体现，如参与慈善活动、志愿者活动等证明；特长兴趣的体现，如国家级运动员证书、专业之外各类团体或个人获奖证书（即书法、播音、主持、钢琴、舞蹈、绘画、文学特长）等。

求职简历体例展示见图 10-1 和表 10-1。

图示

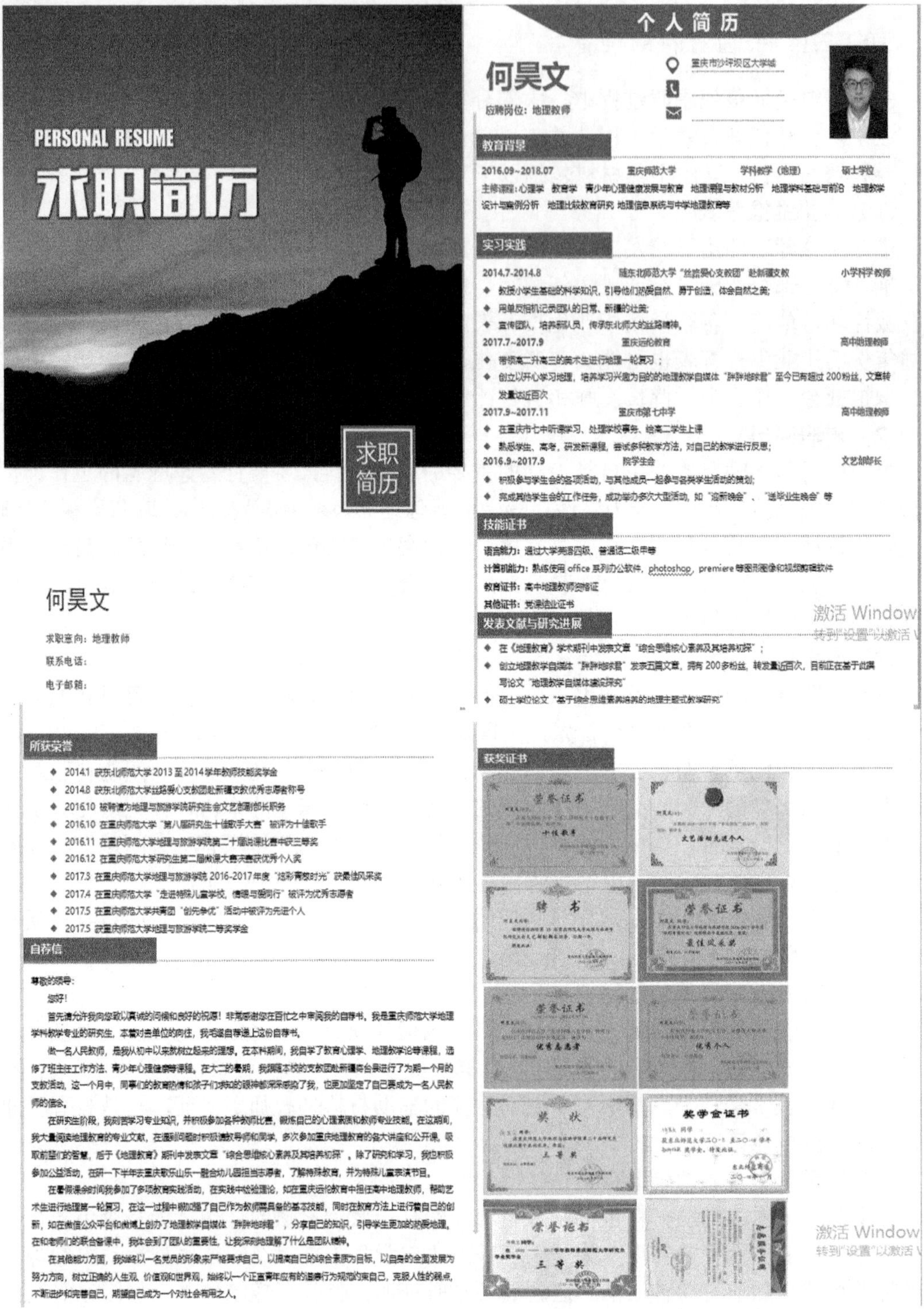

PERSONAL RESUME

求职简历

求职简历

何昊文

求职意向：地理教师

联系电话：

电子邮箱：

个人简历

何昊文

应聘岗位：地理教师

重庆市沙坪坝区大学城

教育背景

2016.09~2018.07　重庆师范大学　学科教学（地理）　硕士学位

主修课程：心理学　教育学　青少年心理健康发展与教育　地理课程与教材分析　地理学科基础与前沿　地理教学设计与案例分析　地理比较教育研究　地理信息系统与中学地理教育等

实习实践

2014.7-2014.8　随东北师范大学“丝路爱心支教团”赴新疆支教　小学科学教师

- 教授小学生基础的科学知识，引导他们热爱自然、勇于创造，体会自然之美；
- 用单反相机记录团队的日常、新疆的壮美；
- 宣传团队，培养新队员，传承东北师大的丝路精神。

2017.7~2017.9　重庆运伦教育　高中地理教师

- 带领高二升高三的美术生进行地理一轮复习；
- 创立以开心学习地理，培养学习兴趣为目的的地理教学自媒体“胖胖地球君”至今已有超过200粉丝，文章转发量达近百次

2017.9~2017.11　重庆市第七中学　高中地理教师

- 在重庆市七中听课学习、处理学校事务、给高二学生上课
- 熟悉学生、高考，研发新课程，尝试多种教学方法，对自己的教学进行反思；

2016.9~2017.9　院学生会　文艺部部长

- 积极参与学生会的各项活动，与其他成员一起参与各类学生活动的策划；
- 完成其他学生会的工作任务，成功举办多次大型活动，如“迎新晚会”、“送毕业生晚会”等

技能证书

语言能力：通过大学英语四级、普通话二级甲等

计算机能力：熟练使用 office 系列办公软件，photoshop，premiere 等图形图像和视频剪辑软件

教育证书：高中地理教师资格证

其他证书：党课结业证书

发表文献与研究进展

- 在《地理教育》学术期刊中发表文章“综合思维核心素养及其培养初探”；
- 创立地理教学自媒体“胖胖地球君”发表五篇文章，拥有200多粉丝，转发量近百次，目前正在基于此撰写论文“地理教学自媒体建设探究”
- 硕士学位论文“基于综合思维素养培养的地理主题式教学研究”

所获荣誉

- 2014.1 获东北师范大学2013至2014学年教师技能奖学金
- 2014.8 获东北师范大学丝路爱心支教团赴新疆支教优秀志愿者称号
- 2016.10 被聘请为地理与旅游学院研究生会文艺部副部长职务
- 2016.10 在重庆师范大学“第八届研究生十佳歌手大赛”被评为十佳歌手
- 2016.11 在重庆师范大学地理与旅游学院第二十届说课比赛中获三等奖
- 2016.12 在重庆师范大学研究生第二届微课大赛决赛获优秀个人奖
- 2017.3 在重庆师范大学地理与旅游学院2016-2017年度“炫彩青春时光”获最佳风采奖
- 2017.4 在重庆师范大学“走进特殊儿童学校，情暖与爱同行”被评为优秀志愿者
- 2017.5 在重庆师范大学共青团“创先争优”活动中被评为先进个人
- 2017.5 获重庆师范大学地理与旅游学院二等奖学金

自荐信

尊敬的领导：

您好！

首先请允许我向您致以真诚的问候和良好的祝愿！非常感谢您在百忙之中审阅我的自荐书。我是重庆师范大学地理学科教学专业的研究生，本着对贵单位的向往，我毛遂自荐递上这份自荐书。

做一名人民教师，是我从初中以来就树立起来的理想。在本科期间，我自学了教育心理学、地理教学论等课程，选修了班主任工作方法、青少年心理健康等课程。在大二的暑期，我跟随本校的支教团赴新疆奇台县进行了为期一个月的支教活动，这一个月中，同事们的教育热情和孩子们求知的眼神都深深感染了我，也更加坚定了自己要成为一名人民教师的信念。

在研究生阶段，我刻苦学习专业知识，并积极参加各种教师比赛，锻炼自己的心理素质和教师专业技能。在这期间，我大量阅读地理教育的专业文献，在遇到问题时积极请教导师和同学，多次参加重庆地理教育的各大讲座和公开课，吸取前辈们的智慧，后于《地理教育》期刊中发表文章“综合思维核心素养及其培养初探”。除了研究和学习，我也积极参加公益活动，在研一下半年去重庆歌乐山乐一融合幼儿园担当志愿者，了解特殊教育，并为特殊儿童表演节目。

在暑假课余时间我参加了多项教育实践活动，在实践中检验理论，如在重庆运伦教育中担任高中地理教师，帮助艺术生进行地理第一轮复习，在这一过程中锻炼强了自己作为教师需具备的基本技能，同时在教育方法上进行着自己的创新，如在微信公众平台和微博上创办了地理教学自媒体“胖胖地球君”，分享自己的知识，引导学生更加的热爱地理。在和老师们的联合备课中，我体会到了团队的重要性，让我深刻地理解了什么是团队精神。

在其他能力方面，我始终以一名党员的形象来严格要求自己，以提高自己的综合素质为目标，以自身的全面发展为努力方向，树立正确的人生观、价值观和世界观，始终以一个正直青年应有的道德行为规范约束自己，克服人性的弱点，不断进步和完善自己，期望自己成为一个对社会有用之人。

获奖证书

图 10-1　自荐书体例

——重庆师范大学 2016 级研究生何昊文撰写

@ 表解

表 10-1 Resume（个人简历）

Personal Information（个人信息）			
Name（姓名）	English（英文）		Attach a phone taken within 12 months（请贴最近一年的照片）
	Chinese（中文）		
Birth Date（出生日期）		Height（身高）	
Birth Place（出生地点）		Weight（体重）	
Nationality（民族）		ID Card（身份证）	
Address（通信地址）		Zip Code（邮编）	
Telephone（电话）		E-mail（电子邮箱）	
Marital Status（婚姻状况）		Job Objective（求职意向）	
Education Background（教育背景）			
From（自）	To（至）	Grade（等级）	Name of School（学校名称）
Mo.（月）Yr.（年）	Mo.（月）Yr.（年）	Institute（专科或大学）	
		High School（高中）	
		Middle School（初中）	
Others（其他）			
Technical Qualifications（技术资格）			
Extracurricular Activities（课外活动）			
Special Skills（特别技能）			
Interests and Hobbies（兴趣爱好）			
Rewards（奖励）			
Work Experience（工作经历）			
Self-judgment（自我评价）			

10.1.2.2 笔试应考的准备

笔试以书面形式考查和评估师范生所掌握的基本知识、专业知识、文化素养、心理素质，以及分析和解决问题的能力，是目前招聘教师常用的一种考核办法，也是用人单位测评新教师的第一关。

（1）笔试的类型

专业知识考试。主要检测师范生担任教师职务应达到的文化知识水平和相关实际能力，其题目专业性强，范围较广。例如，考试内容通常包括教育理论（教育学、心理学、教育史等）、教育政策法规（《中华人民共和国义务教育法》《中华人民共和国教师法》、教师职业道德等）和教师的基本素养（思想素质、心理素质、教学素质等），以及学科专业知识（地理学科涉及自然地理、人文地理和区域地理等基础知识）。

综合能力测试。主要考察师范生的文字表达能力、分析与解决问题能力、逻辑思维能力，以及创新能力等。这是对师范生各方面综合素质的全方位检测，其题目灵活多样，融合性强。例如，要求师范生运用所学的专业知识和综合知识分析、处理和解决中学生学习中的实际问题等。

心理测试。主要使用事先编制好的标准化量表或问卷，要求被试者在一定时间内完成，根据完成的数量和质量来判断其心理水平或个性差异。一些用人单位常以此测试师范生的态度、兴趣、动机、智力、个性特征等心理素质是否符合现代教师的要求。

模拟国家公务员录用考试。一般由县（市、区）人事局和教育局统一组织，内容类似于国家机关公务员录用考试，其题目综合性较强，主要测试应届毕业生行政能力、公文写作和专业知识，部分用人单位招聘教师笔试时采取这种形式。

（2）笔试应对的建议

知己知彼，有备无患。地理师范生参加考试，应该通过各种渠道了解笔试的大体范围和重点等，进行有针对性的复习准备。例如，笔试的命题类型一般有两类：一类是客观性试题，主要包括单选题、多选题、判断题等；另一类是主观性试题，主要包括名词解释、简答题、论述题、案例分析题等。笔试卷的呈现也分三种：一种全为客观性试题，以考知识为主，应注重理解中的强化记忆；一种为客观性试题与主观性试题相结合，题目覆盖面广，既考知识面，又考能力水平；一种仅为主观性试题，题目灵活实用，侧重于考核对知识的迁移运用能力。

学用结合，学以致用。现在的求职考试侧重于考核应聘者对所学知识的应用能力，具有很强的实用性。地理师范生在复习准备中应突出"活用"，通过实践练习强化复习效率。例如，尽力培养自己的快速阅读、快速思维和快速答题的能力，以提高应答速度；又如，如果有条件可到一所学校去上课复习，通过实践体验可以使师范生更好地领会和深化考试内容，也可以得到一线有教学经验教师的一些具体指导，特别是对参加能力测试大有裨益。

熟悉环境，稳定心态。提前熟悉考场环境，有利于消除考试的紧张心理；仔细阅读考前注意事项，尽量按要求做好十分重要。例如，备齐必备证件，以及钢笔、铅笔、橡皮、尺子等文具。求职笔试不同于高考，有多次机会，且招聘单位对笔试结果的定论也不尽相同。地理师范生应稳定心态，充满自信。例如，减轻思想负担，不能给自己施加过大压力；保证充足睡眠，避免考试精力不足；适当参加一些文体活动，以充沛的能量去迎战考试等。

阅读　　　　　　　　**教师招聘考试题**

2016 年 3 月 19 日重庆市璧山区教师招聘考试（节选）

一、填空题（本大题共 10 小题，每小题 2 分，共 20 分）

*（　　　）是自中华人民共和国成立以来的第一部教育基本法。

*学习策略有认知策略、（　　　）和资源管理策略三种类型。

二、判断题（本大题共 15 小题，每小题 1 分，共 15 分）

*教育法的渊源指特定国家机关制定的不同法律地位或效力的教育法的一种分类，是教育法的形式。　　　　　　　　　　　　　　　　　　　　　　　　　　（　　　）

*教育有助于人口迁移。　　　　　　　　　　　　　　　　　　　　　　　（　　　）

三、单项选择题（本大题共 **15** 小题，每小题 **1** 分，共 **15** 分）

*有位学生将几片纸屑随意扔在走廊上，王老师路过时顺手捡起并丢进垃圾桶，该学生满脸羞愧。王老师的行为体现的职业道德是（　　）

A.廉洁奉公　　　　　　　　　　B.为人师表

C.爱岗敬业　　　　　　　　　　D.热爱学生

*小强的腿有残疾，具有接受普通教育的能力，该上初中了，当地普通学校以小强腿有残疾为由，拒绝其入校学习。该做法（　　）

A.合法，学校有招生自主权

B.合法，学校有办学自主权

C.违反了《中华人民共和国义务教育法》

D.违反了《中华人民共和国未成年人保护法》

四、简答题（本大题共 **4** 小题，每小题 **5** 分，共 **20** 分）

*德育的基本原则。

*中小学教师职业道德规范的基本内容。

*阐述皮亚杰的认知发展四阶段理论。

*我国当代主要的教学模式。

五、论述题（本大题共两小题，每小题 **15** 分，共 **30** 分）

*材料呈现

材料一：在一次历史课上，一位有 30 年教龄的老师在讲课，听课老师入了迷，问这位讲课的老师准备了多长时间，讲课老师说"我准备了一辈子，但这个题的准备只用了 15 分钟"。

材料二：有人认为，看看教材，翻翻教参（教学参考书），写份教案就是备课。

材料三：苏联一位著名的芭蕾舞大师，在谈到自己的成功经验时说："当我正式登台演出时，我的劳动实际上早已完成了。"

请谈谈上述材料对你的教学有何启发。（15 分）

*材料呈现

李老师教八年级的英语课。一天，刚上课时她就很兴奋地宣布："我想告诉你们，咱们班出了一个诗人。小明写了一首很美的诗，我想读给大家听听。"李老师朗读了那首诗，它的确很美。然而，李老师注意到小明的脸红了，看上去非常不安。班上有些同学在窃窃私语。后来，李老师问小明是否愿意再写一首诗去参加全市的诗歌比赛，他说再也不写了，因为他真的觉得自己在这方面并不擅长，并且也没有时间写。

（1）你认为小明为什么会有上述反应？（7 分）

为了鼓励小明，李老师应该怎么做？（8 分）

2016 年江苏省无锡市教师招聘考试（节选）

得分	评卷人

一、单项选择题（共 **20** 小题，每题 **2** 分，共 **40** 分）

图 10-2 中 N 为北极点，A、M、B 位于地球表面，NP 为经线，NM 的球面最短距离为 2553 千米。读图完成下列两题。

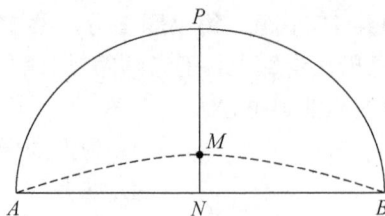

图 10-2　示意图

*若 AM 为昏线，则此时节（　　　）

A. 巴黎香榭丽舍大道落叶遍地　　　　　　B. 日本富士山樱花烂漫

C. 阿根廷潘帕斯草原牧草枯黄　　　　　　D. 北京颐和园雪飞冰封

*若观测到 M 地日影最短的时刻是北京时间 12 时 40 分，则 M 地大致位于（　　　）

A. 66°N，110°E　　　　　　　　　　　B. 67°N，110°E

C. 66°N，130°E　　　　　　　　　　　D. 67°N，130°E

图 10-3 是某地区城市规划示意图，读图完成下列三小题。

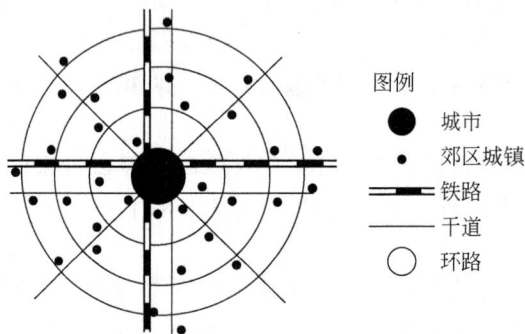

图 10-3　某地区城市规划图

*从城镇规划来看，该地区的地形最有可能是（　　　）

A. 平原　　　　　　　　　　　　　　　B. 高原

C. 山地　　　　　　　　　　　　　　　D. 丘陵

*图中信息显示，城市的服务功能（　　　）

A. 沿铁路线较强　　　　　　　　　　　B. 沿干道较强

C. 沿环路较强　　　　　　　　　　　　D. 区域内无明显差异

*《普通高中地理课程标准（实验）》从不同维度对高中地理课程的总目标进行细化，以下不属于课程三维目标的是（　　　）

A. 知识与技能　　　　　　　　　　　　B. 过程与方法

C. 情感态度与价值观　　　　　　　　　D. 德育目标

得分	评卷人

二、综合题（共 4 小题，60 分）

*根据相关知识，完成下列问题。（16 分）

材料一：宁夏平原自古以来就有"天下黄河富宁夏"的美誉。20 世纪 50 年代以来，宁夏平原上修建了一系列排灌渠道。排灌系统完善是该地发展农业的优势条件之一。

　　材料二：宁夏平原排灌渠道分布示意图如图 10-4 所示。

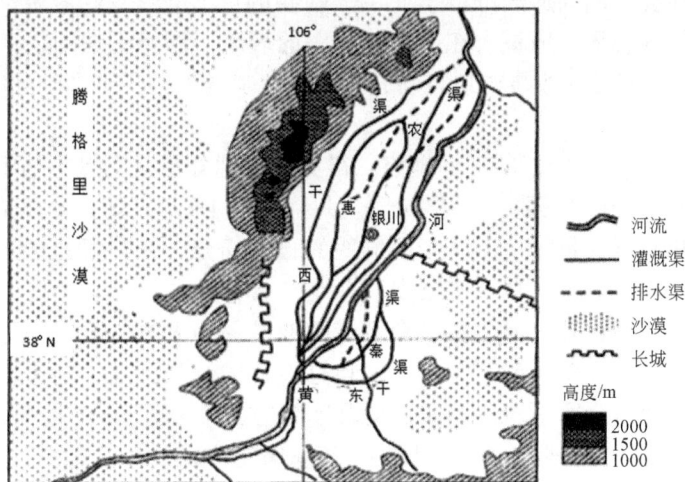

图 10-4　排灌渠道分布示意图

　　简述图示区域黄河干流流向及水文特征。（4 分）

　　简述灌溉渠和排水渠的作用。（4 分）

　　指出长期维持灌溉渠功能必须解决的问题，并简析原因。（2 分）

　　图示腾格里沙漠东侧的山脉名称为_____；它是我国_____区和_____区（干湿区）的分界线。（2 分）

　　指出图中山区、山麓、平原和河流等不同地域适宜发展的主要农业类型。（4 分）

　　*教学设计（16 分）

　　实验是学习的重要手段之一。设计"昼夜长短变化"实验方案（包含实验目的、实验器材、实验步骤、实验方法）。

10.1.2.3　面试应聘的准备

　　面试是在特定场景下，经过精心设计，通过主考官与师范生双方面对面的交谈、观察等，由表及里测评师范生素质特征、语言表达能力、应变能力、求职动机和仪表仪态等的一种考核办法，也是师范生求职过程中必不可少的重要环节。

　　（1）面试的特点

　　交谈与观察为主。在面试过程中，主考官通常会向应试者提出各种问题，或者面对面进行交谈，以测评应试者的综合素质和能力水准，同时，也会调动自己的感官，特别是视觉，观察应试者的非言语行为。例如，观察应试者的着装、仪态及神情；应试者的面部表情、眼神交流；应试者的姿势、举止行为，以及面试中许多值得注意又易被忽略的细节等。

　　双向互动过程。在面试过程中，主考官可以通过对话交流和观察行为以评估应试者，应试者也并非完全处于被动地位，可以通过主考官的言语行为来判断其价值评判标准、态度偏好，以及对自己面试表现的满意程度等，以及时调节面试中的行为表现。同时，也可借此机会了解应聘单位的有关状况。事实上，面试是主考官与应试者之间情感交流和能力较量的一种双向沟通的互动过程。

面试内容因人而异。根据应试者的个人经历、工作岗位和综合素质等，面试内容有所侧重。同样，应聘中学地理教师岗位，面对有一定中学教学经历的应试者，侧重询问其工作的实践经验和体会；面向应届师范毕业生，则会侧重了解其专业素质及在校学习期间的表现情况。面试的内容还因应试者在面试过程中的表现不同而无法固定，虽一般事先拟定好题目，但并不意味着必须按事先拟定的题目提问，常会根据应试者的回答状况灵活多变。

（2）面试应聘的策略

重视五个"一"。一是明确的时间地点，得到面试通知后，宜提前熟悉面试现场；应于面试当天提前 10～15 分钟报到。二是对一些目标单位的重点了解，尤其是学校地位、办学理念、工作业绩和发展前景等。三是一段鲜明的自我简介，在有限的时间内，将自己的突出特色和最好的一面流利地、尽情地展现。四是一套得体的服装，师范生应聘着装较为正式，男生穿着西装最为稳妥，女生穿着套装或职业装最为大方。五是一份精致的简历，鉴于具体面试时情况复杂多变，应试者将一份自行设计的纸张精良、制作精巧的原版简历送到主考官面前，主考官会留下深刻印象，提升印象分。

把握"三"个技巧。一是"说"的技巧，应试者应主动说好开场白，创造良好的开端；积极主动地参与交谈，表现出热情与激情；谈话宜自然、真诚、淡定，表达的内容要简洁、明确、精准，才能最终让主考官确信你就是合适人选。二是"听"的技巧，应试者一定要集中精力，细心聆听对方讲话；注意对方说话的神情，进行眼神的交流，表现出自己对对方所讲感兴趣；注意倾听对方说话的语调和说话的细节，善于理解对方的"弦外之音"。三是"行"的技巧，应试者从面试室前轻轻叩门开始，必须以一个准教师的形象出现，自然稳健的步态、落落大方的仪表、举止得体的行为、炯炯有神的目光、面带微笑的自信、临场应变的灵敏，必定会令人眼前一亮。

坚信"两"句话。萧伯纳说过："有信心的人，可以化渺小为伟大，化平庸为神奇"。自信是一种反映个体对自己是否有能力完成某项活动的信任程度的心理特征，是一种积极、有效地表达自我价值、自我尊重、自我理解的意识特征和心理状态。应试者面对应聘应坚定信心，保持良好状态，有助于尽情发挥自身潜力，顺利通过面试关。钱学森曾说："不要失去信心，只要坚持不懈，就终会有成果的"。坚持是反映个体对自己能否完成任务、达成目标的持续程度的心理特征，是毫无松懈、持之以恒、持续不断朝着目标、方向前进的精神追求。坚持是一个过程，没有坚持一切都不能发生。每次面试都是师范生积累经验、增知长智的历练，倘若不幸而未被录用，不要气馁，不必灰心，只要锲而不舍，善于总结，继续努力，就一定能到达成功的彼岸。

阅读　　　　　　　应聘经历分享两则

☆ 应聘经历分享一：

师弟师妹们，大家好！我是李桂花，是咱们学院研二的学生。我本科也是咱们学院毕业的，不管是本科还是研究生期间，我的就业方向一直是中学地理教师。因为家庭因素，我的就业范围仅限于重庆市，这学期我一共参加了十几场招聘会，有区（县）的，也有主城的，希望我的经历能够帮助到大家。大家看到"机会"这个词会想到什么？没错，"机会是留给有准备的人的"，尤其是在应聘过程中。我们怎么准备呢？首先了解招聘，然后按照招聘要求结合自身情况进行准备。下面我将从"招聘简介""按需准备""公招考试""小小提示"这 4 个方面与大家分享。

☆ 招聘简介

信息来源。①文武教师招聘网；②重庆人力资源和社会保障网；③西南大学就业信息网；④重庆师范大学就业信息网；⑤QQ 群辅导员发布信息。

招优流程。重庆市教师招聘有两种形式，一是每年下半年用人单位前往高校选聘优秀毕业生，俗称招优，这种招聘一般不需要参加公招考试；二是通过区或县里的公招考试。我参加的招聘都属于第一种，其流程大多都是自我介绍→讲课或说课→限时笔试→到班讲课→校长面试。

☆ 按需准备

自我介绍。形式：独自一人或者五人一组，时间 1 分钟，或者两分钟。内容：①专业知识：获得奖学金次数、对教材的熟悉程度、做过多少高考题等；②能力（教学能力与学生干部经历）；③个人品质：适合教师行业的性格特点，有助于教学工作的爱好特长等。要求：神态自然、语言流畅、语速适中。

讲课说课。①模拟讲课：提前准备 2～3 个精彩微格课，限时 5 分钟、8 分钟、10 分钟；要求：教学环节完整（有导入、新课讲解、课堂总结），教学逻辑清晰，能体现师生互动（安排学生活动）。若规定讲课内容，仍按以上要求备课，尽可能突出亮点。②说课：面试说课应突出重点；建议点式说课，虽然难度大，但新颖，给人眼前一亮的感觉（小提示：应聘时自带教材必修 1、2、3）。不管是讲课还是说课，都要求熟悉教材内容；有时候面试官可能只有一人是地理教师，甚至没有，他们考查我们更多的是教态仪表、教学思路、教学情境创设。

限时笔试。考试内容：历年各省高考地理真题组合，或者高考地理模拟试题。考试时间：依题量而定。例如，重庆市 66 中学要求在 40 分钟以内完成 11 个选择题、两个综合题和一个选修题，时间较为紧张，对较难的题没有深入思考的时间。因此，大家要自学高中地理，练习高考试题，做多了也能帮助你抓住讲课重点。

到班讲课。①提前告知讲课章节：你需要主动了解学生情况（年级、教学进度等）、制作 PPT。②到校备课前告知内容：十分考验教学基本功；不能出现知识性错误。

校长面试。首先自我介绍，其次回答由学校领导或人事局、教委相关领导共同组成的考评团的问题，既定问题两个左右，随机问题较多，可归为三类，以下是我在应聘中遇到的真实问题。

专业知识类：你能开设什么样的选修课；说说你最精彩的新课引入；说说你最有特色的教学设计；你在教学中遇到的突发事件及教学反思；谈谈你对合作学习、探究学习的理解。

教育管理类：课堂上学生当众辱骂你，部分同学也听见了，怎么办；一个非常调皮的学生向你指出讲课中存在的问题，怎么办；校长的孩子在你的班级，他非常调皮，你怎么教育他；中途接手某班级，学生对前任教师评价极高，不接纳你，怎么办。

个人信息类：为什么选择×××中学；有什么爱好和特长；在哪个学校教育实习，你有什么收获；与其他人相比，你胜任这份工作的优势在哪里。

回答这些问题更多的是靠我们平时的积累和临场应变能力，但有些问题也是我们可以提前准备的，如你的缺点、你的优势、教育实习最失败的事等。这些有关于我们个人情况的问题在应聘现场也能回答，但能否令考官满意就不好说。

☆ 公招考试

如果明年此时你还没有找到工作，你就要认真准备参加公招考试。有的中学在前期招优阶段已经与同学签约，但在公招中又有这个学校，我们是否参加它的公招呢？只要你当时还没签到心仪的工作，我建议你参加，因为这中间可能有变数，如之前签约的同学毁约了，或在体检环节出问题，你如果排名第二，你就顺理成章地递补上去。重庆市各区（县）教师公招时间集中在 3～6 月，招聘简章发布在人力资源和社会保障网上。

招聘流程：报名及资格审查。笔试：有的区（县）只考公共科目，有的既考公共科目，也考专业科目。公共科目：包括综合基础知识（70%），教育公共基础知识（30%，教育学、教育心理学、教育政策法规、教师职业道德规范）。专业科目：报考学科普通高中段学科知识，即高考地理模拟试题。专业能力测试：模拟讲课或说课（无学生，准备时间 30～60 分钟）。结构化面试：与校长面试类似，回答考官约 3 个既定问题，没有随机问题，一般为教育类或学校管理类问题。体检。聘用。

☆ 小小提示

抓住当下。从现在开始到明年 9 月，大家除了要完成课表上的学业之外，还要熟悉初高中地理教材，练习高考地理试题，复习综合基础知识、教育学、教育心理学，训练讲课和说课技能，时间不长，但也不短，因此，大家要规划好自己的时间，每个月都进步一点，到明年 9 月、10 月招聘高峰期的时候，让自己达到巅峰状态，并保持下去。

材料准备。应聘前，我们需要提前准备好三样必备材料，简历、就业推荐表（需要学院和学校签字盖章）和成绩单打印盖章，2016 年来校招聘最早的是重庆市第一中学校，时间为 9 月 19 日，因此，建议大家在明年 9 月初提前准备好。

善于总结。每次招聘结束以后，建议大家仔细回顾招聘过程，明确自己表现不佳的地方，学习他人的优点，在应聘过程中磨砺自己，让自己变得更加优秀。

端正心态。应聘一次就顺利签约的同学毕竟是少数，应聘时应保持斗志昂扬的状态；就算没被用人单位选上，也要积极总结，调整好心态，准备下一场招聘。

——重庆师范大学 2015 级研究生李桂花撰写

☆ 应聘经历分享二：

十分荣幸可以有机会在此和大家进行交流。想要寻得一份满意的工作，首先要做好前期准备，结合自身条件，明确方向，合理定位，然后逐步"修炼、练内功"。作为一名学科教学（地理）专业的研究生，就业方向一般为初高中地理教师与小学科学教师。结合本人实际情况，两个方向均有准备，意在多一种选择，多一次机会。

地理方面，复习初高中教材，做高考题，提高专业知识；在外国语学校实习代课，提升专业技能；在《中学地理教学参考》与《地理教育》发表文章，增强教研能力。

与此同时，在小学科学方面，也进行一定的准备。结合所应聘区域，选择版本，熟悉教材，积累相关知识。研读课程标准，领会学科最新前沿信息。例如，小学科学课由一门三到六年级开设的启蒙性课程，转为一至六年级开设的基础性课程。在莲光小学实习，熟悉一般教学流程。例如，小学科学课设计的一般思路为：提出问题、做出假设、制订计划、收集证据、处理信息、得出结论、表达交流、反思评价。小学科学注重科学实验与科学探究，提早关注微信公众号，如大科学家、科技小制作等，了解有趣的科学实验，为课堂增趣添彩。另外，跟着实习指导老师做课题，在《小学科学》杂志发表文章。

在面试阶段要做好面试信息搜集，通过网络、微信、QQ 群等方式，多渠道获取信息。

准备清晰、美观、重点突出的简历，以及就业推荐表、英语等级证书、计算机等级证书等。一轮面试，穿着得体、靓丽、有亲和力。自我介绍，语言表达清晰，条理分明，让人印象深刻。小学面试，尤其要准备才艺展示。二轮试讲或说课，要结合课程标准，抓住重点和难点，发挥个人优势。片段教学导入、讲解、总结，环节完整。注意讲课时要设置互动提问环节。三轮结构化面试，考查教育学、心理学知识。例如，渝中区该轮测试有两个问题：如何理解"以学生为主体"；如何看待教师"以一罚十、漏一补十"的现象。因此，教育学和心理学的知识也是知识积累的重要组成部分。

通过层层选拔，最终成功签约，致胜关键是拥有信心、细心、耐心。首先，要树立信心，相信自己是最棒的，坚信自己可以成功。其次，在修炼内功和面试过程中要细心、耐心，仰望星空，脚踏实地。应聘分享如图 10-5 所示。

图 10-5 应聘分享图示

——重庆师范大学 2016 级研究生万婉霞撰写

10.1.3 教师职业竞聘的心理调适

10.1.3.1 心理调适的策略

（1）树立科学就业观

科学就业观即求职者以正确认识个人与社会关系为前提，在客观评价自我、理性认识就业环境的基础上，指导自己的职业发展，并最终实现自身需要与社会发展相和谐的就业观念。树立科学就业观，就需要把价值观由个人本位转向社会本位，在为社会和他人做贡献、履行社会责任的过程中体现自我价值。作为地理师范生，应该以"为祖国的基础教育事业奋斗终生"为己任，到地理基础教育一线、到祖国需要的地方去承担中学地理教育教学工作，融入地理新课程改革推进，尤其是广大的农村中学或西部欠发达地区的初级中学，地理师资严重不足，地理科班出身的教师匮乏，大多由从事语文、政治、历史等学科的教师兼任，迫切需要地理师范生去充实教师队伍，从而实现最大的人生价值。

（2）提高心理承受力

求职就业的过程实际上是地理师范生重新认识自我、认识社会，并主动调整自我、适应社会的过程。应把就业看做是一个很好的认识社会、认识职业生活、适应社会需求的机会，并应通过求职活动以发展自我，促进自我成熟。在求职过程中难免遭遇挫折，应勇于面对挫折，客观、冷静地分析处理问题，保持稳定、健康的心理和积极进取的态度；要敢于向挫折挑战，把挫折看成是锻炼意志、增强能力的机遇，有意识地培养自己的心理承受力，以积极的心态面对每一次竞争。求职不可能一次成功，出现应聘失败有许多原因，可能是选择用人单位的方向不明，也可能是价值理念与求职单位的文化不符等。只要知难而进，理性分析失误原因，学会调整自己的求职策略，定会在下次应聘中脱颖而出。

（3）正确认识自我

自我评价即对自身的生理、心理、社会特征和各种行为的某一方面或整体进行评价的过程。正确的自我评价是地理师范生求职择业的重要前提。实事求是地分析自我，对自己做客观、全面的评价十分重要。认清自己的职业心理特点，并接受自我，是调节就业心理的重要环节，并可帮助自己寻求合适的职业方向。地理师范生应全面、恰当地认识和了解自己的理想抱负、价值观念、能力水平、知识基础、性格特征、个体气质、兴趣爱好、身体素质，以及身高、外貌等，不盲目自大，或者自卑怯弱，应在肯定自己长处的同时，善于反思自身的不足，必须经过努力逐步克服调整，并认真分析用人单位的录用条件，既要积极争取，又必须切合实际，寻找到真正适合自己的工作。

（4）调整好就业心态

在客观地评价自我的同时，应该将主观愿望和客观条件有机结合，调整好就业心态。在求职过程中，地理师范生不能怯于出头、羞于表现，应增强自信心理；就业遇到挫折时，要相信自己的能力，不被暂时的困难所吓到，正确面对现实，把目光放长远；可以进行积极的自我心理暗示，鼓励自己，相信自我，帮助自己度过难关。同时，学会抓住属于自己的机遇，根据已定的择业标准和自己目前的实力进行选择，一定不能盲从，也不过高估计自己，只有适合自己的才是最好的，并要注意机遇的时效性，一旦发现就业机会应主动出击，不必害怕失败，应勇于接受挑战敢闯敢试，直至胜利。

阅读　　　　　　　师范生求职的八大负面心理

一是自卑心理。即缺乏自信心、自尊心的表现。具有这种心理的师范生，往往在求职中过低地评价自己的能力、知识、品质和形象，总拿自己的弱点与别人的优势相比，不敢正视现实，不善于发现适合自己的职业岗位。

二是焦虑心理。即遭受挫折或冲突之后常见的一种心理反应。具有这种心理的师范生，精神负担重，且紧张烦躁，面对漫长而复杂的择业过程，会感到无所适从，甚至胆战心惊，或屡遭挫败后产生恐惧感，难以面对就业应聘。

三是羞怯心理。即胆小懦弱、消极被动的性格反映。具有这种心理的师范生，难以主动与人沟通，大庭广众手足无措，害怕与陌生人接触。面试时常面红耳赤，不敢正视主考官的目光，回答问题声音细小、结巴。

四是逃避心理。即对周围人或事无动于衷、漠不关心的情绪体验。具有这种心理的师范生，面对严峻的就业形势视而不见，没有行动反应，一方面认为工作难找，另一方面则甘心退让、失去动力而难见其具体行动。

五是攀比心理。即不能正确而客观地认识自我和分析表现的心理反应。具有这种心理的师范生，往往看不清自己的优势和弱项，盲目攀比，舍其所长，就其所短，不能合理定位，以至与适合自己的用人单位失之交臂。

六是从众心理。即在认知、判断、行为等方面与群体多数保持一致的情绪状态。具有这种心理的师范生，缺乏独立的见解和主张，不考虑自身的兴趣和自己的实际情况，而是跟风追潮，人云亦云，盲目跟从别人的求职选择。

七是矛盾心理。即在求职中常出现的左右为难、犹豫不决的心理现象。具有这种心理的师范生，有些一心寻找"铁饭碗"，缺少发展的眼光，不愿意面对挑战性的工作；有些功利心严重，选择岗位只关注工资待遇，不考虑匹配度。

八是盲目自信心理。即过高估计自己能力水平的情绪状态。具有这种心理的师范生，眼高手低，好高骛远，很容易脱离实际，以幻想代替现实，造成自负心理，使自己的就业目标与现实状况产生巨大反差。

10.1.3.2　心理调适的方法

（1）自我激励法

自我激励法即主要利用生活中的哲理、榜样的事迹和明智的思想理念激励自己，不断给自己打气的心理调适方法。卡耐基说："我非常相信，这是获得心理平静的最大秘密之一——要有正确的价值观念"。地理师范生在择业过程中，应坚信未来是美好的，道路是曲折的；要相信自己的实力，通过自我激励增强自信，消除自卑感，保持良好心态。

（2）积极认知法

积极认知法即通过积极健康的认知、正确的思想观念和思维方式等，以改变消极情绪的心理调适方法。雨果曾说过："思想可以使天堂变成地狱，也可以使地狱变成天堂"。拥有积极的认知总能看到有利的因素，从而精神饱满，信心百倍；用否定、消极的思想看待问题，就会感到消沉与沮丧。地理师范生应拥有积极的认知，学会正确认识自我，摆正心态，扬长避短，避免认知偏差，以积极心态应对就业挑战。

（3）情绪放松法

情绪放松法即通过调息放松、想象放松、肌肉放松进行心理调适的方法。调息放松的关键是，将胸呼吸变成腹式慢呼吸，以促使血液循环正常，让紧张心理得以缓解。想象放松的要义是尽量运用各种感官，通过一些安宁、舒缓、愉悦的情景想象，以达到身心放松的目的。肌肉放松的要点是先紧张后放松，在感受紧张之后，再充分体验放松的舒适效果。

（4）注意转移法

注意转移法即采取迂回方式将注意力、关注点和情感释放、转移到其他方面，以消除消极情绪的心理调适方法。尝试做一些自己感兴趣或乐意参加的活动可转移注意力；与他人共享时光、倾心交流，放空冥想、阅读经典，听听音乐、处理家务、参与体育运动和参加体力劳动，进行自我娱乐，接受大自然的熏陶等，可以摆脱不良情绪的困扰，让矛盾暂时得到缓解，有利于心理障碍的排除。

（5）适度宣泄法

适度宣泄法即通过自我释放、自我调整和自我宣泄，让心里的不悦得到排遣，使压抑心境得以缓解和改善的心理调适方法。向值得信赖的家人、朋友、师长等倾诉自己的烦恼、苦闷和忧虑，使不良情绪得到疏导；也可以通过打球、爬山、奔跑等运动量较大的活动，消除压抑心理，直抒胸臆地宣泄，恢复心理平衡，增强克服困难的信心，获得新的认识和思路。

（6）合理情绪法

合理情绪法即以合理的思维方式，最大限度地减少由非理性信念带来的不良情绪影响的心理调适方法。例如，一些地理师范生就业不顺就怨天尤人，认为用人单位门槛过高，自己的学校地位太低，社会应该提供充足岗位等，过分强调客观原因，以致形成不良的消极情绪。改变不合理观念，设法提升就业竞争力，才能彻底消除情绪困扰，保持积极向上的健康心理，对求职择业充满必胜信心。

📖 **阅读**　　　　　　　　　　**不怕失败，迎接挑战**

大四上学期是找工作的关键时期。回顾我的求职之旅，可以说是一波三折。

第一是招聘信息的获取。这是非常重要的一步，如果没有及时获取招聘信息，则连面试的机会都没有。信息获取有 3 个网站非常重要，分别是文武教师网、西南大学就业网和重师就业网。

第二是面试工作的前期准备。包括知识储备和材料准备。从大三暑假开始，抓紧熟悉教材，这是面试中最为关键的环节，对知识点足够熟悉，就会成为极大的优势。准备精彩片段，可选取自己比较熟悉的知识点，针对每个知识点准备一个 5 分钟左右的精彩片段，相当于一个微课，有导入、有讲解、有结课，便于面试展现。认真做高考题，大多数学校或者教委来招聘都有笔试环节，如果过不了笔试关无法进入下一轮面试。五年三套、天利38 套是做高考题的首选。尽心准备自我介绍，自我介绍时间不长，作用不容小觑，要求应聘者在一至二分钟之内扬长避短，充分展现自己的优势，它是面试官对应聘者的第一印象，很大程度上决定着面试成绩。

做好了所有的准备后，新学期开始，正式进入应聘高峰期。我应聘的第一个学校是重庆市第一中学校。在经历面试和试讲两轮筛选之后，我进入到最后一轮，也就是到校试讲。但是很遗憾，最后一关没能通过。当时犯的最大错误在于：8 分钟讲课结束后，面试官让我在黑板上画出夏至日光照图的俯视图，我没能画出，与重庆市第一中学校失之交臂。老师、同学及时安慰、鼓励我，不能因为一次面试失败就消沉下去。

调整好状态之后，我又积极投入到找工作中，但是很快又经历了第二次沉重打击。这次我参加的是涪陵教委第一批次的招聘。经历了面试和试讲两轮筛选后，综合排名第二，被确定为签约对象，我选择了涪陵巴蜀中学。面试结果出来当天我便与涪陵教委签订了就业意向协议，并定于一周后正式签订三方就业协议。

就在准备签三方就业协议当天，教委相关负责人打电话给我，因为有一门专业课成绩是 60 分，而涪陵教委的招聘要求是，所有必修课成绩均要大于等于 61 分，报名时我没有注意到这个要求，而对方资格审查时也忽略了这个问题。于是，我又与涪陵巴蜀中学擦肩而过。

接连两次打击让我特别难过，心情跌落到谷底。但痛定思痛、认真反思，加上老师们亲切的关怀、同学们热切的鼓励，我又重新振作起来，迎接新的挑战。越是想要求职获得成功，就越需要保持平和的心态，我没有资格把时间花费在毫无意义的悔恨和懊恼上。新的机会在向我召唤，通过不断的努力，多次参加面试，最后我即将成为石柱中学的一名地理教师。

——重庆师范大学 2014 级本科生田唐红撰写

行动

查阅整理：中学招聘相关教师通常要经历一系列步骤，整理网络上国内地理新教师招聘的面试题。

议论讨论：面对竞争激烈的教师招聘就业市场，地理师范生该如何进行心灵"拯救"。

分享交流：师范生择业决策过程实质是与择业相关的信息收集和处理的过程。分享求职就业中收集和筛选地理教师招聘信息的心得体会。

深化思考：师范生到教育系统就业仍然占主流。根据自己的专业基础和综合能力，考虑和初定自己的择业标准。

10.2　地理教师职业竞聘的考察

地理教师职业竞聘的考察是教育系统教师职业竞聘用人单位评估新教师的重要内容，是地理师范生展示素质、能力和才华的极好机会。本节主要通过竞聘自荐书的设计、一分钟自我简介的特点和地理课试讲的类型等，了解地理教师职业竞聘的考察。

10.2.1　竞聘自荐书的设计

10.2.1.1　自荐书的文字撰写

（1）突出重点，真实可信

含求职简历及自荐信的自荐书，也称自荐表，是就业求职的"敲门砖"，也是考察的"第一印象"。文字撰写应积极展示自身优势及特点；表述力求突出个性，避免平庸；用词妥当，言辞恳切，自信而不自大，适当自谦。履历绝不可以掺假，但可以对提供的信息进行优化处理。一般而言，内容符合职位要求、有亮点和特色的、主题明确且针对强、关键信息反映准确，以及简洁明了并一目了然的自荐书容易给人留下深刻印象，受到用人单位的青睐。

（2）简明清晰，目标明确

求职简历可控制在一页纸内，以目录形式体现出简洁有序；自我介绍尽量运用短语，使表述更加鲜活有力；简历页面上端可写一段总结性的话语，有条理地陈述求职的最大优势，再在个人简历中将优势以经历和成绩之形式加以叙述；可针对不同的用人单位要求，撰写有针对性的自荐书，强调信息的有效性和关联性；突出重点与要点，并且避免可能会被淘汰的不相关信息。撰写自荐书不仅需要从主观角度深挖并展现优势，还需要正确揣摩招聘单位的意图，并在自荐书中有所体现。

（3）格式多样，功能各异

自荐书常见格式有：时序型，即以渐进的顺序罗列求学经历，能够展示出持续和向上的成长过程；功能型，即强调能力、自信、资历和成就等，关注做事的结果，不看重时间线索，以突出个人资质；综合型，即先以功能型格式展现其优势特点，随即以时序型格式列出工作、学习经历，以强有力的表达方式受到招聘单位的欢迎；图谱型，即一种与常规格式截然不同的自荐书格式，它强调各种图像及表格的使用，语言十分简短，富于想象力和创意。

（4）仔细检查，八项注意

第一，查阅成文的自荐书，绝不能出现错别字、漏字、语法和标点符号等方面的低级错误；第二，要保证自荐书会使招聘者在极短时间内即可判断出投递者的价值，并决定是否聘用面试；第三，应注意用积极的语言，切忌用缺乏自信的语言呈现个人简历；第四，不能凭空编造经历，但也没有必要写出所有真实的经历；第五，最好以第三人称撰写个人简历，不宜在其中出现"我"字样；第六，在结构严谨的前提下，可使自荐书富有一定创意，使阅读者产生兴趣，尽量用简洁而不简单的词汇；第七，要尽力提供简历中提到的业绩和能力的证明资料，并作为附件附在其后；第八，注意联系方式齐全，包括手机号码、e-mail 邮箱、QQ 号、暂住处或家庭地址等，方便用人单位第一时间联系。

10.2.1.2 自荐书的版式设计

（1）封面的设计

自荐书的封面是应聘者留给用人单位主考官的第一印象，也可以在一定程度上折射出应聘者的职业态度和基本素质。富有特色的封面设计往往令人眼前一亮，格外引人注目，也会给应聘者带来自信。其封面内容应简洁明了，一目了然，主要包括主标题、学校名称、专业名称、学历、姓名、性别、联系方式、地址等。

自荐书的封面背景和版式设计可参照用人单位的文化理念和应聘岗位的特点，借助网络素材库，借鉴优秀封面设计，进行创新性改编，无论是选用有创意的背景图，还是素洁淡雅的底图，都应凸显重要信息，突出个性特点，具有积极向上的正能量，尽可能避免雷同或大众化，使人印象深刻，过目不忘，从而赢得面试的机会。

（2）内文的设计

自荐书的内文涉及简历和自荐信，是无声展示个人独特魅力，有效推荐自己的应聘材料，主要包括基本资料、教育经历、自我评价、求职意向和个人照片等。师范生自荐书比较规范正式，内页一般不采用绘画、图片等冲击性、表现力强的版式设计手法，无论采用哪种版式设计，篇幅宜控制在一张 A4 纸内，版面清晰整洁，纸张干净洁白，绝无错别字和文句不通的情况。注意运用简明清晰的格式，便于用人单位快速而清楚地阅读；以表格、粗体字及副标题等形式，使招聘方能够迅速且清晰地了解应聘者的信息；设定好页边距，使文本的宽度在 16cm 左右；使用一些特殊符号分割简历内容，使简历清晰明了又与众不同，且尽量使用较大字号的字体，使自荐书的内页显得规范清晰，符合时代特征，突出个性特色，又不失重点信息。

自荐书设计样例如图 10-6 所示。

示例

图 10-6　设计样例

　　制作意图：简历的呈现方式为书本式，版式新颖，能瞬间抓住招聘者的眼球。根据高中地理岗位需求，将与岗位联系最紧密的"教育、教学经历"和"专业技能"，设计在最前面，且使用较大篇幅，突出重点。以便应聘者迅速捕捉到有价值的信息。紧跟"发表论文"板块，证明本人已经具备较为扎实的专业知识和技能，可以达到此岗位工作的基本要求。随后是"获得荣誉"板块，说明本人是一名具有积极向上、多方面发展的乐善好学者。再辅助"学生干部经历"，说明学生期间还积累了一定的管理经验，有助于管理学生。

简历就是用昨天的成绩证明你未来的工作能力，故而在设计简历前要先关注应聘者的要求，根据岗位需求，将你的"证据"按先后顺序排序，使招聘者相信你能够胜任此工作。

——重庆师范大学 2015 级研究生段芋竹撰写

10.2.2　一分钟自我简介的特色

10.2.2.1　样例展示

一分钟自我简介是师范生应聘教师岗位面试中必不可少的一环，也是展示个人优势、让用人单位了解自己，以获得工作机会的一个过程。尽管一分钟自我简介时间短暂，不能平淡无奇、平铺直叙，也不宜作为简历的浓缩版，面面俱到，缺乏指向性和针对性。应在了解用人单位岗位需求、认真分析职位特点的基础上，不失时机地做主线明晰、详略得当的介绍，投其所好地展示自身所获得的成果，以自身能力与岗位要求匹配程度突出优势，凸显求职意向；表达清晰流畅，语速适中，语音标准，语气自然；神情自如，落落大方，从容不迫，充满自信，真实友善。这样不失分寸、恰到好处的一分钟自我简介，一定会提高面试好感，给面试官留下深刻印象。

✏ **示例**　　　　　　　　　**一分钟自我简介**

样例一：

各位领导：

大家好！我是李桂花，来自重庆师范大学，成为一名优秀地理教师一直是我努力的方向！

多年来，我认真钻研专业知识，成绩优秀，曾获得"国家励志奖学金""重庆师范大学综合奖学金一等奖"。课余，我在《地理教育》杂志社任学生助理，参与"专题追踪""测评互动""热点试题"等栏目的审稿工作，这让我在运用中对专业知识的理解不断得到升华。

与此同时，加强教学技能的训练。因教学技能突出，我在刚落下帷幕的"全国高校地理师范生教学技能大赛"中斩获特等奖；课件"褶皱山"在全国地理课件制作大赛中荣获一等奖。

在老师的悉心指导下，我围绕高中地理教学展开研究。学习期间在《中学地理教学参考》《地理教育》等期刊上发表了三篇学术论文。

平时，我还通过各种途径不断向优秀教师学习。连续三年前往南开中学参加"山水地理读书沙龙"举办的高考地理试题研讨会；通过"重庆市中学地理教师群""星韵地理访谈群"参与网络教研活动，了解一线教学情况。

"鸟择高枝而栖，士择明主而仕。"多年来我一直在为我的"教师梦"而奋斗，希望贵校能给我提供这个平台，我将为贵校的发展尽我的全力！

——重庆师范大学 2015 级研究生李桂花撰写

样例二：

尊敬的校领导：

您好！

我是重庆师范大学 2018 届学科教学（地理）专业的硕士研究生万婉霞，十分感谢您从百忙之中垂阅我的自荐书，为一名满腔热情的毕业生开启一条通往成功的期望之路！贵校卓越的教师团队、良好的教学氛围、深厚的人文底蕴深深吸引了我，在贵校招贤纳粹之际，特向贵校毛遂自荐！

在学习上，我孜孜不倦，不断学习，夯实理论基础，拥有扎实的专业基础知识。同时重视教学技能的训练，参与说课比赛、全国课件制作大赛、演讲比赛等，并获得了一定奖项。我具有较强的教研能力，先后在《中学地理教学参考》《地理教育》《小学科学》等领域核心期刊发表文章，并积极参加相关学术研讨会。积极进行教育实习，先后在重庆外国语学校、沙坪坝区莲光小学校实习，以提高教学能力。

在生活中，我乐观积极、性格开朗，是一名衷心热爱教育、拥有教育理想的师范生，希望在平凡的教育岗位上作出不平凡的贡献。诚然，自知还有些许不足，未来的道路充满机遇与挑战，我正激越豪情、满怀斗志、仰望星空、脚踏实地，实现人生理想。最后，衷心祝愿贵校生源广进，桃李满天下。

——重庆师范大学 2016 级研究生万婉霞撰写

样例三：

尊敬的老师：

您好！

我叫孙娟，籍贯重庆市南川区，来自重庆师范大学 2014 级地理科学专业。

我现在在重庆实验外国语学校做初一地理的代课教师，负责初一年级 5 个班的地理教学，并在学校团委实习，负责学校活动的校网推文写作，并有四篇刊登在校园网上，参与组织书香文化节系列活动，并协助团委督导学生活动的正常进行。

大学在校期间，我学习认真刻苦，多次获得了校级奖学金，包括一次一等奖，三次三等奖和一次单项奖学金。积极参与学校学院组织的师范生技能大赛等活动，提升教师素养和技能，并获得研究生本科生说课大赛讲课组一等奖，师范生技能大赛三等奖。同时，还担任学院团总支、学生会学生书记、学校勤工助学服务中心市场部副部等职务，拥有三年学生工作经历，领导组织、策划了院级 500 人活动两次，参与组织千人校级活动三次，以及参与组织社团院级活动十余次。丰富的大学生活让我学会了取舍和将复杂事情简单化，制订明确的目标，努力前进，不负韶华！

——重庆师范大学 2014 级本科生孙娟撰写

样例四：

尊敬的领导：

您好！

我是重庆师范大学的应届毕业生，今天想应聘贵校的中学地理教师一职。

首先，我将从以下几点推荐自己：学习刻苦，多次获得校级二等奖奖学金和单项奖学金；普通话为二甲级，声音抑扬顿挫，容易吸引学生的注意力；板书、板画工整清晰，有利于学生提高其学习效率；曾任班干部、团干部，也在中学实习过班主任与科任老师，会很好地处理与老师、同学和他人的关系。

同时，我还将强调三点我的特色：我是新人，肯干，实干，有很大的塑造力；贵校是我的伯乐，我会感恩，努力上进回馈学校；我年轻，会给贵校的教师团队注入新鲜的血液与活力，同时有利于教师教学方法的创新与改善。

如果贵校关注我、选择我，相信贵校的选择没有错，一定不会失望。我会珍惜机会、努力奋斗，争做优秀的地理教师。谢谢！

——重庆师范大学2014级本科生樊敏撰写

10.2.2.2　简要点评

样例一内容全面、重点突出。首先，突出专业知识与教学技能，在自我介绍时先说明自身专业知识扎实、教学技能过硬，并以奖学金获得、教学技能比赛获奖等作为支撑，具有说服力；其次，注重凸显优势与长项，如果组织管理能力较强，可介绍学生干部经历；再次，注重说明选择理由，因为就业目标是重庆市的学校，所以列举曾参加过的重庆市内的教研活动，以此说明积极关注一线地理教学，注重提升自己，并表达对教师这一职业和对地理教育的热爱之情。

样例二高度概括、特色鲜明。一是简要说明贵校特色深深吸引求职者，以及选择贵校的原因；二是简要梳理本人专业基础、教学技能、教改探索和教研能力的基本情况，并以一系列指标材料加以辅证；三是简要展示求职者的性格特征和价值取向，表明自己对地理教育事业的不懈追求。

样例三针对性强、特点突出。侧重介绍自己的实践活动经历和实习期间的学习成果，如多次参与各类活动和组织设计实践活动，发表校园网的活动推文等，体现了其综合能力较强。同时，较详细地说明了大学期间所获得的各类奖学金和专业竞赛获奖情况，有力表明了扎实的专业基础和较强的组织工作能力。

样例四简洁明快、印象深刻。简单明了地告诉对方你拥有什么样的才能，争取在简洁的语言中尽量多地展现自己各方面的长处，给贵校留下深刻印象，让其确实感觉你是一个不可多得的人才。同时，向对方说明录用自己的意义，表明承担地理教师工作的态度与决心，以此打动对方、感染对方，坚定对方选择自己的决心。

10.2.3　地理课试讲的类型

10.2.3.1　小专题讲课

小专题讲课也称教学片段展示，是目前师范生应聘面试环节中的一种类型，也是教育系统不少用人单位考察新教师的方式之一，即选定中学地理教材某章节某一框题或更小专题，要求应聘者展示10～15分钟的讲课。尽管选题小、时间短，但仍然按综合课型的完整课堂结构进行试讲，要求教学环节齐全，包括导入、讲解、师生互动、学生活动、总结、巩固等；媒体配合运用，如果提前一至两小时抽题，大多采用常规教具，"三板"运用必不可少；课堂节奏适度，内容详略得当、主次分明，语速张弛有度、语调抑扬顿挫；教态自然从容，目光坚定友善，讲课精神饱满。最大限度地调动课堂，面对用人单位的教师、领导等，尽力展现师范生的教学能力和职业素养，无疑能够为求职应聘增添成功的砝码。

　　阅读　　　　　　　　　　　试讲小心得

☆ 试讲的基本情况

师范生在大四毕业这一年会遇到许多中小学校招聘教师的机会。招聘选拔方式通常分为两大轮，第一轮在各大师范院校选拔出优秀师范生后进入第二轮——到招聘学校再进行选拔。考核环节通常按照筛选简历、自我介绍及提问、试讲的顺序进行。第二轮考核中也有试讲，分为两种形式：一种是面对一线教学的地理老师进行试讲；一种是进入教室面对学生真正上一堂课。试讲是招聘选拔中的一个重要环节，不仅可以展现应聘者的教师技能技巧水平，也考察了应聘者的专业知识储备情况。

面试官通常告知考生试讲考核时间在 10 分钟以内，以 5～10 分钟为多数。从实际面试来看，真正在试讲考核环节，面试官通常在 3～5 分钟就会打断考生、示意结束。理想状态下，8～10 分钟可以讲解一个知识点，以小见大展示一节课的完整结构。但在实际招聘操作中，因为面试人数过多，面试官人数少，在有限时间里只能压缩每个考生的展示时间。

第一轮试讲内容一般是考生自己准备一个精彩片段。准备时间从半个小时到两个小时不等，可以使用手机网络。准备的时间和方式都较为充裕和自由。第二轮试讲一般是招聘学校指定教材书中的某一节内容，考生到规定房间在规定时间内准备，一般为半个小时，在此期间，不得携带手机、教材等自带物品。准备时间紧张，所能参照的也只有教材中一节内容的复印件。

面试试讲场地没有多媒体设备，不需要制作 PPT。能够使用的只有三尺讲台、一块黑板和一支粉笔。用常规讲课形式进行。

☆ 试讲的准备建议

第一轮的试讲对象是招聘学校的行政领导，他们更多地考核应聘者的教师技能技巧。第二轮的试讲对象是招聘学校的专业地理教师，试讲准备过程不允许使用书籍资料网络，十分考验应聘者的地理知识储备，更加看重应聘者对教材内容的处理和对知识细节的讲授。例如，"太阳活动对地球的影响"，其中影响地球上的无线电短波通信就应该强调"无"线电而非有线电、"短"波而非长波。建议师范生在大学期间不仅要学好大学地理知识，也要熟悉、掌握中学地理教学内容。光熟悉教材的字面内容不够，可以通过做题更多地了解中学地理教学内容。

俗话说"人靠衣装马靠鞍"。选择一套大方得体、适合自己的服装很有必要。大方得体即非奇装异服，不暴露、不极端；适合自己即不死板僵硬，能体现自身年龄段的朝气蓬勃与积极向上。好的仪态令气质倍增，如讲课时挺胸抬头、不卑不亢，站稳讲台、目光炯炯，态度自然、大方得体。

第一轮试讲注重讲课形式。需要体现学生思考的过程，有师生互动，展现学生是课堂的主体。教学语言是传递知识的重要工具，标准的普通话有巨大优势，需要师范生平时多加练习。由于面试要求所限，板书就成为重要的表达、展示工具，试讲时最好有板书、板图、板画的配合。例如，讲授"太阳活动对地球的影响"内容时，可以将电离层如何受到干扰，从而影响地面通信的过程用图绘出，简单明了、直观形象、通俗易懂、留下深刻印象。除此之外，还可以创造道具。例如，将书本卷一圈比作地球，用来讲解地球公转、自转时受到太阳直射的部分。还可以用四指代表物体水平运动方向，大拇指表示受北半球地转偏向力影响的最终的运动方向。

——重庆师范大学 2013 级本科生黄莉敏撰写

10.2.3.2　到班上课

到班上课也称课堂现场展示，是师范生应聘面试环节中常见的一种类型，也是教育系统用人单位由来已久的考察新教师的方式，即让师范生走进应聘中学的教室里，给指定班级的学生，面对听课和评课的教师，实实在在地讲授一堂课。充分准备是试讲成功的关键，一是形象的准备，着装得体，打扮符合职业特征，言行举止稳重大方，将自己的身体状况调整到最佳状态。二是心理的准备，必须克服紧张情绪，不断自我激励，沉着、镇定、自信，力争发挥最佳水平。三是环境的准备，对试讲的环境或学校应事先了解，也可为地理课堂讲授增添乡土味。四是教学内容的准备，一般而言，会提前 1～2 天告知内容，若时间允许，除仔细分析选题，尽心构思设计以外，还可以向老师、学长请教，参考已有教案，优化整合资源，在校先行试讲等。

阅读　　　　　　　进班上课经验谈

犹记得 2015 年毕业找工作那段时间，我参加了近 10 所学校的面试，感受最深刻的是进班上课考核。进班上课考核不同于 10 分钟试讲，其考查面试者面对"真实课堂"的综合能力。

☆ **课前备课注意要点**

招聘学校在进班上课考核前一般会给 30～60 分钟的课前备课时间，以及提供一本教材且要求独立备课，在这段时间内不允许使用手机上网和使用其他教辅资料。备课考核主要考查应聘者的教学知识积累和运用能力，面试者应在平时熟悉各教材和课程标准要求，多注意对教案进行研读和学习，学会设计教案和预设教学过程。要做好该堂课的备课，需要面试者快速、熟练地根据课程标准要求和课程特点，结合具体情况，选择合适的表达方法和顺序，进行有效教学。

仔细思量教学内容，分清教学重点和难点。进班上课面试时间为 40 分钟，是完整的一节课时。因此，在备课时一定要仔细思量教学内容，应分清要讲解内容的教学重点和难点，只有突出重点和难点的讲解才算是一节基本合格的课堂教学。

注意课型完整，避免杂乱无章。备课时明确该节课的内容应包括课题、课型、课时，本节为第几课时、教学目标、教学重点和难点、教学方法、教学过程（导入新课、讲授新课、巩固练习、课堂小结、布置作业）、板书设计、教学反思。预设教学过程一定要注意该节课应有导入、活动和结束环节，还应巧妙设计过渡语将每个知识点进行串联。

注重设计思路，体现学生主体。进班上课结束后，评委会对本节课进行简单评课，实质就是对面试者的教学设计进行问答了解，以作为考核依据。因此，在备课时就应该思考清楚该节课的教学设计思想是什么，是按照什么样的理念对教学内容进行设计的。

☆ **课堂掌控注意要点**

由于进班上课面对的是"一个班级的学生"，不是一个人的独角戏，在课堂教学过程中会有很多意想不到的教学突发情况。

课前及时稳定"学生"情绪。一般来说，刚上课的前几分钟，学生情绪还处于兴奋期，所以在进班上课前一定要及时稳定学生情绪。一是上课铃刚响，可以用起立的方式暗示学生收起心思，进入课堂学习；二是可以通过有趣的自我介绍来吸引学生的注意力，从而自然过渡到课堂教学。

课堂提问注意方式方法。课堂提问次数不能太多太密，会导致课堂教学活动出现涣散现象，不利于课堂教学的正常进行。要注意对问题进行可行性思考，尽量不要提超出学生认知水平和没有意义的问题，浪费教学时间。尽量抽上课不专心走神的学生，既可以有效提醒学生集中注意力，也可以震慑其他上课不专心的同学。

学生活动体现交流互动。学生活动是教师面试考核的一大关键，在课堂教学中一定要注意安排学生的合作活动：从教学重点和难点入手探索学生合作活动的方式和内容。在进行学生活动前，提前给学生讲清活动规则，才能避免学生在合作学习时杂乱无章。在学生合作活动时注意把控时间，有效组织学生活动能够体现出教师的课堂掌控能力，为教学试讲增光添彩。一般情况下学生合作活动时间为 5～8 分钟为佳，既能让学生充分融入讨论交流中，又能让学生在合作中集思广益。

——重庆师范大学 2013 级研究生何宇撰写

10.2.3.3　说课

说课即授课教师在备课的基础上，面对同行或评委，利用信息语言（口语、体态语、各种直观演示、板书等）的形式，系统地将自己对某一课时的教学设计及其理论依据展现出来，而后由听者评说的一种教研形式，也是师范生应聘面试环节中常见的类型。说课不是教学方案的细化，也不是教学过程的复述，而是对教学设计的"高屋建瓴"。不仅要说出"教什么""怎样教""怎样学"，还要说清"为什么这样教"的理论依据，要让观课者不仅知其然，还要知其所以然。这是说课区别于备课、上课，形成独有特征的重要之处。说课主要包括说教材、说学情、说教法学法、说教学过程、说板书等内容，按具体方式分为点式说课（突出特点）、线式说课（凸显流程）和面试说课（综合性强），在面试中后者最为常见。均对语言（包括口语、体态语等）、节奏（包括课堂及时间节奏）、内容（包括主次、环节、连贯、逻辑等）和创新（包括个性特色、独到之处和亮点等）有要求。

示例　　　　　　　　　　　　　　　**点式说课设计**

"生物（植物）在自然地理环境形成与演变中的作用"是高中地理人教版必修一第五章第一节内容。我将从"析教材""明目标""选教法、展过程"几个方面入手。其中，展过程又包括巧导入、突重点、破难点、展亮点 4 个环节。

☆ 析教材

高中地理必修一从第一章遥远的宇宙环境到第二章气候、第三章水，以及第四章地貌，呈现出由远及近、由全局到局部的特点，逐一展示自然地理的五大要素。最后在第五章将各要素升华与融合，学习各要素之间的关系和影响。所以本小节阐述的各自然地理要素整体性原则是学习本章的基础。

☆ 明目标

课程标准要求：举例说明某自然地理要素在地理环境形成和演变中的作用。本节课以生物要素中的植物为例，确定教学目标有以下几点：明确自然地理环境的五大基本要素；理解地理环境整体性的基本内涵；说明生物要素对地理环境各要素的作用；以西北地区为例，能从地理环境整体性的视角，分析一些自然现象。结合学情分析，明确第 3 点和第 4 点是教学重点，且第 4 点是难点。

☆ 展过程

巧导入：用乡土地理教学法，以电影《火锅英雄》导入，瞬间吸引学生的注意力，让学生畅所欲言，谈谈他们心中的重庆名片。例如，山城、雾都、桥都、两江交汇等，学生较为容易遗漏的是重庆市树——黄桷树。再让学生将各个重庆名片与所对应的自然地理要素一一对应。不仅复习了五大自然要素，还引出了本节课的主题生物要素。

突重点：本节课的重点是，分别说明生物要素对气候、水、地貌、土壤的作用。我在此处对内容的处理方式是逐个击破、别名趣化。首先，用两幅荒漠景观图片（一个有人工种植的草方格，另一个没有）让学生畅想未来，思考未来两地景观的变化。显然，有人工植被的地区会一片生机，土壤肥沃；无植被的荒漠可能会沙漠化。说明土壤发生变化与植物有关。其次，用小组合作学习法，小组讨论植物是如何给土壤提供养分的，是如何对土壤起作用的。小组汇报后，教师总结生物的枯枝落叶为土壤提供有机质，并由此定义生物是土壤的"营养师"。同样的道理，因为学生较为容易理解生物对气候的调节作用，可定义生物是气候的"调节师"。同理推出，生物是水的"理财师"。

破难点：用实验教学法和小组合作学习法突破学生较难理解的生物要素对地貌的影响。首先，选择通过"防风固沙"小实验模拟真实场景，两组实验，一组小沙丘无植被，一组有植被。说明在风力、土壤等各种条件相同的情况下，植被茂盛，土壤表面的沙子被吹走的量越少，距离越短。其次，将实验条件放大，实验中沙子代表陆地上的沙丘，让学生思考有无植被与沙丘移动速度的关系。再次，让学生小组讨论，深入挖掘，植物是如何"防风"又"固沙"的，最后，教师总结，教师通过手部动作，生动形象地演示，拳头代表种子，手心向下，五指依次张开（代表种子生根），"抓住"土壤；手心向上，五指依次张开（代表种子发芽），减缓风速。说明植物对地形地貌具有塑造作用，由此定义生物是地貌的"塑形师"。

展亮点：本节课最大的亮点是使用趣味教学法，将难以理解的各自然地理要素之间的关系，通过趣味的别称，巧妙地化解难点，不仅能调动课堂氛围，还能加深学生的理解与记忆。

——重庆师范大学 2015 级研究生段芊竹撰写

10.2.3.4 说讲课

说讲课也称微格课，是近几年涌现出的一种新课型，也是地理教师教学竞赛青睐的方式，逐渐成为教育系统用人单位考察新教师的一种手段，即将一节完整的课堂教学过程从时间与内容上进行浓缩的新型课堂类型，时间为 15～20 分钟，一般由授课教师自导、自演进行课堂展示。尽管不面对学生，仅由教师（同行）、评委观课、聆听，但试讲必须以学生为本，心中处处有学生；虽然没有实际学生参与，但需要与常规课堂一样，提问交流、阅读看图、分析启发、师生互动、学生活动等，都要再现、展示，只是没有一一展现学生的具体活动。这种课型同样关注教学主线明晰、教学内容清楚、教学结构合理、教法媒体多元，体现一定的特色等。由于没有具体学生，更需要应聘者焕发激情、调动课堂、带动评委，以展现出教学实力和课堂气势，去打动主考官。

示例　　　　　"中东——世界石油宝库" 微格课设计

教学设计是微格教学过程中的一个重要环节，也是学习者实践的开始。微格课时间一般限制在 15～20 分钟，执教者必须重点解读课程标准，深入挖掘教材，确定教学重点和难点，教学设计要求思路清晰、环节巧妙、语言简洁。

☆ **课程标准解读**

"中东——世界石油宝库"选自人教版初中地理课程标准实验教科书七年级下册第八章第二节"中东"的内容，对应的课程标准要求是运用地图和其他资料，指出某地区对当地或世界经济发展影响较大的一种或几种自然资源，说出其分布、生产、出口等情况。

对应本条教学目标，要求学生运用世界石油分布图说明中东石油的分布；利用材料和统计图说出中东地区的石油特征及其在世界的地位；学生合作探究设计中东石油输出的线路；联系生活实际说出石油对当地及世界经济的影响。通过对世界石油宝库的学习，旨在让学生正确领悟到人与自然资源的关系，懂得如何开发和利用自然资源，培养学生人地协调的发展观。

☆ **教学目标**

知识与技能：了解中东石油集中分布的地区及主要国家；说出中东石油的典型特征及在世界的地位；明确中东石油主要输出地，知道输出线路的差异；举例说出石油对当地和世界产生的影响。

过程与方法：通过读图，培养学生对地图信息的获取、分析和评价能力；通过小组活动设计石油外运航线，培养学生的思维能力、创造能力和小组合作探究的能力；通过联系生活实际，说出石油对当地和世界产生的影响，调动学生学习地理的兴趣，学习生活中有用的地理知识。

情感、态度与价值观：通过学习对石油带来的影响，形成辩证看待事物的观念；通过对中东石油学习，强化学生保护资源的意识，形成人地协调与可持续发展观念；中东石油的分布、出口和影响。

☆ **教学重难点**

中东石油的分布、出口和影响。

☆ **教学过程**

教学过程的设计要科学合理，有新意，一般分为导入、新课讲授和结束 3 个阶段。

由于微格课教学时间短，导入课题必须迅速，可以设置一个题目或问题引入课题；可以从生活现象、实际问题引入课题；也可以开门见山进入课题。新课讲授阶段是上课的主体部分，打造高效课堂要讲究逻辑性、条理性、简约性，因此，确定课堂主线非常关键。在微格课的结尾，一定要有小结，用一两分钟时间对一节课的教学进行归纳和总结，使微格课的课堂结构趋于完整，微格课的小结不在于长而在于精，在注重总结内容的同时更应注重学科方法的总结，同时，还可以进一步升华情感、态度与价值观。表 10-2 为本节内容的教学过程。

表 10-2　中东——世界石油宝库教学过程

教学阶段	教师教学行为	设计意图
新课导入	课前播放《石油工业动画》视频 提问：刚刚播放的视频中，我们看到一种什么自然资源，它有什么用途，你能在生活中举出实例吗	凝聚学生的注意力，迅速切入主题
新课讲授	以石油商人钱先生的经商经历为主线，分为以下 4 个环节讲授新课。 一、寻石油——分布 　　通过钱先生寻找石油的经历，引导学生阅读世界石油分布图，了解中东地区石油的分布特征 二、说石油——特征 　　通过钱先生到中东地区考察的见闻和查阅的资料，探讨中东地区石油的特征 三、运石油——出口 　　通过钱先生买卖石油，分析中东地区石油的主要出口地，并设计运输航线 四、叹石油——影响 　　通过钱先生微信朋友圈中各国朋友对中东石油的评论，分析中东石油带来的有利和不利影响	以钱先生的石油贸易经历为主线，层层递进讲授新知，激发学生积极的学习情绪，让学生主动参与学习过程。通过读图、分析材料，培养学生读图、分析、提取地理信息的能力，通过动脑想、动手绘制，培养学生绘图和小组合作能力

续表

教学阶段	教师教学行为	设计意图
总结提升	总结：请一位同学来总结这节课的学习内容和学习方法 结束语：教师配抒情音乐朗诵 **假如，我是一滴石油……** 假如我是一滴石油，我不愿安存于一望无际的沙漠中，也不愿滞留于波澜壮阔的大海里。我要努力流向每一台机器，向勤劳的人们说早安。我要释放自己的所有能量，在机器的轰鸣和城市的喧嚣中，演唱人类蓬勃发展的和谐交响曲。但是，我不愿看到人们因我而产生争抢，残酷的战争让多少善良的人流离失所。亲爱的人们，终有一天，我和我的兄弟姐妹会消耗殆尽。所以，亲爱的同学们，我们应该呼吁世界和平，在生活中树立节约意识，向身边的人们大力宣传寻找和开发清洁能源，来代替石油等化石燃料	巩固知识、归纳学法、提升能力，加强情感、态度与价值观的培养

☆ **教学反思**

微格课是将一节完整的课压缩成 15 分钟左右，没有学生参与，完全由老师自编、自导、自演，在台上唱独角戏。在讲授过程中应注意：教师语言要得体，做到准确、逻辑性强、简单明了，讲解语流畅，过渡语自然。讲授线索清晰，突出重点内容，着重进行主干知识的讲解与剖析，或精要讲授，或巧妙启发，或积极引导。课堂板书宜简约，准确精当，体现中心内容及重难点，形式多样，富有创新。图 10-7 为本节内容的板书设计。

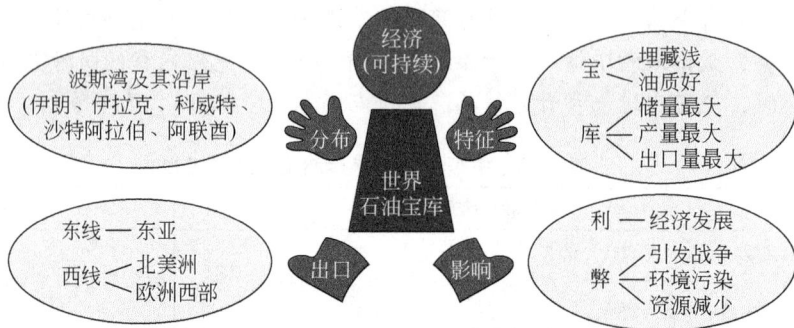

图 10-7　中东——世界石油宝库板书设计

展现要有亮点，展示课堂教学的整个流程，估计学生完成的程度和结果，做到"场上无学生，心中有学生"。要适时引出重点和难点，在恰当的时机展现亮点。

——重庆师范大学 2011 级本科生吴亚撰写

10.2.3.5　说题

说题即以教育教学理论为指导，在研读试题的基础上，用语言及其他辅助手段阐述对某一题目的理解与把握，揭示题目与课程标准、教材内容和考试说明的内在联系。它是基础教育地理课程改革中应运而生的新型教研形式，也是一些用人单位招聘高中新教师面试的方式之一。说题、说课、讲题均以教师为主体展开，说课与说题同为教研活动，但说课强调授课如何渗透新课程理念等，说题则关注如何以课程标准和考试大纲为准绳，促进学生学科综合能力的提高。讲题与说题都以试题为载体，讲题强调教师引导学生解题，而说题不仅包括解题环节，还包括对试题的理解和研讨。

说题没有固定格式，一般包含说题目、说命题背景与立意、说解题过程，以及题目价值和反思等。进一步细化可包括说有效信息，涉及说题目信息获取、转换及筛选；说考查构成，涉及说题目出处来源、命题立意、知识联系及方法；说思维过程，涉及说题目思维导图、问题链和价值观演变；说规范答案，涉及说题目答案语言、层次和梯度等。说题过程必须思路清晰，主线明确，主次分明；说题语言应流畅，富有激情和个性，合理把握好节奏和时间，安排好说题的各环节。说题是新课程对教师的必然要求，说题能深化对试题的理解与把握，提高备考的针对性，也是促进教师专业成长、提升教学研究水平的有效途径。

✐ **示例**　　　　　　　　　**高中地理说题一则**

☆ **说题的题目**

居住在成都的小明和小亮在"寻找最佳避寒地"的课外研究中发现，有"百里钢城"之称的攀枝花 1 月平均气温达 13.6℃（昆明为 7.7℃，成都为 5.5℃），是长江流域冬季的"温暖之都"。图 10-8（a）为攀枝花在我国西南地区的位置，图 10-8（b）为攀枝花周边的地形。

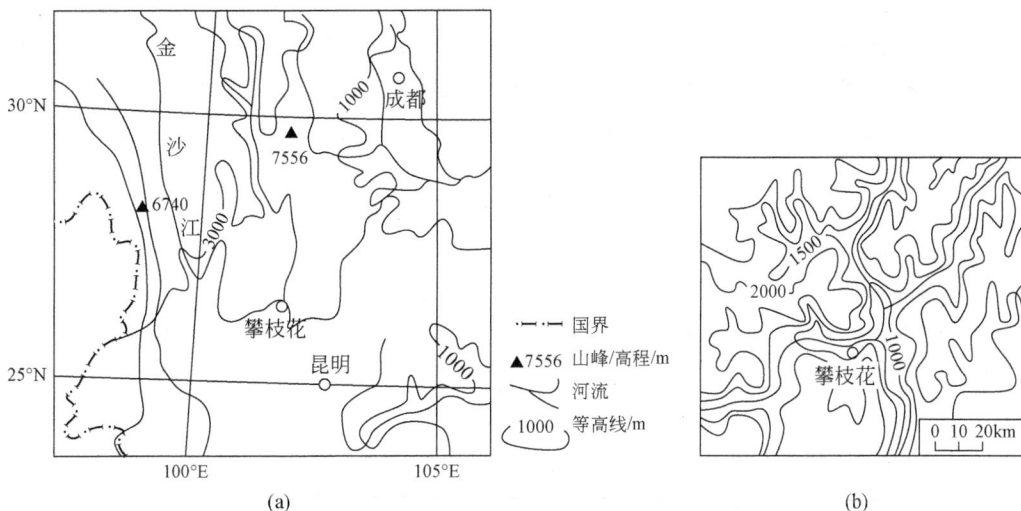

图 10-8　攀枝花市位置示意图

A. 分析攀枝花 1 月平均气温较高的原因。（8 分）

B. 推测攀枝花 1 月的天气特征。（6 分）

C. 小明建议把攀枝花打造成"避寒之都"，吸引人们冬季来此度假。小亮则从空气质量角度提出质疑。试为小亮的质疑提出论据。（8 分）

☆ **说题的主要内容**

1）说命题背景

命题背景分社会背景和学科背景。社会背景主要分析命题与社会发展的契合度，即平时所说的热点背景；学科背景主要分析命题所涉及的内容在学科体系中的位置和作用。

2013 年新课程标准 I 卷 36 题，命题的社会背景是资源型城市的经济转型。四川省攀枝花市是因钢铁而形成的资源型城市，享有"百里钢城"的美誉，但自 20 世纪 90 年代以来，攀枝花市面临经济发展过度依赖钢企的弊端，也曾"跻身"全国十大污染城市之列。进入 21 世纪以来，攀枝花市着力于产业优化升级，探索资源型城市转型道路，"避寒之都"也是攀枝花市着力打造的城市品牌之一。命题的学科背景是区域可持续发展和区域环境的综合性，而命题落脚的气温、气流与天气也是地理学科基础性的要素。

2）说命题立意

命题立意就是命题的意图和初衷，即试题要考查哪些知识、什么能力或素养，说题要结合课程标准和考试大纲要求的四项基本能力及课程内容要点，具体说明试题考查的知识、能力有哪些。

本题以中国区域图为载体，以小明和小亮"寻找最佳避寒地"的课外研究为切入点进行考查。第（1）小题综合性较强，考查学生从文字和等高线地形图中准确获取和解读地理信息，调动和运用地理基本原理（如影响气温高低的因素），描述和阐述地理事物的形成原因。第（2）小题在第（1）小题基础上，侧重考查学生描述和阐述地理事物特征的能力。第（3）小题侧重考查学生调动和运用地理基本原理（如影响大气污染程度的因素）的能力，提出必要的论据，论证和评价现实中的地理问题。本题能力立意明显，四种能力均有考查。考查的是等值线的判读、天气与气候。

3）说解题过程

说审题，明确设问内容。审题干，抓住关键词，精确解读试题的指向和要求；审材料，结合图文了解地理事象产生或发生的背景。例如，2013 年新课程标准 I 卷 36 题——分析攀枝花 1 月平均气温较高的原因。一审设问，题目中"分析"一词要求答题时对要点的叙述要详尽，说清因果关系；二审材料，"攀枝花是长江流域冬季的温暖之都"，所以是攀枝花与长江流域的其他地区做比较；三审图像，结合攀枝花周边的地形图可知攀枝花北部为山地，地处谷地之中。

4）说分析过程

明确题目指向以后，接下来要思考分析问题的思路，阐述分析问题的思维过程。例如，2013 年新课程标准 I 卷 36 题——分析攀枝花 1 月平均气温较高的原因。联系影响气温高低的因素：①纬度位置；②大气环流；③下垫面状况（海陆位置、地形、洋流、植被、水域）；④人类活动。将攀枝花与长江流域的其他地区做比较，纬度位置大致相当，距离冬季风源地的远近差不多，不沿海，所以海陆位置、洋流不做考虑，植被覆盖率、水域面积差距不大，人类活动 1 月和 7 月都有，最后确定分析的重点要素应锁定在"地形"上。图中所给的信息也主要是地形方面的信息。分析地形可知，攀枝花北部的山地可以阻挡冬季北方的冷空气；位于高山背风坡，易产生"焚风效应"。

5）说答案形成

应题干中描述、说出、说明、分析、阐述等不同层次的要求，答案呈现也有不同。题干要求明确，问题分析清楚，答案自然就会形成。例如，2013 年新课程标准 I 卷 36 题——分析攀枝花 1 月平均气温较高的原因。攀枝花北部为山地（这是条件），冬季能阻挡北方的冷空气，使当地气温偏高（这是影响气温的机制和结果）；又因为地处谷地（这是条件），位于高山的背风坡，盛行下沉气流，气流下沉的过程中气温升高，产生了"焚风"效应，所以攀枝花 1 月气温较高。

——改编自王君，舒德全. 2016. 高中地理说题的实践与思考. 地理教育，6：33-35.

行动

各抒己见：

"几分耕耘，几分收获""机遇是留给有准备的人"这两句话对求职招聘的意义。

"没有调查就没有发言权""知己知彼，百战不殆"对求职信息收集的深意。

查阅整理：

简历是师范毕业生自行设计的最重要的应聘材料。归纳提高简历命中率的方法。

中小学教师考试和测评的第一关是笔试题考核。收集历年地理教师招考笔试题。

分享交流：

面试是地理师范生求职过程中必不可少的重要环节。分享中学地理教师面试中难忘的那些事。

师范生在求职择业过程中不可能一蹴而就。求职被拒绝后自己如何及时调适心态。

模拟尝试：

求职自荐书呈现形式多样、内容各具特色。学习撰写自荐书，并与其他同学进行交流。

一分钟自我简介是地理教师结构化面试中的重要环节。尝试进行一分钟自我简介，并努力反思改进。

材料分析：

结合材料一，简评"说教学反思"的启示。简答说课与备课、讲课的联系与区别。

材料一：下列是杨老师"中亚"复习课的说课环节之一"说教学反思"。通过中亚教学，思考更多的是，什么样的课可以成为一堂好课。总结如下，有效——化繁为简，帮助记忆。地理知识错综复杂，如何化繁为简，本节课的简图和歌谣是一尝试，简明图文有利于强化学生掌握知识。有法——授之以鱼，不如授之以渔。面临大洲、分区和国家，需要为学生创设知识情景，教会分析方法，体会推理乐趣，从特殊地区扩展、延续到其他地区分析。有用——学习对生活有用地理。简单的国徽背后，无论是图案还是颜色，都蕴涵深深的地理奥秘。"学科核心素养"是深化课程改革中提出的新理念，与此相应，各学科课程标准都将"培养未来公民必备的学科素养"作为学科教学的重要目标。本节课，学生通过观察、讨论、分析、归纳等活动，既有助于掌握地理知识、归纳学习方法，也能提高思维能力，以及增强地理意识和情感。这些地理学科素养必将使学生受益终生。

结合材料二，试说命题的背景与立意。比较说课与说题的主要异同点。

例Ⅱ：（2014 年安徽卷）图 10-9 为我国科考队在北极点放置中国结时拍摄的照片。读图完成 4～5 题。

图 10-9　北极点拍摄照片

4. 该照片拍摄日期、拍摄者或中国结影子的方位是：

A. 3 月 21 日、中国结影子指向正南

B. 6 月 22 日、拍摄者位于中国结东南

C. 8 月 20 日、拍摄者位于中国结正南

D. 8 月 6 日、中国结影子指向东北

5. 与图示地区相比，南极点及周边相应范围内：

①1 月冰层厚度大　②3 月累计昼长长　③7 月近地面气压高　④9 月平均气温高

A. ①②　　　　　　B. ③④　　　　　　C. ①③　　　　　　D. ②④

答案：4. C　5. A

参 考 文 献

陈胜庆. 2013. 追求理论与实践的完美结合. 上海：华东师范大学出版社.

霍彧. 2016. 现代职业人就业指导篇. 苏州：苏州大学出版社.

李晴. 2012. 饭店服务与管理专业教学法. 北京：外语教学与研究出版社.

李晴. 2015. 中学地理教学设计与技能训练. 北京：科学出版社.

李宗录. 2016. 基于问题解决的高中地理课堂教学. 北京：首都师范大学出版社.

刘淑玲. 2010. 师范生职业发展与就业指导. 北京：高等教育出版社.

谢卫民，李日. 2004. 求职指导. 杭州：浙江大学出版社.

徐世贵，刘芳，王晓旭，等. 2010. 新教师是这样炼成的. 重庆：重庆大学出版社.

应届生求职网. 2009. 应届生求职面试全攻略. 上海：上海交通大学出版社.

赵才欣. 2015. 转型的地理课堂. 南京：江苏凤凰科学技术出版社.

赵志群. 2003. 职业教育与培训学习新概念. 北京：科学出版社.